应用型本科高校建设示范教材

汽车评估学（第三版）

主　编　赵培全

副主编　刘伟英　韩广德　王金波　王婷　范芳

主　审　戴汝泉

中国水利水电出版社
www.waterpub.com.cn
·北京·

内 容 提 要

本书将汽车评估分为传统燃油汽车二手车评估、新能源二手车评估、事故车损失评估三大部分，围绕三部分相关车辆的评估分别讲解评估理论、评估原理、评估方法、评估原则、评估标准等内容。全书共 8 章：第 1～3 章分别介绍汽车基础知识、汽车评估的基本原理与方法、汽车技术状况的检查等基本理论；第 4～7 章分别介绍传统二手车评估、新能源二手车鉴定与评估、车辆碰撞损失评估、车辆水/火灾损失评估等理论与实务；第 8 章介绍汽车评估师职业规范的相关内容。通过本书关于汽车评估系列知识的学习，学生可以比较系统而完整地掌握二手车评估、事故车损失评估的基本原理和方法。

本书可作为交通运输、汽车服务工程、汽车运用与维修、汽车技术服务、汽车营销等相关专业的教材，也可供从事汽车评估、维修、营销工作的人员学习参考。

本书配有电子教案，读者可以从中国水利水电出版社网站（www.waterpub.com.cn）或万水书苑网站（www.wsbookshow.com）免费下载。

图书在版编目（CIP）数据

汽车评估学 / 赵培全主编. -- 3版. -- 北京 : 中国水利水电出版社, 2024.3
应用型本科高校建设示范教材
ISBN 978-7-5226-2369-6

Ⅰ. ①汽… Ⅱ. ①赵… Ⅲ. ①汽车－评估－高等学校－教材 Ⅳ. ①U472

中国国家版本馆CIP数据核字(2024)第038052号

策划编辑：杜威　　责任编辑：鞠向超　　加工编辑：刘瑜　　封面设计：苏敏

书　名	应用型本科高校建设示范教材 汽车评估学（第三版） QICHE PINGGUXUE
作　者	主　编　赵培全 副主编　刘伟英　韩广德　王金波　王婷　范芳 主　审　戴汝泉
出版发行	中国水利水电出版社 （北京市海淀区玉渊潭南路 1 号 D 座　100038） 网址：www.waterpub.com.cn E-mail：mchannel@263.net（答疑） sales@mwr.gov.cn 电话：（010）68545888（营销中心）、82562819（组稿）
经　售	北京科水图书销售有限公司 电话：（010）68545874、63202643 全国各地新华书店和相关出版物销售网点
排　版	北京万水电子信息有限公司
印　刷	三河市鑫金马印装有限公司
规　格	184mm×260mm　16 开本　18.25 印张　467 千字
版　次	2010 年 1 月第 1 版　2010 年 1 月第 1 次印刷 2024 年 3 月第 3 版　2024 年 3 月第 1 次印刷
印　数	0001—3000 册
定　价	49.00 元

第三版前言

随着汽车行业的迅速发展，我国机动车保有量也持续攀升，至 2021 年我国机动车数量达到 3.95 亿辆。机动车数量的增长为我国二手车行业的迅速发展提供了广阔前景。同时，党的二十大报告中关于改革创新、高质量发展、产业链安全等一系列的阐述也指明了汽车产业的发展方向。随着网络化、智能化的不断发展，传统汽车产业正经历着深刻的革新和蜕变，新能源汽车的快速发展也向二手车行业提出了新的要求。教材是高校教学和人才培养的重要组成部分，作为知识载体的教材则应体现教学内容和教学要求，为进一步推动“新工科”建设，更好地满足二手车市场的发展，我们组织编写了本书。

本书内容既包括二手车鉴定评估的基本理论，又包括二手车交易环节的实践指导，并结合汽车市场的发展新增了新能源二手车的鉴定与评估等内容。本书结合国家对二手车评估人员的职业标准要求以及事故汽车损失的确定标准，以培养学生的综合能力为原则，系统地介绍汽车评估的相关内容，包括汽车基础知识、汽车评估的基本原理与方法、汽车技术状况的检查、传统二手车评估、事故车辆损失评估、新能源汽车评估、汽车鉴定评估报告书等内容。在本次编写过程中，结合中国汽车流通协会发布的《新能源乘用车二手车鉴定评估技术规范》对二手车评估的内容进行了修订，采用最新的评估案例，并增加了新能源二手车评估章节，使得本书知识体系更加完整。

2019 年，人力资源社会保障部办公厅、市场监管总局办公厅、统计局办公室将“二手车鉴定评估师”更名为“机动车鉴定评估师”，而目前行业协会依然颁发二手车评估师的行业能力评价证书，致使不同行业同时存在“二手车评估师”和“机动车鉴定评估师”两种叫法，本书中亦是此种情况，请读者在了解我国证书改革的前提下自行理解。

本书由山东交通学院的赵培全、刘伟英、韩广德、王金波，河南交通职业技术学院的肖冬玲，山东省劳动技术学院的王婷，全国二手车鉴定评估师技能大赛技术能手范芳等共同编写，由赵培全任主编，刘伟英、韩广德、王金波、王婷、范芳任副主编，戴汝泉任主审。赵培全负责全书统稿工作。

在本书编写过程中，编者参阅了相关教材及资料，并得到许多单位专家和工程人员的大力支持和帮助，在此一并表示。受编写时间和编者水平所限，书中若存在遗漏或不妥之处，恳请读者批评指正。

编　者

2023 年 8 月

第一版前言

进入21世纪以来，随着国家汽车产业政策的调整，我国的汽车工业进入了飞速发展阶段。截至2009年，我国的汽车年产销量已经突破1000万辆大关，我国已成为世界汽车生产、消费大国。随着我国经济的日益发展，汽车已经走入百姓家庭，逐渐成为百姓生活的一部分。汽车工业的发展促进了汽车后市场的发展。新车的生产与销售，也促进了我国居民更换新车的步伐，二手车市场日渐活跃起来，二手车的交易量以年均超过25%的速度快速发展。由于我国二手车的交易市场刚刚起步，还有许多问题尚需解决，就此国家出台了《二手车流通管理办法》。

为了促进二手车的交易，需要二手车评估人员能够为交易双方提供一个合理的参考价格。随着二手车市场的发展，市场对二手车评估人员的需求也日渐旺盛；随着汽车技术的发展与提高，对于二手车评估人员的要求也不断提高。为了适应二手车市场的发展，国家采取了二手车评估的职业资格认证制度，并列入了国家职业大典。为了提高二手车评估人员的素质和技能，统一二手车评估标准，规范二手车评估行为，国家颁布了《二手车鉴定评估师国家职业标准》。评估人员经过培训考核，获得二手车评估职业资格证书后，方可从事二手车评估。汽车发生各种事故后，为了保障车主的利益，维修厂和保险公司派出的查勘与定损人员应对事故车辆的损失有明确的认识。

本教材根据汽车专业教学大纲的要求，结合国家对二手车评估人员的职业标准要求以及事故汽车损失的确定标准，以培养学生的综合能力为原则，系统地介绍汽车评估的相关内容，包括汽车的基础知识、汽车评估的基本原理与方法、汽车技术状况的检查、新汽车评估、二手车评估、事故车评估、汽车鉴定评估报告书等内容。

本教材知识体系完整，涵盖汽车评估的各个方面，内容编排合理、深浅恰当、循序渐进、条理清晰、文字规范，并且理论联系实际，在理论讲解过程中列举各种汽车评估的案例，便于学生理解所学知识。

本教材由山东交通学院赵培全与西华大学蔡云担任主编，由山东交通学院戴汝泉教授担任主审。本书是集体智慧的结晶，参加编写工作的有山东交通学院的赵长利、赵培全、衣丰燕、山云霄以及中国平安财产保险股份有限公司山东分公司车险意健险理赔部经理于海涛、西华大学的蔡云、河南交通职业技术学院的肖冬玲等，最后由赵培全对全书进行统稿。

本教材编写过程中参阅了大量教材和相关资料，吸取了许多有益的内容，在此谨向其作者致以诚挚的谢意；巩加龙、韩钰、徐鸿领、丁建洲、逄格林等在校对和修改中做了大量工作，同时得到了中国水利水电出版社有关领导和编辑的大力支持，在此特表示衷心感谢。

由于编者水平有限，时间仓促，书中难免有错误和不当之处，恳请使用本教材的广大师生和读者予以批评指正。

编　者

2009年12月

目　录

第1章 汽车基础知识

知识目标

1. 掌握汽车分类标准和分类方法。
2. 掌握汽车和发动机的型号编制规则。
3. 了解车辆识别代号的内容及作用。
4. 了解与汽车使用相关的知识。

能力目标

1. 能够根据我国现行的汽车分类标准和分类方法对各类车辆进行分类。
2. 能够根据车辆识别代号读出车辆的相关信息。
3. 能够判断汽车的使用寿命。
4. 能够查阅并说出汽车的主要技术参数和性能指标的含义。
5. 能够利用汽车使用可靠性的相关指标对车辆进行评价。

1.1 汽车分类及汽车型号编制规则

1.1.1 汽车分类

汽车的分类方法很多，常见的分类方法有按燃油类别分类、按汽车的用途分类、按发动机的位置分类、按车轮的驱动形式分类、按承载方式分类等。

为了便于研究，关于汽车的相关术语和定义在 GB/T 3730.1—2022《汽车、挂车及汽车列车的术语和定义 第 1 部分：类型》中进行了规定，该标准对汽车按用途分类进行了详细表述，并且将汽车细分为有动力的汽车、无动力的挂车以及由有动力的汽车和无动力的挂车组成的汽车列车，其中将有动力的汽车（下文简称“汽车”）分为乘用车和商用车，如图 1-1 所示。

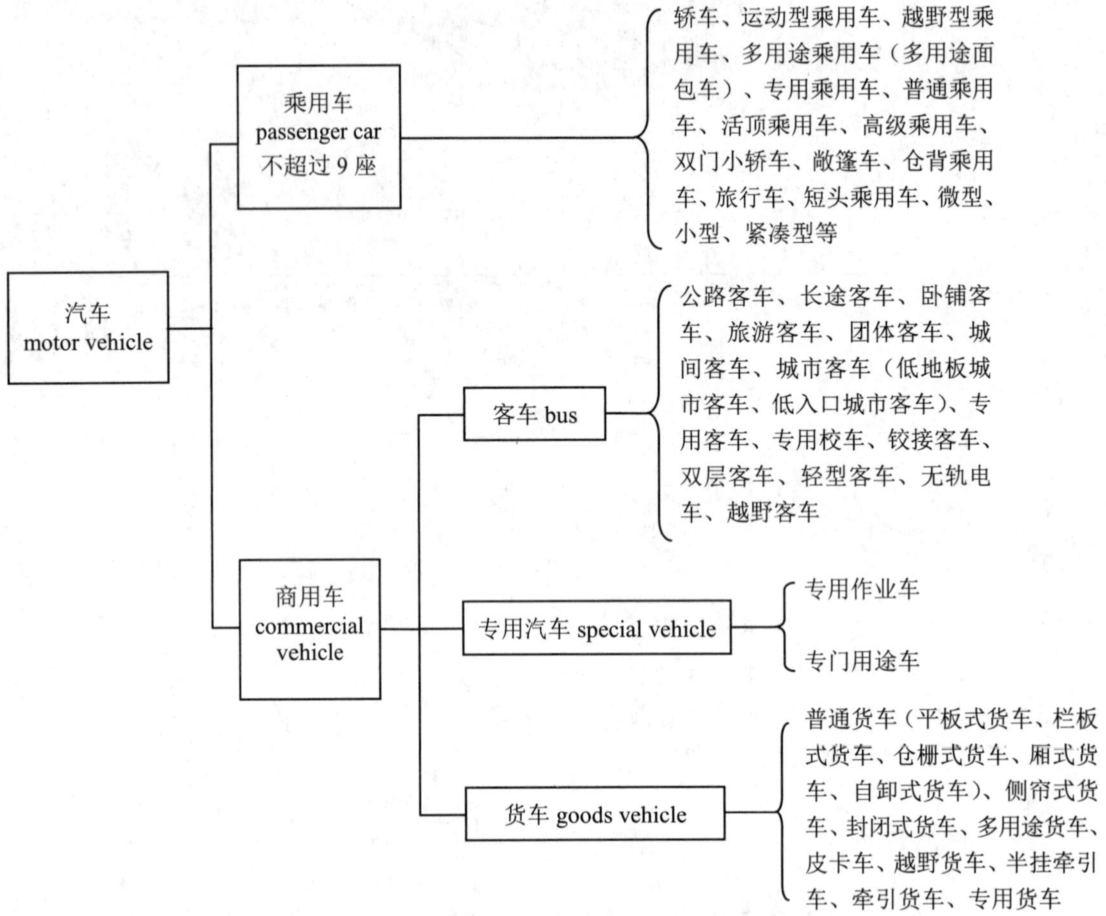

图 1-1　汽车的分类（根据 GB/T 3730.1—2022 整理）

汽车（motor vehicle）是指由动力驱动、具有 4 个或 4 个以上车轮的非轨道承载的车辆，主要是用于载运人员和/或货物及牵引载运人员和/或货物的车辆、特殊用途的车辆，还包括与电力线相联的车辆（如无轨电车），主要用于：

- 载运人员和/或货物（物品）。
- 牵引载运人员和/或货物（物品）的车辆或特殊用途。
- 专项作业或专门用途。

本术语还包括以下由动力驱动、非轨道承载的三轮车辆：

- 整车整备质量超过 400kg、不带驾驶室、用于载运货物的三轮车辆。
- 整车整备质量超过 600kg、不带驾驶室、不具有载运货物结构或功能且设计和制造上最多乘坐 2 人（包括驾驶员）的三轮车辆。
- 整车整备质量超过 600kg 的带驾驶室的三轮车辆。

注意：车辆指完整车辆。

1. 乘用车（passenger car）

在其设计和技术特性上主要用于载运乘客及其随身行李和/或临时物品的汽车，包括驾驶员座位在内最多不超过 9 个座位。它也可以牵引一辆挂车。

乘用车的代表车型为轿车、小型客车、商务车等。

（1）按车身型式划分。

1）普通乘用车（saloon/sedan）。具有如下各项技术特性的乘用车：

车身：封闭式，侧窗中柱有或无。

车顶（顶盖）：固定式，硬顶，有的车辆顶盖可部分开启。

座位：4 个或 4 个以上座位，至少两排，后排座椅可折叠或移动，以形成装载空间。

车门：2 个或 4 个侧门，可有一个后开启门。

2）活顶乘用车（convertible saloon）。具有如下各项技术特性的乘用车：

车身：具有固定侧围框架可开启式车身。

车顶（顶盖）：硬顶或软顶，至少有两个位置，第一个位置封闭，第二个位置可开启或拆除，可开启式车身可以通过使用一个或数个硬顶部件和/或合拢软顶将开启的车身关闭。

座位：4 个或 4 个以上座位，至少两排。

车门：2 个或 4 个侧门。

车窗：4 个或 4 个以上侧窗。

3）高级乘用车（pullman saloon）。具有如下各项技术特性的乘用车：

车身：封闭式，前后座之间可以设有隔板。

车顶（顶盖）：固定式，硬顶，有的车辆顶盖可部分开启。

座位：4 个或 4 个以上座位，至少两排，后排座椅前可安装折叠式座椅。

车门：4 个或 6 个侧门，也可有一个后开启门。

车窗：6 个或 6 个以上侧窗。

4）双门小轿车（coupe）。具有如下各项技术特性的乘用车：

车身：封闭式，通常后部空间较小。

车顶（顶盖）：固定式、硬顶，有的顶盖一部分可以开启。

座位：2 个或 2 个以上座位，至少一排。

车门：2 个侧门，也可有一个后开启门。

车窗：2 个或 2 个以上侧窗。

5）敞篷车（convertible/open tourer）。具有如下各项技术特性的乘用车：

车身：可开启式。

车顶（顶盖）：软顶或硬顶，至少有两个位置，第一个位置遮覆车身，第二个位置车顶卷收或可拆除。

座位：2 个或 2 个以上座位，至少一排。

车门：2 个或 4 个侧门。

车窗：2 个或 2 个以上侧窗。

6）仓背乘用车（hatchback）。具有如下各项技术特性的乘用车：

车身：封闭式，侧窗中柱有或无均可。

车顶（顶盖）：固定式，硬顶，有的顶盖一部分可以开启。

座位：4 个或 4 个以上座位，至少两排，后排座椅可折叠或可移动，以形成装载空间。

车门：2 个或 4 个侧门，车身后部设置有一个垂直方向开启的仓门。

7）旅行车（station wagon）。具有如下各项技术特性的乘用车：

车身：封闭式，车尾外形使车辆可提供较大的内部空间。

车顶（顶盖）：固定式，硬顶，有的车辆顶盖可部分开启。

座位：4 个或 4 个以上座位，至少两排，其中一排或多排座椅可拆除或装有向前翻倒的座椅靠背，以形成装载空间。

车门：2 个或 4 个侧门，并有一个后开启门。

车窗：4 个或 4 个以上侧窗。

8）短头乘用车（forward control passenger car）。一半以上的发动机长度位于车辆前风挡玻璃最前点以后（纯电动汽车和燃料电池电动汽车除外），且方向盘的中心位于车辆总长的前四分之一部分内的乘用车。

（2）按使用特性划分。

1）轿车（saloon car）。具有如下两项技术特性之一的乘用车，但运动型乘用车除外：

①车身结构为三厢式车身。

②车身结构为两厢式车身，且同时具有以下条件：

- 座位数不超过 5 座，座椅（含可折叠座椅）不超过两排且无侧向布置。
- 一半以上的发动机长度位于车辆前风挡玻璃最前点以前（纯电动汽车和燃料电池电动汽车除外），且转向盘的中心位于车辆总长的前四分之一部分之后。
- 车长不大于 4000mm，或车长大于 4000mm 但不大于 5200mm 且车辆处于整车整备质量状态下车顶外覆盖件最大离地高度不大于 1580mm。

注意：①一半以上的发动机长度，对于前横置发动机，为发动机曲轴中心线；对于前纵置发动机，为发动机第一缸和最后一缸缸心距的中心线。

②两厢式车身指动力总成舱、客舱和行李舱在外形上形成两个空间形态的车身，乘用车的行李舱和客舱内部贯通（包括行李舱由一块可移动的隔板分割成上下两部分后，仅上半部分与乘客舱贯通的情形）；三厢式车身指动力总成舱、客舱和行李舱在外形上形成各自独立形态的车身。

③车顶外覆盖件是指车身顶部外表面的结构件，不包括行李架、天线等附加在车顶上的附件。

2）运动型乘用车（sport utility vehicle）。具有如下各项技术特性的乘用车：

①车身结构为两厢式车身。

②包括驾驶员座位在内最多不超过 7 个座位。

③一半以上的发动机长度位于车辆前风挡玻璃最前点以前（纯电动汽车和燃料电池电动汽车除外），且转向盘的中心位于车辆总长的前四分之一部分之后。

④车辆处于整车整备质量和一位驾驶员状态下，单车计算爬坡度不小于 30%，并至少具有如下 6 项技术特性中的 5 项：

- 接近角不小于 16°。
- 离去角不小于 17°。
- 纵向通过角不小于 14°。
- 前轴离地间隙不小于 150mm。
- 后轴离地间隙不小于 150mm。
- 前后轴间的离地间隙不小于 140mm。

⑤车辆处于整车整备质量状态下，车顶外覆盖件最大离地高度不小于1580mm。

注意：装有高度可调悬架的乘用车，有一种悬架状态具有①～⑤技术特性时也视为运动型乘用车。

3）越野乘用车（off-road passenger car）。具有如下各项技术特性的乘用车：

①至少有一个前轴和至少有一个后轴同时驱动（包括一个驱动轴可以脱开的车辆）。

②至少有一个差速锁止机构或至少有一个类似作用的机构。

③车辆处于整车整备质量和一位驾驶员状态下，单车计算爬坡度不小于30%，并至少具有如下6项技术特性中的5项：

- 接近角不小于25°。
- 离去角不小于20°。
- 纵向通过角不小于20°。
- 前轴离地间隙不小于180mm。
- 后轴离地间隙不小于180mm。
- 前后轴间的离地间隙不小于200mm。

④车身结构为两厢式车身时，一半以上的发动机长度位于车辆前风挡玻璃最前点以前（纯电动汽车和燃料电池电动汽车除外），且转向盘的中心位于车辆总长的前四分之一部分之后。

注意：装有高度可调悬架的乘用车，有一种悬架状态具有①～④技术特性时也视为越野乘用车；两厢式越野乘用车属于特殊类型的运动型乘用车。

4）多用途乘用车（multi-purpose passenger car）。具有一厢式或两厢式车身，包含驾驶员座位在内的座位数不超过9个（含可折叠座椅），用以载运乘客及其行李或物品的乘用车。

如果这种车辆同时具有如下两个条件，则不属于乘用车而属于载货汽车：

①包含驾驶员座位在内的座位数不超过7个（只要车辆具有可使用的座椅安装点，就视为“座位”存在）。

②载货质量大于或等于载人质量，按如下方式判定：

- 当$N=0$时，按式（1-1）进行判定。

$$P-M \geqslant 100\text{kg} \tag{1-1}$$

  式中，P为最大设计总质量，单位为千克（kg）；M为整车整备质量与一位驾驶员质量之和，单位为千克（kg）；N为除驾驶员以外的座位数。

- 当$0<N\leqslant 2$时，按式（1-2）进行判定。

$$P-(M+N\times 68) \geqslant 150\text{kg} \tag{1-2}$$

- 当$N>2$时，按式（1-3）进行判定。

$$P-(M+N\times 68) \geqslant N\times 68 \tag{1-3}$$

注意：一厢式车身指动力总成舱、客舱和行李舱在外形上形成一个空间形态的车身。

5）多用途面包车（multi-purpose minivan）。同时具有如下各项技术特性，能够载运人员的平头或短头多用途乘用车：

①单层地板。

②发动机中置。

③宽高比小于或等于0.9。

注意：发动机中置是指发动机缸体整体位于汽车前后轴之间（无论与缸体相连的发动机进气歧管等部件是否位于前轴之上）的布置形式；若同时具有以下条件，则不属于平头或短头：

- 一半以上的发动机长度位于车辆前风挡玻璃最前点以前。
- 方向盘的中心位于车辆总长的前四分之一部分之后。

6）专用乘用车（special purpose passenger car）。专门设计的或在轿车、运动型乘用车、越野乘用车、多用途乘用车的基础上后续制造和改装形成的，主要用于载运特定人员，具有完成特定功能所需的特殊车身和/或装备的其他乘用车。

2. 商用车（commercial vehicle）

在设计和技术特性上用于运送人员和货物的汽车，并且可以牵引挂车，乘用车不包括在内。

（1）客车（bus）。在设计和技术特性上用于载运乘客及其随身行李的商用车，包括驾驶员座位在内座位数超过 9 个。客车有单层的和双层的，也可牵引一辆挂车。

1）公路客车（road coach）与长途客车（long distance coach）。专门为运输长途旅客设计和制造、未设置乘客站立区的客车。

2）卧铺客车（sleeper bus）。设计、制造和技术特性上供全体乘客卧睡的长途客车。

3）旅游客车（touring coach）。一种为旅游而设计和装备的客车。这种车辆的布置要确保乘客的舒适性，不载运站立的乘客。

4）团体客车（private bus）。通常作为通勤车等使用，专门为运输特定团体乘客及其随身行李而设计和制造、未设置乘客站立区的客车。

5）城间客车（interurban bus）。专门为城间或城乡运输短途乘客而设计和制造、未设置乘客站立区的客车。

6）城市客车（city bus）。设有座椅及乘客站立区，并有足够的空间供频繁停站时乘客上下车走动，有固定的公交营运线路和车站，主要在城市建成区运营的客车。

注意：无轨电车也属于城市客车。

7）低地板城市客车（low floor city bus）。车厢（双层客车为下层车厢）内从前乘客门至最后轴中心线（或超过中心线）间的中央通道区地板形成一个无踏步的单一区域，每个乘客门踏步都是一级踏步的城市客车。

8）低入口城市客车（low entry city bus）。车厢（双层客车为下层车厢）内从前乘客门至车辆驱动桥前的乘客门后立柱间的中央通道区地板形成一个无踏步的单一区域，此区域的每个乘客门踏步都是一级踏步的城市客车。

9）专用客车（special bus）。设计、制造和技术特性上用于载运特定人员并完成特定功能的客车（如专用校车）以及装备有专用设备或器具，座位数（包括驾驶员座位）超过 9 个的专用汽车，也包括在客车基础上改装的但不属于专项作业车的载客类专用汽车。

10）专用校车（special school bus）。设计、制造和技术特性上专门用于有组织地接送 3 周岁以上学龄前幼儿或义务教育阶段学生的专用客车。

11）铰接客车（articulated bus）。由两节或三节相通的刚性车厢铰接组成，乘客可通过铰接部分在各节车厢之间自由走动的客车。

注意：铰接客车的两节或三节刚性车厢永久联结，只有在工厂车间使用专用的设施才能将其拆开。

12）双层客车（double-deck bus）。车厢分为上下两层的客车。

13）轻型客车（light bus）。包含驾驶员座位在内的座位数不超过 19 个，未设置乘客站立区，车辆长度不超过 7000mm 的客车。

14）无轨电车（trolley bus）。经架线由电力驱动的客车。

15）越野客车（off-road bus）。具有如下两项技术特性之一的客车：

①最大设计总质量不超过 12000kg，所有车轮设计为同时驱动（包括一个驱动轴可以脱开的车辆）或者同时具有如下各项条件：

- 至少有一个前轴（桥）和至少有一个后轴（桥）能够同时驱动（包括一个驱动轴可以脱开的车辆）。
- 至少有一个差速锁止机构或至少有一个类似作用的机构。
- 车辆处于最大设计总质量状态下，单车计算爬坡度至少为 25%。

②最大设计总质量超过 12000kg，所有车轮设计为同时驱动（包括一个驱动轴可以脱开的车辆）或者同时具有如下各项条件：

- 至少有半数车轮用于驱动。
- 至少有一个差速锁止机构或至少有一个类似作用的机构。
- 车辆处于最大设计总质量状态下，单车计算爬坡度至少为 25%。
- 车辆处于最大设计总质量状态下，至少具有如下 6 项技术特性中的 4 项：
    - ➢ 接近角不小于 25°。
    - ➢ 离去角不小于 25°。
    - ➢ 纵向通过角不小于 25°。
    - ➢ 前轴（桥）离地间隙不小于 250mm。
    - ➢ 后轴（桥）离地间隙不小于 250mm。
    - ➢ 前后轴（桥）间的离地间隙不小于 300mm。

（2）专用汽车（special vehicle）。设计、制造和技术特性上，用于载运特定人员、运输特殊货物（包括载货部位为特殊结构），或装备有专用装置用于工程专项（包括卫生医疗）作业或专门用途的汽车。

注意：专用汽车包含专用乘用车、专用客车、专用货车、专项作业车、专门用途汽车。

1）专项作业车（special operation vehicle）。装备有专用设备或器具，设计、制造和技术特性上用于工程专项（包括卫生医疗）作业的汽车，但不包括装备有专用设备或器具而座位数（包括驾驶员座位）超过 9 个的汽车（消防车除外）。

注意：通常包括汽车起重机、消防车、混凝土泵车、清障车、高空作业车、扫路车、吸污车、油田专用作业车、检测车、监测车、电源车、通信车、电视车、采血车、医疗车、体检医疗车等。

2）专门用途汽车（special purpose vehicle）。装备有专用设备或器具，设计、制造和技术特性上具有专门用途，但不属于专项作业车、专用乘用车、专用客车、专用货车的其他作业类专用汽车。例如货车类教练车、工具车等。

注意：客车、载货汽车、专项作业车、专门用途汽车统称为商用车，商用车指设计、制造和技术特性上用于运送人员和货物的汽车（乘用车除外），可以牵引挂车。

（3）货车（goods vehicle）。一种主要为载运货物而设计和装备的商用车，它能否牵引一辆挂车均可。

1）普通货车（general purpose goods vehicle）。在敞开或封闭载货空间内载运货物的载货汽车。

2）平板式货车（platform goods vehicle）。载货部位的地板为平板结构且无栏板的载货汽车。

①栏板式货车（drop slide vehicle）。载货部位的结构为栏板（可装备随车起重装置）的载货汽车。注意，不包括多用途货车、自卸式货车。

②仓栅式货车（fence goods vehicle）。载货部位的结构为仓笼式或栅栏式且与驾驶室各自独立，载货部位的顶部安装有与侧面栅栏固定、不能拆卸和调整的顶棚杆的载货汽车。

③厢式货车（truck body）。载货部位的结构为厢体且与驾驶室各自独立，厢体顶部（翼开式车辆除外）为封闭、不可开启的载货汽车。

3）自卸式货车（dump truck）。载货部位的结构为栏板且具有自动倾卸装置的载货汽车。

4）侧帘式货车（curtain side vehicle）。载货部位的结构为侧帘式且与驾驶室各自独立，载货部位的侧部设置可滑动的侧帘布、滑动立柱、侧帘收紧装置和挡货栏板或栏杆，顶棚由左右边梁、前后端梁、金属横梁和顶板组合而成，地板上可以设置系固点的载货汽车。

5）封闭式货车（close van）。载货部位的结构为封闭厢体且与驾驶室联成一体，车身结构为一厢式或两厢式的载货汽车。

6）多用途货车（multi-purpose goods vehicle）与皮卡车（pick-up vehicle）。具有长头车身和驾驶室结构、敞开式货箱（可加装货箱顶盖）、乘坐人数不大于 5 人（含驾驶员）、最大设计总质量不大于 3500kg 的汽车。

注意：长头车身指一半以上的发动机长度位于车辆前风挡玻璃最前点以前（纯电动汽车和燃料电池电动汽车除外），且转向盘的中心位于车辆总长的前四分之一部分之后。

7）越野货车（off-road goods vehicle）。具有如下三项技术特性之一的载货汽车：

①最大设计总质量不超过 2000kg，同时具有如下各项技术特性：

- 至少有一个前轴（桥）和至少有一个后轴（桥）能够同时驱动（包括一个驱动轴可以脱开的车辆）。
- 至少有一个差速锁止机构或至少有一个类似作用的机构。
- 车辆处于整车整备质量和一位驾驶员状态下，单车计算爬坡度至少为 25%。
- 车辆处于整车整备质量和一位驾驶员状态下，至少具有如下 6 项技术特性中的 5 项：
  - 接近角不小于 25°。
  - 离去角不小于 20°。
  - 纵向通过角不小于 20°。
  - 前轴（桥）离地间隙不小于 180mm。
  - 后轴（桥）离地间隙不小于 180mm。
  - 前后轴（桥）间的离地间隙不小于 200mm。

②最大设计总质量超过 2000kg 且不超过 12000kg，所有车轮设计为同时驱动（包括一个驱动轴可以脱开的车辆）或者同时具有如下各项技术特性：

- 至少有一个前轴（桥）和至少有一个后轴（桥）能够同时驱动（包括一个驱动轴可以脱开的车辆）。
- 至少有一个差速锁止机构或至少有一个类似作用的机构。
- 车辆处于最大设计总质量状态下，单车计算爬坡度至少为 25%。

③最大设计总质量超过 12000kg，所有车轮设计为同时驱动（包括一个驱动轴可以脱开的车辆）或者同时具有如下各项技术特性：

- 至少有半数车轮用于驱动。
- 至少有一个差速锁止机构或至少有一个类似作用的机构。
- 车辆处于最大设计总质量状态下，单车计算爬坡度至少为 25%。
- 车辆处于最大设计总质量状态下，至少具有如下 6 项技术特性中的 4 项：
  - ➢ 接近角不小于 25°。
  - ➢ 离去角不小于 25°。
  - ➢ 纵向通过角不小于 25°。
  - ➢ 前轴（桥）离地间隙不小于 250mm。
  - ➢ 后轴（桥）离地间隙不小于 250mm。
  - ➢ 前后轴（桥）间的离地间隙不小于 300mm。

8）半挂牵引车（semi-trailer towing vehicle）。装备有特殊装置用于牵引半挂车的汽车。

9）牵引货车（trailer towing vehicle）。具有特殊装置主要用于牵引中置轴挂车、牵引杆挂车、刚性杆挂车的载货汽车。

10）专用货车（specialized goods vehicle）。设计、制造和技术特性上用于运输特殊货物或载货部位具有特殊结构的载货汽车。

3. 挂车（trailer）

为了便于理解和内容上的衔接，在本章中顺便讲解一下挂车和汽车列车的相关术语。

挂车就其设计和技术特性是指需要由汽车牵引才能正常使用的一种无动力的道路车辆，用于载运人员和/或货物或者特殊用途。

（1）半挂车（semi-trailer）。车轴置于车辆重心（当车辆均匀受载时）后面，并且装有可将水平力或垂直力传递到牵引车的联结装置的挂车。

注意：半挂车与牵引车的联结是通过牵引销和牵引座实现的。

1）载货半挂车（goods semi-trailer）。设计、制造和技术特性上用于载运货物的半挂车。

2）平板式半挂车（flatbed semi-trailer）。载货部位的地板为平板结构且无栏板的半挂车。

注意：不包含专门用于运输不可解体大型物品的低平板专用半挂车。

3）栏板式半挂车（drop slide semi-trailer）。载货部位的结构为栏板（可装备随车起重装置）的半挂车。

注意：不包括自卸式半挂车。

4）仓栅式半挂车（fence semi-trailer）。载货部位的结构为仓笼式或栅栏式结构，顶部安装有与侧面栅栏固定、不能拆卸和调整的顶棚杆的半挂车。

5）厢式半挂车（van semi-trailer）。载货部位的结构为厢体，厢体顶部（翼开式车辆除外）为封闭、不可开启的半挂车。

6）自卸式半挂车（dump semi-trailer）。载货部位的结构为栏板且具有自动倾卸装置的半挂车。

7）侧帘式半挂车（curtain side semi-trailer）。载货部位的结构为侧帘式，侧部设置可滑动的侧帘布、滑动立柱、侧帘收紧装置和挡货栏板或栏杆，顶棚由左右边梁、前后端梁、金属横梁和顶板组合而成，地板上可以设置系固点的半挂车。

8）专用运输半挂车（specialized transport goods semi-trailer）。具有如下两项技术特性之一的半挂车：

- 需要经过特殊布置后才能载运货物。
- 仅执行特殊物品的运输任务。

9）专用作业半挂车（special operation semi-trailer）。装备有专用设备或器具，设计、制造和技术特性上用于工程专项（包含卫生医疗）作业和/或专门用途的半挂车。

10）载客半挂车（bus semi-trailer）。设计、制造和技术特性上用于载运乘客及其随身行李的半挂车。

11）旅居半挂车（caravan semi-trailer）。装备有睡具及其他必要的生活设施、用于旅行宿营的半挂车。

12）中置轴挂车（centre-axle trailer）。牵引装置不能垂直移动（相对于挂车），只有不超过相当于挂车最大质量的 10%或 1000kg（两者取较小者）的垂直静载荷作用于牵引车，且车轴位于紧靠挂车重心（当均匀载荷时）的挂车。

13）载货中置轴挂车（goods centre-axle trailer）。设计、制造和技术特性上用于载运货物的中置轴挂车。

14）专用作业中置轴挂车（special operation centre-axle trailer）。装备有专用设备或器具，设计、制造和技术特性上用于工程专项（包含卫生医疗）作业和/或专门用途的中置轴挂车。

15）旅居中置轴挂车（caravan centre-axle trailer）。装备有睡具及其他必要的生活设施、用于旅行宿营的中置轴挂车。

16）牵引杆挂车（draw-bar trailer）。至少有两根车轴（半挂牵引拖台除外）且具有如下各项技术特性的挂车：

- 至少一轴为转向轴。
- 通过角向移动的牵引杆与牵引车联结。
- 牵引杆可垂直移动，联结到底盘上，不承受任何垂直力。

注意：半挂车和半挂牵引拖台的组合也视为牵引杆挂车。

①专用作业牵引杆挂车（special operation draw-bar trailer）。装备有专用设备或器具，设计、制造和技术特性上用于工程专项（包含卫生医疗）作业和/或专门用途的牵引杆挂车。

②载客牵引杆挂车（bus draw-bar trailer）。设计、制造和技术特性上用于载运人员及其随身行李的牵引杆挂车。

③旅居牵引杆挂车（caravan draw-bar trailer）。装备有睡具及其他必要的生活设施、用于旅行宿营的牵引杆挂车。

④半挂牵引拖台（trailer converter dolly）。承载所拖挂半挂车传递的垂直载荷，且与牵引车辆相连接组成汽车列车的专用装置。

⑤刚性杆挂车（rigid draw-bar trailer）。具有一个轴或一组轴、配有刚性牵引杆，可以承受不超过 4000kg 的载荷作用于牵引车的挂车。

注意：不包括中置轴挂车、半挂车。

（2）汽车列车（combination vehicles）。一辆汽车与一辆或多辆挂车组合而成的车辆。

1）乘用车列车（passenger/car trailer combination）。一辆乘用车和一辆中置轴挂车组成的列车。

2）客车列车（bus road train）。一辆客车与一辆或多辆挂车组合而成的车辆，各节乘客车厢不相通，有时设有服务走廊。

3）货车列车（goods road train）。一辆牵引货车和挂车（不包括半挂车）组成的列车。

①牵引杆挂车列车（draw-bar tractor combination）。一辆牵引货车和牵引杆挂车组成的列车。

②中置轴挂车列车（centre-axle trailer combination）。一辆牵引货车和中置轴挂车组成的列车。

③刚性杆挂车列车（rigid draw-bar trailer combination）。一辆牵引货车和刚性杆挂车组成的列车。

4）铰接列车（articulated vehicle）。一辆半挂牵引车与具有角向移动连接的半挂车组成的车辆。

5）多用途货车列车（multi purpose goods vehicle trailer combination）与皮卡列车（pick-up trailer combination）。一辆皮卡车和一辆挂车组成的列车。

6）平台列车（platform road train）。由牵引车辆和牵引杆挂车组合而成，在可角向移动的载货平台的整个长度上货物都是不可分地置于牵引车辆和挂车上，且货物和/或其支撑装置构成牵引车辆和挂车联结的列车。

注意：为了支撑货物可能使用辅助装置；列车的连接由货物和/或其支撑装置实现，因此挂车不再有转向联结；牵引车辆指半挂牵引车或牵引货车。

7）双挂列车（double road train）。一辆铰接列车与一辆牵引杆挂车、中置轴挂车或刚性杆挂车组成的列车。

8）双半挂列车（double semi-trailer road train）。一辆铰接列车与一辆半挂车组成的列车。

注意：两辆半挂车的联结是通过铰接列车后部的第二个半挂车联结装置来实现的。

4. 不同能源类型车辆的术语和定义

（1）汽油车（gasoline vehicle）。装备以车用汽油为单一燃料的发动机的汽车。

（2）柴油车（diesel vehicle）。装备以车用柴油为单一燃料的发动机的汽车。

（3）气体燃料汽车（gaseous fuel vehicle）。装备以石油气、天然气、煤气等气体为燃料的发动机的汽车。

（4）甲醇燃料汽车（methanol fuel vehicle）。装备甲醇燃料发动机，以M100车用甲醇燃料为燃料或装备柴油/甲醇双燃料发动机的汽车。

（5）单燃料汽车（mono-fuel vehicle）。只有一套燃料供给系统、只能燃用一种燃料的汽车，也包括采用汽油或其他辅助燃料但仅用于车辆启动或预热的汽车。

（6）双燃料汽车（dual-fuel vehicle）。具有两套燃料供给系统，且两套燃料供给系统按预定的配比向燃烧室供给燃料，在缸内混合燃烧的汽车。例如柴油—压缩天然气双燃料汽车、柴油—液化石油气双燃料汽车。

（7）两用燃料汽车（bi-fuel vehicle）。具有两套相互独立的燃料供给系统，且两套燃料供给系统可分别但不可同时向燃烧室供给燃料的汽车。例如汽油/压缩天然气两用燃料汽车、汽油/液化石油气两用燃料汽车。

（8）纯电动汽车（battery electric vehicle）。驱动能量完全由电能提供的、由电机驱动的汽车。

注意：电机的驱动电能来源于车载可充电储能系统或其他能量储存装置。

（9）混合动力电动汽车（hybrid electric vehicle）。能够至少从下述两类车载储存的能量中获得动力的汽车：

- 可消耗的燃料。
- 可再充电能/能量储存装置。

（10）燃料电池电动汽车（fuel cell electric vehicle）。以燃料电池系统作为单一动力源或者以燃料电池系统与可充电储能系统作为混合动力源的电动汽车。

1.1.2 汽车型号编制规则

为了便于汽车在生产、管理、使用、维修过程中的识别，我国一般用简单的汉语拼音字母和阿拉伯数字来编号表示国产汽车的企业代号、类型代号、主要特征参数代号、产品序号和企业自定代号等。必要时附加企业自定代号，对于专用汽车及专用半挂车增加专用汽车分类代号。

如图 1-2 所示，汽车型号需要表明汽车的生产企业、汽车类型、主要特征参数、产品序号和企业自定代号等内容。完整的汽车型号包括五部分内容：企业名称代号、车辆类别代号、主参数代号、产品序号和企业自定代号。

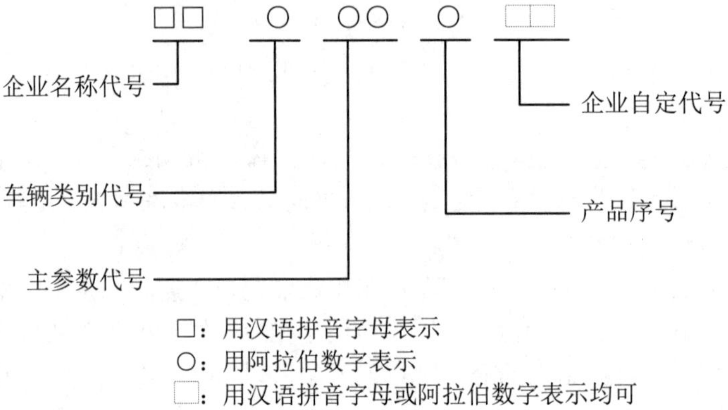

图 1-2 汽车型号组成示意图

1. 企业名称代号

企业名称代号位于产品型号的第一部分，用代表企业名称的两个字的汉语拼音首字母表示。例如：

CA——一汽集团公司

EQ——东风汽车集团公司

BJ——北京汽车集团公司

SH——上海汽车工业（集团）总公司

TJ——天津汽车工业有限公司

ZZ——中国重汽集团有限公司

2. 车辆类别代号

车辆类别代号表明车辆分属的种类，用一位阿拉伯数字表示。我国的车辆类别代号如表 1-1 所示。

表 1-1 我国车辆类别代号

车辆类别代号	车辆种类	车辆类别代号	车辆种类
1	载货汽车	6	客车
2	越野汽车	7	轿车
3	自卸汽车	8	—
4	牵引汽车	9	半挂车及专用半挂车
5	专用汽车		

注：此表也适用于所列车辆的底盘。

3. 主参数代号

主参数代号用两位阿拉伯数字表示。

（1）载货汽车、越野汽车、自卸汽车、牵引汽车、专用汽车与半挂车的主参数代号为车辆的总质量（t），牵引汽车的总质量包括牵引座上的最大质量。当总质量在 100t 以上时，允许用 3 位数字表示。

（2）客车及半挂车的主参数代号为车辆长度（m）。当车辆长度小于 10m 时，表示汽车长度的单位是 0.1m。当车辆长度等于或大于 10m 时，表示汽车长度的单位是 m。

（3）轿车的主参数代号为发动机排量（L），精确到小数点后一位，并以其数值的 10 倍数值表示。如 7180 表示发动机排量为 1.8L 的轿车。

（4）专用汽车及专用半挂车的主参数代号，当适用定型汽车底盘或定型半挂车底盘改装时，若其主参数与定型底盘原车的主参数之差不大于原车的 10%，则沿用原车的主参数代号。

（5）主参数不足规定位数时，在参数前以“0”占位。

4. 产品序号

产品序号用阿拉伯数字表示，数字由 0、1、2、…依次使用。0 表示第一代产品，1 表示第二代产品，以此类推。

当车辆主参数有变化，但变化不大于原定型设计主参数的10%时，其主参数代号不变；如果主参数的变化大于10%，则应改变主参数代号；若因为数字修约而主参数代号不变，则应改变其产品序号。

5. 企业自定代号

企业自定代号用汉语拼音字母或阿拉伯数字表示均可，位数由企业自定，主要用于区别结构略有变化的同一种汽车，如单排座与双排座、单卧铺与双卧铺、普通驾驶室与高顶驾驶室、方向盘左置与右置等。供用户选装的零部件（如暖风装置、收音机、地毯、绞盘等）不属于结构特征变化，不给予企业自定代号。

【例 1-1】 试说明下述车辆型号的含义。

BJ2020S——BJ 代表北京汽车制造厂，2 代表越野车，02 代表该车总质量为 2t，0 代表该车为第一代产品，S 为厂家自定义。

TJ7131U——TJ 代表天津汽车制造厂，7 代表轿车，13 代表排气量为 1.3L，1 代表该车为第二代产品，U 为厂家自定义。

如果是专用汽车，则在汽车型号的中间加 3 位“专用汽车分类代号”（包括专用汽车结构特征代号 1 位和专用汽车用途特征代号 2 位），如图 1-3 所示。专用汽车结构特征代号（如表 1-2 所示）和专用汽车用途特征代号用汉语拼音表示（如表 1-3 所示）。

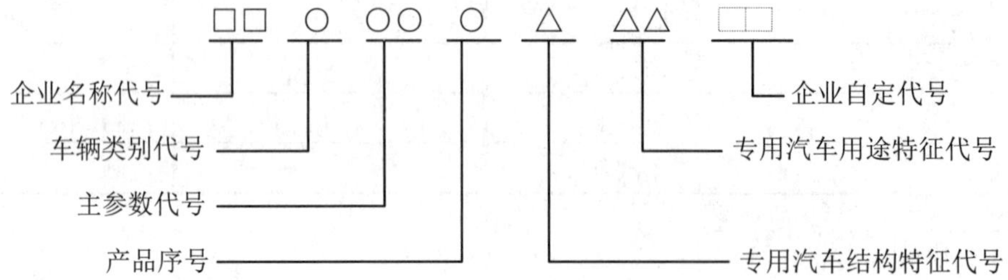

图 1-3　专用汽车型号组成示意图

表 1-2　专用汽车结构特征代号

结构特征	厢式汽车	特种结构汽车	罐式汽车	起重举升汽车	专用自卸汽车	仓栅式汽车
代号	X	T	G	J	Z	C

表 1-3　专用汽车用途特征代号

（a）厢式汽车用途特征代号

术语	汉字缩写	用途特征代号	术语	汉字缩写	用途特征代号
保温车	保温	BW	售货车	售货	SH
殡仪车	殡仪	BY	手术车	手术	SS
餐车	餐车	CC	计划生育车	生育	SY
厕所车	厕所	CS	图书馆车	图书	TS
电视车	电视	DS	通信车	通信	TX
防疫车	防疫	FY	厢容可变车	厢变	XB
工程车 电力工程车 物探工程车 保温防腐工程车 润滑油净化工程车 测量工程车 焊接工程车	工程	GC	宣传车	宣传	XC
			消毒车	消毒	XD
			通信指挥消防车 勘察消防车 宣传消防车 器材消防车	消防	XF
			血浆运输车	血浆	XJ
化验车	化验	HY	修理车	修理	XL
警备车	警备	JB	厢式运输车	厢运	XY
检测车 药品检测车 食品检测车 农机检测车	检测	JC	运钞车	运钞	YC
			翼开启厢式车	翼开	YK
			仪器车 地震仪器车	仪器	YQ

续表

术语	汉字缩写	用途特征代号
监测车 环境监测车 车速监测车 无线电监测车	监测	JE
救护车 运送型救护车 监护型救护车	救护	JH
计量车 油井计量车	计量	JL
警犬运输车	警犬	JQ
检修车 抽油机检修车 管道检修车	检修	JX
冷藏车	冷藏	LC
勘察车	勘察	KC
淋浴车	淋浴	LY
囚车	囚车	QC
爆破器材运输车	器运	QY
伤残运送车	伤残	SC
警用车	警用	JY
医疗废物转运车	医运	YY
爆炸品厢式运输车	爆炸	BZ
毒性气体厢式运输车	毒气	DQ
科普宣传车	宣传	XC
腐蚀性物品厢式运输车	腐物	FW
杂项危险物品厢式运输车	杂危	ZW
煤炭运输车	煤炭	MT
稽查车	稽查	JA
银行车	银行	YA
旅居车	旅居	LJ
采血车	采血	CX
防爆车	防爆	FB
电影放映车	电影	DN
电热解堵车	解堵	JD

术语	汉字缩写	用途特征代号
邮政车	邮政	YZ
X 射线诊断车	诊断	ZD
指挥车 电力指挥车 森林防火指挥车	指挥	ZH
住宿车	住宿	ZS
地震装线车	装线	ZX
器官运输车	器官	QG
运兵车	运兵	YB
易燃气体厢式运输车	燃气	RQ
易燃液体厢式运输车	燃液	RY
易燃固体厢式运输车	燃固	RG
氧化性物品厢式运输车	氧物	YW
毒性和感染性物品厢式运输车	毒感	DG
放射性物品厢式运输车	放射	FS
计划生育宣传车	宣传	XC
海关安检车	安检	AJ
教练车	练车	LH
路政车	路政	LZ
监理车	理车	LE
医疗车 体检医疗车	医疗	YL
净水车	净水	JS
静力触探车	触探	CT
放射性源车	源车	YH
电源车	电源	DY
救险车 燃气管道救险车	险车	XH
照明车 抢险救援照明车	照明	ZM
舞台车	舞台	WT
展示车	展示	ZS
运马车	运马	YM

（b）罐式汽车用途特征代号

术语	汉字缩写	用途特征代号
油井液处理车	处理	CL
散装电石粉车	电粉	DF
低温液体运输车	低液	DY
低密度粉粒物料运输车 中密度粉粒物料运输车 高密度粉粒物料运输车	粉料	FL
粉粒食品运输车	粉食	FS
供水车 飞机供水车	供水	GS
化工液体运输车	化液	HY
混凝土搅拌运输车	搅拌	JB
飞机加油车 加油车	加油	JY
液化气体运输车	液气	YQ
沥青运输车	沥运	LY
鲜奶运输车	奶运	NY
干拌砂浆运输车	砂浆	SJ
易燃液体罐式运输车	燃液	RY
易燃固体罐式运输车	燃固	RG
氧化性物品罐式运输车	氧物	YW
毒性和感染性物品罐式运输车	毒感	DG
放射性物品罐式运输车	放射	FS
腐蚀性物品罐式运输车	腐物	FW
杂项危险物品罐式运输车	杂危	ZW
清洗吸污车	清污	QW
加油车	加油	JY
沥青洒布车	沥青	LQ

术语	汉字缩写	用途特征代号
清洗车 下水道疏通清洗车 护栏清洗车	清洗	QX
散装水泥运输车	水泥	SN
洒水车	洒水	SS
吸粪车	吸粪	XE
水罐消防车 泡沫消防车 供水消防车 供液消防车 A 类泡沫消防车 机场消防车	消防	XF
下灰车	下灰	XH
吸污车 飞机吸污车	吸污	XW
活鱼运送车	鱼运	YS
二氧化碳运输车	氧运	YU
爆炸品罐式运输车	爆炸	BZ
易燃气体罐式运输车	燃气	RQ
毒性气体罐式运输车	毒气	DQ
绿化喷洒车	喷洒	PS
清洗洒水车	洗洒	XS
防爆水罐车	防暴	FB
吸引压送车	吸压	XY
液化气体运输车	液气	YQ
液态食品运输车	液食	YS
运油车	运油	YY

（c）专用自卸汽车用途特征代号

术语	汉字缩写	用途特征代号
摆臂式自装卸车	摆臂	BB
摆臂式垃圾车	摆式	BS
背罐车	背罐	BG

术语	汉字缩写	用途特征代号
污泥自卸车	污卸	WX
厢式自卸车	厢卸	XE
车厢可卸式垃圾车	厢卸	XX

续表

术语	汉字缩写	用途特征代号	术语	汉字缩写	用途特征代号
粉粒物料自卸车	粉料	FL	运棉车	运棉	YM
车厢可卸式汽车	可卸	KX	压缩式垃圾车	压缩	YS
自卸式垃圾车	垃圾	LJ	自装卸式垃圾车	自装	ZZ
压缩式对接垃圾车	对接	DJ	分拣垃圾运输车	分拣	FJ
散装粮食运输车	粮食	LS	散装饲料运输车	饲料	SL
散装种子运输车	种运	ZY			

（d）起重举升汽车用途特征代号

术语	汉字缩写	用途特征代号	术语	汉字缩写	用途特征代号
高空作业车	高空	GK	随车起重运输车	随起	SQ
后栏板起重运输车	后起	HQ	登高平台消防车 举高喷射消防车 云梯消防车	消防	XF
飞机清洗车	清洗	QX			
汽车起重机	起重	QZ			
航空食品装运车	食品	SP	翼开启栏板起重运输车	翼开	YK
桥梁检测车	桥检	QJ	计量检衡车	检衡	JH

（e）仓栅式汽车用途特征代号

术语	汉字缩写	用途特征代号
畜禽运输车	畜禽	CQ
散装粮食运输车	粮食	LS
散装饲料运输车	饲料	SL
养蜂车	养蜂	YF
散装种子运输车	种子	ZZ
瓶装饮料运输车	饮料	YL
桶装垃圾运输车	桶运	TY

（f）特种结构汽车用途特征代号

术语	汉字缩写	用途特征代号	术语	汉字缩写	用途特征代号
井架安装车	安装	AZ	试井车	试井	SJ
测井车	测井	CJ	扫路车	扫路	SL
车辆运输车	车辆	CL	沙漠车	沙漠	SM
测试井架车	测试	CS	固井水泥车	水泥	SN
静力触探车	触探	CT	输砂车	输砂	SS
采油车	采油	CY	通井车	通井	TJ
氮气发生车	氮发	DF	投捞车	投捞	TL
螺旋地锚车	地锚	DM	调剖堵水车	调剖	TP

续表

术语	汉字缩写	用途特征代号
电源车	电源	DY
氮气增压车	氮增	DZ
油井防砂车	防砂	FS
固井管汇车	管汇	GH
锅炉车	锅炉	GL
供液车	供液	GY
混凝土泵车	混泵	HB
混砂车	混砂	HS
炸药混装车	混装	HZ
洗井车	井车	JC
井控管汇车	井控	JK
集装箱运输车	集装	JZ
机场客梯车	客梯	KT
立放井架车	立放	LF
连续油管作业车	连管	LG
排液车	排液	PY
热油（水）清蜡车	清蜡	QL
护栏抢修车	抢修	QX
清障车	清障	QZ
照明车	照明	ZM
运砂车	运砂	YA
渣料运输车	渣料	ZL
液氮车	液氮	YD
化学剂注入车	注入	ZR
地震排列车	震排	ZP
洗扫车	洗扫	XS
稀浆封层车	封层	FC
道路检测车	路检	LJ
清淤车	清淤	QY
餐厨垃圾车	餐垃	CA
路面养护车 沥青道路微波养护车	养护	YH
压裂车 酸化压裂车	压裂	YL

术语	汉字缩写	用途特征代号
供气消防车 泵浦消防车 联用消防车 二氧化碳消防车 机场消防车 照明消防车 抢险救援消防车 干粉消防车 干粉泡沫联用消防车 干粉水联用消防车 后援消防车 排烟消防车 高倍泡沫消防车 排烟照明消防车 高倍泡沫排烟消防车 自装卸式消防车 水带敷设消防车 化学事故抢险救援消防车 化学洗消消防车 涡喷消防车	消防	XF
修井车	修井	XJ
洗井清蜡车	洗蜡	XL
抽油泵运输车	运泵	YB
放射性源车	源车	YC
压裂管汇车	压管	YG
沙漠车 工程沙漠车 冷藏沙漠车 供水沙漠车 运油沙漠车 起重运输沙漠车 沙漠汽车起重机 地震排列沙漠车 加油沙漠车	沙漠	SM

续表

术语	汉字缩写	用途特征代号	术语	汉字缩写	用途特征代号
压缩机车	压缩	YS	仪表车	表车	BC
运材车	运材	YC	吸尘车	吸尘	XC
钻机车	钻机	ZJ	除雪车	除雪	CX
可控震源车	震源	ZY	道路划线车	划线	HX
固井车	固井	GJ	沥青水泥砂浆搅拌车	搅拌	JB
超声波采油车	采油	CY	伸缩式皮带输送车	带送	DS
连续抽油杆作业车	抽杆	CG			

1.1.3 发动机型号编制规则

发动机（内燃机）型号由阿拉伯数字（以下简称数字）、汉语拼音字母或国际通用的英文缩略字母（以下简称字母）组成。由国外引进的内燃机产品，允许保留原产品型号或在原型号基础上进行扩展。经国产化的产品宜按 GB/T 725—2008《内燃机产品名称和型号编制规则》的规定编制。

1. *发动机型号组成*

按 GB/T 725—2008 的规定，内燃机型号包括以下四部分（如图 1-4 所示）：

第一部分：由制造商代号或系列符号组成。本部分代号由制造商根据需要选择相应 1～3 位字母表示。

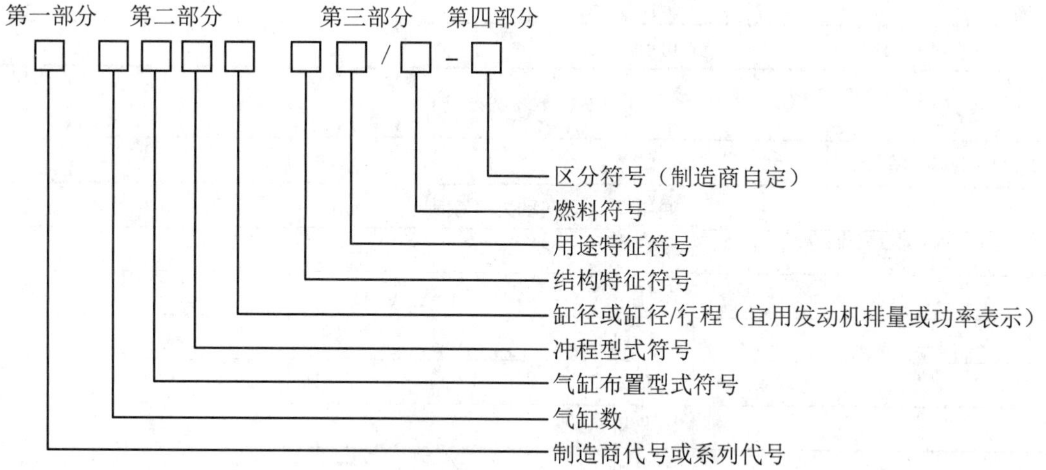

图 1-4 发动机型号的表示方法

第二部分：由气缸数、气缸布置型式符号、冲程型式符号、缸径符号组成。

（1）气缸数用 1～2 位数字表示。

（2）气缸布置型式符号按表 1-4 规定。

表 1-4　气缸布置型式符号

符号	含义
无符号	多缸直列及单缸
V	V 型
P	卧式
H	H 型
X	X 型

注：其他布置型式符号见 GB/T 1883.1。

（3）冲程型式为四冲程时符号省略，二冲程用 E 表示。

（4）缸径符号一般用缸径或缸径/行程数字表示，宜用发动机排量或功率数表示，其单位由制造商自定。

第三部分：由结构特征符号、用途特征符号组成，其符号分别按表 1-5 和表 1-6 规定。

表 1-5　结构特征符号

符号	结构特征
无符号	冷却液冷却
F	风冷
N	凝气冷却
S	十字头式
Z	增压
ZL	增压中冷
DZ	可倒转

表 1-6　用途特征符号

符号	用途
无符号	通用型及固定动力（或制造商自定）
T	拖拉机
M	摩托车
G	工程机械
Q	汽车
J	铁路机车
D	发电机组
C	船用主机、右机基本型
CZ	船用主机、左机基本型
Y	农用三轮车（或其他农用车）
L	林业机械

注：内燃机左机和右机的定义按 GB/T 726 的规定。

第四部分：区分符号。同系列产品需要区分时，允许制造商选用适当的符号表示。

第三部分与第四部分可用“-”分隔。

2. 发动机型号编制举例

【例 1-2】试说明下列柴油机型号的含义。

YZ6102Q——扬州柴油机厂生产的六缸直列、四冲程、缸径 102mm、冷却液冷却、车用柴油机。

JC12V26/32ZLC——济南柴油机股份有限公司生产的 12 缸、V 型、四冲程、缸径 260mm、行程 320mm、冷却液冷却、增压中冷、船用主机、右机基本型柴油机。

【例 1-3】试说明下列汽油机型号的含义。

492Q/P-A——四缸、直列、四冲程、缸径 92mm、冷却液冷却、汽车用（A 为区分符号）。

【例 1-4】试说明下列燃气机型号的含义。

12V190ZL/T——12 缸、V 型、四冲程、缸径 190mm、冷却液冷却、增压中冷、燃气为天然气。

【例 1-5】试说明下列双燃料发动机型号的含义。

G12V190ZLS——12 缸、V 型、缸径 190 mm、冷却液冷却、增压中冷、燃料为柴油/天然气双燃料（G 为系列代号）。

燃料符号如表 1-7 所示。

表 1-7　燃料符号

符号	燃料名称	备注
无符号	柴油	
P	汽油	
T	天然气（煤层气）	管道天然气
CNG	压缩天然气	
LNG	液化天然气	
LPG	液化石油气	
Z	沼气	各类工业化沼气（农业有机废弃物、工业有机废弃物、城市污水处理、城市有机垃圾）允许用 1～2 个字母的形式表示，如 ZN 表示农业有机废弃物产生的沼气
W	煤矿瓦斯	浓度不同的瓦斯允许用一个小写字母的形式表示，如 Wd 表示低浓度瓦斯
M	煤气	各类工业化煤气如焦炉煤气、高炉煤气等，允许在 M 后加一个字母区分煤气的类型
S SCZ	柴油/天然气双燃料 柴油/沼气双燃料	其他双燃料用两种燃料的字母表示
M	甲醇	
E	乙醇	
DME	二甲醇	
FME	生物柴油	

注：一般用 1～3 个拼音字母表示燃料，亦可用英文缩写字母表示；其他燃料允许制造商用 1～3 个字母表示。

1.1.4 动力蓄电池型号编制规则

动力蓄电池编码是由一组有一定信息含义的数字和英文字母表示动力蓄电池主要属性和唯一性的标识代码。

GB/T 19596—2017《汽车动力蓄电池编码标准》是行业内首个动力电池编码领域的统一标准，编码对象为汽车动力蓄电池包、蓄电池模块、单体蓄电池，以及梯级利用的动力蓄电池包、蓄电池模块、单体蓄电池，且动力蓄电池包、蓄电池模块与单体蓄电池，梯级利用的动力蓄电池包、蓄电池模块与单体蓄电池的编码应建立对应关系。

代码结构包括两部分，如表 1-8 和表 1-9 所示，第一部分为设计信息，第二部分为生产信息，两部分可以分别编码或合并编码。

表 1-8 第一部分代码结构

基本结构	扩展结构 1	含义
X1 X2 X3 X4 X5 X6 X7	X8 X9 X10 X11 X12 X13 X14	
X1 X2 X3		厂商代码
X4		产品类型代码
X5		电池类型代码
X6 X7		规格代码
	X8 X9 X10 X11 X12 X13 X14	追溯信息代码

表 1-9 第二部分代码结构

基本结构	扩展结构 2	含义
X15 X16 X17 X18 X19 X20 X21 X22 X23 X24	X25 X26	
X15 X16 X17		生产日期代码
X18 X19 X20 X21 X22 X23 X24		序列号
	X25 X26	梯级利用代码

本代码结构同样适用于梯级利用动力蓄电池产品。对于梯级利用动力蓄电池产品需要重新按照编码规则进行编码，原动力蓄电池产品的编码需要保留，编写过程中无扩展结构 1 的追溯信息代码。

1.1.5 车辆识别代号（VIN）

车辆识别代号核对

车辆识别代号（Vehicle Identification Number，VIN）就像人的身份证一样，具有在世界范围内对某一车辆的唯一识别性。每一辆新出厂的车都会打上 VIN 代号，此代号将伴随着该车辆的注册、保险、年检、维修与保养，直至回收或报废而载入车辆的服役档案。利用 VIN 代码可以方便地查找车辆的制造者、销售者和使用者。使用 VIN 是中国在车辆制造、贸易与管理上同世界接轨的重要体现。国际标准化组织（ISO）在 1976 年制定了 ISO3780《道路车辆——世界制造厂识别代号》后，各主要汽车生产国纷纷制定了自己的标准，建立了世界范围内的车辆识别系统。我国在 1996 年完成了有关车辆识别代号的报批工作，颁布了标准 GB/T 16735—1997 和 GB/T 16736—1997，并采用了 ISO 标准。现在新标准为 GB/T 16735—2019，代替了 GB/T 16735—1997 和 GB/T 16736—1997，并成为汽车行业的强制性标准。

车辆识别代号由世界制造厂识别代号（WMI）、车辆说明部分（VDS）、车辆指示部分（VIS）三部分组成，共 17 位字码。

对完整车辆和/或非完整车辆年产量大于或等于 1000 辆的车辆制造厂，车辆识别代号的第一部分为世界制造厂识别代号（WMI），第二部分为车辆说明部分（VDS），第三部分为车辆指示部分（VIS），如图 1-5 所示。

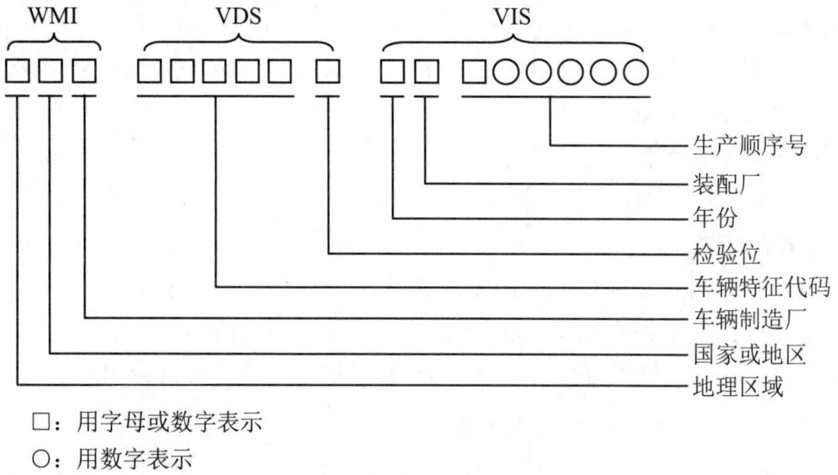

图 1-5　年产量大于或等于 1000 辆的完整车辆和/或非完整车辆制造厂车辆识别代号结构示意图

对完整车辆和/或非完整车辆年产量小于 1000 辆的车辆制造厂，车辆识别代号的第一部分为世界制造厂识别代号（WMI），第二部分为车辆说明部分（VDS），第三部分的第三、四、五位与第一部分的三位字码一起构成世界制造厂识别代号（WMI），其余五位为车辆指示部分（VIS），如图 1-6 所示。

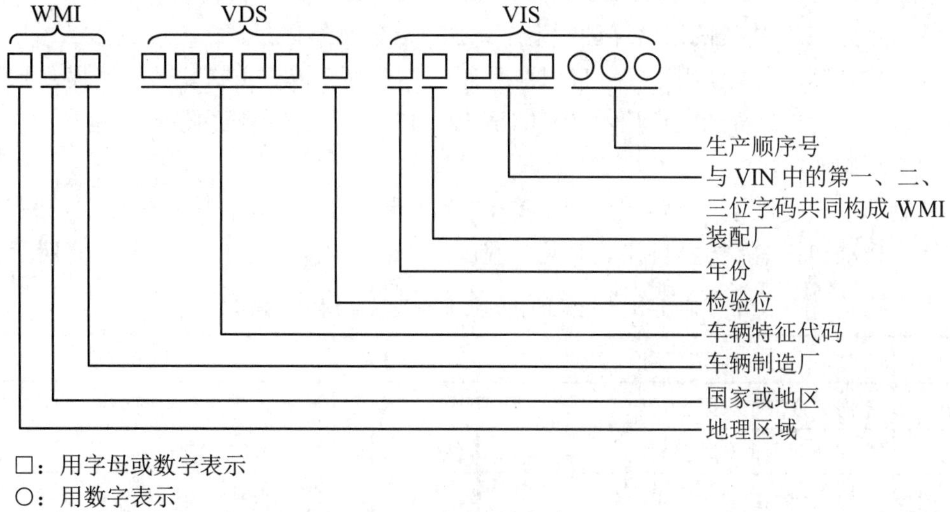

图 1-6　年产量小于 1000 辆的完整车辆和/或非完整车辆制造厂车辆识别代号结构示意图

1. 第一部分：世界制造厂识别代号（WMI）

世界制造厂识别代号（World Manufacturer Identifier，WMI）作为车辆识别代号（VIN）的第一部分，用以标识车辆的制造厂。当此代号被指定给某个车辆制造厂时，就能作为该厂的识别标志，世界制造厂识别代号在与车辆识别代号的其余部分一起使用时足以保证 30 年之内在世界范围内制造的所有车辆的车辆识别代号具有唯一性。

WMI 为世界制造厂识别代号，它具有世界车辆制造厂的世界唯一性。ISO 组织授权美国汽车工程师学会 SAE 作为其国际代理，负责为世界各国指定地区代码及国别代码，负责 WMI 的保存与核对。

车辆制造厂应由其所在国的国家机构分配一个或几个 WMI 代号。国内车辆制造厂的 WMI 代号由国家汽车主管部门进行分配，国家汽车主管部门应将分配的 WMI 代号向 ISO 授权的国际代理机构进行申报并核对。

WMI 代号由三位字码组成，WMI 代号中的字码可使用下列阿拉伯数字和罗马字母：

1 2 3 4 5 6 7 8 9 0

A B C D E F G H J K L M N P R S T U V W X Y Z（字母 I、O 及 Q 不能使用）

WMI 代号的第 1 位字码是由国际代理机构分配的、用以标明一个地理区域的一个字母或数字字码，根据预期的需要，可以为一个地理区域分配一个或多个字码。例如，1～5——北美洲，S～Z——欧洲，A～H——非洲，J～R——亚洲，6 和 7——大洋洲，8、9 和 0——南美洲，等等。

WMI 代号的第 2 位字码是由国际代理机构分配的、用以标明一个特定地理区域内的一个国家或地区的一个字母或数字字码，根据预期的需要，可以为一个国家或地区分配一个或多个字码。WMI 代号应通过第 1 位和第 2 位字码的组合保证国家识别标志的唯一性。例如，10～19——美国，1A～1Z——美国，2A～2W——加拿大，3A～3W——墨西哥，W0～W9——德国，WA～WZ——德国，L0～L9——中国，LA～LZ——中国，等等。

WMI 代号的第 3 位字码是由授权机构分配、用以标明特定制造厂的字母或数字字码。WMI 代号通过前 3 位字码的组合保证制造厂识别标志的唯一性。

授权机构在第 3 位上使用数字 9 来识别所有完整车辆和/或非完整车辆年产量小于 1000 辆的车辆制造厂。对于这样的制造厂，VIS 的第 12、13、14 位字码应由授权机构指定，以便识别特定的车辆制造厂。

世界制造厂识别代号（WMI）按照 GB 16737 规定，由 3 位数字或字母组成，该代号必须经过申请、批准和备案后方能使用。常见的我国汽车制造厂商识别代码如表 1-10 所示。

表 1-10 常见的我国汽车制造厂商识别代码

代码	制造厂商	代码	制造厂商
LSV	上海大众汽车有限公司	LHG	广州本田汽车有限公司
LSG	上海通用汽车有限公司	LVS	长安福特汽车有限公司
LSJ	上海汽车集团股份有限公司	L6T	浙江吉利汽车有限公司
LFV	一汽大众汽车有限公司	LVV	奇瑞汽车股份有限公司

续表

代码	制造厂商	代码	制造厂商
LFM	天津一汽丰田汽车有限公司	LVH	东风本田汽车有限公司
LFP	中国第一汽车集团公司	LBV	华晨宝马汽车有限公司
LDC	中国神龙汽车有限公司	LS5	重庆长安汽车股份有限公司
LBE	北京现代汽车有限公司	LH1	一汽海马汽车有限公司
LE4	北京吉普汽车有限公司	LGX	比亚迪汽车有限公司
LKH	哈飞汽车股份有限公司	LJ1	安徽江淮汽车股份有限公司

表1-11所示为部分新能源汽车品牌、VMI代号及车辆类型。

表1-11 部分新能源汽车品牌、VMI代号及车辆类型

车辆品牌	VMI代号	车辆类型
亚星	LA9/LYB	客车，非完整车辆
普朗特	LA9/PLT	货车
牧夫	LZ9/LTA	货车
康派斯	LA9/KPS	货车，挂车
易至，颐驰，羿驰	LND	纯电动乘用车
快星	LA9/YKX	货车
德塔	LA9/DTE	货车
中科动力	LA9/FZK	货车
知豆	LX4	纯电动乘用车

2. 第二部分：车辆说明部分（VDS）

车辆说明部分（Vehicle Descriptor Section，VDS）作为车辆识别代号（VIN）的第二部分，用以说明车辆的一般特征信息，由6位字码组成（即VIN的第4～9位）。

如果车辆制造厂不使用其中的一位或几位字码，应在该位置填入车辆制造厂选定的字母或数字占位。

VDS的第1～5位（即VIN的第4～8位）是对车型特征进行描述，其代码及顺序由车辆制造厂决定。

VDS从以下几个方面对车型特征进行描述：车辆类型、车辆结构特征（如车身类型、驾驶室类型、货厢类型、驱动类型、轴数及布置方式等）、车辆装置特征（如约束系统类型、发动机特征、变速器类型、悬架类型、制动型式等）、车辆技术特性参数（如车辆最大总质量、车辆长度、轴距、座位数等）。

对不同类型的车辆，在VDS中描述的车型特征应包括表1-12中规定的内容。

表 1-12　VDS 的第 1～5 位（VIN 的第 4～8 位）的含义

车辆类型	车型特征
乘用车	车身类型、发动机特征①
载货车（含牵引车）	车身类型、车辆最大总质量、发动机特征①
客车	车辆长度、发动机特征①
挂车	车身类型、车辆最大总质量
摩托车和轻便摩托车	车辆类型、发动机特征①
非完整车辆	车身类型②、车辆最大总质量②、发动机特征③

注：① 发动机特征至少应包括对燃油类型、排量和/或功率的描述。

② 用于制造成为货车的非完整车辆的描述项目。

③ 用于制造成为客车的非完整车辆的描述项目，此时发动机特征至少应包括对燃油类型、发动机布置型式、排量和/或功率的描述。

VDS 的最后一位（即 VIN 的第 9 位字码）为检验位。检验位可为 0～9 中的任一数字或字母 X，用以核对车辆识别代号记录的准确性，检验位按照以下步骤计算得出：

（1）车辆识别代号中的数字和字母对应值，如表 1-13 和表 1-14 所示。

表 1-13　VIN 代号中的数字对应值

VIN 中的数字	0	1	2	3	4	5	6	7	8	9
对应值	0	1	2	3	4	5	6	7	8	9

表 1-14　VIN 代号中的字母对应值

VIN 中的字母	A	B	C	D	E	F	G	H	J	K	L	M	N	P	R	S	T	U	V	W	X	Y	Z
对应值	1	2	3	4	5	6	7	8	1	2	3	4	5	7	9	2	3	4	5	6	7	8	9

（2）按表 1-15 所示给 VIN 代号中的每一位字码指定一个加权系数，如表 1-15 所示。

表 1-15　VIN 中每一位字码的加权系数

VIN 中的位置	1	2	3	4	5	6	7	8	9	10	11	12	13	14	15	16	17
加权系数	8	7	6	5	4	3	2	10	*	9	8	7	6	5	4	3	2

（3）将检验位之外的 16 位中每一位的加权系数乘以此位数字或字母的对应值，再将各乘积相加，求得的和被 11 除。

（4）除得的余数即为检验位。如果余数是 10，检验位就为字母 X。

车辆说明部分代号（VDS）按 GB 16737 规定由 6 位数组成，可以充分反映一种车辆类型的基本特征，新能源汽车的 VDS 码目前是非强制要求，下面以电动公交车为例进行说明。

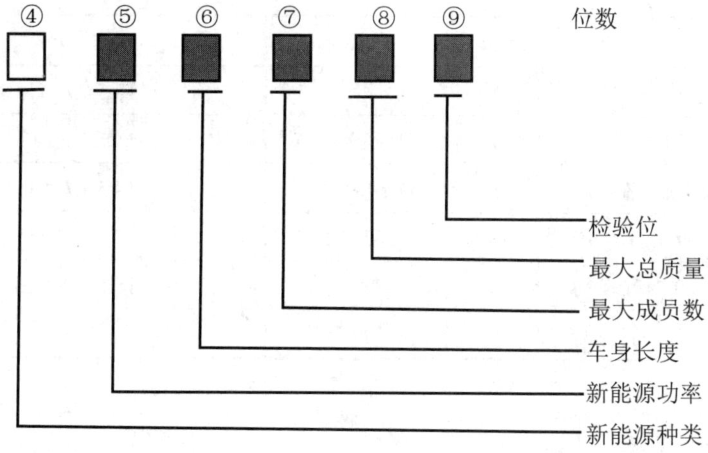

第④位字码代表新能源汽车种类，如表 1-16 所示。

表 1-16 新能源汽车种类代码

代码	新能源汽车种类
1	柴油混合动力电动汽车
2	汽油混合动力电动汽车
3	纯电动汽车
4	燃料电池电动汽车

第⑤位字码代表新能源汽车功率，如表 1-17 所示。

表 1-17 新能源汽车功率代码

代码	功率/kW	代码	功率/kW	代码	功率/kW	代码	功率/kW
A	$60 \leqslant P < 65$	J	$110 \leqslant P < 120$	T	$190 \leqslant P < 200$	2	$270 \leqslant P < 280$
B	$65 \leqslant P < 70$	K	$120 \leqslant P < 130$	U	$200 \leqslant P < 210$	3	$280 \leqslant P < 290$
C	$70 \leqslant P < 75$	L	$130 \leqslant P < 140$	V	$210 \leqslant P < 220$	4	$290 \leqslant P < 300$
D	$75 \leqslant P < 80$	M	$140 \leqslant P < 150$	W	$220 \leqslant P < 230$	5	$300 \leqslant P < 310$
E	$80 \leqslant P < 85$	N	$150 \leqslant P < 160$	X	$230 \leqslant P < 240$	6	$310 \leqslant P < 320$
F	$85 \leqslant P < 90$	P	$160 \leqslant P < 170$	Y	$240 \leqslant P < 250$		
G	$90 \leqslant P < 100$	R	$170 \leqslant P < 180$	Z	$250 \leqslant P < 260$		
H	$100 \leqslant P < 110$	S	$180 \leqslant P < 190$	1	$260 \leqslant P < 270$		

第⑥位字码代表车身长度，如表 1-18 所示。

表 1-18　新能源汽车车身长度代码

代码	车长/m	代码	车长/m	代码	车长/m	代码	车长/m
A	3.5≤*L*<4.0	G	6.5≤*L*<7.0	N	10.5≤*L*<11	V	13.5≤*L*<14
B	4.0≤*L*<4.5	H	7.0≤*L*<8.5	P	11≤*L*<11.5	W	14≤*L*<14.5
C	4.5≤*L*<5.0	J	8.5≤*L*<9.0	R	11.5≤*L*<12	X	14.5≤*L*<15
D	5.0≤*L*<5.5	K	9.0≤*L*<9.5	S	12≤*L*<12.5	Y	15≤*L*<15.5
E	5.5≤*L*<6.0	L	9.5≤*L*<10	T	12.5≤*L*<13	Z	15.5≤*L*<16
F	6.0≤*L*<6.5	M	10≤*L*<10.5	U	13≤*L*<13.5		

第⑦位字码代表最大乘员数，如表 1-19 所示。

表 1-19　新能源汽车最大乘员数代码

代码	最大乘客数/人	代码	最大乘客数/人	代码	最大乘客数/人	代码	最大乘客数/人
A	10≤*R*<15	G	40≤*R*<45	N	70≤*R*<80	V	130≤*R*<140
B	15≤*R*<20	H	45≤*R*<50	P	80≤*R*<90	W	140≤*R*<150
C	20≤*R*<25	J	50≤*R*<55	R	90≤*R*<100	X	150≤*R*<160
D	25≤*R*<30	K	55≤*R*<60	S	100≤*R*<110	Y	160≤*R*<170
E	30≤*R*<35	L	60≤*R*<65	T	110≤*R*<120	Z	170≤*R*<180
F	35≤*R*<40	M	65≤*R*<70	U	120≤*R*<130	1	180≤*R*<190

第⑧位字码代表新能源汽车最大总质量，如表 1-20 所示。

表 1-20　新能源汽车最大总质量代码

代码	最大总质量/kg	代码	最大总质量/kg	代码	最大总质量/kg	代码	最大总质量/kg
K	1000≤*M*<2000	C	4500≤*M*<5500	F	7500≤*M*<8500	U	10500≤*M*<11500
A	2000≤*M*<3500	D	5500≤*M*<6500	R	8500≤*M*<9500	V	11500≤*M*<12500
B	3500≤*M*<4500	E	6500≤*M*<7500	T	9500≤*M*<10500	X	12500≤*M*<13500

3. 第三部分：车辆指示部分（VIS）

车辆指示部分（Vehicle Indicator Section，VIS）是车辆识别代号的第三部分，为车辆出厂特征的指标部分，由 8 位字码组成（即 VIN 的第 10～17 位）。

VIS 的第 1 位字码（即 VIN 的第 10 位）应代表年份，年份代码按表 1-21 规定使用（30 年循环一次，保证每个车辆制造厂在 30 年之内生产的每辆车的车辆识别代号具有唯一性）。

表 1-21 VIN 代码中的年份与字码

年份	字码	年份	字码	年份	字码	年份	字码
1971	1	1981	B	1991	M	2001	1
1972	2	1982	C	1992	N	2002	2
1973	3	1983	D	1993	P	2003	3
1974	4	1984	E	1994	R	2004	4
1975	5	1985	F	1995	S	2005	5
1976	6	1986	G	1996	T	2006	6
1977	7	1987	H	1997	V	2007	7
1978	8	1988	J	1998	W	2008	8
1979	9	1989	K	1999	X	2009	9
1980	A	1990	L	2000	Y	2010	A

VIS 的第 2 位字码（即 VIN 的第 11 位）应代表装配厂。

如果车辆制造厂生产的完整车辆和/或非完整车辆年产量≥500 辆，VIS 的第 3～8 位字码（即 VIN 的第 12～17 位）用来表示生产顺序号；如果车辆制造厂生产的完整车辆和/或非完整车辆年产量＜500 辆，则 VIS 的第 3、4、5 位字码（即 VIN 的第 12～14 位）应与第一部分的 3 位字码一同表示车辆制造厂，第 6、7、8 位字码（即 VIN 的第 15～17 位）用来表示生产顺序号。

1.2 汽车使用的相关知识

1.2.1 汽车的使用寿命及报废

所谓汽车的使用寿命，是指从汽车开始使用到不能使用之间的整个时期，它可以用累计使用年数或累计行驶里程数表示。汽车在使用过程中，由于机械磨损、老化、使用不当、事故损伤等各种原因，性能指标逐渐下滑，到了一定程度就应该报废，这是自然规律。但是从不同的角度研究，汽车的使用寿命是不同的。不同的使用寿命，带来的经济效益是大不一样的，因此研究汽车的使用寿命有着重要的经济意义。

1. 汽车的使用寿命分类

汽车的使用寿命可分为汽车的技术使用寿命、汽车的经济使用寿命和汽车的合理使用寿命。

（1）汽车的技术使用寿命。汽车的技术使用寿命，是指汽车从全新状态投入使用，到主要机件达到技术极限状态且无法通过修理继续使用，致使汽车丧失使用价值所经历的总时间或总行驶里程。汽车的技术使用寿命，主要取决于汽车各总成及零部件的设计水平、制造工艺及技术、使用条件和保养维修水平。所以，对车辆进行修理已不能恢复汽车的主要使用性能，即汽车达到技术寿命时应对车辆进行报废处理，并且其零部件也不能再作为配件使用。在使用过程中，合理的保养维修能够使汽车的技术寿命适当延长，但是随着汽车技术的进步和汽车使用时间的延长，车辆维修的费用也会增加，所以汽车技术进步越快，汽车的技术使用寿命越短。

（2）汽车的经济使用寿命。汽车的经济使用寿命，是指汽车从全新状态投入使用，到年平均总费用最低时之间的年限。超过这个年限，汽车在技术角度上仍可继续使用，但年平均总费用上升，在经济角度上不宜继续使用。

从汽车使用总成本出发分析车辆制造成本、使用与维修费、管理费、车辆当前的折旧以及市场价格变化等因素，经过分析做出综合经济评定后，才能确定汽车的经济使用寿命。汽车的经济使用寿命是汽车经济效益最佳时机。在汽车更新政策允许的情况下，汽车用户在更新车辆时应以经济使用寿命为依据。

（3）汽车的合理使用寿命。汽车的合理使用寿命是以汽车的经济使用寿命为基础，考虑国民经济的发展和节约能源等因素，由国家或企业依据某些技术政策和方针制定出符合实际情况的使用期限。也就是说，虽然汽车已经达到经济使用寿命，但是否要更新换代，还要视国家和当地的实际情况而定，如更新汽车的市场供求状况、更新资金、相关政策等因素。因此，国家根据实际情况制定汽车更新的技术政策，考虑国民经济的可能性并加以修正，规定汽车的合理使用年限。

一般情况下，三者之间的关系为：汽车的技术使用寿命＞汽车的合理使用寿命＞汽车的经济使用寿命。

2. 汽车经济使用寿命常用的评价指标

汽车经济使用寿命的指标主要包括使用年限、行驶里程和大修次数。

（1）使用年限。所谓使用年限就是指汽车从投入运行开始直到报废期间的年数。使用年限这一指标的优点是除了考虑运行时的损耗，还考虑闲置的自然损耗，计算简单。但是其缺点也很明显，不能充分真实地反映汽车的使用强度和使用条件，导致使用年数相同的车辆之间技术状况差异很大。

考虑上述原因，可以采用折合使用年限这一指标，所谓折合使用年限，就是将汽车累计总的行驶里程与年均行驶里程之比作为车辆的折合使用年限，计算公式如下：

$$T_z = L_z / L_n \tag{1-4}$$

式中，T_z为折合年限，年；L_z为累计总的行驶里程，km；L_n为年均行驶里程，km/年。

年均行驶里程是根据各个行业的经营情况用统计方法得出的，与整个行业车辆的技术状态、完好率、出勤率、行驶速度、行驶路线、道路状况等因素有关。

对于专营车辆和社会零散车辆，使用强度差别很大，年行驶里程相差也很大，采用折合使用年限，其使用年限也就不同，因此采用折合使用年限更为合理。

（2）行驶里程。汽车从投入运行开始到报废期间总的累计行驶里程。行驶里程这一指标的优点是反映了汽车的真实使用强度，缺点是不能反映运行条件的差异以及汽车停驶期间的自然损耗。

对于不同的营运车辆，运行条件不同，虽然使用年数大致相同，但是其累计行驶里程可能差异很大甚至悬殊，所以作为考核指标，行驶里程比使用年限更为合理。大多数的汽车运营企业将行驶里程作为车辆考核的指标。二手车评估过程中，可能遇到里程表损坏的情况（有时是卖主的故意行为），此时表上的累计行驶里程已不可靠，仅供参考。

（3）大修次数。汽车在使用过程中，随着行驶里程的增加，动力性和经济性逐渐下降，当下降到一定程度时，正常的维护和小修已无法恢复车辆正常的技术状况，就要对车辆进行大修。汽车报废前，就需要权衡“买新车的费用加上旧车折旧造成的损失”与“大修费用加经营费用损失”两者的得失，综合衡量后决定是否要大修。可见，经济合理的大修次数是一项重要的技术指标。

3. 影响汽车经济使用寿命的因素

汽车经济使用寿命的长短主要受车辆的损耗、使用强度、使用条件、当地的经济水平等因素的影响。

（1）车辆的损耗。车辆的损耗包括有形损耗和无形损耗。

有形损耗是指汽车在使用和闲置过程中的损耗，如磨损、锈蚀、腐蚀、零件变形、疲劳破坏等。有形损耗会导致车辆使用成本增加。

无形损耗是指由于技术进步、生产效率提高，生产同样车型汽车的成本降低，导致原车型价格下降；或者是由于技术进步、生产效率提高，出现了性能更好、效率更高的新车型，使得原车型价格下跌，促使旧车提前更新。这实际上是原车型相对贬值。

（2）使用强度。不同的汽车、不同的用途、不同的使用者，导致汽车的使用强度差异很大，汽车的经济使用寿命也不一样。各种车辆年均行驶里程从 1 万至 15 万 km 不等，年均行驶里程越长，汽车的使用强度越大，经济使用寿命也越短。表 1-22 列出了几种常见车辆的使用强度。

表 1-22 几种常见车辆的使用强度 单位：万 km/年

车辆类型	私家车	商用车	出租车	公交车	长途客车	大货车
使用强度	1～3	2～5	10～15	8～12	10～20	8～12

从表 1-22 中可以看出，私家车使用强度最低，长途客车的使用强度最高。当然，经常超载的大货车使用强度要大于正常运载的车辆。

（3）使用条件。汽车的使用条件包括道路条件和自然条件。

1）道路条件。道路条件对汽车的有形损耗和汽车的经济使用寿命影响很大。道路对车辆使用寿命的影响主要是道路等级和路面情况等因素。如果道路条件差，一方面，使得车速慢，燃油消耗增加；另一方面，使汽车的磨损增加，最终导致汽车的经济使用寿命下降。

2）自然条件。自然条件的差异主要是由于我国幅员辽阔，各地自然条件、地理环境相差较大，如各地温度、湿度、海拔高度、空气密度、含氧量、空气中的沙尘含量等都各不相同，使得不同地区汽车的经济使用寿命存在一定的差异。

（4）当地的经济水平。不同的国家或地区，经济发展水平不同。我国各地的经济发展速度和发展水平有很大的差异。东南沿海各省经济发达，中西部地区经济相对落后，从而影响了汽车的经济使用寿命，如各地出租车的使用年限相差较大，3～8 年不等，某些地区 8 年后可以照常使用。

4. 我国汽车的报废标准简介

随着使用里程或使用年限的增加，汽车的某些性能将逐渐下降，直到报废，这是自然规律。如果为了某些原因而无限期地延长汽车的使用寿命，将致使其动力性、经济性下降，车辆技术状况大幅下降，维修费用增加，车辆使用成本增加，并且加重大气污染以及噪声污染，因此根据汽车的使用状况要制定相应的报废政策。

关于我国的汽车报废政策，1997 年国家经贸委等部门联合颁布了《关于发布〈汽车报废标准〉的通知》，后进行多次修改，分别于 1998 年颁布了《关于调整轻型载货汽车报废标准的通知》，2000 年颁布了《关于调整汽车报废标准若干规定的通知》，2001 年颁布了《关于印发〈农用运输车报废标准〉的通知》，2002 年开始施行《摩托车报废标准暂行规定》，2004 年、2012 年、2017 年、2021 年分别修订了 GB/T 7258《机动车运行安全技术条件》。

原来的汽车报废标准主要遵循“以使用年限为主、使用里程为辅”的强制报废原则。

汽车报废标准（1997 年修订）

（1997 年 7 月 15 日国家经贸委、计委、内贸部、机械部、公安部、环保局联合发布）

凡在我国境内注册的民用汽车，属下列情况之一的应当报废：

一、轻、微型载货汽车（含越野型）、矿山作业专用车累计行驶 30 万 km，重、中型载货汽车（含越野型）累计行驶 40 万 km，特大、大、轻、微型客车（含越野型）、轿车累计行驶 50 万 km，其他车辆累计行驶 45 万 km。

二、轻、微型载货汽车（含越野型）、带拖挂的载货汽车、矿山作业专用车及各类出租汽车使用 8 年，其他车辆使用 10 年。

三、因各种原因造成车辆严重损坏或技术状况低劣，无法修复的。

四、车型淘汰，已无配件来源的。

五、汽车经长期使用，耗油量超过国家定型车出厂标准 15%的。

六、经修理和调整仍达不到国家对机动车运行安全技术条件要求的。

七、经修理和调整或采用排气污染控制技术后，排放污染物仍超过国家规定的汽车排放标准的。

除 19 座以下出租汽车和轻、微型载货汽车（含越野型）外，对达到上述使用年限的客、货车辆，经公安车辆管理部门依据国家机动车安全排放有关规定严格检验，性能符合规定的，可延缓报废，但延长期不得超过本标准第二条规定年限的一半。对于吊车、消防车、钻探车等从事专门作业的车辆，还可根据实际使用和检验再延长使用期限。所有延长使用年限的车辆都需按公安部规定增加检验次数，不符合国家有关汽车安全排放规定的应当强制报废。

八、本标准自发布之日起施行。本标准发布之前已达到本标准规定报废条件的车辆，允许在本标准发布后 12 个月之内报废。本标准由全国汽车更新领导小组办公室负责解释。

由于汽车报废标准出台时间较早，而近些年来我国的汽车市场飞速发展，汽车设计技术、生产工艺、制造水平不断发展，导致报废标准在执行过程中遇到许多新问题，以致后来陆续发布一些条例或通知，对原来的标准进行进一步完善。综合来看，汽车报废标准与我国汽车市场发展的不协调表现在以下几方面：

（1）汽车报废标准与后续法规在个别项目上不协调。

（2）规定的汽车报废年限和报废里程数据陈旧，需要调整。

（3）个别指标缺乏操作性。

（4）车检内容与报废标准不完全一致。

（5）对于挂车没有做出具体报废规定等。

针对上述存在的问题，商务部、发展改革委、公安部、环境保护部于 2012 年 12 月颁布了新的《机动车强制报废标准规定》，并于 2013 年 5 月 1 日正式实施，首次提出小、微型非营运载客汽车和专项作业车辆无使用年限限制，强制报废的标准较旧版标准更加细化。从内容上看，新标准将促使消费者更加关注车辆的可靠性及保养。

旧版《汽车报废标准》规定汽车使用年限的报废标准为 9 座（含 9 座）以下非营运载客汽

车（包括轿车、越野型汽车）使用年限为 15 年，延长使用年限需定期检验，但新规定对于传统定义“私车”在内的小型、微型非营运载客汽车和专项作业车无使用年限限制，只鼓励这类车辆在行驶 60 万 km 后交售报废机动车回收拆解企业，并办理注销登记。新规定促使消费者更加关注车辆的可靠性，在车辆使用过程中更加注意维修保养的质量，使汽车后市场规模变得更大。

机动车强制报废标准规定

第一条　为保障道路交通安全、鼓励技术进步、加快建设资源节约型、环境友好型社会，根据《中华人民共和国道路交通安全法》及其实施条例、《中华人民共和国大气污染防治法》和《中华人民共和国噪声污染防治法》制定本规定。

第二条　根据机动车使用和安全技术、排放检验状况，国家对达到报废标准的机动车实施强制报废。

第三条　商务、公安、环境保护、发展改革等部门依据各自职责，负责报废机动车回收拆解监督管理、机动车强制报废标准执行有关工作。

第四条　已注册机动车有下列情形之一的应当强制报废，其所有人应当将机动车交售给报废机动车回收拆解企业，由报废机动车回收拆解企业按规定进行登记、拆解、销毁等处理，并将报废机动车登记证书、号牌、行驶证交公安机关交通管理部门注销：

（一）达到本规定第五条规定使用年限的。

（二）经修理和调整仍不符合机动车安全技术国家标准对在用车有关要求的。

（三）经修理和调整或者采用控制技术后，向大气排放污染物或者噪声仍不符合国家标准对在用车有关要求的。

（四）在检验有效期届满后连续 3 个机动车检验周期内未取得机动车检验合格标志的。

第五条　各类机动车使用年限分别如下：

（一）小、微型出租客运汽车使用 8 年，中型出租客运汽车使用 10 年，大型出租客运汽车使用 12 年。

（二）租赁载客汽车使用 15 年。

（三）小型教练载客汽车使用 10 年，中型教练载客汽车使用 12 年，大型教练载客汽车使用 15 年。

（四）公交客运汽车使用 13 年。

（五）其他小、微型营运载客汽车使用 10 年，大、中型营运载客汽车使用 15 年。

（六）专用校车使用 15 年。

（七）大、中型非营运载客汽车（大型轿车除外）使用 20 年。

（八）三轮汽车、装用单缸发动机的低速货车使用 9 年，其他载货汽车（包括半挂牵引车和全挂牵引车）使用 15 年。

（九）有载货功能的专项作业车使用 15 年，无载货功能的专项作业车使用 30 年。

（十）全挂车、危险品运输半挂车使用 10 年，集装箱半挂车使用 20 年，其他半挂车使用 15 年。

（十一）正三轮摩托车使用 12 年，其他摩托车使用 13 年。

对小、微型出租客运汽车（纯电动汽车除外）和摩托车，省、自治区、直辖市人民政府有关部门可结合本地实际情况制定严于上述使用年限的规定，但小、微型出租客运汽车不得低于 6 年，正三轮摩托车不得低于 10 年，其他摩托车不得低于 11 年。

小、微型非营运载客汽车、大型非营运轿车、轮式专用机械车无使用年限限制。

机动车使用年限起始日期按照注册登记日期计算，但自出厂之日起超过 2 年未办理注册登记手续的，按照出厂日期计算。

第六条　变更使用性质或者转移登记的机动车应当按照下列有关要求确定使用年限和报废：

（一）营运载客汽车与非营运载客汽车相互转换的，按照营运载客汽车的规定报废，但小、微型非营运载客汽车和大型非营运轿车转为营运载客汽车的，应按照本规定附件 1 所列公式核算累计使用年限，且不得超过 15 年。

（二）不同类型的营运载客汽车相互转换，按照使用年限较严的规定报废。

（三）小、微型出租客运汽车和摩托车需要转出登记所属地省、自治区、直辖市范围的，按照使用年限较严的规定报废。

（四）危险品运输载货汽车、半挂车与其他载货汽车、半挂车相互转换的，按照危险品运输载货车、半挂车的规定报废。

距本规定要求使用年限 1 年以内（含 1 年）的机动车，不得变更使用性质、转移所有权或者转出登记地所属地市级行政区域。

第七条　国家对达到一定行驶里程的机动车引导报废。

达到下列行驶里程的机动车，其所有人可以将机动车交售给报废机动车回收拆解企业，由报废机动车回收拆解企业按规定进行登记、拆解、销毁等处理，并将报废的机动车登记证书、号牌、行驶证交公安机关交通管理部门注销：

（一）小、微型出租客运汽车行驶 60 万 km，中型出租客运汽车行驶 50 万 km，大型出租客运汽车行驶 60 万 km。

（二）租赁载客汽车行驶 60 万 km。

（三）小型和中型教练载客汽车行驶 50 万 km，大型教练载客汽车行驶 60 万 km。

（四）公交客运汽车行驶 40 万 km。

（五）其他小、微型营运载客汽车行驶 60 万 km，中型营运载客汽车行驶 50 万 km，大型营运载客汽车行驶 80 万 km。

（六）专用校车行驶 40 万 km。

（七）小、微型非营运载客汽车和大型非营运轿车行驶 60 万 km，中型非营运载客汽车行驶 50 万 km，大型非营运载客汽车行驶 60 万 km。

（八）微型载货汽车行驶 50 万 km，中、轻型载货汽车行驶 60 万 km，重型载货汽车（包括半挂牵引车和全挂牵引车）行驶 70 万 km，危险品运输载货汽车行驶 40 万 km，装用多缸发动机的低速货车行驶 30 万 km。

（九）专项作业车、轮式专用机械车行驶 50 万 km。

（十）正三轮摩托车行驶 10 万 km，其他摩托车行驶 12 万 km。

第八条　本规定所称机动车是指上道路行驶的汽车、挂车、摩托车和轮式专用机械车；非营运载客汽车是指个人或者单位不以获取利润为目的的自用载客汽车；危险品运输载货汽车是指专门用于运输剧毒化学品、爆炸品、放射性物品、腐蚀性物品等危险品的车辆；变更使用性质是指使用性质由营运转为非营运或者由非营运转为营运，小、微型出租、租赁、教练等不同类型的营运载客汽车之间的相互转换，以及危险品运输载货汽车转为其他载货汽车。本规定所称检验周期是指《中华人民共和国道路交通安全法实施条例》规定的机动车安全技术检验周期。

第九条　省、自治区、直辖市人民政府有关部门依据本规定第五条制定的小、微型出租客运汽车或者摩托车使用年限标准应当及时向社会公布，并报国务院商务、公安、环境保护等部门备案。

第十条　上道路行驶拖拉机的报废标准规定另行制定。

第十一条　本规定自 2013 年 5 月 1 日起施行。2013 年 5 月 1 日前已达到本规定所列报废标准的，应当在 2014 年 4 月 30 日前予以报废。《关于发布〈汽车报废标准〉的通知》（国经贸经〔1997〕456 号）、《关于调整轻型载货汽车报废标准的通知》（国经贸经〔1998〕407 号）、《关于调整汽车报废标准若干规定的通知》（国经贸资源〔2000〕1202 号）、《关于印发〈农用运输车报废标准〉的通知》（国经贸资源〔2001〕234 号）、《摩托车报废标准暂行规定》（国家经贸委、发展计划委、公安部、环保总局令〔2002〕第 33 号）同时废止。

附件：1．非营运小微型载客汽车和大型轿车变更使用性质后累计使用年限计算公式（略）

2．机动车使用年限及行驶里程参考值汇总表

《机动车强制报废标准规定》所附机动车使用年限及行驶里程参考值汇总表如表 1-23 所示。

表 1-23　机动车使用年限及行驶里程参考值汇总表

车辆类型与用途					使用年限	行驶里程/万 km
汽车	载客	营运	出租车	小、微型	8	60
				中型	10	50
				大型	12	60
			租赁车	小、微型	10	50
				大、中型	15	60
			教练车	小、微型	10	50
				中型	12	50
				大型	15	60
			公共汽车		13	40
			旅游、公路客车	大型	15	60
			其他	小、微型	8	60
				中型	15	50
				大型	15	80
		非营运	小、微型		—	60
			大、中型		20	50
汽车	载货		微型		12	50
			重、中、轻型		15	60
	其他		半挂牵引车		15	60
			三轮汽车、装用单缸发动机的低速货车		9	—
			装用单缸以上发动机的低速货车		12	30
			专项作业车		—	50
			无轨电车		13	40
挂车				半挂车、中置轴挂车	15	—
				全挂车	10	—
摩托车				正三轮摩托车	10～12	10
				其他摩托车	11～13	12

1.2.2 汽车的主要技术参数和性能指标

1. 汽车的主要技术参数

汽车的主要技术性能常用下述结构参数予以表示，详见图 1-7。

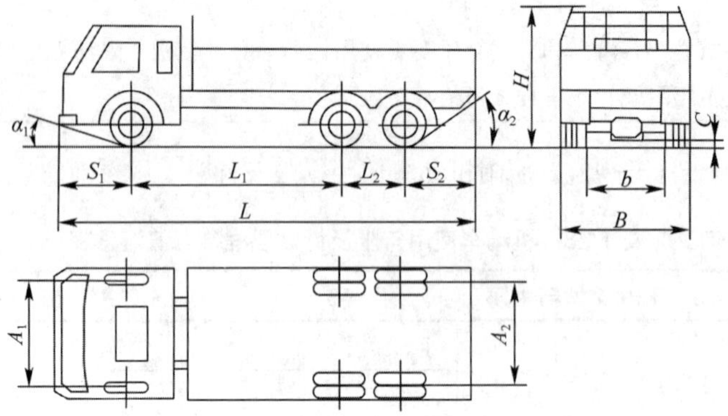

图 1-7 汽车常用主要结构参数示意图

（1）汽车外形尺寸。汽车外形尺寸主要有车长、车宽、车高。

1）车长 L。车长是指车辆纵向最外端突出部位的两垂直面之间的距离（mm）。

汽车长度大，稳定性高。对于乘用车，车身越长，前后可利用空间越大，后排乘客腿部活动空间越宽敞；但是，车身过长，汽车在转弯、调头、停车时不便利。在 GB 1589—2016《汽车、挂车及汽车列车外廓尺寸、轴荷及质量极限》以及 GB 7258—2017《机动车运行安全技术条件》中对各种车辆的车长有明确规定。

2）车宽 B。车宽是指车辆横向最外固定突出部位（除后视镜、标志灯、方位灯、转向指示灯等）的两垂直面之间的距离（mm）。

汽车越宽，稳定性越高。车辆宽度主要影响乘坐空间。对于乘用车，车身宽，后排的乘客就会有足够的乘坐宽度，不会感到拥挤，可以提高乘坐舒适性；但是，车身宽便会降低车辆行驶、停泊的便利性，特别是在市区行驶与停泊。

3）车高 H。车高是指车辆最高点与车辆支撑平面之间的距离（mm）。

汽车高度越大，车内空间越大，车辆惯性越大，风阻系数也越大，车辆重心也随之提高，稳定性下降；车辆高度降低，可以降低车辆重心，车辆高速转弯时不易发生侧翻，并且可以降低风阻，提高燃油经济性；但是，车辆高度太低，乘客会感到头部空间不足，有压抑感。

（2）轴距 L_1、L_2。轴距是指汽车前后轴中心线的水平距离（mm）。

轴距越长，车辆总成越容易布置，稳定性好，缺点是通过性差。汽车轴距短，车长就小，最小转弯半径小，灵活方便，通过性强，适合在路况较差或行驶空间紧张的市区使用；但是，轴距太短，后悬过长，行驶时摆动较大，操纵性和稳定性下降。

（3）轮距 A_1、A_2。轮距是指汽车同轴左右车轮两轨迹中心间的距离（轴两端为双车轮时，为左右两条轨迹的中间的距离）（mm）。

汽车轮距越大，横向稳定性越好。对于乘用车来说，加大汽车轮距，可以使车内宽度增加，车厢内空间增大，乘坐舒适；但是，轮距增大，车辆的宽度和总质量也随之增大，雨天容易导致侧面甩泥水，同时影响车辆的安全性。

（4）前悬 S_1。前悬是指汽车前端刚性固定件的最前点到通过两前轮轴线的垂直面间的距离（mm）。

汽车的前悬应当足够固定和安装驾驶室、发动机、散热器、转向器、弹簧前托架和保险杠等零部件。前悬过长，会导致接近角变小，不利于车辆通过坑洼不平路面、上台阶、上轮渡等情形。

（5）后悬 S_2。后悬是指汽车后端刚性固定件的最后点到通过最后车轮轴线的垂直面间的距离（mm）。

（6）最小离地间隙 C。最小离地间隙是指满载时车辆支撑平面与车辆最低点之间的距离（mm）。

最小离地间隙越大，车辆重心越高，汽车通过性越好，特别是对于有障碍物或坑洼不平的路面；但是，行驶稳定性会降低。

（7）接近角 α_1、离去角 α_2。接近角 α_1 是指汽车前端突出点向前轮引的切线与地面的夹角，离去角 α_2 是指汽车后端突出点向后轮引的切线与地面的夹角。

接近角和离去角都反映汽车的通过能力，也就是汽车的最大爬坡度和最大下坡度。汽车的最大爬坡度不可能超过其接近角，汽车的最大下坡度不可能超过其离去角。由于越野车对于车辆的通过性要求较高，因此越野车的接近角和离去角相对较大。

（8）转弯半径 r。转弯半径是指将车辆的转向盘转到极限位置，外侧转向轮的中心平面轨迹圆半径（mm）。

最小转弯半径说明汽车通过狭窄弯曲地带或绕过障碍物的能力。转弯半径越小，车辆的机动性越高，弯道通过性越强，调头和停车越方便。

（9）质量 M。

1）最大总质量：指汽车满载时的质量（kg）。

2）整车整备质量：指完整的设备和辅助设备（燃料、润滑油、冷却液及随车工具等）的质量之和（kg）。

3）最大装载质量：指最大总质量和整车整备质量之差（kg）。

4）最大轴载质量：指汽车单轴所承载的最大总质量（kg）。

2. 汽车的主要性能指标

汽车的主要性能指标包括汽车的动力性、燃油经济性、制动性、通过性、操纵稳定性、行驶平顺性、环保性等。

（1）汽车的动力性。动力性是汽车首要的使用性能指标。汽车必须有足够的牵引力才能克服各种行驶阻力，保证车辆能够以尽可能高的平均速度正常行驶。

汽车的动力性可用以下 3 个指标进行评价：

1）最高车速。最高车速是指在风速小于等于 3m/s 的条件下，汽车在平坦公路（水泥路面或沥青路面）上行驶时能达到的最高行驶速度（km/h）。

2）汽车的加速能力。汽车的加速能力是指汽车在行驶中迅速增加汽车行驶速度的能力。加速过程越短、加速度越大或加速距离越短，汽车的加速性能越好。常用原地起步加速时间和超车加速时间来评价。

① 原地起步加速时间。原地起步加速时间是指汽车由停车状态起步后以最大的加速度加速，并选择适当的时机逐步换挡到高挡后加速到某一规定车速或达到某一规定距离所需要的时间。常用 0～100km/h 所用的时间表示，有时也用从 0～400m 的距离所需要的时间表示。原地

起步加速时间越短，汽车的动力性能越好。

② 超车加速时间。超车加速时间是指汽车用最高挡或次高挡，由某一预定车速（该挡的最低稳定车速或30km/h）全力加速到另一预定速度所需要的时间。超车加速时间越短，说明车辆高挡位加速性能越好，动力性能越强，可以减少超车过程中两车的并行时间，相对提高安全性。

3）汽车的爬坡能力。汽车的爬坡能力一般用汽车最大爬坡度来衡量。汽车最大爬坡度是指汽车满载时的最大爬坡能力，也就是在风速小于等于3m/s的条件下，在干燥、清洁的混凝土或沥青坡道路面上，以最低挡行驶能够爬上的最大坡度。

不同类型的汽车对上述 3 项指标要求有所不同：乘用车偏重于最高车速和加速能力，而商用车特别是载重汽车和越野汽车对最大爬坡度要求较高。不论何种汽车，为了能够在公路上正常行驶，必须具备一定的平均速度和加速能力。

（2）汽车的燃油经济性。汽车在一定的使用条件下，以最少的燃油消耗量完成单位运输工作量的能力称为燃油经济性。为降低汽车使用成本，汽车要以最少的燃料消耗行驶尽量远的路程或完成尽量多的运输量。

汽车的燃油经济性评价指标有以下两种形式：

1）汽车在一定的使用条件下，每行驶100km消耗掉的燃油量，单位L/100km。我国及欧洲常用此指标。此数值越大，说明汽车的燃油经济性越差。

2）汽车在一定的使用条件下，一定的燃油量能使汽车行驶的里程，单位为 MGP 或 mile/USgal（英里/加仑），即每加仑燃油使汽车能够行驶的里程数。美国常用此指标。此值越高，表明汽车的燃油经济性越好。

（3）汽车的制动性。汽车的制动性是汽车安全行驶的保证，也是汽车动力性得以发挥的前提。只有在保证汽车行驶安全的前提下，才能充分发挥汽车的其他性能。

汽车的制动性一般采用制动效能、制动效能的恒定性和制动时的汽车方向稳定性 3 个指标进行评价。

1）制动效能。制动效能是汽车迅速降低行驶速度直到车辆停止的能力。制动效能是评价汽车制动性能最基本的指标，一般采用一定初速度下的制动时间、制动减速度和制动距离来评价。

汽车的制动距离与行车安全有直接的关系，评价汽车制动性能非常直观，国家交通管理部门通常也是按照汽车的制动距离制定相关的安全法规。

2）制动效能的恒定性。汽车在高速制动、短时间内连续制动或下长坡连续制动时，制动器温度急剧升高，导致制动效能下降，这称为制动器的热衰退性。

汽车连续制动后，制动效能的稳定程度称为制动效能的恒定性，或者称为制动系统抗热衰退性。

汽车涉水后，水进到制动器里也会使制动效能下降，汽车涉水后制动效能的保持程度用汽车制动系统抗水衰退性表示。

3）制动时的汽车方向稳定性。制动时的汽车方向稳定性是指汽车在制动过程中按指定轨迹行驶的能力，即不发生跑偏、侧滑和失去转向的能力。检测汽车的方向稳定性时，一般规定符合一定宽度和路面要求的试验通道，根据制动时汽车偏离通道的大小确定其方向稳定性。试验时，制动稳定性良好的汽车不允许产生不可控制的效能使汽车偏离通道。

如果汽车的左右侧的制动力不一样，则会发生跑偏。当汽车车轮因制动而趋于抱死时，易发生侧滑，并失去方向稳定性和操纵性。为防止上述现象的发生，现在的汽车配置了制动防抱死系统ABS，防止紧急制动时因车轮抱死而发生危险。

（4）汽车的通过性。汽车的通过性是指在一定载重质量下，汽车能以足够高的平均速度通过各种坏路及无路地带和克服各种障碍的能力。坏路及无路地带，是指松软土壤、沙漠、雪地、沼泽等松软地面及坎坷不平地段；各种障碍，是指陡坡、侧坡、台阶、壕沟等。

各种汽车的通过能力是不一样的。轿车和客车由于经常在市区或路面较好的公路（高速或国道）上行驶，通过能力要求相对较低；而越野汽车、军用车辆、自卸汽车和载货汽车等工况较差，必须设计有较强的通过能力。

（5）汽车的操纵稳定性。汽车的操纵稳定性包括相互联系的两方面内容：操纵性和稳定性。

1）操纵性。操纵性是指驾驶员能够以最小的修正而维持汽车按指定的路线行驶，以及按照驾驶员的愿望转动转向盘以改变汽车行驶方向的响应能力，其直接影响行车安全。

2）稳定性。稳定性是指汽车抵抗力图改变其位置或行驶方向的外界影响的能力，即汽车在受到外界扰动（路面扰动或突然的阵风扰动）后，能自动地尽快恢复到原来的行驶状态和方向，而不发生失控，以及抵御倾覆、侧滑的能力。

对汽车来说，侧向稳定性尤为重要。当汽车在横向坡道上行驶、转弯、侧向风力较大以及受到其他侧向力时，容易发生侧滑或侧翻。汽车重心的高度越低，稳定性越好。

合适的前轮定位角度可以使汽车具有自动回正和保持直线行驶的能力，提高汽车直线行驶的稳定性。如果汽车装载超高超重、转弯时车速过快、横向坡道角度过大或偏载，会降低汽车的稳定性，甚至导致汽车发生侧滑或侧翻。

（6）汽车的行驶平顺性。汽车正常行驶时，由于路面不平所产生的冲击会造成汽车的振动，使驾驶员和乘客感到疲劳和不舒服，或者使车载货物发生碰撞甚至损坏；同时，车轮的振动还会对车轮与地面间的附着性能产生不良影响，进而影响到操纵稳定性。振动还会加速汽车零部件的磨损，降低汽车的使用寿命。汽车在一般行驶速度范围内对路面不平的隔振、降振程度就称为汽车的行驶平顺性。

汽车行驶平顺性的评价指标有以下两个：

1）客车和轿车采用“舒适—降低界限”，当汽车速度超过此界限时，就会降低乘坐舒适性，使人感到疲劳和不舒服。该界限值越高，说明汽车的平顺性越好。

2）货车采用“疲劳—工效降低界限”，在此界限内，驾驶员能够正常驾驶，保持较高的工作效率；如果超过此界限，驾驶员就会感到疲劳，工作效率降低。良好的轮胎弹性、性能优越的悬挂装置、座椅的降振性等都能提高汽车的行驶平顺性。

（7）汽车的环保性。汽车环保性主要是指车辆在运行过程中对环境造成的影响程度，其中车辆的排放是影响汽车环保性的重要因素之一。目前，混合动力汽车、燃料电池汽车、电动汽车等新能源汽车发展迅猛，然而在这个创新浪潮中，内燃机仍然是汽车领域中应用广泛的发动机类型，且燃料以汽油和柴油为主，研究汽车的排放污染问题其实就是研究内燃机的排气污染问题。

汽车废气主要有 3 个排放源：尾气、曲轴箱窜气和油箱油气蒸发。汽车排出的尾气并不全是有害气体，像 N_2、CO_2、O_2、H_2 和水蒸气等对人体和生物不会直接造成危害；尾气中所含的有害物质主要是汽油车排出的一氧化碳（CO）、碳氢化合物（HC）、氮氧化物（NO）等；柴油车除了上述有害物质外，还有大量的颗粒物。而曲轴箱窜气和油箱油气蒸发已经得到比较好的控制，被充分循环利用，所产生的污染很小。目前汽车的排放污染物主要来自尾气。

GB 18352.6—2016 为轻型汽车污染物排放限值及测量方法（中国第六阶段）。目前，我国汽车污染物排放的标准为国Ⅵ阶段。关于轻型汽车不同排放标准Ⅰ型试验排放限值的对比如表 1-24 和表 1-25 所示。

表 1-24　Ⅰ型试验排放限值（6a 阶段）

车辆类别		测试质量（TM）/kg	限值						
			CO/（mg/km）	THC/（mg/km）	NMHC/（mg/km）	NO_x/（mg/km）	N_2O/（mg/km）	PM/（mg/km）	PN①/（个/km）
第一类车	—	全部	700	100	68	60	20	4.5	6.0×10^{11}
第二类车	Ⅰ	TM≤1305	700	100	68	60	20	4.5	6.0×10^{11}
	Ⅱ	1305＜TM≤1760	880	130	90	75	25	4.5	6.0×10^{11}
	Ⅲ	1760＜TM	1000	160	108	82	30	4.5	6.0×10^{11}

注：① 2020 年 7 月 1 日前，汽油车过渡限值为 6.0×10^{12} 个/km。

表 1-25　Ⅰ型试验排放限值（6b 阶段）

车辆类别		测试质量（TM）/kg	限值						
			CO/（mg/km）	THC/（mg/km）	NMHC/（mg/km）	NO_x/（mg/km）	N_2O/（mg/km）	PM/（mg/km）	PN①/（个/km）
第一类车	—	全部	500	50	35	35	20	3.0	6.0×10^{11}
第二类车	Ⅰ	TM≤1305	500	50	35	35	20	3.0	6.0×10^{11}
	Ⅱ	1305＜TM≤1760	630	65	45	45	25	3.0	6.0×10^{11}
	Ⅲ	1760＜TM	740	80	55	50	30	3.0	6.0×10^{11}

注：① 2020 年 7 月 1 日前，汽油车过渡限值为 6.0×10^{12} 个/km。

1.2.3　汽车的使用可靠性

可靠性是汽车最重要的基本性能之一。高度的可靠性不仅保证汽车能够充分发挥其各项性能，还能减少使用费用和维修费用，延长汽车的使用寿命。

汽车的可靠性包括制造和使用两方面的因素，分别用固有可靠性和使用可靠性表示。在设计与生产制造过程中确立的可靠性称为固有可靠性，与使用过程有关的可靠性统称为使用可靠性。

汽车的使用可靠性体现了使用、维修、保养和使用环境等因素对汽车可靠性的影响。正确的维修方法与工艺能使汽车保持较高的使用可靠性，若维修不当会降低汽车的使用可靠性，特别是汽车大修，大修可以看作是汽车的第二次生产，其质量对大修后汽车的使用可靠性有直接的影响。

汽车的使用可靠性分为狭义的可靠性和广义的可靠性。广义的可靠性是指汽车在规定的使用条件下，在整个寿命期间内完成规定功能的能力。广义的可靠性包括以下内容：可靠性（狭义）、耐久性和维修性。

1. 可靠性（狭义）

狭义的汽车可靠性是指汽车在规定的使用条件下和规定时间或规定的行程内完成规定功能的能力，即汽车在规定的使用条件和规定行程内，汽车主要的使用性能指标不降低、不发生损坏停车性的故障，或发生的故障容易排除。可靠性高的汽车，在使用过程中发生故障少、汽车的利用率和经济性能都能够维持在较高的水平上。可靠性是评价汽车技术水平的综合性的使用性能指标。

汽车的可靠性主要取决于汽车零件的材料特性、零部件结构的合理性、机构调整的稳定性、各总成的技术水平、生产制造工艺水平和质量，以及驾驶水平、汽车维修技术水平和质量。由零部件结构缺陷和工艺缺点所引起的故障有一定的规律性并具有普遍性，而对车辆的使用水平所导致的故障具有偶然性。

汽车的可靠性用在汽车的一定行程内由结构原因所引起的故障数量来评价。GB/T 12678—2021《汽车可靠性行驶试验方法》规定了汽车可靠性的评价指标，常用的评价指标有当量故障数、平均首次故障里程、平均故障间隔行程、当量故障率、千公里维修时间、千公里维修费用等。

消费者购买汽车最关注的问题之一就是汽车质量，而汽车质量的重要指标就是汽车的可靠性。

2. 耐久性

汽车在正常使用期间（没达到技术文件规定的极限值的状况之前），需要进行维护保养，进行预防性维修（不包括更换主要总成），以维持其正常工作能力的性能。

汽车的耐久性就是指汽车在规定的使用和维修条件下，从投入使用直到某种技术或经济指标极限时，完成规定功能的能力。

GB/T 12679—1990《汽车耐久性行驶试验方法》规定，汽车耐久性的综合评价指标是耐久度。

耐久度是指汽车在规定的使用和维修条件下，能够达到预定的初次大修里程而又不发生耐久性损坏的概率。

汽车的耐久性损坏是指汽车构件的疲劳损坏已变得异常频繁、磨损超过限值、材料锈蚀老化、汽车主要技术性能下降超过规定限值、维修费用不断增长，并已达到继续使用时经济上不合理或不能保证安全的程度。汽车耐久性损坏的结果是更换主要总成或对汽车进行大修。

汽车耐久性的具体评价指标主要有第一次大修前的平均行程（大修里程）、大修间的平均行程（大修间隔里程）。大修间隔里程是指车辆两次大修之间的行程，主要用来评价车辆大修的质量。在修理技术水平和配件供应水平相等的条件下，车辆大修间隔里程取决于车辆原有技术水平。由于部分基础件老化变形，车辆第二次大修间隔里程一般低于第一次大修里程。

3. 维修性

汽车的维修性是指汽车产品在规定的条件和规定的时间内，按照规定的程序和方法进行维修时，保持或恢复汽车规定状态的能力。所谓规定的条件是指进行汽车维修所需要的机构和场所，以及相应的人员与设备、设施、工具、备件、技术资料等资源。规定的程序和方法是指按技术文件规定的维修工作内容、步骤和方法。

汽车维修性的评价指标有汽车的技术利用系数、完好率、汽车工作能力被修复的概率、机构和总成以及汽车的技术维护周期、技术维护和修理的劳动量（单位运行里程的维修工时）、技术维护和修理的比费用（单位运行里程的维修费用）。

本章小结

汽车的分类方法很多，可以按燃油类别分类、按汽车的用途分类、按发动机的位置分类、按车轮的驱动形式分类、按承载方式分类等，不同分类方法便于不同的研究方式。

《汽车产品型号编制规则》规定用简单的汉语拼音字母和阿拉伯数字编号来表示国产汽车的企业代号、类型代号、主参数代号、产品序号和企业自定代号等。必要时可以附加企业自定代号，对于专用汽车及专用半挂车还增加了专用汽车分类代号。

《内燃机产品名称和型号编制规则》规定了发动机型号的编制规则，由阿拉伯数字、汉语拼音字母或国际通用的英文缩略字母组成发动机编号，编号内容包括制造商代号或系列符号、气缸数、气缸布置型式符号、冲程型式符号、缸径符号、结构特征符号、用途特征符号、区分符号等。

车辆识别代号（VIN）由世界制造厂识别代号（WMI）、车辆说明部分（VDS）、车辆指示部分（VIS）三部分组成，共 17 位字码。

评价汽车技术状况以及性能好坏最重要、最直接的办法就是查看、检测汽车的各种技术参数与性能指标。不同的车型对技术参数和性能指标有着不同的要求。

汽车使用过程中，由于机械磨损、老化、使用不当、事故损伤等各种原因，致使汽车的性能指标逐渐下滑，当技术状况达到一定状态时，便不能继续使用，应将其报废。汽车的使用寿命可分为汽车的技术使用寿命、经济使用寿命和折旧使用寿命。汽车的技术使用寿命，是指汽车从全新状态投入使用，直到主要机件达到技术极限状态而无法通过修理继续使用，致使汽车丧失使用价值所经历的总时间或总行驶里程。汽车的技术使用寿命，主要取决于各总成及零部件的设计水平、制造工艺及技术、使用条件和保养维修水平。汽车的经济使用寿命，是指汽车从全新状态投入使用，到年平均总费用最低时之间的年限。超过这个年限，汽车在技术上仍可继续使用，但年平均总费用上升，在经济上不宜继续使用。汽车的合理使用寿命是以汽车的经济使用寿命为基础，考虑国民经济的发展和节约能源等因素，由国家或企业采取某些技术政策和方针制定出符合我国实际情况的使用期限。

如果无限期地延长汽车的使用寿命，将导致汽车的动力性、经济性下降，车辆技术状况大幅下降，维修费用增加，车辆的使用成本增加，并且造成大气环境污染以及噪声污染加重，因此，根据汽车的使用状况，各个国家都制定了相应的报废政策。我国的汽车报废政策，1997 年国家经贸委等部门联合颁布了《关于发布〈汽车报废标准〉的通知》，后进行多次修改，分别于 1998 年颁布了《关于调整轻型载货汽车报废标准的通知》，2000 年颁布了《关于调整汽车报废标准若干规定的通知》，2001 年颁布了《关于印发〈农用运输车报废标准〉的通知》《摩托车报废标准暂行规定》，2004 年颁布了 GB/T 7258—2004《机动车运行安全技术条件》（2017 年有修订），商务部、发展改革委、公安部、环境保护部于 2012 年 12 月颁布了新的《机动车强制报废标准规定》，并于 2013 年 5 月 1 日正式实施。我国关于汽车报废标准相关文件，逐步跟国际接轨。

要评价汽车的技术状态，需要借助一系列的技术参数。汽车技术参数分为汽车结构参数和汽车质量参数。汽车主要结构参数包括车长、车宽、车高、轴距、轮距、前悬、后悬、最小离地间隙、接近角、离去角、最小转弯半径等。汽车质量参数主要包括汽车的最大总质量、整车整备质量、最大装载质量、最大轴载质量等。

汽车的性能指标主要包括汽车的动力性、燃油经济性、制动性、通过性、操纵稳定性、行驶平顺性、环保性等。汽车的动力性可用最高车速、汽车的加速能力、汽车的爬坡能力三个指标进行评价；汽车的燃油经济性可用每行驶 100km 消耗掉的燃油量或每加仑燃油汽车能够行驶的里程数进行评价。汽车的制动性一般采用制动效能、制动效能的恒定性和制动时的汽车方向稳定性三个指标进行评价。汽车的通过性是指在一定载重质量下，汽车能以足够高的平均车速通过各种坏路及无路地带和克服各种障碍的能力。汽车的操纵稳定性可从操纵性和稳定性两个方面进行评价。对于汽车行驶平顺性的评价，客车和轿车采用“舒适—降低界限”进行评价。该界限值越高，说明汽车的平顺性越好。货车采用“疲劳—工效降低界限”进行评价，在此界限内，驾驶员能够正常进行驾驶，保持较高的工作效率；如果超过此界限，驾驶员就会感到疲劳，工作效率降低。

汽车废气主要有三个排放源：尾气、曲轴箱窜气和油箱油气蒸发。汽车排出的尾气中所含的有害物质主要是：汽油车排出的一氧化碳 CO、碳氢化合物 HC、氮氧化物 NO 等；柴油车除了上述有害物质外，还有大量的颗粒物。而曲轴箱窜气和油箱油气蒸发已经得到比较好的控制，所以产生的污染很小。目前汽车的排放污染物主要来自汽车尾气。

GB 18352.6—2016 为轻型汽车污染物排放限值及测量方法（中国第六阶段）。目前，我国汽车污染物排放的标准为国Ⅵ阶段。与广大消费者和汽车生产厂家关系密切的是自 2023 年 7 月 1 日起实施的第Ⅵb 阶段排放标准。

汽车的使用可靠性是指汽车在实际使用过程中所表现出来的可靠性，它体现了使用、维修、保养和使用环境等因素对汽车可靠性的影响。

知识训练

一、名词解释

汽车的技术使用寿命　汽车的经济使用寿命　汽车的折旧使用寿命　汽车的加速能力
汽车的燃油经济性　汽车的操纵稳定性　汽车的行驶平顺性　耐久性
混合动力汽车　制动效能

二、简答题

1. 试说明汽车型号 SX3255BM324、ZZ4181N3611W 的含义。
2. 简述我国的汽车报废标准。

能力训练

1. 利用所学知识，试述影响汽车使用寿命的因素。
2. 根据所学知识，说明汽车的主要性能指标以及它们分别如何影响车辆的性能。

第2章

汽车评估的基本原理与方法

知识目标

1. 了解资产评估的种类和特点。
2. 掌握资产评估的原则和假设。
3. 了解汽车鉴定评估的要素和目的。
4. 掌握汽车评估的基本方法。

能力目标

1. 能够对各种资产评估进行分类并说出其特点。
2. 能够对各种资产评估设定一定的原则和评估的前提。
3. 能够按照不同的目的对标的车辆进行评估。
4. 能够熟练运用汽车评估的基本方法对车辆进行鉴定评估。

2.1 资产评估的基本概念

2.1.1 资产评估的定义

资产评估是市场经济的产物，其业务涉及企业间的产权转让、资产重组、破产清算、资产抵押、财产保险、纳税等经济行为。经过一百多年的发展，资产评估已经成为现代市场经济中发挥基础性作用的专业服务行业之一。

1. 资产评估

资产评估经历了上百年的发展，评估范围不断扩展，现在资产评估不仅已成为一个独立的行业，而且已成为一个约定俗成的概念和专业术语。目前学术界和执业界对资产评估比较达成共识的表述为：资产评估是专业机构和人员，按照国家法律、法规和资产评估准则，根据特定目的，遵循评估原则，依照相关程序，选择适当的价值类型，运用科学方法，对资产价值进行分析、估算并发表专业意见的行为和过程。

资产评估作为一种评价过程，要经历若干评估步骤和程序，同时也会涉及以下基本的评估要素：

（1）评估主体，即从事资产评估的机构和人员，他们是资产评估工作的主导者。我国对汽车评估机构和人员有严格的要求和限制。

（2）评估客体，即被评估的资产，它是资产评估的具体对象，也叫评估对象。汽车评估客体不仅仅是车辆本身，有时还包括与车辆相关的无形资产，如评估长途客运车辆时，往往还包括线路营运权等。

（3）评估目的，即资产业务引发的经济行为对资产评估结果的要求或资产评估结果的具体用途。它直接或间接地决定和制约资产评估的条件，以及价值类型的选择。

（4）评估依据，即资产评估工作所遵循的法律、法规、经济行为文件、重大合同协议，以及收费标准和其他参考依据。

（5）评估原则，即资产评估的行为规范，是调节评估当事人各方关系、处理评估业务的行为准则。

（6）评估程序，即资产评估工作从开始准备到最后结束的工作程序。

（7）评估价值类型，即对评估价值的规定，它对资产评估参数的选择具有约束性。

（8）评估方法，即资产评估所运用的特定技术，是分析和判断资产评估价值的手段和途径。

（9）资产评估假设，即资产评估得以进行的前提条件假设等。

（10）资产评估基准日，即资产评估价值对应的时点。

2. 资产

资产在资产评估中是最基本、最重要，也是使用频率较高的一个概念，理论界对此尚无统一定义。经济学中的资产泛指特定经济主体拥有或控制的，能够给特定经济主体带来经济利益的经济资源。会计学中的资产是指过去的交易或事项形成并由企业拥有或控制的资源，该资源预期会给企业带来经济利益。在国际评估准则中，强调资产的权益——“评估工作的对象与其说是有形资产或无形资产，不如说是有形资产或无形资产的所有权或所有者的权益”。而美国《专业评估执业统一准则》（Uniform Standards of Professional Appraisal Practice，USPAP）虽然没有对资产定义的描述，但却将资产划分为不动产、动产、无形资产和珠宝首饰等，它们强调“资产的权利事实”。评估学中所说的资产既具有经济资源的属性，强调收益性，又强调权利构成。

根据我国注册资产评估师考试辅导教材对资产的解释，资产具有以下3个基本特征：

（1）资产必须是经济主体拥有或控制的，依法取得财产权利是经济主体拥有并支配资产的前提条件。

（2）资产是能够给经济主体带来经济利益的资源，即可能给经济主体带来现金流入的资源。也就是说，资产具有能够带来未来利益的潜在能力。

（3）资产必须能以货币计量，也就是说资产价值能够运用货币进行计量，否则不能作为资产确认。

资产作为资产评估的客体，存在多种多样的形式，为了科学地进行资产评估，可以对资产进行以下适当的分类：

（1）按资产存在形态分类，可以分为有形资产和无形资产。有形资产是指那些具有实物形态的资产，包括机器设备、房屋建筑物和流动资产等。由于这类资产具有不同的功能和特性，在评估时应分别进行。无形资产是指那些没有实物形态，但在很大程度上制约着企业物质产品生产能力和生产质量，直接影响企业经济效益的资产，主要包括专利权、商标权、非专利技术、土地使用权、商誉等。

（2）按资产的构成和是否具有综合获利能力分类，可以分为单项资产和整体资产。单项资产是指单台、单件的资产；整体资产是指由一组单项资产组成的具有整体获利能力的资产综合体。

（3）按资产能否独立存在分类，可以分为可确指的资产和不可确指的资产。可确指的资产是指能独立存在的资产，前面所列示的有形资产和无形资产，除商誉以外都是可确指的资产；不可确指的资产是指不能脱离企业有形资产而单独存在的资产，如商誉。商誉是指企业基于地理位置优越、信誉卓著、生产经营出色、劳动效率高、历史悠久、经验丰富、技术先进等原因所获得的投资收益高于一般正常投资收益率所形成的超额收益资本化的结果。

（4）按资产与生产经营过程的关系分类，可以分为经营性资产和非经营性资产。经营性资产是指处于生产经营过程中的资产，如企业中的机器设备、生产用厂房、交通工具等。经营性资产又可按是否对盈利产生贡献分为有效资产和无效资产。非经营性资产是指处于生产经营过程以外的资产。

（5）按现行企业会计制度及资产的流动性分类，可以分为流动资产、长期投资、固定资产和无形资产等。

3. 价格与价值

资产评估理论中的价格是指在特定的交易行为中，特定的买方或卖方对商品或服务的交换价值的认可，以及提供或支付的货币数额。价格是一个历史数据或事实，是特定的交易行为中特定买方和卖方对商品或服务实际支付或收到的货币数额。

资产评估理论中的价值属于交换价值范畴，它反映了可供交易的商品、服务与其买方、卖方之间的货币数量关系。资产评估中的价值不是一个历史数据或事实，它只是专业人士根据特定的价值定义在特定时间内对商品、服务价值的估计。

资产评估的目标是判断评估对象的价值而不是评估对象的实际成交价格。

2.1.2 资产评估的种类和特点

1. 资产评估的种类

由于资产种类的多样化、资产业务的多样化，以及资产评估委托方及相关当事人对资产评估内容及报告需求的多样化，资产评估也相应出现了多种类型。

（1）按资产评估对象的构成和获利能力划分，资产评估可分为单项资产评估和整体资产评估。

对以单项可确指的资产为对象的评估称为单项资产评估，例如机器设备评估、土地使用权评估、建筑物评估、无形资产评估等。

对若干单项资产组成的资产综合体所具有的整体生产能力或获利能力的评估称为整体资产评估，最为典型的整体资产评估就是企业价值评估。

单项资产评估和整体资产评估在评估的复杂程度和需要考虑的相关因素等方面有较大差别，整体资产评估更为复杂，需要考虑的因素更为全面。

（2）按引起资产评估的经济行为划分，资产评估可分为资产转让评估、企业兼并评估、企业出售评估、企业改制评估、股权重组评估、中外合资/合作资产评估、企业清算评估、税基评估、抵押评估、资产担保评估、债务重组评估等。

（3）按资产评估服务的对象、评估的内容和评估者承担的责任等方面划分，资产评估还可分为评估、评估复核和评估咨询。

（4）按资产评估面临的条件、资产评估执业过程中遵循资产评估准则的程度及对评估报告披露的要求的角度划分，资产评估可分为完全资产评估和限制性资产评估。

2. 资产评估的特点

理解资产评估的特点对提高资产评估的质量具有重要意义，一般来说，资产评估具有以下几方面的特点：

（1）市场性。资产评估是适应市场经济要求的专业中介服务活动，其基本目标就是根据资产业务的不同性质，通过模拟市场条件对资产价值做出经得起市场检验的评定估算和报告。

（2）公正性。公正性是指资产评估行为服务于资产业务的需要，而不是服务于资产业务当事人的任何一方的需要。公正性的表现有两点：一是资产评估按公允、法定的准则和规程进行，公允的行为规范和业务规范是公正性的技术基础；二是评估人员是与资产业务没有利害关系的第三者，这是公正性的组织基础。

（3）专业性。资产评估是专业人员的活动，从事资产评估业务的机构应由一定数量和不同类型的专家及专业人士组成。一方面，这些资产评估机构形成专业化分工，使得评估活动专业化；另一方面，评估机构及其评估人员对资产价值的估计判断也都是建立在专业技术知识和经验的基础之上的。

（4）咨询性。咨询性是指资产评估结论是为资产业务提供专业化的评估意见，该意见本身并无强制执行的效力，评估师只对结论本身是否合乎职业规范要求负责，而不对资产业务定价决策负责。事实上，资产评估为资产交易提供的估价往往将当事人作为要价和出价的参考，最终的成交价取决于当事人的决策动机、谈判地位和谈判技巧等综合因素。

2.1.3 资产评估的功能和作用

1. 资产评估的功能

评价和评值是资产评估具有的最基本的内在功效和能力。资产评估源于人们希望了解和掌握在一定条件下资产的价值的需求。随着人们对在各种条件下了解资产价值的需求的不断增加，资产评估也在不断发展，其评价和评估的功能亦得到不断完善。当然，在不同的历史条件下，人们在充分利用资产评估的评价及评值功能的基础上，也曾赋予资产评估一些辅助性和过渡性的功能，如管理的功能等。

2. 资产评估的作用

在不同历史时期和不同的社会经济条件下，资产评估可能会发挥不同的作用。结合我国当前的社会经济条件，资产评估主要发挥着以下基本作用：

（1）咨询的作用。资产评估的咨询作用是指资产评估的结论是为资产业务提供专业化估价意见，该意见本身并无强制执行的效力，只是给相关当事人提供有关资产交换价值方面的专业判断或专家意见，资产评估不能也不应该取代资产交易当事人的交易决策。

（2）管理的作用。资产评估的管理作用是指在以公有制为基础的社会主义市场经济初级阶段中，国家或政府在利用资产评估过程中所发挥出的特殊作用。在社会主义市场经济初级阶段的某一历史时期，作为国有资产所有者代表的国家，不仅把资产评估视为提供专业服务的中介行业，而且将其作为维护国有资产，促使国有资产保值增值的工具和手段。在资产评估开展初期，国家通过制定申请立项、资产清查、评定估算和验证确认的国有资产评估管理程序，使得资产评估具有了管理的作用。但是，资产评估的管理作用并不是资产评估与生具有的，它只是国有资产评估在特定历史时期的特定作用。它会随着国家在国有资产评估管理体制方面的变化而加强或减弱。2001 年 12 月 31 日，《国务院办公厅转发财政部关于改革国有资产评估行政管理方式加强资产评估监督管理工作意见的通知》出台。该通知指出：取消政府部门对国有资产评估项目的立项确认审批制度，实行核准制和备案制；加强资产评估活动的监管力度；完善制度建设，规范评估秩序。随着国有资产评估项目的立项确认审批制度的取消和核准制及备案制的确立，资产评估的管理作用也随之发生改变。

（3）鉴证的作用。鉴证包含鉴别和举证两部分。鉴别是指专家依据专业原则对经济活动及其结果作出独立判断；举证是为该独立判断提供理论和事实依据。此类行为一般具有独立、客观和专业的特征。尽管资产评估鉴证活动一般不具备法律效力，但其得出的结论仍是当事人各方进行决策的重要依据，因此资产评估机构和评估师应对所做的评估结论和行为承担相应的专业责任、民事责任和刑事责任。资产评估从事的是价值鉴证，而产权权属鉴证的进行与否取决于评估师或评估机构对自我责任范围的认知程度。

2.1.4 资产评估的目的

资产评估的目的有资产评估的一般目的和资产评估的特定目的之分。资产评估的一般目的包含着特定目的，而资产评估的特定目的是一般目的的具体化。

1. 资产评估的一般目的

资产评估的一般目的或资产评估的基本目标是由资产评估的性质及其基本功能决定的。资产评估作为一种专业人士对特定时点及特定条件约束下的资产价值进行估计和判断的社会中介活动，一经产生就具有为委托人以及资产交易当事人提供合理的资产价值咨询意见的功能。不论是资产评估的委托人还是与资产交易有关的当事人，他们所需要的无非是评估师对资产在一定时间及一定条件约束下公允价值的判断。如果暂且不考虑资产交易或引起资产评估的特殊需求，资产评估所要实现的一般目的只能是资产在评估时点的公允价值。

公允价值是一个有着广泛意义的概念，是会计、资产评估等专业和行业广泛使用的专业术语。资产评估中的公允价值是一个相对抽象的价值概念。它是对评估对象在各种条件下与评估条件相匹配的合理的评估价值的抽象。评估对象在各种条件下与评估条件相匹配的合理的评估价值泛指相对于当事人各方的地位、资产的状况及资产面临的市场条件的合理的评估价值。它是评估人员根据被评估资产自身的条件及其面临的市场条件，对被评估资产客观价值的合理估计值。资产评估中公允价值的一个显著特点是，它与相关当事人的地位、资产的状况及资产所面临的市场条件相吻合。

2. 资产评估的特定目的

资产评估作为一种资产价值的判断活动，总是为满足特定资产业务的需要而进行的。我国资产评估实践表明，资产业务主要有资产转让、企业兼并、企业出售、企业联营、股份经营、中外合资或合作、企业清算、担保、企业租赁和债务重组等。

（1）资产转让。资产转让是指资产拥有单位有偿转让其拥有的资产，通常是指转让非整体性资产的经济行为。

（2）企业兼并。企业兼并是指一个企业以承担债务、购买、股份化和控股等形式有偿接收其他企业的产权，使被兼并方丧失法人资格或改变法人实体的经济行为。

（3）企业出售。企业出售是指独立核算的企业或企业内部的分厂、车间及其他整体资产产权出售的行为。

（4）企业联营。企业联营是指国内企业、单位之间以固定资产、流动资产、无形资产及其他资产投入组成各种形式的联合经营实体的行为。

（5）股份经营。股份经营是指资产占有单位实行股份制经营方式的行为，包括法人持股、内部职工持股、向社会发行不上市股票和上市股票。

（6）中外合资或合作。中外合资或合作是指我国的企业和其他经济组织与外国企业和其他经济组织或个人在我国境内举办合资或合作经营企业的行为。

（7）企业清算。企业清算包括破产清算、终止清算和结业清算。

（8）担保。担保是指资产占有单位以本企业的资产为其他单位的经济行为担保，并承担连带责任的行为。担保通常包括抵押、质押、保证等。

（9）企业租赁。企业租赁是指资产占有单位在一定期限内，以收取租金的形式，将企业全部或部分资产的经营使用权转让给其他经营使用者的行为。

（10）债务重组。债务重组是指债权人按照其与债务人达成的协议或法院的裁决同意债务人修改债务条件的事项。

（11）引起资产评估的其他合法的经济行为。

2.1.5　资产评估的假设与原则

1. 资产评估的假设

资产评估与其他学科一样，其理论体系和方法体系的确立也是建立在一系列假设基础之上的，其中交易假设、公开市场假设、持续使用假设和清算假设是基本前提假设。

（1）交易假设。交易假设是资产评估得以进行的一个最基本的前提假设。交易假设是假定所有待评估资产已经处在交易过程中，评估师根据待评估资产的交易条件等模拟市场进行估价。资产评估其实是在资产实施交易之前进行的一项专业服务活动，而资产评估的最终结果又属于资产的交换价值范畴。为了发挥资产评估在资产实际交易之前为委托人提供资产交易底价的专家判断的作用，同时又能够使资产评估顺利进行，利用交易假设将被评估资产置于市场交易中，模拟市场进行评估就成为可能。

交易假设一方面为资产评估得以进行创造了条件，另一方面明确限定了资产评估外部环境。资产评估不能脱离市场条件而孤立地进行。

（2）公开市场假设。公开市场假设是对资产拟进入的市场的条件，以及资产在这样的条件下接受何种影响的一种假设说明或限定。公开市场假设的关键在于认识和把握公开市场的实质和内涵。就资产评估而言，公开市场是指充分发达与完善的市场条件，是一个有资源的买者和卖者的竞争性市场，在这个市场上，买者和卖者的地位是平等的，彼此都有获取足够市场信息的机会和时间，买卖双方的交易行为都是在自愿的、理智的，而非强制或不受限制的条件下进行的。事实上，现实中的市场条件未必能达到上述公开市场的完善程度。公开市场假设就是假定存在较为完善的公开市场，被评估资产将要在这样一种公开市场中进行交易。当然公开市场假设也是基于市场客观存在的现实，即以资产在市场上可以公开买卖这样一种客观事实为基础的。

由于公开市场假设假定市场是一个充分竞争的市场，资产在公开市场上实现的交换价值隐含着市场对该资产在当时条件下有效使用的社会认同。

公开市场假设旨在说明一种充分竞争的市场条件，在这种条件下，资产的交换价值受市场机制的制约并由市场行情决定，而不是由个别交易决定。

公开市场假设是资产评估中的一个重要假设，其他假设以公开市场假设为基本参照。公开市场假设也是资产评估中使用频率较高的一种假设，凡是能在公开市场上交易、用途较为广泛或通用性较强的资产，都可以考虑按公开市场假设前提进行评估。

（3）持续使用假设。持续使用假设也是对资产拟进入的市场的条件，以及在这样的市场条件下的资产状态的一种假定性描述或说明。该假设首先设定被评估资产正处于使用状态，包括正在使用中的资产和备用的资产；其次根据有关数据和信息，推断这些处于使用状态的资产还将继续使用下去。持续使用假设既说明了被评估资产面临的市场条件或市场环境，同时着重说明了资产的存续状态。按照通行的说法，持续使用假设又细分为三种具体情况：一是在用续用；二是转用续用；三是移地续用。在用续用指的是处于使用中的被评估资产在产权发生变动或资产业务发生后，将按其现行正在使用的用途及方式继续使用下去。转用续用是指被评估资产将在产权变动发生后或资产业务发生后，改变资产现时的使用用途，调换新的用途继续使用下去。移地续用是指被评估资产在产权变动发生后或资产业务发生后，改变资产现在的空间位置，转移到其他空间位置上继续使用。

由于持续使用假设是在一定市场条件下对被评估资产使用状态的一种假定说明，在持续使用假设前提下的资产评估及其结果的适用范围常常是有限制的。在许多场合下评估结果并没有充分考虑资产用途替换，它只对特定的买者和卖者是公平合理的。

持续使用假设也是资产评估中的一个非常重要的假设，尤其在我国，经济体制处于转轨时期，市场发育尚未完善，资产评估活动大多与老企业的存量资产产权变动有关。因此，评估对象经常处于或被推定在持续使用的假设前提下。充分认识和掌握持续使用假设的内涵和实质，对于我国的资产评估来说有着重要的意义。

（4）清算假设。清算假设是对资产拟进入的市场条件的一种假定说明或假定。具体而言，是对资产在非公开市场条件下被迫出售或快速变现条件的假定说明。清算假设首先是基于被评估资产面临清算或具有潜在的被清算的事实或可能性，再根据相应数据资料推定被评估资产处于被迫出售或快速变现的状态。由于清算假设假定被评估资产处于被迫出售或快速变现条件之下，被评估资产的评估值通常要低于在公开市场假设前提下或持续使用假设前提下同样资产的评估值。因此，在清算假设前提下的资产评估结果的适用范围是非常有限的。当然，清算假设本身的适用也是较为特殊的。

2. 资产评估的原则

（1）资产评估工作原则。资产评估工作的性质决定了资产评估机构及其资产评估师在执业过程中应坚持独立性、利学性和客观公正等工作原则。

1）独立性原则。资产评估中的独立性原则包含两层含义：一是评估机构本身应是独立的、不依附他人的社会中介组织，在利益上和业务各方无任何联系；二是在执业过程中，评估工作人员应坚持独立的第三者地位，进行独立公正的评估。

2）科学性原则。资产评估机构和评估人员必须遵循科学的评估标准，制定科学的评估方案，采用科学的评估方法进行工作。

3）客观公正原则。评估机构和工作人员在评估工作中要以实际材料为基础，以事实和事物发展的内在规律为依据，以求实态度为指针，实事求是地得出评估结果。

（2）资产评估经济技术原则。资产评估经济技术原则是指在资产评估执业过程中的一些技术规范和业务准则，它们为评估人员在执业过程中的专业判断提供技术依据和保证，主要包括：

1）预期收益原则。预期收益原则是以技术原则的形式概括出资产及其资产价值的最基本的决定因素。资产之所以有价值是因为它能带来未来经济利益，资产价值的高低主要取决于它能为其所有者或控制者带来的预期收益量的多少。

2）供求原则。资产的价值评估必须分析市场上的供求关系，假定在其他条件不变的前提下，资产的价格随着需求的增长而上升，随着供给的增加而下降。尽管资产价格随着供求变化并不成固定比例变化，但变化的方向带有规律性。评估人员在判断资产价值时应充分考虑供求关系。

3）贡献原则。贡献原则是预期收益原则的一种具体化原则。它要求资产的价值要由该资产的贡献来决定。贡献原则主要适用于构成某整体资产的各组成要素资产的贡献，或者是当整体资产缺少该项要素时资产将蒙受的损失。

4）替代原则。按市场规律，在同一市场上，具有相同使用价值和质量的商品应有大致相同的交换价值。在资产评估中确实存在着评估数据、评估方法等的合理替代问题，正确运用替代原则是公正进行资产评估的重要保证。

5）评估时点原则。市场变化，资产价值也会随着市场条件的变化而不断变化。为保证资产评估结果可以被市场检验，在资产评估时必须假定市场条件固定在某一时点，这一时点就是评估基准日，也叫估价日期。它为资产评估提供了一个时间基准。资产评估的评估时点原则要求资产评估必须有评估基准日，而且评估值就是评估基准日的资产价值。

2.2 汽车鉴定评估概述

汽车鉴定评估是指依法设立、具有执业资质的汽车鉴定评估机构和二手车鉴定评估师，接受国家机关和各类市场主体的委托，按照特定的目的，遵循法定或公允的标准和程序，运用科学的方法，对经济和社会活动中涉及的车辆所进行的技术鉴定，并根据鉴定结果对汽车在鉴定评估基准日的价值进行评定估算的过程。做好机动车鉴定评估工作，不仅有利于引导企业正确做出价格决策，有利于保障司法诉讼和行政执法等活动的顺利进行，有利于维护法人和公民的合法权益，而且对维护正常的社会经济秩序，促进经济发展具有重要意义。因此，深入认真研究、探讨汽车鉴定评估问题，建立一套完整、科学、适用的汽车鉴定评估方法，以保证其鉴定结论客观、公正、合理，就显得尤为重要。

2.2.1 汽车鉴定评估的原则

根据我国汽车评估管理要求，汽车评估估价遵循以下 4 项标准：

（1）成本标准。重置成本是指在现时条件下，按功能重置车辆并使其处于在用状态所耗费的成本。重置成本的构成与历史成本一样，也是反映车辆的购建、运输、注册登记等建设过程中全部费用的价格，只不过它是按现有技术水平和价格水平计算的。重置成本标准选用的前提是车辆处于使用状态，一方面反映车辆已经投入使用，另一方面反映车辆能够继续使用，对所有者具有使用价值。决定重置成本的两个因素是重置成本及其损耗。

（2）市价标准。现行市价是指车辆在公平市场上的销售价格。对市场的规定是：有充分的市场竞争，买卖双方没有垄断和强制，买卖双方都有足够的时间和能力了解实情并做出具有独立性的判断和理智的选择。决定市场的因素主要有基础价格、供求关系和质量因素。

（3）现值标准。收益现值是指根据车辆未来获利能力的大小，按照将本求利的逆向思维以本索利，以适应折现率或资本化率将未来收效折成现值。也就是为获得车辆以取得预期收益的权利所支付的倾向总额。

（4）价格标准。清算价格是指非正常市场上限制拍卖的价格。现行市价是公平价格；清算价格则是一种拍售价格，它由于受到期限和买主限制，一般低于市场价格。因此，对于车辆的评估计价标准的选择必须与车辆经济行为密切结合起来。

2.2.2 汽车鉴定评估的假设

任何一门学科的形成都是有前提的，而一般的前提都是假设。汽车的评估原理也是一样，它的存在需要有一定的前提，这就是假设。汽车评估人员只有理解了假设，才能根据不同的情况做出最合理的评估。

（1）继续使用假设，即车辆将按现行用途继续使用或转换用途继续使用。对于车辆的评估只能从继续使用出发，而不能按车辆拆零出售零部件所得收入进行计价。在确定车辆能否继续使用时，必须充分考虑的条件是车辆具有显著的使用寿命、车辆所有权的明确、车辆在法律和经济上允许转让、车辆的使用功能。

（2）公开市场假设，即假定上市场交易的车辆交易双方是彼此平等的，都能获得足够的市场信息和机会。不同的车辆，其性能用途不同，则交易期望价格也就不同。在车辆评估时，按照公开市场假设处理并做适当的调整才能获得最佳的效益。

（3）清算清偿假设，即指车辆所有者在某种压力下被强制进行整体或拆零，经协商，以拍卖方式在市场上出售。这种情况下的车辆具有一定的特殊性，其估价可能大大低于继续使用或公开市场的评估价值。

2.2.3 汽车鉴定评估的要素

在对旧汽车的鉴定评估过程中，一般要涉及以下基本评估要素：

（1）鉴定评估的主体。鉴定评估的主体就是从事汽车鉴定评估的机构和人员，是汽车鉴定评估工作中的主导者。在汽车鉴定评估业务中，对汽车鉴定评估的主体资格有严格的限制条件，如鉴定评估人员必须获得相关部门颁发的机动车鉴定评估师或二手车鉴定评估师证书，具备相应的技能，才能从事机动车鉴定评估工作。

（2）鉴定评估的客体。机动车鉴定评估的客体是指被评估的车辆，它是鉴定评估的具体对象。被评估车辆可以按照不同的标准进行分类。如按照公安机关管理分类，可分为大型汽车和小型汽车；依据旧标准按用途分类，可分为货车、越野汽车、自卸汽车、牵引汽车、专用汽车、客车、轿车。国家标准 GB/T 3730.1—2022《汽车、挂车及汽车列车的术语和定义 第1部分：类型》摒弃了传统的汽车分类标准，将汽车类别从货车、越野车、自卸车、牵引汽车、专用汽车、客车和轿车等大类分为乘用车和商用车两大类。

根据国家标准，乘用车可定义为：在其设计和技术特性上主要用于载运乘客及其随身行李和/或临时物品的汽车，包括驾驶员座位在内最多不超过9个座位。它也可以牵引一辆挂车。商用车可定义为：在设计和技术特性上用于运送人员和货物的汽车，并且可以牵引挂车，乘用车不包括在内。

按照车辆的使用用途，可以将机动车分为营运车辆、非营运车辆和特种车辆。其中营运车辆又可细分为公路客运、出租客运、旅游客运、货运、租赁等几种类型。特种车辆又可分为警用、消防、救护和工程抢险等若干种车型。

合理科学地对机动车进行分类，有利于在评估过程中进行信息资料的收集和应用。比如一种车型，由于其用途不同，车辆在用状态所需要的税费就会有较大的差别，其重置成本的构成也往往差异较大。

（3）鉴定评估的依据。鉴定评估的依据也就是汽车鉴定评估工作所遵循的法律、法规、经济行为文件、合同协议、收费标准和其他参考依据。

（4）鉴定评估的目的。鉴定评估的目的就是汽车鉴定评估所要服务的经济行为。汽车鉴定评估的目的往往直接影响车辆评估方法的选择。

（5）鉴定评估原则。鉴定评估原则就是汽车鉴定评估的行为规范，是调节车辆评估当事人各方关系、处理鉴定评估业务的行为准则。

（6）鉴定评估程序。鉴定评估程序即汽车鉴定评估工作从开始准备到最后结束的工作程序。

（7）鉴定评估的价值类型。鉴定评估的价值类型即对车辆评估价值的质的规定，它对评估方法的选择具有约束性。如要评估车辆的现行市价，则宜选择现行市价法进行评估；如要评估车辆的重置成本，则要使用重置成本法。

（8）鉴定评估方法。鉴定评估方法即汽车鉴定评估所运用的特定技术，它是实现汽车评估价值的手段和途径。目前就不同评估方法的可操作性而言，最常使用重置成本法对车辆的价值进行评定和估算。

以上 8 种要素构成了汽车鉴定评估活动的有机整体，它们之间相互依托，是保证汽车鉴定评估工作正常进行和评估价值科学性的重要因素。

2.2.4 汽车鉴定评估的目的

汽车鉴定评估的目的是指被评估车辆即将发生的经济行为。同样的车辆，因为评估目的不同，其评估结果也往往不同。因此，明确委托鉴定评估的目的，对于科学地组织汽车鉴定评估工作、提高车辆评估质量具有重要的意义。一般而言，汽车鉴定评估服务的目的有以下几个：

（1）车辆的交易。车辆在交易市场上进行买卖时，买卖双方对于车辆交易价格的期望是不同的，甚至相差很远。因此需要二手车鉴定评估师站在公正、独立的立场上对被交易的车辆进行鉴定评估，评估的价格作为买卖双方的成交参考价格。

（2）车辆的转籍、过户。二手车的转籍、过户可能因为交易行为，也可能因为其他经济行为而发生。如单位或个人以其所有的机动车辆来偿还债务时，若债权债务双方对车辆的价值有异议时，也需要委托二手车鉴定评估师对有关车辆的价值进行评定估算，否则车辆无法转籍和过户。

（3）车辆置换。车辆置换业务有两种情况：一种是以旧换新业务，一种是以旧换旧业务。这两种情况都会涉及对置换车辆的鉴定评估。车辆评估结果的公平与否，直接关系到置换双方的利益。车辆的置换业务尤其是以旧换新业务在我国的汽车市场上是一个崭新的业务，有着广阔的前景。

（4）车辆拍卖。对公务车辆、执法机关罚没车辆、抵押车辆、企业清算车辆、海关获得的抵税和放弃车辆等都需要进行鉴定评估，为拍卖车辆提供拍卖底价。

（5）车辆保险。在对车辆进行投保时，所缴纳的保险费高低直接与车辆本身的价值大小有关，同样，当被保险车辆发生保险事故时，保险公司需要对事故车辆进行理赔。为了保障保险双方的利益，也需要对核保理赔的车辆进行公平的鉴定评估。

（6）法律诉讼服务。当事人遇到机动车辆诉讼时，委托鉴定评估师对车辆进行评估有助于把握事实真相，同时法院判决时可以依据鉴定评估师的结论为法院司法裁定提供现时价值依据。

（7）抵押贷款。银行为了确保放贷安全，要求贷款人以车辆为贷款抵押物。银行为了确保贷款的安全性，要对车辆进行鉴定评估。而这种贷款的安全性在一定程度上取决于抵押车辆评估的准确性。

（8）担保。担保是指车辆所有单位或所有人，以其拥有的车辆为其他单位或个人的经济行为提供担保并承担连带责任的行为。

（9）典当。当典当双方对车辆的价值认知有较大的差异时，为了保障典当业务的正常进行，可以委托二手车鉴定评估师对车辆的价值进行评估，典当行可以以此为放款的依据。当车辆发生绝当时，对绝当车辆的处理同样需要委托二手车鉴定评估师为其提供鉴定估价服务。

（10）其他。其他经济行为如在企业发生联营、兼并、出售、股份经营或破产清算时，也需要对企业所拥有的车辆进行鉴定评估，以充分保障企业的资产权益。

在接受车辆评估委托时，明确车辆的评估目的十分重要。我们对车辆的鉴定评估是一种市场价值的评估，所以针对客户不同的评估目的，应采用不同的评估方法。

2.3 汽车评估的基本方法

汽车作为资产评估对象中的一类，评估的基本方法和其他资产的评估方法是一致的。资产评估方法是实现评定估算资产价值的技术手段。资产评估方法是在工程技术、会计、统计等学科技术方法的基础上，结合自身特点形成的一整套方法体系。这些方法按分析原理和技术路线不同可分为三类：重置成本法、收益现值法和现行市价法。下面将结合汽车评估详细介绍这三种不同的方法，汽车评估中用到的清算价格法是在前三种方法的基础上演化而来的。

2.3.1 重置成本法

1. 重置成本法的基本内涵

重置成本法是资产评估的基本方法之一，是首先估测被评估资产的重置成本，然后估测被评估资产已存在的各种贬值因素，并将其从重置成本中扣除而得到被评估资产价值的各种评估方法的总称。重置成本法的基本思路是重建或重置被评估资产。在条件允许的情况下，任何潜在的投资者在决定投资某项资产时所愿意支付的价格不会超过购建该项资产的现行购建成本。如果投资对象并非全新，投资者所愿支付的价格会在投资对象全新的购建成本的基础上扣除各种贬值因素。上述评估思路可以概括为：

资产评估价值=资产的重置成本-实体性贬值-功能性贬值-经济性贬值　　(2-1)

重置成本法以再取得被评估资产的重置成本为基础，由于被评估资产的再取得成本的有关数据和信息来源较广泛，并且资产重置成本和资产的现行市价及收益现值也存在着内在联系和替代关系，因而重置成本法被广泛采用。

2. 重置成本法的基本前提

重置成本法从再取得资产的角度反映资产价值，只有当被评估资产处于继续使用状态下，再取得被评估资产的全部费用才能构成其价值的内容。资产的继续使用不仅仅是一个物理上的概念，还包含着有效使用资产的经济意义，只有当资产能够继续使用并且在持续使用中为潜在所有者或控制者带来经济利益时，经济的重置成本才能为潜在所有者和市场所承认和接受。从这个意义上讲，重置成本法主要适用于继续使用前提下的资产评估。对于非继续使用前提下的资产，如果运用重置成本法进行评估，需要对重置成本法的基本要素做必要的调整。从相对准确合理、减少风险和提高评估效率的角度，把继续使用作为运用重置成本法的前提是有积极意义的。

采用重置成本法评估资产的前提条件如下：

（1）被评估资产处于继续使用状态或被假定处于继续使用状态。

（2）应当具备可利用的历史资料。重置成本法的应用是建立在历史资料基础上的，许多信息资料、指标需要通过历史资料获得。同时，现时资产与历史资产具有相同性或可比性。

（3）形成资产价值的耗费是必需的。耗费是形成资产价值的基础，但耗费包括有效耗费和无效耗费。采用重置成本法评估资产，首先要确定这些耗费是必需的，而且应体现社会或行业平均水平。

3. 重置成本法的基本要素

一般来说，重置成本法的运用涉及四个基本要素，即资产的重置成本、资产的实体性贬值、资产的功能性贬值和资产的经济性贬值。在实际运用中，不是所有的评估项目都存在三种贬值，但是从定义的角度来说，上述四个参数都可能存在。下面从每个参数的严格定义角度来介绍各参数。

（1）资产的重置成本。资产的重置成本就是资产的现行再取得成本。具体来说，重置成本分为复原重置成本和更新重置成本两种。

复原重置成本是指用与被评估对象相同的材料、制造标准、设计结构和技术条件等，以现时价格复原购置相同的全新资产所需的全部成本。更新重置成本是指利用新型材料、新技术标准、新设计等，以现时价格购置相同或相似功能的全新资产所支付的全部成本。

（2）资产的实体性贬值。资产的实体性贬值也叫有形损耗，是指资产由于使用及自然力的作用导致的资产物理性能的损耗或下降而引起的资产的价值损失。资产的实体性贬值通常采用相对数计量，即实体性贬值率。

（3）资产的功能性贬值。资产的功能性贬值是指由于技术进步引起的资产功能相对落后而造成的资产价值损失，属于无形损失。它包括由于新工艺、新材料和新技术的采用，而使原有资产的购建成本超过现行购建成本的超资额，以及原有资产超过体现技术进步的同类资产的运营成本的超支额。

（4）资产的经济性贬值。资产的经济性贬值是指由于外部经济环境变化所引起资产闲置、收益下降等而造成的资产价值损失。

4. 重置成本法中各个参数的评估方法

重置成本法评估资产的价值不可避免地要涉及被评估资产的重置成本、实体性贬值、功能性贬值和经济性贬值四大因素。重置成本法中的各种具体方法实际上都是在重置成本法总的评估思路基础上，围绕着上述因素采用不同的方法测算形成的。在评估实务中，由于人们可能会采用不同的具体方法估算重置成本法中的各个参数，以及根据采用不同具体方法估算的各个参数的性质、特点来考虑与重置成本法中其他参数的相互关系，因此每个具体参数的估测，评估人员需要了解参数的估测方法对参数内涵的影响。

（1）重置成本的估算。在资产评估中，重置成本的估算方法有很多，一般采用以下两种方法：

1）重置核算法。重置核算法也称直接法，它利用成本核算的原理，根据重新取得资产所需的费用项目逐项计算，然后累加得到资产的重置成本。重置成本可分为直接成本和间接成本两部分。

2）物价指数法。物价指数法又称价格指数法，是利用与资产有关的价格变动指数将被评估资产的历史成本（账面价值）调整为重置成本的一种方法。

$$\text{重置成本}=\text{资产的账面原值}\times\frac{\text{资产评估时物价}}{\text{资产购建时物价}}$$

$$\text{重置成本}=\text{资产的账面原值}\times(1+\text{物价变动指数}) \quad (2\text{-}2)$$

价格指数可以是定基价格指数或环比价格指数。

定基价格指数是评估基准日的价格指数与资产购建时点的价格指数之比，即：

$$\text{定基价格指数}=(\text{评估基准日价格指数}\div\text{资产购建时的价格指数})\times100\% \quad (2\text{-}3)$$

环比价格指数可按下式求得：

$$X=(1+\alpha_1)\times(1+\alpha_2)\times(1+\alpha_3)\times\cdots\times(1+\alpha_n)\times100\% \quad (2\text{-}4)$$

式中，X 为环比价格指数，α_n 为第 n 年环比价格变动指数。

物价指数法与重置核算法是重置成本估算较常用的方法，但两者具有以下明显的区别：

① 物价指数法估算的重置成本仅考虑了价格变动因素，因而确定的是复原重置成本；而重置核算法既考虑了价格因素，也考虑了生产技术进步和劳动生产率的变化因素，因而可以确定复原重置成本和更新重置成本。

② 物价指数法建立在不同时期的某一种或某类甚至全部资产的物价变动水平上；而重置核算法建立在现行价格水平与购建成本核算的基础上。

明确物价指数法和重置核算法的区别有助于重置成本估算中方法的判断和选择。重置核算法和物价指数法都是建立在利用历史资料的基础上，因此分析、判断资产评估时重置成本口径与委托方提供的历史资料（如财务资料）口径的差异是这两种方法应用时要考虑的共同问题。

（2）实体性贬值的估算。实体性贬值的估算一般可以选择以下 3 种方法：

1）观察法。观察法是由具有专业知识和丰富经验的工程技术人员对被评估资产的实体各主要部位进行技术鉴定，并综合分析资产的设计、制造、使用、磨损、维护、修理、大修理、改装情况和经济寿命等因素，将评估对象与其全新状态相比较，考察由于使用磨损和自然损耗对资产的功能、技术状况带来的影响，判断被评估资产的有形损耗率，从而估算实体性贬值的一种方法。计算公式为：

$$资产实体性贬值=重置成本\times有形损耗率$$

$$资产实体性贬值=重置成本\times(1-实体性成新率) \tag{2-5}$$

2）使用年限法。使用年限法是利用被评估资产的实际已使用年限与其总使用年限的比值来判断其实体贬值率，进而估测资产的实体性贬值的一种方法。计算公式为：

$$资产实体性贬值=(重置成本-残值)\times\frac{已使用年限}{规定使用年限}$$

$$资产实体性贬值率=已使用年限\div规定使用年限 \tag{2-6}$$

式中，残值是被评估资产在报废时净回收的金额，在鉴定评估中一般略去不计。

使用年限法所显示的评估技术思路是一种应用较为广泛的评估技术。在资产评估实际工作中，评估人员还可以利用使用年限法的原理，根据被评估资产涉及的总工作量和评估对象已经完成的工作量、评估对象设计行驶里程和已经行驶的里程等指标，利用使用年限法的技术思路测算资产的实体性贬值。

3）修复费用法。这种方法是利用恢复资产功能所支出的费用金额来直接估算资产实体性贬值的一种方法。所谓修复费用包括资产主要零部件的更换或者修复、改造、停工损失等费用支出。如果资产可以通过修复恢复到全新状态，可以认为资产的实体性损耗等于其恢复费用。

（3）功能性贬值的估算。功能性贬值是指由于技术相对落后造成的贬值。估算功能性贬值时，主要根据资产的效用、生产加工能力、功耗、物耗、能耗水平等功能方面的差异造成的成本增加或效益降低，相应地确定功能性贬值。同时，还要注意技术进步因素对评估资产的影响。

通常情况下，功能性贬值的估算按以下步骤进行：

1）将被评估资产的年运营成本与功能相同但性能更好的新资产的年运营成本进行比较。

2）计算两者的差异，确定净超额运营成本。由于企业支付的运营成本是在税前扣除的，企业支付的超额运营成本会引起税前利润额下降，所得税额降低，使得企业负担的运营成本低于其实际支付额。因此，净超额运营成本是超额运营成本扣除其抵减的所得税以后的余额。

3）估计被评估资产的剩余寿命。

4）以适当的折现率将被评估资产在剩余寿命内每年的超额运营成本折现，这些折现值之和就是被评估资产的功能性贬值，计算公式为：

$$被评估资产功能性贬值额=\Sigma(被评估资产年净超额运营成本\times折现系数) \tag{2-7}$$

（4）经济性贬值的估算。资产的经济性贬值主要表现为运营中的资产利用率下降，甚至闲置，并由此引起资产运营收益的减少。当有确定证据表明资产已经存在经济性贬值，可利用直接或间接计算法得出其经济性贬值。

1）直接计算法。

$$经济性贬值=资产年收益损失额\times(1-所得税税率)\times(P/A,r,n) \tag{2-8}$$

式中，$(P/A,r,n)$为年金现值系数。

2）间接计算法。

$$经济性贬值率=\left[1-\left(\frac{资产预计可被利用的生产能力}{资产原设计生产能力}\right)^X\right]\times100\% \tag{2-9}$$

式中，X为功能价值指数，实践中多采用经验数据，数值一般在 0.6 和 0.7 之间。

2.3.2 收益现值法

1. 收益现值法的基本含义

收益现值法是通过估算被评估资产未来预期收益的现值来判断资产价值的各种评估方法的总称。它服从资产评估中将利求本的思路，即采用资本化和折现的途径及其方法来判断和估算资产价值。该思路认为，任何一个理智的投资者在购置或投资于某一资产时，所愿意支付或投资的货币数额不会高于所购置或投资的资产在未来能够带来的收益额。收益法利用投资回报和收益折现等技术手段，把评估对象的预期产出能力和获利能力作为评估标的来估算评估对象的价值。根据评估对象的预期收益来评估其价值，容易被资产业务各方所接受。所以，从理论上讲，收益现值法是资产评估中较为科学合理的评估方法之一。

2. 收益现值法的基本前提

收益现值法是依据资产未来预期收益经折现或本金化处理来估测资产价值的，它涉及三个基本要素：一是被评估资产的预期收益；二是折现率或资本化率；三是被评估资产取得预期收益的持续时间。

把握三个基本要素就成为运用收益现值法的基本前提。从这个角度来看，应用收益现值法必须具备的前提条件是：

（1）被评估资产的未来预期收益可以预测并可以用货币衡量。

（2）资产拥有者获得预期收益所承担的风险可以预测并可用货币衡量。

（3）被评估资产预期获利年限可以预测。

上述前提条件表明三点。首先，评估对象的预期收益必须能被较为合理地估测。这就要求被评估资产与其经营收益之间存在较为稳定的比例关系。同时，影响资产预期收益的主要因素（包括主观因素和客观因素）应是比较明确的，评估人员可以据此分析和估测出被评估资产的预期收益。其次，被评估对象所具有的行业风险、地区风险及企业风险是可以比较和测算的，这是测算折现率或资本化率的基本参数之一。评估对象所处的行业不同、地区不同和企业差别都会不同程度地体现在资产拥有者的获利风险上。对于投资者而言，投资风险大，要求的回报率就高；投资风险小，其回报率也就相应较低。再次，评估对象获利期限的长短，即评估对象的寿命，也是影响其价值和评估价值的重要因素之一。

3. 收益现值法的基本程序和基本参数

（1）采用收益现值法进行评估的基本程序。

1）搜集并验证与评估对象未来预期收益有关的数据资料，包括经营前景、财务状况、市场环境和经营风险等。

2）分析测算被评估对象的未来预期收益。

3）确定折现率或资本化率。

4）用折现率或资本化率将评估对象的未来预期收益折算成现值。

5）分析确定评估结果。

（2）收益现值法的基本参数。运用收益现值法进行评估涉及许多经济技术参数，其中最主要的参数有三个：收益额、折现率和收益期限。

1）收益额。收益额是适用收益现值法评估资产价值的基本参数之一。在资产评估中，资产的收益额是指根据投资回报的原理，资产在正常情况下所能得到的归其产权主体的所得额。

资产评估中的收益额有两个比较明确的特点：①收益额是资产未来预期收益额，而不是资产的历史收益额或现实收益额；②用于资产评估的收益额通常是资产的客观收益，而不一定是资产的实际收益。收益额的上述两个特点非常重要，评估人员在执业过程中要切实注意收益额的特点，以便合理地运用收益现值法来估测资产的价值。因为资产种类较多，不同种类资产的收益额表现形式不完全相同，收益额预期要结合各类资产的具体情况来讨论。

2）折现率。从本质上讲，折现率是一种期望投资回报率，是投资者在投资风险一定的情况下，对投资所期望的回报率。折现率就其构成而言，是由无风险报酬率和风险报酬率组成的。无风险报酬率是指没有投资限制和障碍，任何投资者都可以投资并能获得的投资报酬率。在具体实践中，无风险报酬率可以参照同期国库券利率或银行利率。风险报酬率是对风险投资的一种补偿，在数量上是指超过无风险报酬率部分的投资回报率。在资产评估中，因资产的行业分布、种类、市场条件等不同，其折现率也不相同。资本化率和折现率本质上是相同的。习惯上，人们把未来有限预期收益折算成现值的比率称为折现率，而把未来永续性预期收益折算成现值的比率称为资本化率。至于折现率与资本化率在量上是否相等，主要取决于同一资产在未来长短不同的时期所面临的风险是否相同。确定折现率，首先应该明确折现的内涵。折现作为一个时间优先的概念，认为将来的收益或利益低于现在的同样收益或利益，并且随着收益时间向将来推迟的程度而有序地降低价值。同时，折现作为一个算术过程，是把一个特定比率应用于预期的收益，从而得出当前的价值。

3）收益期限。收益期限是指资产具有获利能力持续的时间，通常以年为时间单位。它由评估人员根据被评估资产自身效能及相关条件，以及有关法律、法规、契约、合同等加以确认。

4. 收益现值法中的主要技术方法

收益现值法实际上是在预期收益还原思路下若干具体方法的集合。收益现值法中的具体方法可以分为若干类：①针对评估对象未来预期收益有无期限的情况划分，分为有限期评估方法和无限期评估方法；②针对评估对象预期收益额的情况划分，分为等额收益评估方法、非等额收益评估方法等。为了便于说明收益法中的具体方法，对所用的字符含义做统一的定义：

P—评估值。

i—年序号。

P_n—未来第 n 年的预计变现值。

R_i—未来第 i 年的预期收益。

r—折现率或资本化率。

r_i—第 i 年的折现率或资本化率。

n—收益年期。

t—收益年限。

A—年金。

（1）纯收益不变。

1）在收益永续、各种因素不变的条件下，计算公式为：

$$P = A / r \tag{2-10}$$

其成立的条件是：①纯收益每年不变；②资本化率固定且大于零；③收益年期无限。

2）在收益年期有限、资本化率大于零的条件下，计算公式为：

$$P = \frac{A}{r}\left[1 - \frac{1}{(1+r)^n}\right] \tag{2-11}$$

这是一个在估价实务中常用的计算公式，其成立的条件是：①纯收益每年不变；②资本化率固定且大于零；③收益年期有限为 n。

3）在收益年期有限、资本化率等于零的条件下，计算公式为：

$$P = A \times n \tag{2-12}$$

其成立的条件是：①纯收益每年不变；②资本化率为零；③收益年期有限为 n。

（2）纯收益在若干年后保持不变。

1）无限年期收益，计算公式为：

$$P = \sum_{i=1}^{n} \frac{R_i}{(1+r)^i} + \frac{A}{(1+r)^n} \tag{2-13}$$

其成立的条件是：①纯收益在 n 年（含第 n 年）以前有变化；②纯收益在 n 年（不含第 n 年）以后保持不变；③收益年期无限；④r 大于零。

2）有限年期收益，计算公式为：

$$P = \sum_{i=1}^{n} \frac{R_i}{(1+r)^i} + \frac{A}{(1+r)^t}\left[1 - \frac{1}{(1+r)^{n-t}}\right] \tag{2-14}$$

其成立的条件是：①纯收益在 t 年（含第 t 年）以前有变化；②纯收益在 t 年（不含第 t 年）以后保持不变；③收益年期有限为 n；④r 大于零。

（3）纯收益按等差级数变化。

1）在纯收益按等差级数递增，收益年期无限的条件下，计算公式为：

$$P = \frac{A}{r} + \frac{B}{r^2} \tag{2-15}$$

其成立的条件是：①纯收益按等差级数递增；②纯收益逐年递增额为 B；③收益年期无限；④r 大于零。

2）在纯收益按等差级数递增，收益年期有限的条件下，计算公式为：

$$P = \left(\frac{A}{r} + \frac{B}{r^2}\right)\left[1 - \frac{1}{(1+r)^n}\right] - \frac{B}{r} \times \frac{n}{(1+r)^n} \tag{2-16}$$

其成立的条件是：①纯收益按等差级数递增；②纯收益逐年递增额为 B；③收益年期有限为 n；④r 大于零。

3）在纯收益按等差级数递减，收益年期无限的条件下，计算公式为：

$$P=\frac{A}{r}-\frac{B}{r^2} \tag{2-17}$$

其成立的条件是：①纯收益按等差级数递减；②纯收益逐年递减额为 B；③收益年期无限；④r 大于零；⑤收益递减到零为止。

4）在纯收益按等差级数递减，收益年期有限的条件下，计算公式为：

$$P=\left(\frac{A}{r}-\frac{B}{r^2}\right)\left[1-\frac{1}{(1+r)^n}\right]+\frac{B}{r}\times\frac{n}{(1+r)^n} \tag{2-18}$$

其成立的条件是：①纯收益按等差级数递减；②纯收益逐年递减额为 B；③收益年期有限为 n；④r 大于零。

（4）纯收益按等比级数变化。

1）在纯收益按等比级数递增，收益年期无限的条件下，计算公式为：

$$P=\frac{A}{r-s} \tag{2-19}$$

其成立的条件是：①纯收益按等比级数递增；②纯收益逐年递增比率为 s；③收益年期无限；④r 大于零；⑤$r>s>0$。

2）在纯收益按等比级数递增，收益年期有限的条件下，计算公式为：

$$P=\frac{A}{r-s}\left[1-\left(\frac{1+s}{1+r}\right)^n\right] \tag{2-20}$$

其成立的条件是：①纯收益按等比级数递增；②纯收益逐年递增比率为 s；③收益年期有限；④r 大于零；⑤$r>s>0$。

3）在纯收益按等比级数递减，收益年期无限的条件下，计算公式为：

$$P=\frac{A}{r+s} \tag{2-21}$$

其成立的条件是：①纯收益按等比级数递减；②纯收益逐年递减比率为 s；③收益年期无限；④r 大于零；⑤$r>s>0$。

4）在纯收益按等比级数递减，收益年期有限的条件下，计算公式为：

$$P=\frac{A}{r+s}\left[1-\left(\frac{1-s}{1+r}\right)^n\right] \tag{2-22}$$

其成立的条件是：①纯收益按等比级数递减；②纯收益逐年递减比率为 s；③收益年期有限；④r 大于零；⑤$0<s\leqslant 1$。

（5）已知未来若干年后资产价格的条件下，计算公式为：

$$P=\frac{A}{r}\left[1-\frac{1}{(1+r)^n}\right]+\frac{P_n}{(1+r)^n} \tag{2-23}$$

其成立的条件是：①纯收益在第 n 年（含第 n 年）前保持不变；②预知第 n 年的价格为 P_n；③r 大于零。

5. 采用收益现值法的优缺点

采用收益现值法的优点是，与投资决策相结合，能真实和较准确地反映车辆本金化的价格，容易被交易双方接受。采用收益现值法的缺点是，预期收益额预测难度大，受较强的主观判断和未来不可预见因素的影响。

2.3.3 现行市价法

1. 现行市价法的基本含义

现行市价法又称市场价格比较法，是利用市场上同样或类似资产的近期交易价格，经过直接比较或类比分析以估测资产价值的各种评估技术方法的总称。

从定义中可以发现，现行市价法是资产评估中若干评估思路中的一种，也是实现该评估技术思路的若干评估技术方法的集合。现行市价法是根据替代原则，采用比较和类比的思路及其方法判断资产价值的评估技术规程。因为任何一个正常的投资者在购置某项资产时，所愿意支付的价格不会高于市场上具有相同用途的替代品的现行市价。运用现行市价法要求充分利用类似资产成交价格信息，并以此为基础判断和估测被评估资产的价值。运用已被市场检验了的结论来评估被评估对象，显然是容易被各方当事人所接受的。因此，现行市价法是资产评估中最为直接、最具说服力的评估方法之一。

2. 现行市价法的基本前提

通过现行市价法进行资产评估需要满足两个最基本的前提条件：①要有一个活跃的公开市场；②公开市场上要有可与之比较的资产及其交易活动。

公开市场是一个充分公平的市场，市场上买卖双方自愿进行着平等交易。排除了个别交易的偶然性，市场成交价格基本可以反映市场行情。按市场行情估测被评估资产价值，评估结果会更贴近市场，更容易被资产交易各方接受。

资产及其交易的可比性是指选择的可比资产及其交易活动在近期公开市场上已经发生过，且与被评估资产相同或类似。这些已经成交的资产可以作为被评估资产的参照物，其交易数据是进行比较分析的主要依据。

资产交易的可比性具体体现在以下几个方面：①参照物与评估对象在功能上具有可比性，包括用途、性能上的相同或相似；②参照物与评估对象面临的市场条件具有可比性，包括市场供求关系、竞争状况和交易条件等；③参照物成交时间与评估基准日间隔时间不能过长，应在一个适度的时间范围内，同时时间对资产价值的影响是可以调整的。

参照物与评估对象的可比性是运用现行市价法评估资产价值的重要前提，把握住参照物与评估对象功能上的一致性，可以避免张冠李戴；把握住参照物与评估对象所面临的市场条件，可以明确评估结果的价值类型；选择近期交易的参照物可以减少时间因素对资产价值的影响。

3. 现行市价法的基本程序和有关因素

运用现行市价法进行评估，基本程序如下：

（1）选择参照物。不管评估对象是单项资产还是整体资产，运用现行市价法评估时都需要经历选择参照物这一程序。对参照物的要求关键是具有可比性，包括功能、市场条件和成交时间等。另外就是参照物的数量。不管参照物与评估对象如何相似，通常参照物应选择三个以上。因为运用现行市价法评估资产价值，被评估资产的评估值在很大程度上取决于参照物成交价格水平，而参照物成交价不仅仅是参照物功能自身的市场体现，还受买卖双方交易地位、交易动机、交易时限等因素的影响。为了避免某个参照物个别交易中的特殊因素和偶然因素对成交价及评估值的影响，运用现行市价法评估资产时应尽可能选择多个参照物。

（2）在评估对象和参照物之间选择比较因素。理论上讲，影响资产价值的基本因素大致相同，如资产性质、市场条件等。但具体到某一种资产时，影响资产价值的因素又各有侧重。如影响房地产价值的主要是地理位置因素，而技术水平则在汽车评估中起主导作用。所以，应根据不同种类的资产价值形成的特点选择对资产价值形成影响较大的因素作为对比指标，在参照物与评估对象之间进行比较。

（3）指标对比、量化差异。根据前面所选定的对比指标，在参照物及评估对象之间进行比较，并将两者的差异进行量化。如资产功能指标，尽管参照物与评估对象功能相同或相似，但在生产能力、产品质量，以及在资产运营过程中的能耗、料耗和工耗等方面都可能有不同程度的差异。运用现行市价法的一个重要环节就是将参照物与评估对象对比指标之间的上述差异数量化和货币化。

（4）在各参照物成交价格的基础上，调整已经量化的对比指标差异。现行市价法将参照物的成交价格作为评定、估算评估对象价值的基础。在这个基础上将已经量化的参照物与评估对象对比指标差异进行增减处理，就可以得到以每个参照物为基础的评估对象的初步评估结果。初步评估结果与所选的参照物个数密切相关。

（5）综合分析确定评估结果。按照一般要求，运用现行市价法通常要选择三个以上的参照物。所以，在一般情况下运用该方法评估的初步结果也在三个以上。根据资产评估的一般惯例要求，正式评估结果只能是一个，这就需要评估人员对若干初步评估结果进行综合分析，以确定最终的评估值。最终评估值的确定，主要取决于评估人员对参照物的把握和对评估对象的认识。如果参照物与评估对象可比性都很好，评估过程中没有明显的遗漏或疏忽，采用算术平均法或加权平均法等方法将初步结果转换成最终评估结果也是可行的。

运用现行市价法评估单项资产应考虑的可比因素主要有以下4个：

（1）资产的功能。资产的功能是资产使用价值的主体，是影响资产价值的重要因素之一。在资产评估中强调资产的使用价值或功能并不是从纯粹抽象意义上讲，而是从资产的功能并结合社会需求，从资产实际发挥效用的角度来考虑。在社会需要的前提下，资产功能越好，其价值越高。

（2）资产的实体特征和质量。资产的实体特征主要是指资产的外观、结构、年限和规格型号等。资产的质量主要是指资产本身的制造工艺水平。

（3）市场条件。市场条件主要是考虑参照物成交时与评估时的市场条件和供求关系的变化。一般情况下，供不应求，价格偏高；供过于求，价格偏低。

（4）交易条件。交易条件主要包括交易批量、交易动机、交易时间等。交易批量不同，交易对象的价格就可能不同。交易动机也对资产交易价格有影响。在不同时间交易，资产的交易价格也会有差别。

以上因素是运用现行市价法经常涉及的一些可比因素，在具体操作时，还要根据具体情况考虑其他一些可比因素。

4. 现行市价法的具体评估方法

现行市价法实际上是一种评估思路下的若干具体评估方法的集合。按照参照物与评估对象的近似程度，现行市价法中的具体方法可被分为两大类：直接比较法和类比调整法。

（1）直接比较法。直接比较法是利用参照物的交易价格及参照物的某一基本特征直接与评估对象的同一基本特征进行比较而判断评估对象价格的一类方法。计算公式为：

评估对象价值=参照物成交价格×评估对象特征÷参照物特征 （2-24）

直接比较法直观简洁，便于操作，但通常对参照物与评估对象之间的可比性要求较高。参照物与评估对象要达到相同或基本相同的程度，或参照物与评估对象的差异主要体现在某一明显的因素上，例如新旧程度、交易时间先后等。

直接比较法主要包括现行市价法、市价折扣法、功能价值类比法、价格指数法和成新率价格调整法等。

1）现行市价法。当评估对象本身具有现行市场价格或与评估对象基本相同的参照物具有现行市场价格的时候，可以直接利用评估对象或参照物在评估基准日的现行市场价格作为评估对象的评估价值。例如，汽车可按同品牌、同型号、同规格、同厂家的汽车的现行市场价格作为评估价值。

2）市价折扣法。市价折扣法是以参照物成交价格为基础，考虑到评估对象在销售条件、销售时限等方面的不利因素，根据评估人员的经验设定一个折扣率来估算评估对象的价值的方法。计算公式为：

资产评估价值=参照物成交价格×(1−折扣率) （2-25）

3）功能价值类比法。功能价值类比法是以参照物的成交价格为基础，考虑参照物与评估对象之间的功能差异进行调整来估算评估对象价值的方法。

4）价格指数法。价格指数法是以参照物成交价格为基础，考虑参照物的成交时间与评估对象的评估基准日之间的时间间隔对资产价值的影响，利用价格指数调整估算评估对象价值的方法。计算公式为：

资产评估价值=参照物成交价格×价格指数 （2-26）

5）成新率价格调整法。成新率价格调整法是以参照物的成交价格为基础，考虑参照物与评估对象新旧程度上的差异，通过成新率调整估算出评估对象的价值的方法。计算公式为：

资产评估价值=参照物成交价格×(评估对象成新率÷参照物成新率)

资产成新率=资产尚可使用年限÷(资产已使用年限+资产尚可使用年限) （2-27）

（2）类比调整法。类比调整法是现行市价法中最基本的评估方法。该方法并不要求参照物与评估对象必须一样或基本一样。只要参照物与评估对象在大的方面基本相同或相似即可，通过对比分析调整参照物与评估对象之间的差异，在参照物成交价格的基础上调整估算评估对象的价值。该方法具有适用性强、应用广泛的特点。但该方法对信息资料的数量和质量要求很高，而且要求评估人员具有比较丰富的评估经验、市场阅历和评估技巧。

评估价格=市场交易参照物价格+Σ评估对象比交易参照物优异的价格差价−Σ交易参照物比评估对象优异的价格差额

评估价格=参照物价格×(1±调整系数) （2-28）

2.3.4 清算价格法

1. 基本概念

清算价格法是以清算价格为标准，对评估资产进行价格评估的方法。清算价格是指企业由于破产或其他原因，要求在一定的期限内将资产变现，在企业清算之日预期出卖资产可收回的快速变现价格。

清算价格法在原理上基本与现行市价法相同，区别在于企业因迫于停业或破产，急于将资产拍卖、出售。所以，清算价格常常低于现行市场价格。

2. 影响清算价格的主要因素

清算价格法适用于企业破产、抵押、停业清理时要售出的资产。在资产评估中，影响清算价格的主要因素包括破产形式、债权人处置资产的方式、清理费用、拍卖时限、公平市价和参照物价格等。

（1）破产形式。如果企业丧失资产处置权，出售的一方无讨价还价的可能，则以买方出价决定资产售价；如果企业未丧失处置权，出售资产一方尚有讨价还价余地，则以双方议价决定售价。

（2）债权人处置资产的方式。按抵押时的合同契约规定执行，如公开拍卖或收回归己有。

（3）清理费用。在破产等评估资产价格时应对清理费用及其他费用给予充分考虑。

（4）拍卖时限。一般说时限长售价会高些，时限短售价会低些，这是由快速变现原则的作用决定的。

（5）公平市价。公平市价指资产交易成交双方都满意的价格。在清算价格中卖方满意的价格一般不易求得。

（6）参照物价格。参照物价格指在市场上出售的相同或类似资产的价格。

3. 评估清算价格的方法

资产评估清算价格的方法主要有现行市价折扣法、意向询价法和竞价法。

现行市价折扣法，是指对清算资产首先在市场上寻找一个相适应的参照物，然后根据快速变现原则估定一个折扣率，并据以确定其清算价格的方法。

意向询价法，是指根据向被评估资产的潜在购买者询价的办法取得市场信息，最后经评估人员分析确定其清算价格的一种方法。用这种方法确定的清算价格受供需关系影响很大。

竞价法，是指由法院按照法定程序（破产清算）或由卖方根据评估结果提出一个拍卖的底价，在公开市场上由买方竞争出价，谁出的价格高就卖给谁，价高者得的一种方法。

清算价格法的应用在我国还是一个新课题，还缺少这方面的实践，关于清算价格的理论与实践操作都有待进一步完善和总结。

本章小结

本章是全书非常重要的一部分，由于汽车评估是资产评估的一个分支，弄清楚资产评估的基础知识对学习汽车评估有非常大的帮助。本章讲解了资产评估的基础理论知识，首先介绍了资产评估的基本概念，然后介绍了汽车鉴定评估的相关知识点，重点介绍了四种基本评估方法，即重置成本法、收益现值法、现行市价法、清算价格法，这是全书的重点。汽车价格评估也正是围绕这四种方法展开的。掌握这些基础知识，对学习后面的内容有重要意义。

知识训练

一、名词解释

有形资产　无形资产　经营性资产　车辆置换　重置成本法

收益现值法　现行市价法　清算价格法　物价指数法　折现率

二、简答题

1．资产评估的定义是什么？

2．资产评估的假设和原则有哪些？

3．资产评估的功能有哪些？

4．汽车鉴定评估要素包括哪些？

5．影响清算价格的因素有哪些？

能力训练

1．汽车评估方法的联系与区别是什么？

2．什么情况下才能运用收益现值法进行评估？

3．什么情况下才能运用现行市价法进行评估？

第3章 汽车技术状况的检查

知识目标

1. 掌握可交易车辆的手续。
2. 掌握汽车技术状况的检查方法和常用设备。
3. 掌握汽车的静态检查和动态检查。
4. 了解汽车检测仪器的使用。
5. 掌握四轮定位的方法。
6. 了解发动机排放的检测。

能力目标

1. 能够对车辆相关手续进行检查。
2. 能够对汽车技术状况进行静态直观检查。
3. 能够对发动机技术状况进行动态直观检查。
4. 能够对底盘技术状况进行动态直观检查。
5. 能够按照相关标准使用各种仪器对汽车技术状况进行检查。
6. 能够正确使用常用汽车检测仪器。
7. 能够对车辆进行四轮定位。
8. 能够对发动机的排放进行检测。

3.1 检查车辆是否可交易

检查车辆是否可交易

在签订二手车鉴定评估委托书前，二手车鉴定评估工作人员需要通过查验机动车来历证明、机动车行驶证、机动车安全技术检验合格标志、车辆购置税完税证明、车船使用税缴付凭证、车辆保险单等法定证明、凭证是否齐全且有效来判断车辆是否可进行交易，不可交易的车辆不能对其进行鉴定评估，并视情况报告公安机关等执法部门。

二手车鉴定评估工作人员可根据表 3-1 和下述说明来判断是否可以对车辆进行鉴定评估，以及是否需要报告公安机关等执法部门。

表 3-1　可交易车辆判别

序号	检查项目	判别
1	是否达到国家强制报废标准	□Y　□N
2	是否为抵押期间或海关监管期间的车辆	□Y　□N
3	是否为人民法院、检察院、行政执法等部门依法查封、扣押期间的车辆	□Y　□N
4	是否为通过盗窃、抢劫、诈骗等违法犯罪手段获得的车辆	□Y　□N
5	发动机号与机动车登记证书中登记的号码是否一致，且无凿改痕迹	□Y　□N
6	车辆识别代号或车架号与机动车登记证书中登记的号码是否一致，且无凿改痕迹	□Y　□N
7	是否为走私、非法拼组装车辆	□Y　□N
8	是否为法律法规禁止经营的车辆	□Y　□N

如果发现上述法定证明、凭证不全或表 3-1 中的任何一项检查项目判别为“N”的二手车，应该告知委托方不能进行技术鉴定和价值评估（司法机关委托等特殊要求的除外）。

如果发现法定证明、凭证不全或者表 3-1 中第 1 项、第 4 项至第 8 项任意一项判别为“N”的二手车，应及时报告公安机关等执法部门。

表 3-1 中所列的检查项目中，第 1 项“是否达到国家强制报废标准”见《机动车强制报废标准规定》；其他项可通过查验机动车法定证件、机动车主要税费凭证等来判断。

3.1.1　机动车来历证明

机动车来历证明是二手车来源的合法证明。查验机动车来历证明可以及时发现该车是否合法，是否为涉案车辆。查验时还可向公安机关交通管理部门查询车辆是否为通过盗抢、诈骗等违法犯罪手段获得。

二手车鉴定评估机构应拥有各类机动车来历证明样本，以便鉴定评估人员进行对比鉴别。二手车的来源及相应的来历证明如下：

（1）在国内或国外购买的机动车。在国内购买的机动车，其来历证明可分为新车来历证明和二手车来历证明。

新车来历证明是指经国家市场监督管理机关验证（加盖验证章）的机动车销售统一发票（即原始购车发票，见图 3-1）。在购买新车时，通常可在当地的市场监督管理局机动车市场管理分局办理验证手续。

二手车来历证明是指国家市场监督管理机关验证（加盖验证章）的二手车销售统一发票（图 3-2）。二手车交易发票反映了该车是一辆曾经交易过的合法二手车。

在国外购买的机动车，其来历证明是该车销售单位开具的销售发票及其翻译文本。

（2）经人民法院调解、裁定或者判决转移的机动车。此类机动车的来历证明是人民法院出具的已经生效的《调解书》《裁定书》《判决书》及相应的《协助执行通知书》。

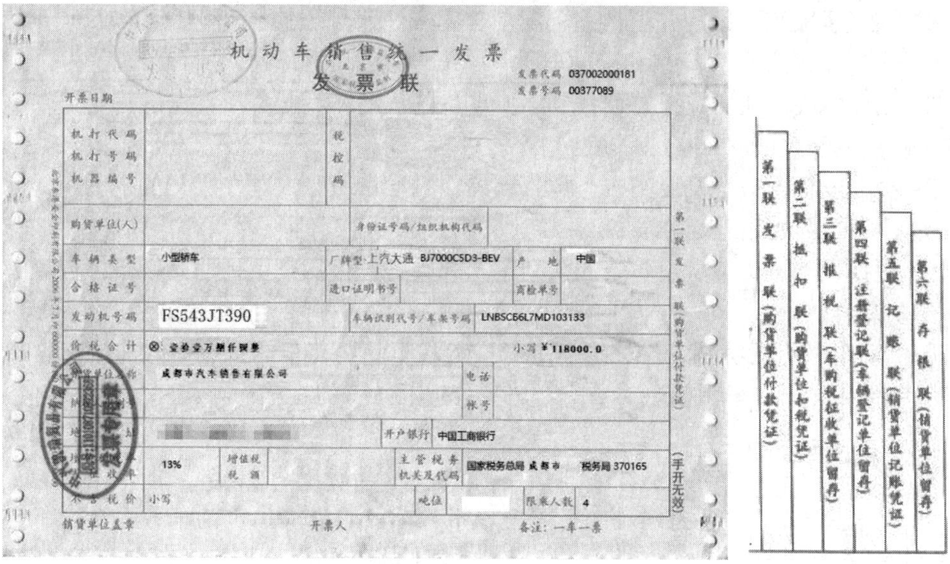

图 3-1 机动车销售统一发票票样

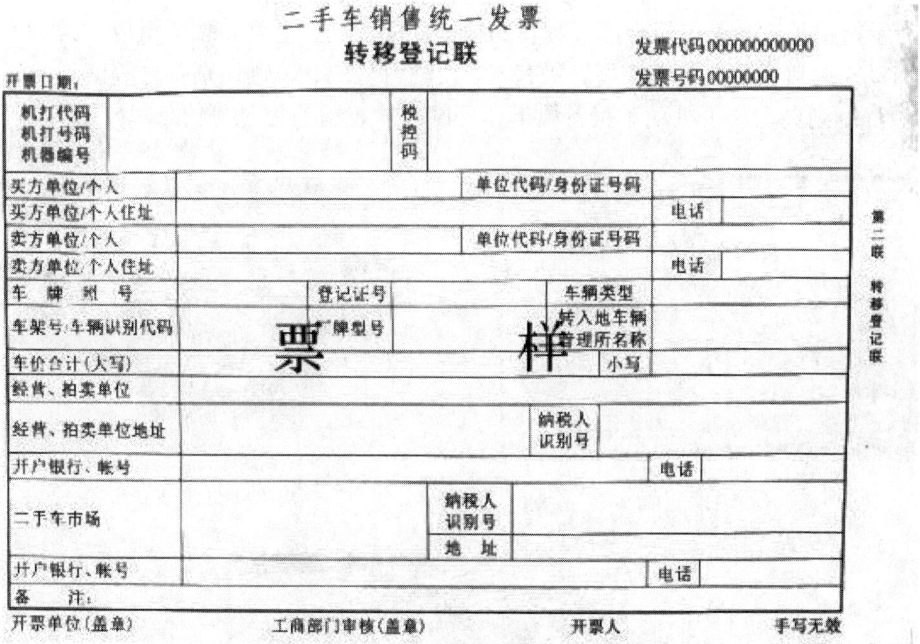

图 3-2 二手车销售统一发票票样

（3）仲裁机构仲裁裁决转移的机动车。此类机动车的来历证明是《仲裁裁决书》和人民法院出具的《协助执行通知书》。

（4）继承、赠与、中奖和协议抵偿债务的机动车。此类机动车的来历证明是继承、赠与、中奖和协议抵偿债务的相关文书和公证机关出具的《公证书》。

（5）资产重组或资产整体买卖中包含的机动车。此类机动车的来历证明是资产主管部门的批准文件。

（6）国家机关统一采购并调拨到下属单位的未注册登记的机动车。此类机动车的来历证明是全国统一的机动车销售发票和机动车所属单位出具的调拨证明。

（7）国家机关已注册登记并调拨到下属单位的机动车。此类机动车的来历证明是机动车所属单位出具的调拨证明。

（8）经公安机关破案发还的被盗抢且已向原机动车所有人理赔完毕的机动车。此类机动车的来历证明是保险公司出具的《权益转让证明书》。

（9）更换发动机、车身、车架的机动车。此类机动车的来历证明是销售单位或者修理单位开具的发票。

查验机动车来历证明是为了杜绝盗抢车、走私车、拼装车和报废车的非法交易，避免二手车交易市场成为非法车辆销赃的场所，切实维护消费者的合法权益。

3.1.2 机动车法定证件

机动车的法定证件主要有机动车行驶证、机动车登记证书、机动车号牌、道路运输经营许可证、机动车检验合格标志和营运车辆综合性能检测合格标志、机动车主要税费缴付凭证。

1. 机动车行驶证

机动车行驶证是由公安机关交通管理部门依法对机动车进行注册登记所核发的证件，如图 3-3 所示，它是机动车取得合法行驶权的凭证，由证夹、主页和副页组成。其中，主页正面记载了机动车号牌号码、车辆类型、所有人、发动机号码、车辆识别代号等信息；主页背面是机动车照片；副页记载了机动车整备质量、外廓尺寸、检验记录等信息。

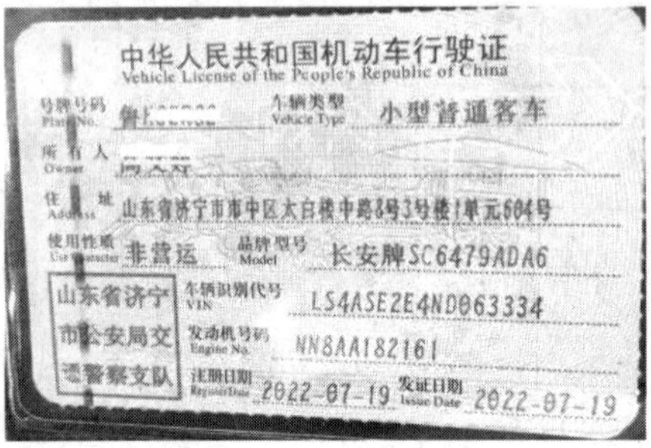

（a）主页正面

（b）主页背面

（c）副页

图 3-3 机动车行驶证

在二手车鉴定评估的手续检查中，机动车行驶证是验证二手车合法性的凭证之一。对机动车行驶证的查验主要包括以下几个方面：

（1）机动车行驶证是否有改动、涂抹等情况，是否是伪造的。

（2）机动车所有人是否与行驶证上登记的一致。

（3）机动车行驶证上的号牌号码、车辆识别代号、发动机号码与车辆实物是否一致。

（4）机动车颜色和车身装置是否与行驶证上登记的照片一致。

2. 机动车登记证书

机动车登记证书也是由公安机关交通管理部门核发和管理的，它是机动车所有权的法律证明，相当于机动车的“户口本”，其上记载了机动车的详细信息及机动车所有人的身份信息，如图 3-4 所示。当机动车所有权发生转移时，机动车新所有人须到车辆管理机关办理转移登记手续，将登记证书上的机动车原所有人变更为新所有人。

（a）封面

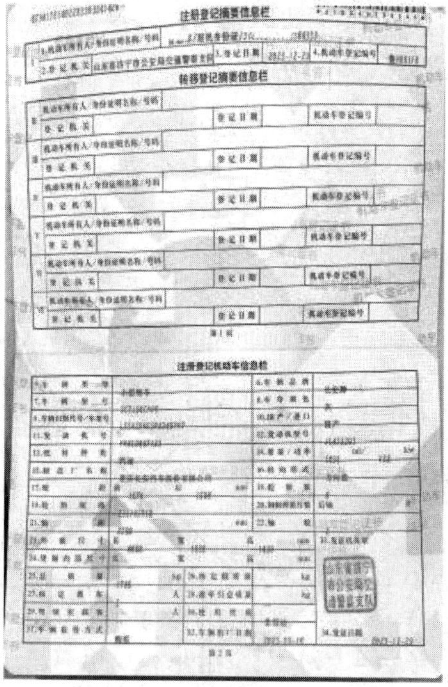

（b）内容

图 3-4　机动车登记证书

机动车登记证书既是验证二手车产权和合法性的重要凭证，同时其上记载的信息又是对二手车进行鉴定评估的重要数据来源（如使用性质、国产/进口、排量/功率等），因此机动车登记证书是二手车鉴定评估人员必须认真查验的资料。

对机动车登记证书的查验主要包括以下几个方面：

（1）对比样本判断真伪，查验登记证书是否是伪造的或改动过的。

（2）查验登记证书上记录的车辆信息与被评估车辆实物是否完全一致，且无凿改痕迹。

对于抵押期间的车辆，机动车登记证书会被金融机构扣留，直到贷款结清才归还，因此可通过查验车辆是否有登记证书或登记证书上是否有注销抵押章来判断其是否为抵押车辆。

对于被人民法院、检察院、行政执法等部门依法查封、扣押期间的车辆，或走私、非法拼组装车辆，可通过查验其是否有登记证书，登记证书上的信息是否与实物一致，或登记证书是否为伪造来判断。对于通过盗窃、抢劫、诈骗等违法犯罪手段获得的车辆，还可通过车管所、派出所等查询相关信息确定车辆情况。

查验车辆发动机号、车辆识别代号与行驶证和登记证书上的号码是否一致，且无凿改痕迹时，首先查验一致性，然后查验是否有凿改痕迹。

3. 机动车号牌

机动车号牌是由车辆管理机关依法对机动车进行注册登记核发的号牌。它和机动车行驶证一同核发，其号码与行驶证一致，是机动车取得合法行驶权的标志。

《中华人民共和国道路交通安全法》第十一条规定，机动车号牌应当按照规定悬挂并保持清晰、完整，不得故意遮挡、污损。目前，我国规定使用的机动车号牌是按 GA 36—2014《中华人民共和国机动车号牌》标准制作的。

4. 道路运输经营许可证

道路运输经营许可证是道路运输管理部门对从事旅客运输（包括城市出租客运）、货物运输的单位和个人核发的随车携带的证件，如图 3-5 所示。非营运车辆无需此证。营运车辆转籍过户时，应到道路运输部门办理营运过户相关手续。

图 3-5　道路运输经营许可证

5. 机动车检验合格标志

机动车必须定期进行安全技术检验，检验合格后，由公安机关交通管理部门发放合格标志，如图 3-6 所示。《中华人民共和国道路交通安全法实施管理条例》第十三条规定，机动车检验合格标志、保险标志应当粘贴在机动车前风挡玻璃右上角位置。若机动车无检验合格标志或标志无效（如过期），则不能进行交易。

我国已于 2016 年取消了机动车环保检验合格标志的核发，但这并不意味着取消了机动车尾气排放的检测，对未定期进行尾气排放检测或排放检测不合格的机动车，不予出具机动车检验合格标志。

图 3-6　机动车检验合格标志

从 2020 年 6 月起，全国开始推行年检标志电子化，车辆年审通过后，不再发放年检纸质标志，车主可以直接在交管 12123 官网上领取年检电子标志。

6. 机动车主要税费缴付凭证

《二手车流通管理办法》规定，二手车交易必须提供车辆购置税、车船税和机动车保险费等税费缴付凭证。

（1）车辆购置税完税证明。车辆购置税是对中华人民共和国境内购置应税车辆的单位和个人征收的一种税，其目前是按车辆计税价格的 10%计征，由车辆登记注册地的主管税务机关征收。

购车者缴纳车辆购置税后，由税务机关核发《车辆购置税完税证明》。该证明既是购车者缴纳车辆购置税的证明，又是车辆管理机关为车辆进行注册登记、办理牌照的依据。根据相关政策规定，没有《车辆购置税完税证明》的车辆，车辆管理机关不得为其办理注册登记手续，因此，《车辆购置税完税证明》也是检验二手车合法性的重要凭证。

自 2019 年 7 月 1 日起，按照《中华人民共和国车辆购置税法》的规定，在全国范围内实施车辆购置税电子版完税证明，如图 3-7（a）所示。纳税人缴纳车辆购置费时，税务机关不再出具纸质车辆购置税完税证明，如图 3-7（b）所示。

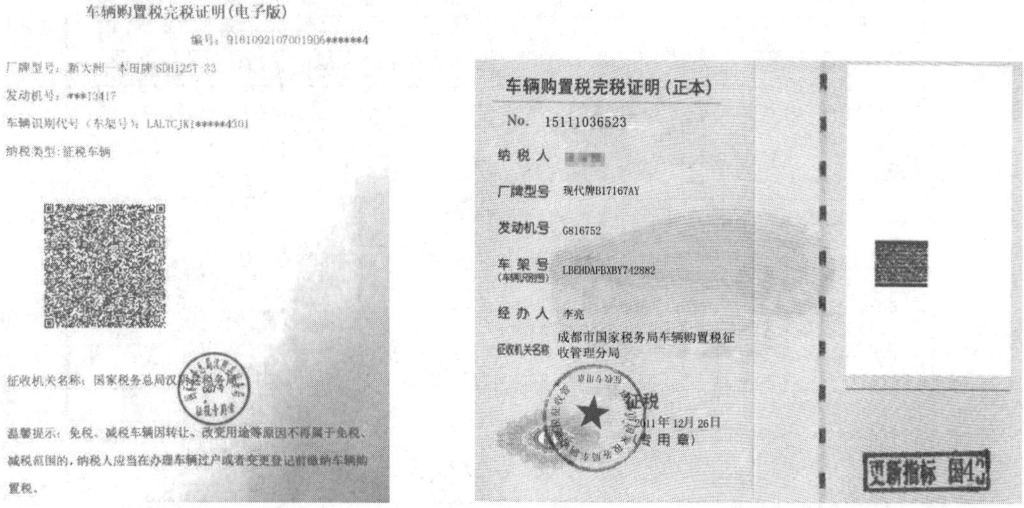

（a）电子版　　（b）纸质版

图 3-7　车辆购置税完税证明

（2）车船税完税凭证。车船税征收依据是 2012 年 1 月 1 日起实施、2019 年 4 月 23 日修正的《中华人民共和国车船税法》，其规定的车辆、船舶的所有人或者管理人为车船税的纳税人，应当依法缴纳车船税。目前，保险机构可代收代缴车船税并将完税凭证体现在其出具的发票或机动车保险单上。

（3）机动车保险单。机动车保险单（图 3-8）是机动车所有人向保险公司缴纳保险费后由保险公司出具的凭证。为机动车办理保险的目的是在机动车发生意外事故时转嫁风险，避免发生较大的财产损失。

机动车交通事故责任强制保险单(正本)

中国人民财产保险股份有限公司　　保险单号：PYEL20181200DBM00057

被保险人		[redacted]				
被保险人身份证号码			[redacted]			
地址		[redacted]			联系电话	[redacted]
被保险机动车	号牌号码	川[redacted]	机动车种类	小型轿车	使用性质	非营运
	发动机号码	[redacted]	识别代号（车架号）	[redacted]		
	厂牌型号	北京现代牌 BH7167AY	核定载客	5人	核定载质量	kg
	排量	1.591L	功率	90kW	登记日期	2011年12月26日
责任限额	死亡伤残赔偿限额		110000元	无责任死亡伤残赔偿限额		110000元
	医疗费用赔偿限额		10000元	无责任医疗费用赔偿限额		10000元
	财产损失赔偿限额		10000元	无责任财产损失赔偿限额		100元
与道路交通安全违法行为和道路交通事故相联系的浮动比率						0%
保险费合计（人民币大写）：		玖佰伍拾元整				（￥950.00）
保险期间:				自2022年08月26日0时起至2023年08月25日24时止		
争议解决方式：		诉讼				
代收车船税	整备质量	1215kg		纳税人识别号		
	当年应缴	0.00元	往年补缴	0.00元	滞纳金	0.00元
	合计（人民币大写）：					（￥：0.00 元）
	完税凭证号			开具税务机关		成都市税务局
特别约定						
重要提示	1.请详细阅读保险条款，特别是责任免除和投保人、被保险人义务。 2.收到本保险单后，请立即核对，如有不符或疏漏，请及时通知保险人并办理变更或补充手续。 3.保险费应一次性交清，请您计时核对保险单和发票（收据），如有不符，请及时与保险人联系。 4.投保人应如实告知对保险费计算有影响的或被保险机动车因改装、加装、改变使用性质等导致危险程度增加的重要事项，并及时通知保险人办理批改手续。 5.被保险人应当在交通事故发生后及时通知保险人。 6.投保次日起，您可通过本公司网页、客服热线，营业网点核实保单及理赔信息，若对查询结果有异议，请联系本公司。					
保险人	公司名称：中国人民财产保险股份有限公司 公司地址：四川省成都市新都镇桂湖东路210号 邮政编码：610500　联系电话：028-83972924　签单日期：2022-08-25 14:30:00（保险人签章）					

核保：自动核保 2022-08-25 17:36:54　制单：李力 2022-08-25 09:00:00　经办：李力 2022-08-25 11:01:00

图 3-8　机动车保险单（附车船税完税凭证）

我国机动车保险险种分为交强险和商业险两大类。

（1）交强险。交强险即机动车交通事故责任强制保险，是我国强制实行的一种保险，没有投保交强险的新车，车辆管理机关不予发放牌证。鉴定评估人员应重点查验车辆上是否贴有机动车交强险标志及相关信息是否有效，其标志式样如图 3-9 所示。

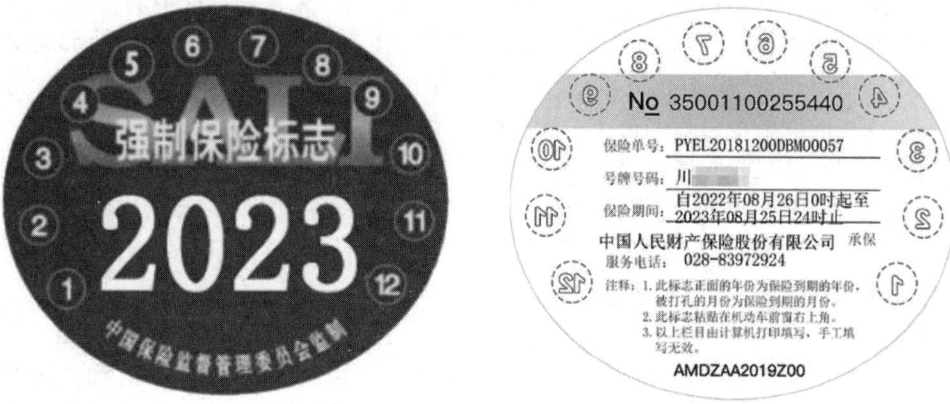

图 3-9　交强险标志式样

（2）商业险。商业险是可以自愿选择是否投保的险种，分为基本险和附加险两大类。基本险是指可以单独投保和承保的险别。附加险不能单独投保和承保，投保人只能在投保基本险的基础上，根据自己的需要选择投保。

1）基本险。基本险又称主险，具体险种包括车辆损失险、第三者责任险和盗抢险等。

- 车辆损失险：是指在保险期间内，被保险机动车遭受保险责任范围内的自然灾害（不包括地震）或意外事故，造成被保险机动车本身损失，保险人（保险公司）依据保险合同的规定给予赔偿的保险。
- 第三者责任险：是指在保险期间内，被保险人或其允许的合法驾驶人在使用被保险机动车过程中发生意外事故，致使第三者遭受人身伤亡或直接财产损失，保险人依据保险合同的规定给予赔偿的保险。第三者责任险的赔偿范围与交强险类同，并不包括被保险机动车车内的人员和被保险人。
- 盗抢险：全称为机动车全车盗抢险，其保险责任为全车被盗窃、抢夺造成的车辆损失，以及车辆在被盗窃、抢夺期间受到损坏或车上零部件、附属设备丢失需要修复的合理费用。

2）附加险。机动车附加险包括车上责任险、无过失责任险、车载货物掉落责任险、玻璃单独破碎险、车辆停驶损失险、自燃损失险、新增设备损失险和不计免赔特约险等。

3.2　汽车技术状况的静态检查

汽车技术状况静态检查的目的是快速、全面地了解汽车的大概技术状况。静态检查主要包括身份辨别和外观检查两大部分内容。

通过初步的全面检查，评估人员可以发现汽车表面上比较明显的缺陷，如为拼装车辆、车身锈蚀、交通事故碰撞变形、零部件损坏、发动机严重磨损等问题。

3.2.1 车辆的身份鉴别

车辆的身份鉴别又称识伪检查或车辆合法性检查，主要鉴别车辆的身份是否合法，可分为两大类：一类针对进口汽车，检查其是通过正规渠道进口的车辆，还是非法走私车辆、旧车拼装或者走私散件组装车辆等；另一类针对国产车，检查其是否为冒牌车或拼装车等。

进行车辆身份鉴别时，要求检查评估人员凭借专业知识和丰富的市场和社会经验，结合相关部门提供的信息资料，对车辆进行仔细的鉴别，特别是有些车辆由于某些原因资料不全或者不同部门提供的资料不吻合的情况，应严格鉴定。

1. 进口车的身份鉴别

正规的进口汽车都是通过正规渠道并符合我国的相关汽车质量标准要求和道路使用条件的，并且带有中文使用手册和维护保养手册各一本，同时在前风挡玻璃上贴有黄色的商检标志（换过风挡玻璃的车辆可能丢失了商检标志），海关对进口汽车签发进口证明书。

走私汽车指不是通过国家正常的进口渠道进口、偷逃税收的车辆。拼装车是指不法厂商为了谋取高额利润，采取非法组织生产、拼装的方法生产假冒伪劣汽车，常见的非法手段有整车走私，境外切割、境内焊接拼装，进口散件国内拼装（外国品牌整车），利用旧车的零部件进行拼装，也有些是利用进口散件和国产零部件共同拼装的汽车等。

被假冒的生产厂家不承认这些走私车辆，致使这些车辆的性能没有保障，售后服务也无法保障，为以后的汽车使用留下了极大的安全隐患。

评估人员在进行评估前，应对非法走私的车辆以及非法拼装的车辆予以识别，并禁止交易。关于进口车的鉴别可以从以下几个方面进行：

（1）检查车辆的产品合格证、维护保养手册是否齐全，并检查是否有商检证明书和商检标志。

（2）检查汽车的车辆识别代号 VIN 编码是否正确，同时确定该车是否在我国进口汽车的产品目录上；通过公安部门的车辆档案资料查找该车辆的相关信息，确定车辆的合法性。

（3）检查车辆的外观。若是通过境外切割、境内焊接而拼装的车辆，一些小的曲线部位不可能处理得天衣无缝，总会留下一些加工痕迹，通过眼睛观察和用手触摸会发现车辆不是非常平整光滑。检查车身与发动机盖之间的缝隙是否一致整齐，间隙是否过大等。

（4）检查发动机室。首先检查发动机型号是否与该品牌汽车型号相符。其次检查各种管线布置是否有条理，是否有重新装配或者改装的痕迹，或者有新旧程度不一的零部件等。

（5）检查变速器，特别是自动变速器。由于我国的交通规则是“靠右行驶”，汽车的方向盘都在左边（香港和澳门地区除外），而有些国家和地区的汽车是右驾车，走私进来的右驾车要改为左驾车很容易，但是为了降低成本、获取更高的利润，走私者一般不更换自动变速器。这样通过检查变速杆的保险按钮就可以发现——右驾车变速杆的保险按钮在右侧，而左驾车变速杆的保险按钮在左侧。

2. 国产车的身份鉴别

相对进口车来说，国产车的身份容易鉴别。按照《机动车登记规定》第十条的规定，申请改变车身颜色的、更换发动机的、更换车身或者车架的、因质量问题更换整车的、营运机动车改为非营运机动车或者非营运机动车改为营运机动车等使用性质改变的、机动车所有人的住所迁出或者迁入车辆管理所管辖区域的，机动车所有人应当向登记地车辆管理所申请变更登记。按照《机动车登记规定》第十条的规定，申请变更登记的，机动车所有人应当填写申请表，交验机动车，并提交机动车所有人的身份证明、机动车登记证书、机动车行驶证；属于更换发动机、车身或者车架的，还应当提交机动车安全技术检验合格证明；属于因质量问题更换整车的，还应当提交机动车安全技术检验合格证明，但经海关进口的机动车和国务院机动车产品主管部门认定免予安全技术检验的机动车除外。

在鉴别国产车的身份时，首先检查汽车铭牌以及车辆识别代号 VIN 编码是否一致；其次检查发动机号、车架号与行驶证上的内容是否一致，初步判别车辆是否为组装车或冒牌车。如果发现有不一致的地方，或者发动机、车架有被改动的痕迹，如焊接、凿痕、切割痕迹等，该车有可能是非法车辆，应进一步核实。由于汽车维修厂或改装厂一般搞不到国产车的车身，仿制也比较难，常采用切割、焊接等一系列方法进行组装或改装车辆，评估人员只要仔细观察和触摸，就会发现改装的痕迹，从而鉴别车辆的假身份。

3.2.2 车辆的外观检查

汽车在使用过程中难免出现各种事故，车身的磕碰剐蹭也是比较普遍的。所以，在用车辆有一些做漆的地方也不足为奇（若发现新车有“做漆处理”的现象，则该车有可能是送车或试驾等过程中出过事故，应仔细检查），因为它对二手车的价格不会造成多大影响。

车辆在进行外观检查之前通常都要进行外部清洗。外观检查过程中，对底盘相关项目的检查应该在设有检测地沟或有汽车举升器的工位上进行。

1. 检查车辆各种标牌

车辆标牌包括商标、铭牌、发动机型号和出厂编号、底盘型号和出厂编号等。检查车辆的发动机型号和出厂编号、底盘型号和出厂编号是否与机动车行驶证上的记载相吻合；检查有无铭牌，是否标明了厂牌、型号、发动机功率、总质量、载质量或载客人数、出厂编号、出厂年月日及厂名。

车辆标牌检查

2. 车身的外观检查

对车身，特别是轿车和客车的车身，检查是否有严重的碰撞痕迹，可以判断是否曾经发生过严重事故。由于轿车和客车的车身在整车价值中权重较大，维修费用也比较高，故车身检查是技术状况鉴定的重要环节。检查顺序一般从车的前部开始，可以按以下方法进行：

（1）检查车身各处的缝隙。分别站在车的左前部和右前部，从车头往车尾观察车身各处接缝，如出现接缝不直、缝隙不一、线条弯曲、装饰条有脱落痕迹或新旧不一等现象，说明该车的车身可能修理过。

（2）站在车前观察车漆的颜色和车身平整度。后补的油漆色彩往往不同于原车漆色，通过观察整个车身各个部位漆的颜色和车身反射光的明暗对比可以判断是否做漆，一般做漆的地方反射光较暗，可以检查是否出过事故。至于车身平整度，特别是有较大面积撞伤的部位，工人在补腻子、打磨腻子时往往磨不平，导致车身漆面看上去有波浪感，漆面凹凸不平。也可以用一磁铁沿车身四周移动，如果移到某处，感觉磁力突然减小，说明该处打过腻子、补过漆，用手敲击此处，声音较别处发闷。

（3）检查保险杠。在交通事故中，保险杠是最易、最先被撞坏的易损件，通过检查保险杠是否有变形、损坏、重新补漆等痕迹，可以判断汽车是否发生过碰撞事故。

（4）检查车门。站在车门前，观察B柱是否呈一直线以及接缝的平整度，若B柱不呈直线或者接缝不平整，说明车门被整形工艺处理过；打开车门，观察门框是否呈一平面，若不平整，则说明进行过钣金处理；另外，可以观看车门附近是否有铆钉痕迹（原车结合时留下的），没有铆钉痕迹说明车子重新烤过漆。

（5）观察车窗、车门的关闭。车窗、车门应关闭灵活、密封严实、锁止可靠、缝隙均匀，胶条无老化现象。检查前风挡玻璃是否有国家安全认证标志，没有则表明前风挡玻璃更换过。

（6）检查后视镜、下视镜。汽车必须在左右各设一面后视镜，安装、调节及其视野范围要符合相关规定。车长大于 6m 的平头客车、平头货车应在车前设置一面下视镜。

（7）检查灯光。主要检查灯光是否齐全、有效，光色、光强、光照角度等是否符合国家标准的相关规定。

（8）检查车身金属件的锈蚀情况。随着汽车使用年限的增加以及各种事故的损害，车身金属零部件逐渐锈蚀，通过锈蚀的严重程度可以判断该车的使用年限。检查的零部件主要是车门、车窗、排水槽、底板及各接缝处等。

3. 驾驶室和车厢内部检查

（1）检查座椅。所有的座椅安装应牢固可靠。驾驶员座椅、副驾驶员座椅，以及长途客车和旅游客车前面没有座椅护栏的座椅的安全带应齐全、有效。

（2）查看座椅的新旧程度。座椅表面应平整、清洁、无破损，若座椅松动或严重磨损、表面凹陷，说明该车经常载人，长时间在较高的负荷下运行。

（3）查看车顶的内篷是否破裂，车辆内部是否污秽发霉，地毡或地板胶是否破损残旧，从地毯的磨痕可以推断车辆的使用频率。揭开地毡或地板胶，查看车厢底板是否有潮湿或生锈的痕迹，是否有烧焊的痕迹，如果有，说明该车下雨时可能漏水。

（4）查看车窗玻璃升降是否灵活。

（5）检查行李箱。打开（客车）行李箱或（轿车）后备箱，检查箱盖防水胶条是否完好，行李箱或后备箱是否锈蚀，行李箱或后备箱两边的钣金件以及与后保险杠的接合处是否有烧焊的痕迹。

（6）查看仪表盘。检查仪表盘底部有没有更改线束的痕迹，要求安装汽车行驶记录仪的车辆是否按要求安装，能否正常工作。

（7）检查各踏板。检查离合器踏板、制动踏板、加速踏板有无弯曲变形及干涉现象，各踏板胶条是否磨损过度，坐在车上试试所有踏板有没有弹性。离合器踏板应该有少许空间，同时留心听听踏下踏板时有无异常声响。

4. 发动机舱内检查

发动机舱内检查

发动机舱内检查可以通过以下几个方面进行：

（1）检查发动机罩。首先看外观。仔细查看与翼子板的密合度或发动机留有的缝隙是否一致，是否有大小不一的情形，发动机与风挡玻璃之间的间隙是否一致或留有原车的胶漆，这些都是检查的重点。其次检查内部。发动机罩内的检查是重点中的重点，打开发动机罩时，先检查一下其内侧，如果有烤过漆（或喷漆）的痕迹，表明这片盖板碰撞过，维修时喷过漆。然后检查发动机前部的端框，该部件往往是固定水箱和冷凝器的，同时它还是前大灯定位和调整的基准，所以非常重要。

（2）检查发动机外部清洗状况。使用中车辆的发动机外部表面有少量的油迹和灰尘是正常现象，但是，如果发动机表面满是油污，说明发动机可能存在漏油现象，并且该车日常维护不到位；如果发动机表面满是灰尘，说明车主日常维护欠佳或者车辆使用环境恶劣；如果发动机表面一尘不染，则说明发动机刚进行过清洁处理，要特别注意卖主可能用蒸气清洗发动机后才让买方看车。

（3）检查蓄电池。现在汽车用蓄电池多为免维护蓄电池，寿命一般在2～3年，维护得好寿命可以更长一些。因此消费者在检查蓄电池时，可先注意蓄电池上的制造日期，如果已经超过两年，则表示这个蓄电池已经快要报废。大多数免维护蓄电池在盖上设有一个孔形液体（温度补偿型）比重计，它会根据电解液比重的变化而改变颜色，指示蓄电池的存放电状态和电解液液位的高度。当比重计的指示眼呈绿色时，表明已充足电，蓄电池正常；当指示眼绿点很少或为黑色，表明蓄电池需要充电；当指示眼显示淡黄色，表明蓄电池内部有故障，需要修理或进行更换。检查蓄电池在车上是否固定好，外壳表面是否有磕碰伤；检查蓄电池电缆是否连接可靠，排气孔是否有灰尘。

（4）检查发动机机油状况。正常情况下，车辆换过机油使用一段时间后，机油颜色会慢慢变黑。检查时，抽出机油尺，观察机油品质及油量。在白纸上擦一下，如果发现机油的颜色发灰、浑浊或有乳化现象（起水泡），说明机油中混入了水，可能是冷却系统和燃烧系统有联通的状况，致使冷却水进入了曲轴箱。机油尺上一般都有高低油位的指示孔，如果机油高度在两油位之间，表示正常。如果机油量的高度过低，而换机油的时间和里程正常，说明气缸可能密封不良，导致机油进入气缸与汽油一同燃烧，发生发动机“烧机油”现象；若机油量的高度过高，而加入量正常，说明发动机窜气或漏水。

（5）检查冷却液状况。注意一定要在冷车状态，防止温度很高的冷却液溅出烫伤人。打开水箱盖，如果水箱内的水是黄色的铁锈水或水箱外有锈水漏出，说明水箱内锈蚀或水箱有渗漏现象；如果发现冷却液表面有油污漂浮，表明有机油渗入，可能气缸垫漏气。水箱的上下两条软管应用力捏一下，看看有没有裂痕。检查水箱盖关闭后是否紧密，胶垫是否有松脱。检查水箱是否有撞过的迹象，散热片是否有烧焊现象。

（6）检查变速箱油。变速箱油的油位应在MIN和MAX之间。变速箱油应当呈红色，如果颜色变为棕色，说明变速箱可能发生故障；如果闻到焦糊味，说明变速箱磨损严重。

（7）检查软管、传动带、电缆导线。检查进气管、暖风管、水泵管、散热管等有无老化、变硬、变脆迹象；高档汽车还有很多软管连接到空调器、巡航控制器、真空控制器等，检查时用手挤压，看是否富有弹性，不应有硬和脆的感觉。传动带用来带动曲轴、凸轮轴、水泵、动力转向泵、发电机、空调压缩机、风扇等，检查各传动带是否有皮带层脱落、严重开裂等迹象，另外还要检查皮带轮是否被磨光亮，带轮磨光会引起打滑，表现为启动、怠速时有刺耳的响声。检查电缆线、导线等是否有老化、外皮剥落现象。有的车主购车后加装了防盗器、低音炮、雾灯等，会用绝缘胶带包裹，这些线路应该有条理。

5. 车辆底盘检查

汽车底盘由传动系、行驶系、转向系和制动系四部分组成。底盘检查工作主要就是对这四部分进行检查，通常在地沟或车辆举升器上进行。

（1）传动系的检查。

1）检查离合器踏板的自由行程是否符合整车技术条件的要求、离合器的摩擦片磨损状况、铆钉是否松动；弹簧是否发生疲劳折断/开裂；分离拨叉的支点磨损是否严重；分离轴承的磨损情况；若是液压操纵控制的离合器，还要检查液压系统是否漏油等。

2）检查变速箱壳体四周、加油口、放油口等处是否存在漏油或渗油现象，换挡控制机构是否顺畅，各连接处磨损是否严重等。

3）检查传动轴、中间轴、万向节等处是否有裂痕或者松旷现象，传动轴是否发生弯曲，轴承是否因磨损而松动，连接螺栓是否松动或有裂痕等。

4）检查桥壳是否有裂痕；检查桥壳各连接处是否有漏油或渗油迹象。

（2）行驶系的检查。

1）检查车架是否有裂纹、锈蚀，是否有影响正常行驶的变形（弯曲、扭曲等）；检查螺栓和铆钉是否齐全并紧固，车架不得进行焊接。

轮胎花纹深度测量

2）检查车辆的前后桥是否有裂痕和变形。

3）检查车辆的悬架系统是否有损坏，螺栓是否松旷，减震器是否漏油；检查板簧有无裂痕、断片和缺片现象，中心螺栓和U型螺栓是否紧固等。

4）检查车架与悬架之间的所有拉杆和导杆是否变形，各连接处是否松旷或移位。

5）检查轮毂轴承是否磨损、松旷，轮胎螺母以及半轴螺母是否齐全并紧固；检查同一桥上左右轮胎的型号、花纹是否相同，轮胎磨损是否严重，是否翻新轮胎（转向车轮不得使用翻新轮胎），轮胎的帘线是否外露；检查轮胎是否有异常磨损，若轮胎出现非正常磨损，则说明车轮定位参数不正确或者车辆长期超载运行。

（3）转向系的检查。

1）检查转向盘与前桥的连接是否松旷。

2）检查转向器的垂臂轴与垂臂连接是否松旷；检查拉杆球头连接是否松旷；检查拉杆与转向节的连接是否松旷；检查转向节与主销之间是否松旷等。

3）检查转向节与主销之间配合是否满足要求；检查转向器的润滑是否合适等。

4）检查转向轴是否弯曲。

5）检查液压助力转向的转向泵驱动带松紧是否合适，油泵、油管是否有漏油现象，软管是否老化。

（4）制动系的检查。

1）检查制动踏板的自由行程是否符合车辆技术条件的要求；检查液压制动系统的总泵、分泵、管路以及管路连接处是否有漏油现象。

2）检查油管是否有损伤，特别是凹瘪现象；检查真空管是否有损伤。

3）对于气制动车辆，应检查储气罐的压力能否达到规定气压，检查制动管路是否有损伤。

6. 汽车电器及其附属装置的检查

检查雨刮器、收音机、仪表、反光镜、加热器、灯具、转向信号、喷水装置、空调设备等是否破损、残缺；检查汽车电路各线束的连接是否牢靠，有无损坏或烧焦痕迹。

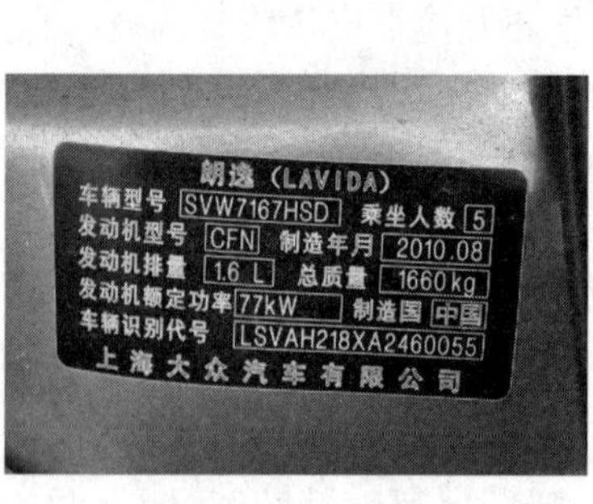

图3-10 车辆铭牌

【例3-1】根据图3-10所示的车辆铭牌填写车辆相关信息。

车辆名称：朗逸（LAVIDA）

车辆型号：SVW7167HSD

生产厂家：上海大众汽车有限公司
生产日期：2010.08
进口车还是国产车：国产
车辆的VIN代码：LSVAH218XA2460055
发动机排量：1.6L
发动机额定功率：77kW

3.3 汽车技术状况的动态检查

汽车技术状况的动态检查是指汽车在工作状态下进行的各项检查，又称车辆路试检查。动态检查的主要目的是，在一定条件下，通过对汽车的各种工况如发动机启动、怠速、起步、加速、匀速、滑行、强制减速、紧急制动，从低速挡升到高速挡，从高速挡减到低速挡的行驶，检查汽车的操纵性能、制动性能、滑行性能、加速性能、噪声和废气排放情况，以鉴定车辆的技术状况。

在汽车技术状况的动态检查过程中，根据检查人员的经验和技能，辅之以简单的器具和量具，对车辆进行动态检查。检查可分为无负荷检查和路试检查。

3.3.1 发动机启动和无负荷检查

无负荷检查就是车辆在原地，检查发动机的性能状况，包括发动机启动、怠速、声响、急加速性、曲轴箱窜油和窜气量、尾气颜色、发动机熄火等项目。

1. 发动机的启动状况检查

正常情况下，用起动机启动发动机时，一般启动不应超过3次，每次启动时间不超过10s；若需再次启动，应间隔15s以上。启动时，应无异常响声。如果发动机不能正常启动，表明发动机的启动性能不好。

影响发动机启动性能的原因有很多，主要有油路、电路、气路和机械四个方面。如供油不畅、电动汽油泵没有保压功能、点火系统漏电、蓄电池接线柱锈蚀、空气滤清器堵塞、气缸磨损使气缸压力过低、气门关闭不严等。发动机启动困难应综合分析各种原因，引起发动机启动困难的原因不同，对车辆价值的影响也不同，并且差别很大。

检查导致发动机启动不良的原因时，首先检查蓄电池，其次检查发动机运转的阻力（拆下全部火花塞和喷油器，手动运转曲轴，检查转动阻力），再次检查汽油机的点火系（可能点火不正时、火花塞打火弱或者不打火）、燃油系统（混合气体过浓或过稀）、气缸压力等环节。对于柴油机，则可能存在气缸压力过低，燃油中有水或空气，输油泵、喷油泵、喷油器工作不良，油路堵塞等原因，应一一排查。

2. 发动机怠速运转检查

发动机启动后，使其怠速运转，此时发动机应在规定的怠速范围内平稳地运转，转速波动应小于50r/min。发动机怠速时，若出现转速过高、过低、发动机抖动严重等现象，均表明发动机怠速不良，引起发动机怠速不良的原因有很多。

对于汽油机，怠速不良的原因主要有点火正时、气门间隙、配气正时、怠速阀调整不当，真空漏气，曲轴箱通风系统（单向阀不密封或卡阻，怠速时不能关闭等）、废气再循环系统、点火系统、供油系统等。有的汽车怠速不良是顽症，可能生产厂家都无法解决，鉴定评估人员应引起重视。

对于柴油机，怠速不良的原因主要有供油正时、气门间隙、配气正时、怠速调整不当；燃油中有水、空气，或黏度不符合要求；各缸的柱塞、出油阀偶件、喷油器工况不一致，或者是调速器松旷、锈蚀、弹簧疲劳失效等因素导致各缸的喷油量不一样；或者各缸的压缩力不一致等。

发动机怠速运转时，同时检查各仪表工作状况，检查电源系统充电情况。

3. 发动机声响检查

让发动机怠速运转，检查人员站在车头旁边听发动机有无异响以及响声大小。然后，用手拨动节气门，适当增加发动机转速，倾听发动机的异响是否加大，或是否有新的异响出现。

技术状况良好的发动机，零部件之间的配合间隙适当、润滑良好、工作温度正常、燃油供给充分、点火正时，无论转速和负荷怎样变化，都发出平稳而有节奏、协调而又平滑的排气声音和运转声。

运转过程中，如果发动机发出一些不协调的声响，如类似金属敲击的声音、咔嗒声、摩擦声等，这些声音统称为异响，说明发动机的某个零部件的技术状况发生变化，导致工作异常；如果听到低频的轰隆声或爆燃声，表明发动机受损严重，需要进行大修了。

常见的发动机异响有曲轴轴承异响、连杆轴承异响、活塞敲杠异响、气门异响等。这些异响很难排除，特别是发动机内部异响，鉴定评估人员需要特别注意。

4. 发动机的急加速性（加速灵敏性）检查

待水温、油温都正常后，通过改变节气门的开度检查发动机在各种转速下运转是否平稳，转速变化时应过渡顺畅。迅速踏下加速踏板，发动机由怠速状态猛加速，观察发动机转速由低到高能否灵活反应，此过程中发动机应无“回火”“放炮”现象。发动机加速运转过程中，检查发动机有无“敲缸”和气门运动噪声。把加速踏板踩到底然后迅速释放，观察发动机的转速能否由高速迅速降到低速，且灵活反应，发动机是否怠速熄火。在规定转速下，发动机机油压力应符合相关规定。

5. 曲轴箱窜油、窜气情况检查

打开润滑油加注口，慢慢踩踏加速踏板，如果窜气严重，肉眼就能观察到油雾气；若窜气不是很严重，可将一张白纸平放在润滑油加注口上方 5cm 左右处，然后踩下加速踏板，若白纸上有油迹，则表明有窜油状况发生，严重时油迹面积会更大。

6. 尾气颜色检查

如果发动机技术状况良好，气缸内的混合气体能够充分燃烧，汽油发动机排出的尾气应该是无色的，在冬季能够看见白色的水汽；柴油机工作时排出的气体一般是淡灰色的，当负荷较大时，灰色加深。无论是汽油机还是柴油机，如果排气颜色呈现蓝色，说明机油窜入了燃烧室。最常见的原因是活塞、活塞环与气缸之间的密封不良，即因活塞、活塞环与气缸磨损严重导致间隙过大。如果排气管冒黑烟，说明混合气过浓，发动机技术状况欠佳；如果排气管冒白烟，可能是气缸垫损坏或者缸体有裂缝等原因造成冷却液进入气缸。

7. 发动机熄火情况检查

对于汽油机，关闭点火开关后，发动机正常熄火；对于柴油机，停机装置应灵活有效。

3.3.2 汽车路试检查

汽车路试检查就是通过一定的行驶里程检查汽车的工况。路试检查应在平坦、硬实、干燥、清洁的道路上进行。下面具体介绍路试检查的主要内容。

1. 检查离合器

检查时，检测人员按照正确的汽车起步方法操作，挂低挡平稳起步。正常情况下，离合器应该接合平稳、分离彻底，工作时不得有异响、抖动和不正常打滑现象。踏板自由行程应符合汽车技术条件的有关规定。若自由行程过小，一般说明离合器摩擦严重。

离合器常出现的故障为打滑和分离不彻底，有的还有异响。这些故障会导致车辆起步困难、行驶无力、爬坡困难、变换挡位时变速器齿轮发出刺耳的撞击声、起步时车身发抖等现象。

（1）离合器分离不彻底检查。离合器分离不彻底会引起挂挡困难或导致齿轮碰撞。造成离合器分离不彻底的主要原因：①踏板自由行程过大；②液压系统中有空气；③液压系统漏油；④离合器从动盘翘曲、钢钉松脱或更换了过厚的新摩擦片；⑤分离杠杆内端不在同一平面内，或有的杠杆调整螺帽松动；⑥离合器从动盘毂与变速器输入轴花键磨损、锈蚀而使离合器从动盘滑动不灵活等。

发动机怠速时，踩下离合器踏板几乎触底时才能断开离合器；虽然踩下离合器踏板，但是挂挡困难或变速器齿轮发出刺耳的撞击声；挂挡后不抬离合器踏板车子就开始前进或后退，这些现象都表明该车的离合器分离不彻底。

（2）离合器打滑检查。如果离合器打滑，就会出现起步困难、加速无力、重载上坡时明显没劲甚至发出难闻气味等现象。离合器开始打滑后，摩擦片磨损加剧甚至烧蚀，离合器各部件温度增高，压盘弹簧和减震弹簧等受热变软以至退火，不能传递全部动力，继续下去离合器很快就会报废。比如在挂上1挡后，抬起离合器，车子没有前进，发动机也不熄火，就是离合器打滑的表现。其原因是：离合器踏板自由行程太小、分离轴承经常压在膜片弹簧上，使压盘总是处于半离合状态；离合器压盘弹簧过软或折断；离合器与飞轮连接的螺丝松动等。

（3）离合器异响的检查。离合器在使用过程中出现异响是不正常的。造成异响的原因大部分是离合器内部的零件损坏，包括分离轴承磨损严重、轴承回位弹簧折断、膜片弹簧支架故障等。如踩下离合器踏板时听到有“沙沙”声，可以断定是分离轴承润滑不良，与分离杠杆内端接触时产生的响声。如果加润滑油后仍然有响声，则表明分离轴承磨损或损坏，应予以更换或修理。

2. 检查变速器

从车辆起步加速升至高速挡，再减速至低速挡，整个过程中检查换挡是否灵活自如；是否有异响；互锁和自锁装置是否有效，是否有乱挡、掉挡现象；换挡操作时，变速杆是否与其他部件干涉。

汽车挂挡行驶时，变速器如出现响声，其主要原因有：

（1）轴承松旷发响。这是由于轴承日久磨损，轴向或径向间隙过大；轴承内/外座圈与轴颈（孔）配合松动；轴承钢珠（针）破裂，引起响声。

（2）同步器磨损发响。

（3）齿轮发响。这是由于齿轮磨损过于严重，间隙增大，运转中齿面啮合不良；齿面有疲劳剥落或个别轮齿损坏折断；齿轮与轴上的花键配合松旷或齿轮轴向间隙过大；轴弯曲或轴承松旷等。

（4）主轴轴向间隙过大或里程表齿轮磨损。变速器空挡时发响的原因主要是：轴承磨损松动，轴向或径向间隙过大；轴承润滑不良；第二轴磨损或弯曲，止推片或垫片损坏。应根据响声部位出现的故障进行检查、调整、润滑或修复更换。

换挡时，变速器齿轮发出响声，导致换挡困难，原因有换挡机构失调、拨挡叉变形或锈蚀、同步器损坏等。掉挡的原因主要是变速器内部零件磨损严重。如果换挡后变速杆出现抖动现象，说明变速器操作机构的铰链处松旷，磨损严重导致变速杆处的间隙过大。

对于配置自动变速器的车辆来说，正常情况下，起步时不需要踩加速踏板。如果必须踩加速踏板才能起步，说明变速器保养不到位，可能有故障。换挡过程中如果有“发冲”或“顿滞”的感觉，说明变速器需要维护了。

3. 检查汽车的动力性

汽车动力性的好坏直接影响汽车性能的高低，动力性是汽车使用最重要的基本性能。汽车在使用一段时期后，技术状况会发生某些变化，动力性也会变化。汽车技术状况不良，首要表现为动力不足，燃料消耗增大。

检测汽车动力性的项目一般有高挡加速时间、起步加速时间、最高车速、陡坡爬坡车速、长坡爬坡车速，有时也检测牵引力。

乘用车的动力性最常见的指标是从静止状态加速至 100km/h 所需时间和最高车速，其中前者是最具意义的动力性指标，也是国际流行的轿车动力性指标。

检测时，汽车起步后，猛踩加速踏板，发动机发出强劲的轰鸣声，车速迅速提高，以此检查汽车的加速性能，各种汽车设计的加速性能不尽相同。有经验的鉴定估价人员熟悉各种常见车型的加速性能，通过该检测就可以检查出被检汽车的加速性能与正常的该型号汽车加速性能之间的差距。

检查汽车的爬坡能力。将被检汽车在相应的坡道上使用相应挡位时的动力性与经验值相比较，检查人员可以感觉车辆爬坡能力的高低。检查汽车是否能够达到设计车速，如果达不到，可以估计一下差距。如果爬坡没劲、最高车速与设计的最高车速相差太大，说明该车动力性差。

4. 检查制动性能

（1）制动性能检查的技术要求。关于汽车的制动性能和应急制动性能在 GB 7258—2017《机动车运行安全技术条件》中规定，检查应在平坦、硬实、清洁、干燥且轮胎与地面间的附着系数大于等于 0.7 的混凝土或沥青路面上进行；检查时发动机应与传动系统脱开，但对于采用自动变速器的机动车，其变速器换挡装置应位于驱动挡（D 挡）。汽车在规定初速度下的制动距离和制动稳定性应符合表 3-2 所示的要求。

表 3-2　制动距离和制动稳定性要求

机动车类型	制动初速度/（km/h）	满载检验制动距离要求/m	空载检验制动距离要求/m	试验通道宽度/m
三轮汽车	20	≤5.0		2.5
乘用车	50	≤20.0	≤19.0	2.5
总质量小于等于 3500kg 的低速汽车	30	≤9.0	≤8.0	2.5

续表

机动车类型	制动初速度/（km/h）	满载检验制动距离要求/m	空载检验制动距离要求/m	试验通道宽度/m
其他总质量小于等于3500kg的汽车	50	≤22.0	≤21.0	2.5
铰接客车、铰接式无轨电车、汽车列车（乘用车列车除外）	30	≤10.5	≤9.5	3.0①
其他汽车、乘用车列车	30	≤10.0	≤9.0	3.0①
两轮普通摩托车	30	≤7.0		—
边三轮摩托车	30	≤8.0		2.5
正三轮摩托车	30	≤7.5		2.3
轻便摩托车	20	≤4.0		—
轮式拖拉机运输机组	20	≤6.5	≤6.0	3.0
手扶变型运输机	20	≤6.5		2.3

注：① 对车宽大于2.55m的汽车和汽车列车，其试验通道宽度（单位：m）为“车宽+0.5”。

（2）制动性能的检查内容。

1）检查行车制动。如果汽车制动时跑偏，很可能是同一车桥上左右两个车轮的制动力不等或者是制动力相同但制动时刻不一致导致的。其原因有轮胎气压不一致、制动鼓（盘）与摩擦片间隙不均匀、摩擦片上有油污、制动蹄片弹簧损坏等。

汽车起步后，先踩一下制动踏板（俗称点刹），检查是否有制动；然后加速至20km/h进行紧急制动，检查紧急制动是否可靠，有无跑偏、甩尾等现象；再加速至50km/h，先用点刹检查汽车是否能够立即减速，是否有跑偏，再紧急制动检查制动距离和跑偏量。

2）检查制动效能。如果在行车过程中进行制动，减速度很小，制动距离很长，说明该车的制动效能欠佳。导致制动效能欠佳的原因有摩擦片与制动鼓（盘）的间隙较大、制动踏板自由行程过大、制动油管内有空气、制动总泵或分泵有故障、制动油管漏油等。

制动时，如果踏下制动踏板时有海绵感觉，说明制动管路内有空气或制动系某处有泄漏，应立即停止路试；如果踩下制动踏板时制动踏板或制动鼓发出尖叫声，说明摩擦片可能磨损，路试结束后应检查摩擦片的厚度是否符合技术要求。

3）检查驻车制动（手刹）。检查驻车制动时应选择一坡路。在坡路上，拉紧手刹后观察汽车能否停稳。若发现有溜车现象，说明驻车制动有故障。其原因可能是摩擦片与制动鼓（盘）间隙过大或者有油污、摩擦片磨损严重或打滑等。一般的驻车制动力的总和应该大于或等于该车在测试状态下整车质量的20%（注意，总质量为整备质量1.2倍以下的机动车应大于等于15%）。

5. 检查行驶稳定性和操纵性

使检查车辆保持50km/h（中速）左右的速度直线行驶或空挡滑行，双手松开转向盘，观察汽车行驶状况。无论汽车转向哪一边都说明该车的转向轮定位不准，或车身及悬架变形、一侧的减震器漏油、两边的轴距不准确、两侧胎压不等。

使检查车辆保持 90km/h（高速）以上的速度行驶，观察转向盘有无摆振现象（俗称汽车摆头）。如果发现汽车有高速摆头现象，则表明可能存在车轮不平衡或不对中、横拉杆球头松旷、轮毂轴承松旷、前束过大等故障。

在比较宽敞的路面上，左右转动转向盘（或做转弯测试），检查转向是否灵活、轻便。若转向沉重，则说明可能存在下列状况：转向节轴承缺润滑油；轮胎气压过低；横拉杆、前桥、车架弯曲变形；前轮定位不准。对于带助力转向的汽车，转向沉重可能是助力转向泵和齿轮齿条磨损严重，或者是油路中有空气、驱动皮带打滑、安全阀漏油等原因。

转向时如果发出“嘎吱”的声音，可能是转向油储油罐的液面过低、油路堵塞、油泵噪声等原因。

转向盘最大自由转动量不允许大于 15°（最高设计车速不小于 100km/h 的机动车）。若转向盘的自由转动量过大，意味着转向机构磨损严重，导致转向盘的游动间隙过大，转向不灵。

6. 检查汽车行驶平顺性

驾驶汽车通过粗糙、凹凸不平的路面，或通过公铁路口，感觉汽车通过的平顺性和乘坐舒适性。

当汽车转弯或通过坑洼不平的路面时，仔细听汽车前端是否发出“嘎吱”的声音。若有，则可能是减震器紧固装置松旷或轴承磨损严重。汽车转弯时，若车身侧倾过大，则可能是横向稳定杆衬套或减震器磨损严重。

7. 检查汽车传动效率

通过做汽车滑行试验可以检查汽车传动效率。做法是：在平坦的路面上，将汽车加速至 50km/h 左右，踩下离合器踏板，将变速器挡杆挂空挡滑行。根据经验，通过滑行距离估计汽车传动效率。汽车越重，其滑行距离越远；初始车速越高，其滑行距离越远。

8. 检查风噪声

汽车行驶过程中，逐渐提高车速至高速行驶，倾听车外风噪声。风噪声过大，说明车门密封不严，原因为密封条变质损坏或车门变形，特别是事故车在整形后密封问题较难解决。

正常情况下，车速越高风噪声越大。空气动力学性能好的汽车，其密封和隔音性能较好，噪声较小；空气动力学性能较差或整形后的事故车，风噪声一般较大。

3.3.3 汽车动态试验后的检查

1. 检查各部件的温度

动态试验结束后，检查人员还要检查润滑油、冷却液的温度，冷却液温度不应超过 90℃，发动机润滑油温度不应高于 95℃，齿轮油温度不应高于 85℃。

检查运动机件是否存在过热情况。查看轮毂、制动鼓、传动轴、变速器壳、中间轴承、驱动桥壳等的温度，不应有过热现象。

2. 检查渗漏现象

在发动机运转及停车时，水箱、水泵、缸体、缸盖、暖风装置以及所有连接部位皆不得有明显的渗水、漏水现象。汽车连续行驶距离不小于 10km，停车 5min 后观察，不应有滴漏（油）现象。气压制动汽车，在气压升至 600kPa 且不使用制动的情况下，停止空气压缩机 3min 后，气压的降低值不应大于 10kPa。在气压为 600kPa 的情况下，将制动踏板踩到底，待气压稳定后观察 3min，气压的降低值不应大于 20kPa。采用液压制动的汽车，制动管路不应存在渗漏（包括内泄和外泄）现象，在保持踏板力为 700N 达到 1min 时，踏板不应有缓慢向前移动的现象。

3.4 汽车技术状况的仪器检测

通过静态检查和动态检查可以对汽车的技术状况进行定性的判断，即初步判定车辆的运行情况是否基本正常、车辆各部件有无故障及导致故障的可能原因等。但要求对汽车进行某些项目的严格鉴定（如司法鉴定）时，仅有定性判断是不够的，这就需要借助某些专用仪器或设备对车辆的各项技术性能及各总成、部件的技术状况进行定量、客观的评价。

检测汽车性能指标的设备有底盘测功机、制动检验台、油耗仪、侧滑试验台、前照灯检测仪、车速表试验台、发动机综合测试仪、示波器、四轮定位仪、车轮平衡仪等。这些设备一般在汽车综合性能检测中心（站）或资质较高的汽车修理厂采用，操作难度较大，不要求二手车鉴定评估员一定要掌握。但对于常规的小型检测设备如气缸压力表、真空表、万用表、正时枪、燃油压力表、废气分析仪、烟度计、声级计、微电脑故障诊断仪（俗称解码仪）等应熟练掌握，以便能够迅速正确地判断汽车技术状况。

3.4.1 汽车动力性检测

动力性是汽车重要的基本性能之一，它直接影响汽车运输效率，动力性的高低直接取决于发动机的性能。汽车使用一段时间之后，其技术状况会发生改变，动力性也会发生改变。汽车动力性的检测方法有道路试验和室内台架试验两大类。

1. 汽车动力性台架检测

汽车动力性台架试验，主要是用无外载测功仪（或无负荷测功仪）检测发动机功率，用底盘测功机检测汽车的最大输出功率、最高车速和加速能力。室内台架试验不受气候、驾驶人员技术条件等客观因素的影响，只受测试仪本身精度的影响，测试易于控制，所以在汽车检测站广泛应用。

为了使测量结果更为精确，底盘测功机的生产厂家都在说明书中给出了底盘测功机本身在测试过程中随转速变化机械摩擦所消耗的功率，对风冷式测功机还会给出冷却风扇随转速变化所消耗的功率。此外，底盘测功机的结构不同，对汽车在滚筒上模拟道路行驶时的滚动阻力也不相同，在说明书中还会给出不同尺寸的车轮在不同转速下的滚动阻力系数。

（1）汽车底盘输出功率的检测方法。通过底盘测功机可以检测车辆的最大底盘驱动功率，从而评定车辆的技术状况等级。

底盘测功机又叫底盘测功试验台，是一种不解体汽车而测量驱动轮输出功率的台架检测装置，是汽车动力性测试的重要设备。通过在室内台架上模拟汽车道路行驶工况的方法来检测汽车的动力性，而且可以测量汽车的多工况排放指标及油耗。此外，底盘测功机还能方便地进行汽车的加载调试和诊断汽车在负载条件下出现的故障等。在汽车底盘测功机上进行试验时，可以对试验条件进行控制，从而使周围环境条件的影响降到最小；同时，通过功率吸收加载装置来模拟道路行驶的阻力控制行驶状况，因此可以进行某些模拟实际行驶状况的复杂循环试验，得到了广泛应用。

底盘测功机分为两类：单滚筒底盘测功机，其滚筒直径大（1500～2500mm），制造和安装费用高，但其测试精度高，一般用于汽车生产厂家和科研单位；双滚筒底盘测功机，其滚筒直径小（180～500mm），设备成本低，使用方便，测试精度稍差，一般用于汽车维修行业及汽车检测线/站。

底盘测功机通常由滚筒装置、加载装置、惯性模拟装置、测量和辅助装置四大部分组成，其示意图如图 3-11 所示。

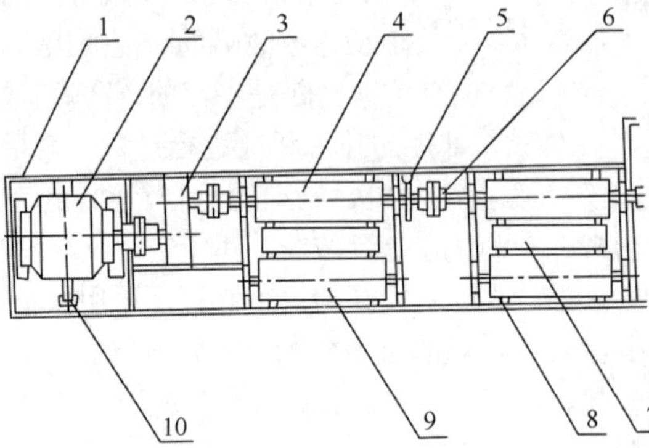

1—机架；2—功能吸收装置；3—变速箱；4—滚筒；5—速度传感器；
6—联轴节；7—举升器；8—制动器；9—滚筒；10—力传感器

图 3-11　普通型底盘测功机道路模拟系统结构示意图

1）在动力性检测之前，必须按汽车底盘测功机说明书的规定进行试验前的准备。台架举升器处于升状态，无举升器者滚筒必须锁定；车轮轮胎表面不得夹有小石子或坚硬之物。

2）汽车底盘测功机控制系统、道路模拟系统、引导系统、安全保障系统等必须工作正常。

3）在动力性检测过程中，控制方式处于恒速控制，当车速达到设定车速（误差±2km/h）并稳定 5s 后，通过计算机读取车速与驱动力数值，计算汽车底盘输出功率。

4）输出检测结果。

（2）发动机功率的检测方法。发动机输出的有效功率是发动机的综合性能评价指标。该指标直接描述了发动机的技术状况，定量地说明了发动机的动力性。目前，发动机功率的检测方法有无负荷测功法和有负荷测功法两种。有负荷测功法需要将发动机从汽车上卸下，不便于就车检测，其测量的功率精度较高。无负荷测功法又称为动态测功法，它是利用发动机无外载测功仪检测发动机功率，使用方便，检测快捷。具体做法是：当发动机在怠速或空载某一低速下运转时，突然全开节气门，使发动机克服惯性和内摩擦阻力而加速运转，其加速性能的好坏可以直接反映出发动机功率的大小。

（3）数据处理。目前，不同厂家生产的底盘测功机显示内容不尽相同，有的显示功率吸收装置吸收功率的数值，有的显示驱动轮输出的最大底盘输出功率的数值。对于显示功率吸收装置所吸收功率数值的，在数据处理时，必须增加汽车在滚筒上滚动阻力消耗的功率、台架机械阻力消耗的功率及风冷式功率吸收装置的风扇所消耗的功率。

用发动机无外载测功仪测得的发动机功率为净功率。若检测车辆发动机的额定功率为总功率，那么测得的功率应加上发动机附件消耗的功率，才能与额定功率进行比较。

2. 发动机气缸密封性检测

发动机密封性是由气缸活塞组、气门与气门座，以及气缸盖、气缸体、气缸垫及相关零件的配合保证的。发动机在长期使用过程中，气缸活塞组零件逐渐磨损，气门与气门座磨损、烧蚀，以及缸体、缸盖密封面变形，导致气缸漏气，密封性降低，从而导致发动机功率下降，油耗增加。因此，为了使发动机保持良好的工作状态，必须对发动机的密封性进行检测。通常，通过检测气缸压缩压力来评价气缸的密封性。

气缸压缩终了时刻的压力与发动机的热效率和平均指示压力有密切的关系。影响气缸压缩压力的因素有气缸活塞组的密封性、气门与气门座的密封性、气缸垫的密封性等。因此，通过测量气缸压缩终了的压力可以间接地判断上述各部位的技术状况。

（1）检测工具。检测气缸压缩压力的工具是气缸压力表，如图 3-12 所示。气缸压力表是一种专用压力表，一般由表头、导管、单向阀和接头等组成。气缸压力表接头有螺纹管接头和锥型或阶梯型橡胶接头两种。单向阀关闭时，可保持压力表指针位置，便于读出气缸压缩压力的检测数值；单向阀打开时，指针回零，以用于下次测量。

图 3-12　气缸压力表

（2）检测方法。

1）发动机运转直到正常工作温度，用压缩空气吹净火花塞周围的脏物。

2）拆下全部火花塞或喷油器（柴油机），并按气缸顺序依次放置。从点火线圈上卸下次级线圈接头，拆下空气滤清器。

3）把气缸压力表的橡胶接头放在被测气缸的火花塞孔内，扶正压紧，或把螺纹管接头拧在火花塞孔上。

4）节气门置于全开位置。

5）用起动机带动曲轴旋转 3～5s，在压力表表头指针指示最大压力时停止转动，取下气缸压力表，记录读数，然后按下单向阀使指针归零。

6）按上述方法依次测量各缸，每缸的测量次数不少于 2 次，每缸测量结果取算数平均数，按相反顺序依次装回火花塞、分缸线、空气滤清器。

（3）检测结果分析。

发动机气缸压缩压力的技术标准按 GB/T 15746—2011《汽车修理质量检查评定方法》的标准要求：在正常工作温度下，气缸压缩压力应符合原设计规定，其压力差应不超过各缸平均压力的 5%，柴油机应不超过 8%。

测完气缸压力后，与标准进行比较，可以作出以下几种情况的判断：

1）有的气缸在 2～3 次测量中检测结果差异较大，说明气门有时关闭不严。

2）相邻两缸压力读数偏低或很低，是由于相邻两缸间气缸衬垫烧蚀导致漏气或缸盖螺栓未拧紧所致。

3）若气缸压力检测结果偏低，可向该火花塞孔内注入 20～30mL 润滑油，然后重新检测。

若第二次检测结果比第一次高，接近标准压力，表明由于气缸、活塞环、活塞磨损严重或活塞环对口、卡死、断裂或缸壁拉伤等原因而导致气缸密封性不良；若第二次检测结果与第一次近似，表明气缸密封性不良的原因在于进/排气门或气缸衬垫密封性不好。

4）如果一缸或数缸压力偏高，汽车行驶中又出现过热或爆燃现象，则表明积炭过多或经过大修后缸径增大而改变了压缩比。

3.4.2 汽车燃油经济性检测

汽车的燃油经济性一般采用燃油消耗量试验来评定。检测汽车的燃油消耗量一般使用燃油消耗检测仪，通过测定燃油消耗量的容积或质量来表示。可以通过汽车道路试验或在底盘测功试验台上模拟路试来检测其燃油消耗量。

1. 汽车燃油经济性路试检测

根据 GB/T 12545.1—2008《汽车燃料消耗量试验方法 第 1 部分：乘用车燃料消耗量试验方法》的规定，汽车在路试条件下燃油消耗量的试验方法如下：

（1）试验规范。汽车路试的基本规范按照 GB/T 12534—1990《汽车道路试验方法通则》。

（2）试验车辆载荷。除有特殊规定外，轿车为规定载荷的一半，试验时取整数；城市客车为总质量的 65%；其他车辆为满载，乘员质量及其装载要求按 GB/T 12534—1990《汽车道路试验方法通则》规定。

（3）试验仪器。试验仪器及精度要求如下：

1）车速测定仪和汽车燃油消耗仪：精度 0.5%。

2）计时器：最小读数 0.1s。

（4）试验的一般规定。

1）试验车辆必须清洁，关闭车窗和驾驶室通风口，只允许开动为驱动车辆所必需的设备。

2）由恒温器控制的空气流必须处于正常调整状态。

（5）试验项目。

1）直接挡全节气门加速燃油消耗量试验。

2）等速燃油消耗量试验。

3）多工况燃油消耗量试验。

4）限定条件下的平均使用燃油消耗量试验。

2. 汽车燃油经济性台架试验检测

按国标规定，检测汽车的燃油经济性应该采用道路试验，但是采用路试的方法检测汽车燃油消耗量受到很多条件的限制，而在底盘测功机上通过台架试验检测汽车燃油消耗量目前没有国家标准。为了便利，可参照 GB/T 12545.1—2008《汽车燃料消耗量试验方法 第 1 部分：乘用车燃料消耗量试验方法》的要求评价汽车燃油经济性。在底盘测功试验台上模拟道路等速行驶来检测汽车燃油消耗量。

（1）台架试验中检测燃油消耗量的方法。当汽车驶上底盘测功试验台后，拆卸燃油管路，接上油耗传感器，排除油路中的空气，然后在底盘测功试验台上进行加载，加载量要符合该车在路试状态下的各种阻力，进行油耗检测。

台架试验中常用的检测汽车燃油消耗量的方法有两种：一种叫质量法，采用质量式油耗传感器在底盘测功试验台上进行油耗检测；另一种叫容积法，采用行星活塞式油耗传感器在底盘测功试验台上进行油耗检测。

（2）汽车燃油经济性试验的注意事项。

1）排除油路中的空气。做油耗检测时必须排除油路中的空气，方法如下：对于汽油车，把从油箱到汽油泵的管路“短路”，装上新的、密封性好的、无堵塞的油管，用性能稳定的电动汽油泵和汽油滤清器代替原车相应部件，缩短油泵到传感器的油管长度，使油泵到油耗传感器的阻力减小，从而避免油路中空气对检测结果的影响；在柴油车油路中安装好油耗传感器后，必须用手动泵泵油，以泵油压力排除油路中的空气（与汽油车的差别在于：一是汽油车可以在发动后排净空气，而柴油车必须在发动之前排尽油路中的空气；二是汽油车在拆去油耗传感器恢复其原油路时无须排除空气，而柴油车在拆去传感器恢复原油路后仍须排除油路中刚进去的空气）。

2）电喷的汽油机油耗测定时应注意的问题。使用油耗传感器检测油耗时，电控喷油发动机需要注意从压力调节器回流的多余燃油的问题，必须让多余的燃油回流到油耗传感器的输出端，否则测出的油耗等于实际油耗加上回流的燃油，导致结果有误。

如果因油耗传感器及喷油泵间产生负压引起气穴现象，可加一个辅助泵使燃油泵进油端的油路保持正压，避免气穴现象发生，进行稳定的油耗测量。

3.4.3 汽车制动性能检测

汽车的制动性能好坏直接关系到交通安全。汽车制动性能检测有室内台试制动性能检测和道路试验检测两种。根据 GB 7258—2017《机动车运行安全技术条件》规定，当汽车经台试制动性能检测后对其制动性能有质疑时，可用道路试验检测，并以满载路试的检测结果为准。

台试制动性能检测的主要项目有制动力、制动力平衡要求、车轮阻滞力和制动协调时间；道路试验检测的主要项目有制动距离、充分发出的平均减速度、制动稳定性、制动协调时间和驻车制动坡度。

1. 台试检测汽车制动性能

（1）行车制动性能检测要求。

1）制动力要求。GB 7258—2017《机动车运行安全技术条件》对台试制动性能检测制动力的要求如表 3-3 所示。对空载检测制动力有质疑时，可用表 3-3 规定的满载检测制动力要求进行检测。

表 3-3 台试检测制动力要求

机动车类型	制动力总和与整车质量的百分比/%		轴制动力与轴荷①的百分比/%	
	空载	满载	前轴	后轴
三轮汽车	≥45		—	≥60②
乘用车、总质量小于等于 3500kg 的汽车	≥60	≥50	≥60②	≥20②
其他汽车	≥60	≥50	≥60②	50
摩托车	—	—	≥60	≥55
轻便摩托车	—	—	≥60	≥50

注：① 用平板制动检测台检测乘用车时应按动态轴荷计算。
② 空载和满载状态下测试均应满足此要求。

2）制动力平衡要求（两轮、边三轮摩托车和轻便摩托车除外）。在制动力增长全过程中同时测得的左右轮制动力差的最大值与全过程中测得的该轴左右轮最大制动力中大者之比，对前轴应小于或等于 24%，对后轴（及其他轴）在轴制动力不小于该轴轴荷的 60%时不应小于或等于 30%；当后轴（及其他轴）制动力小于该轴轴荷的 60%时，在制动力增长全过程中同时测得的左右轮制动力差的最大值小于或等于该轴轴荷的 8%。

3）制动协调时间要求。汽车的制动协调时间，对液压制动的汽车不应大于 0.35s，对气压制动的汽车不应大于 0.60s；汽车列车和铰接客车、铰接式无轨电车的制动协调时间不应大于 0.80s。

4）汽车车轮阻滞力要求。进行制动力检测时各车轮的阻滞力均应小于车轮所在轴轴荷的 10%。

（2）驻车制动性能检测。当采用制动检测台检测汽车和正三轮摩托车驻车制动装置的制动力时，机动车空载，乘坐一名驾驶员，使用驻车制动装置，驻车制动力的总和不应小于该车在测试状态下整车质量的 20%（对总质量为整备质量 1.2 倍以下的机动车为不小于 15%）。

当机动车经台架检测后对其制动性能有质疑时，可用规定的路试检测进行复检，并以满载路试的检测结果为准。

2. 台试检测汽车制动性能的方法

（1）用滚筒式制动检测台检测。滚筒式制动检测台滚筒表面应干燥，没有松散物质及油污，滚筒表面当量附着系数不应小于 0.75。

驾驶员将机动车驶上滚筒，位置摆正，置变速器于空挡。启动滚筒，在 2s 后测取车轮阻滞力；使用制动，测取制动力增长全过程中的左右轮制动力差和各轮制动力的最大值，并记录左右车轮是否抱死。

在测量制动时，为了获得足够的附着力，允许在机动车上增加足够的附加质量或施加相当于附加质量的作用力（附加质量或作用力不计入轴荷）。

在测量制动时，可以采取防止机动车移动的措施（例如加三角垫块或采取牵引等方法）。当采取上述方法之后仍出现车轮抱死并在滚筒上打滑或整车随滚筒向后移出的现象，而制动力仍未达到合格要求时，应改用其他方法进行检测。

（2）用平板制动检测台检测。制动检测台平板表面应干燥，没有松散物质及油污，平板表面附着系数不应小于 0.75。

驾驶员将机动车对正平板制动检测台，以 5～10km/h 的速度（或制动检测台制造厂家推荐的速度）行驶，置变速器于空挡（自动变速的机动车可置变速器于 D 挡），急踩制动，使机动车停止，测取所要求的参数值。

（3）检测方法的选择。机动车安全技术检测时，机动车制动性能的检测宜采用滚筒反力式制动检测台或平板制动检测台，其中前轴驱动的乘用车更适合采用平板制动检测台。

不宜采用制动检测台检测制动性能的机动车及对台试制动性能检测结果有质疑的机动车应路试检测制动性能。

对满载和空载两种状态时后轴轴荷之比大于 2.0 的货车或半挂牵引车，宜加载（或满载）检验制动性能，此时所加载荷应计入轴荷和整车重量。加载至满载时，整车制动力百分比应按满载检验考核；若未加载至满载，则整车制动力百分比应根据轴荷按满载检验和空载检验的加权值考核。

3. 路试制动性能检测方法

路试检测制动性能应在平坦（坡度不应大于 1%）、干燥和清洁的硬路面（轮胎与路面之间的附着系数不应小于 0.7）上进行。

在试验路面上画出规定宽度的试验通道的边线，被测车辆沿着试验车道的中线行驶至高于规定的初速度后置变速器于空挡（自动变速的车辆可置变速器于 D 挡），当滑行到规定的初速度时急踩制动，使车辆停止。

用制动距离检测行车制动性能时，采用速度计、第五轮仪或用其他测试方法测量机动车的制动距离，对除气压制动外的机动车还应同时测取踏板力（或手操纵力）。

用充分发出的平均减速度检测行车制动性能时，采用能够测取充分发出的平均减速度（MFDD）和制动协调时间的仪器测量车辆充分发出的平均减速度和制动协调时间，对除气压制动外的机动车还应同时测取踏板力（或手操纵力）。

路试检测制动性能的仪器有便携式制动性能测试仪、第五轮仪、非接触式运动分析仪和减速度仪。但第五轮仪和非接触式运动分析仪价格昂贵、体积较大且安装较为麻烦，需要经过专门培训的技术人员操作；并且，用第五轮仪和非接触式运动分析仪进行路试检测时通常只能对制动距离进行评判，这就需要进行制动检测时制动初速度必须在规定的范围内，由于检测机构的试车跑道通常较短，检测难度大，因此检测机构一般很少用第五轮仪或非接触式运动分析仪进行路试检测。

3.4.4 车轮侧滑检测

汽车前轮定位准确与否对汽车的操纵性、行驶稳定性影响很大，因此转向轮定位是很重要的检测项目。为了保证汽车转向轮直线滚动时无横向滑移现象，要求车轮外倾角与车轮前束有适当配合，否则车轮就可能在直线行驶过程中产生侧滑现象。侧滑现象严重时，将破坏车轮的附着条件，定向行驶能力减弱甚至丧失，致使轮胎异常磨损。在机动车年度审检中，应用侧滑试验台对车轮侧滑进行检测，确保车辆的操纵性和行驶稳定性。

1. 汽车侧滑量要求

GB 7258—2017《机动车运行安全技术条件》中规定：汽车（三轮汽车除外）的车轮定位应符合该车有关技术条件，车轮定位值应在产品使用说明书中标明。对前轴采用非独立悬架的汽车，其转向轮的横向侧滑量用侧滑台检测时应在±5m/km 之间。

2. 转向轮侧滑量的检测方法

GB 7258—2017《机动车运行安全技术条件》附录中规定：

（1）转向轮横向侧滑量的检测应在侧滑检测台上进行。

（2）将汽车对正侧滑检测台，并使方向盘处于正中位置。

（3）使汽车沿台板上的指示线以 3～5km/h 的车速平稳前行，在行进过程中不允许转动转向盘。

（4）转向轮通过台板时测取横向侧滑量。

3. 检测时的注意事项

（1）不允许超过额定吨位的汽车驶入侧滑检测台，以防压坏或损伤机件。

（2）不允许汽车在侧滑台上转向或制动，否则会影响测量精度和检测台的使用寿命。

（3）前桥驱动的汽车在测试时不能突然加油、收油或踩离合器，否则会改变前轮受力状态和定位角，影响测量精度。

如果检测的结果不合格，需要分析不合格的原因。若侧滑量偏差较小，一般通过调整就可以使其合格；若侧滑量偏差较大，可能需要更换部分零部件，甚至需要校正车身才能消除偏差。

3.4.5 汽车四轮定位检测

汽车保有量越来越大，公路越来越好，汽车行驶越来越快，对汽车的操纵性要求越来越高。为了保证汽车的行驶稳定性，车轮与车轴之间必须保持正确的位置关系。前轴、后轴的轴线必须相互平行且垂直于汽车纵轴线，车轮的定位角必须正确。汽车在使用过程中，由于各种事故导致悬架的损伤、车身或车架的变形引起车轮定位参数发生变化。不正确的车轮定位参数会导致转向沉重、轮胎异常磨损（俗称“吃胎”）、油耗增加、方向回正困难、行驶跑偏等，这些变化使汽车的操纵稳定性降低，影响行车安全。

车轮定位包括前轮定位和后轮定位，也就是常说的四轮定位。四轮定位的作用就是使汽车保持稳定的直线行驶、转向轻便，减少汽车在行驶中轮胎和转向机件的磨损。

四轮定位仪是专门用来测量车轮定位参数的设备。四轮定位仪检测的项目包括前轮前束值/角（前轮前束角/前张角）、前轮外倾角、主销后倾角、主销内倾角、后轮前束值（后轮前束角/前张角）、后轮外倾角、轮距、轴距、转向 20° 时的前张角、推力角和左右轴距差等。

目前常用的四轮定位仪有拉线式、光学式、电脑拉线式和电脑激光式四种，它们的测量原理都是一样的，只是采用的测量方法或使用的传感器类型及数据记录与传输的方式不同，本书介绍光学式四轮定位仪，如图 3-13 所示。

图 3-13 光学式四轮定位仪

下面介绍光学式四轮定位仪的试验方法。

（1）测量前的准备工作。

1）安装测试投影仪。安装投影仪时必须注意，投影仪上标有“L”的，必须安装在待检车辆行进方向的左边导轨上，标有“R”的放在右边导轨上。

左右两侧投影仪的光学中心必须校准在同一轴线上，以便测量汽车左右轮的同轴度，调整时必须保证两侧投影仪屏幕上的十字刻度线在同一水平面上。

2）调整投影仪上投光镜的高度。测量待检车轮毂中心距离地面的高度，将测量值减去 30mm，所得值作为投光镜的高度值，有偏差的通过手柄来调整。

3）车辆的准备。检测前，被检车辆车轴的状况必须良好，车轮的所有轴承间隙、转向间隙和主销间隙均需检查并经过调整，轮胎气压要符合出厂要求。

（2）安装调整。

1）将待检车辆开到定位仪上，后轮停在可以横向移动车辆的后轮滑板中心处，在滑板的下面有滚筒支承，轮毂中心位置与投影仪等高。

2）安装轮镜。首先根据轮辋直径调整三个卡爪之间的距离，然后将万能轮镜安装架紧固在轮辋边沿，将带有调整盘的轮镜安装在该架上，支起车轮并轻轻转动一周，若轮镜中心偏离车轴中心超过 1cm，应移动轮镜至车轮中心并紧固。

3）轮镜安装基准调整。由于轮辋的变形和轮镜安装架的安装误差，夹在车轮上的镜面不垂直于车轮轴心线，从而造成测量误差。因此，需要进行轮镜安装基准调整（补偿调整）。

支起车轮，打开投影仪开关，轮镜将刻度线的像反射到投影仪的屏幕上，用手慢慢转动车轮，同时观察屏幕上的十字刻度线，若十字刻度线摆动量超过屏幕上一个刻度值时，需要使用三角形布置的调整旋钮调整，直至十字刻度线不摆动为止，然后锁紧。

补偿调整结束后，将转盘置于前车轮下面，落下车辆，后轮置于滑板上，按压车身前部，给汽车悬架施加上下交替的力，使悬架系统处于正常的受力状态，并将前轮向左和向右转动几次，消除转向间隙，最后让转向盘位于中间位置，前轮位于“正前方”位置，拉紧手制动。

4）将车辆摆正定位。定位测量卷尺置于待检车辆的左前侧，用卷尺的磁性座与投影仪的底座相连，垂直于车轮中心线量出至轮辋最低位置间的距离，同样的方法测出右侧的距离，如果左右两侧的距离有差异，调整滑板直到两侧的距离相同为止。

运用同样的方法测出后轮左侧和右侧的数值，左右调整后轮摆正滑板，直至两侧的距离相同为止。

通过上述调整过程消除了前后轮距不等所造成的影响，此时待检车辆刚好位于光学矩形中心位置，保证了该光学系统的测试精度。

（3）定位参数的测量。

各定位参数的测量值可直接从屏幕上和转盘上读出或从投影仪底座上的刻度尺上读出。

1）测量前轮左/右主销内倾角。前轮安装传感器及配件，锁紧前轮传感器，后轮传感器可不用，转盘不锁紧，不用转向盘锁定杆，使用刹车制动以防车轮滚动。

从“角度测量选项单”中选择“主销内倾角程序”，转动车轮使转向角显示 0°，等待测量。使左轮向左转动 20°（转向角度显示在屏幕上），主销内倾角将相对 0°值自动存储，听到声响后即完成。转动转向盘，车轮继续向左转动，直到右边车轮也转过 20°（转向角的值显示在屏幕上），存储器自动将右主销内倾角存储。

然后将车轮右转 20°（转向角显示在屏幕上），右轮主销内倾角测量值显示在屏幕上方，右主销内倾角测量完毕。继续转动转向盘，使左轮右转至 20°，左轮主销内倾角测量值也就显示屏幕上，左主销内倾角测量完毕。

比较各测量值，从屏幕显示的颜色判断，白色表示测量值与基准值无偏差，绿色表示测量值在公差范围内，红色表示测量值在公差范围外。

2）测量前轮左/右主销后倾角。采用与主销内倾角测量相同的操作过程，只是不用刹车制动即可读出数据。

3）测量左（右）后轮前束角/外倾角。测量后轮前束角和外倾角时，使用四个传感器，使用转向盘锁定杆防止车轮转向，使用刹车制动防止车轮滚动，在“角度测量选项单”中选中“后轮倾角测量程序”，在屏幕上显示左/右侧后轮前束角及外倾角，还可以进一步由两后轮前束角算出推力角。用测量值与原厂值比较，如果测量值正确，可进行下一步操作；如果测量值不正确，则一定要进行调整。

4）测量左（右）前轮前束角/外倾角，方法同 3）。

3.4.6 汽车前照灯检测

在夜间或能见度较低的时候，前照灯能够为驾驶员提供行车道路的照明，并可以向其他车辆发出警示，是进行交通联络的信号装置。因此，汽车的前照灯必须有足够的发光强度和正确的照射方向。车辆在日常使用过程中，由于震动可能导致前照灯部件的安装位置发生变动，从而改变光照方向；同时，灯泡也会随着使用时间的增加逐渐老化，反射镜表面有污物也会导致聚光性能变差，致使前照灯的亮度不足。所有这些变化都会使驾驶员视线不清，造成对道路辨认困难，产生视觉疲劳，导致交通事故的发生。因此，汽车前照灯的发光强度和光束的照射方向被列为机动车运行安全检测的必检项目。

1. 机动车前照灯的技术要求

GB 7258—2017《机动车运行安全技术条件》中对汽车前照灯提出了相关的技术要求。

（1）前照灯远光光束发光强度最小值要求（表 3-4）。

表 3-4　前照灯远光光束发光强度最小值要求　　单位：cd（坎德拉）

机动车类型		检查项目					
		新注册车			在用车		
		一灯制	二灯制	四灯制①	一灯制	二灯制	四灯制①
三轮汽车		8000	6000	—	6000	5000	—
最高设计车速小于 70km/h 的汽车		—	10000	8000	—	8000	6000
其他汽车		—	18000	15000	—	15000	12000
普通摩托车		10000	8000	—	8000	6000	—
轻便摩托车		4000	3000	—	3000	2500	—
拖拉机运输机组	标定功率＞18kW	—	8000	—	—	6000	—
	标定功率≤18kW	6000②	6000	—	5000②	5000	—

注：① 四灯制是指前照灯具有四个远光光束；采用四灯制的机动车其中两只对称的灯达到两灯制的要求时视为合格。

② 允许手扶拖拉机运输机组只装用一只前照灯。

（2）前照灯光束照射位置要求。

1）前照灯近光光束。在空载状态下，汽车前照灯近光光束照射在距离 10m 的屏幕上，近光光束明暗截止线转角或中点的垂直方向位置，对近光光束透光面中心（基准中心，下同）高度小于或等于 1000mm 的机动车不高于近光光束透光面中心所在水平面以下 50mm 的直线且不低于近光光束透光面中心所在水平面 300mm 的直线；对近光光束透光面中心高度大于 1000mm 的机动车，应不高于近光光束透光面中心所在水平面以下 100mm 的直线且不低于近光光束透光面中心所在水平面以下 350mm 的直线。除装用一只前照灯的三轮汽车和摩托车外，前照灯近光光束明暗截止线转角或中点的水平方向位置，与近光光束透光面中心所在处置面相比，向左偏移应小于或等于 170mm，向右偏移应小于或等于 350mm。

2）前照灯远光光束。在空载状态下，对于能单独调整远光光束的汽车、摩托车，前照灯远光光束照射在距离 10m 的屏幕上，其发光强度最大点的垂直方向位置应不高于远光光束透光面中心所在水平面（高度值为 H）以上 100mm 的直线且不低于远光光束透光面中心所在水平面以下 $0.2H$ 的直线。除装用一只前照灯的三轮汽车和摩托车外，前照灯远光发光强度最大点的水平位置，与远光光束透光面中心所在垂直面相比，左灯向左偏移应小于或等于 170mm 且向右偏移应小于或等于 350mm，右灯向左和向右偏移均应小于或等于 350mm。

2. 机动车前照灯检测

（1）前照灯光束照射位置检验方法。

1）屏幕法检测。屏幕法就是借助屏幕检查。检查场地应平整，屏幕与场地垂直。被检验的机动车空载、轮胎气压正常、乘坐一名驾驶员的条件下进行。将机动车停置于屏幕前，并与屏幕垂直，使前照灯基准中心距屏幕 10m，在屏幕上确定与前照灯基准中心离地面距离 H 等高的水平基准线及以机动车纵向中心平面在屏幕上的投影线为基准确定的左右前照灯基准中心位置线，分别测量左右远近光束的水平和垂直照射方位的偏移值。

2）前照灯检测仪检测法。将被检验的机动车按规定距离与前照灯检测仪对正（车辆摆正装置），从前照灯检测仪的显示屏上分别测量左右远/近光束的水平和垂直照射方位的偏移值。

3）检验方法的选择。屏幕法需要有一个较大的场地，在检测站很少采用。目前各汽车检测机构和维修企业通常使用前照灯检测仪检测法。

前照灯检测仪分为聚光式、屏幕式、投影式和自动追踪光轴式等几种。目前，汽车检测站大多采用自动追踪光轴式前照灯检测仪。无论哪种检测仪都是由接受前照灯光束的受光器、使受光器与汽车前照灯对正的找正装置、前照灯发光强度的指示装置与光轴偏斜量指示装置等组成。

（2）自动追踪光轴式前照灯检验仪的检测步骤。

1）检验仪的准备。

① 在前照灯检验仪不受光状态下检查光度计和光轴偏斜指示计的指针是否能对准机械零点。若指针失准，可用零点调整螺钉将其调整在零点上。

② 检查聚光透镜和反射镜的镜面有无污物或模糊不清的地方。若有，可用柔软的布或镜头纸等擦拭干净。

③ 检查水准器的技术状况。若水准器无气泡，要进行修理；若气泡不在红线框内，可用水准器调节器或垫片进行调整。

④ 检查导轨是否沾有泥土或小石子等杂物，要保证扫除干净。

2）车辆的准备。

① 清除前照灯上的油污。

② 轮胎气压应符合汽车制造厂的规定。

③ 汽车蓄电池应处于充足电状态。

3）检测开始。

① 将汽车尽可能地与导轨保持垂直方向驶近检验仪，使前照灯与检验仪受光器相距 3m。

② 将车辆摆正找准，使检验仪和汽车对正。

③ 开亮前照灯，接通检验仪电源，用上下、左右控制开关移动检验仪位置，使前照灯光束射到受光器上。

4）检测注意事项。

① 检验仪的底座一定要保持水平。

② 检验仪不要受外来光线的影响。

③ 必须在汽车保持空载并乘坐一名驾驶员的状态下检测。

④ 汽车有四只前照灯时，一定要把辅助照明灯遮住后再进行测量。

⑤ 开亮前照灯照射受光器，一定要把光电池灵敏度稳定后再进行检测。

⑥ 仪器不用时，要用罩子把受光器盖好。

专业的二手车鉴定评估人员看到前照灯检测不合格的报告后，通常要对不合格的项目进行认真分析。常用的前照灯修理措施包括调整或更换前照灯底座或前照灯、校正前照灯框架。

3.4.7 汽车排气污染物检测

1. 汽车排气污染物的成分及其危害

随着汽车工业的迅速发展，汽车保有量快速增加，汽车排放的污染物造成的环境污染情况亦日趋严重。汽车排放造成的污染对社会、环境和人类的健康威胁已经成为严重的社会问题，因此对汽车排放污染物的监控与防治已到了刻不容缓的地步。为了控制汽车的排放污染，世界各国都将汽车排放作为一项很重要的汽车检测项目。我国也逐步完善了控制汽车排放物的国Ⅰ、国Ⅱ、国Ⅲ、国Ⅳ等标准。要搞好汽车排放污染物的监控与防治，首先要做好汽车排放的检测工作。

汽车排放的污染物主要有一氧化碳（CO）、碳氢化合物（HC）、氮氧化合物（NO_x）、微粒物（PM）（由碳烟、铅氧化物等重金属氧化物和烟灰等组成）和硫氧化物等。这些污染物由汽车的排气管、曲轴箱和燃油系统排出，分别称为排气污染物（又称尾气）、曲轴箱污染物和燃油蒸发污染物。此外，还含有氯氟烃（CFCs）和二氧化碳（CO_2）等各种有害成分，直接或间接危害人类的健康。

（1）一氧化碳（CO）。一氧化碳是汽油烃类成分燃烧的中间产物。如果空气充足，理论上燃料燃烧后不会产生 CO，但当空气不足（氧气不足）即混合气空燃比小于 14.8∶1 时，必然会有部分燃料不能完全燃烧而生成 CO，特别是发动机处于怠速状态时，混合气体过浓，此时发动机工作循环中的气体压力与温度不高，混合气体的燃烧速度减慢，属于不完全燃烧，致使 CO 的浓度增加。发动机在加速负荷范围工作或点火过分推迟也会导致尾气中 CO 的浓度增高。CO 是一种无色、无刺激的气体，它能迅速和人体血液中的血红蛋白结合成为一氧化碳血红蛋白，阻止氧的输送。CO 在人体血液中的浓度超过 60%时，会导致人因窒息而死亡。

（2）碳氢化合物（HC）。碳氢化合物总称为烃类，是发动机未燃尽的燃料分解产生的气体。汽车排放污染物中的未燃烃类的 20%～25%来自曲轴箱窜气，20%来自燃油箱的蒸发，其余 55%～60%由排气管排出。当排出的 HC 总量达到 500～600ppm 时就会影响人体健康。它与二氧化氮的混合物在强光照射下可在大气中产生臭氧等过氧化物，对人的眼睛、鼻和咽喉黏膜等有较强的刺激作用，可引起结膜炎、鼻炎、支气管炎等症状，并伴有难闻的臭味，严重时可致癌。

（3）氮氧化合物（NO_x）。氮氧化合物主要指一氧化氮（NO）和二氧化氮（NO_2），由排气管排出。试验证明，供给略稀的混合气（混合气空燃比≥15.5）会增大 NO_x 的排放量。汽油机排出的氮氧化合物中 NO 占 99%，而柴油机排出的氮氧化合物中 NO_2 比例稍大。高浓度的

NO会引起人神经中枢的障碍，并且很容易被氧化成剧毒的NO_2。NO_2有特殊的刺激性臭味，严重时会引起肺气肿。

（4）微粒物（PM）。汽油机中主要微粒有铅化物、硫酸盐和低分子物质，柴油机中主要微粒是石墨形的含碳物质（碳烟）和高分子量有机物（润滑油的氧化和裂解产物）。柴油机的微粒数量比汽油机多30～60倍，成分也比较复杂。特别是碳烟，主要由直径0.1～10.0mm的多孔性碳粒构成，它会被人体吸入肺部沉淀下来，并且往往黏附有SO_2及某些致癌物质，严重危害人体健康。

（5）光化学烟雾。它是指汽车内燃机排气中的NO_x和HC排入大气后，在紫外线作用下进行光化学反应，由光化学过氧化物而形成的黄色烟雾。光化学烟雾多发生在阳光强烈的夏秋季节，随着光化学反应的不断进行，反应生成物不断蓄积，光化学烟雾的浓度不断升高。光化学烟雾对大气造成诸多不良影响，对动植物甚至建筑材料也有影响，大大降低了能见度，影响出行。

（6）硫氧化物。汽车尾气中硫氧化物的主要成分为二氧化硫（SO_2）。当汽车使用催化净化装置时，就算很少量的SO_2，也会逐渐在催化剂表面堆积，造成“催化剂中毒”。SO_2不但影响催化剂的使用寿命，还危害人体健康，同时是造成酸雨的罪魁祸首。

（7）二氧化碳（CO_2）。世界工业化进程引起能源大量被消耗，导致大气中CO_2剧增，其中约30%来自汽车排放物。CO_2为无色无毒气体，对人体无直接危害，但大气中CO_2如大幅度增加，因其对红外热辐射的吸收而形成温室效应，使全球气温上升，南北极冰川融化，海平面上升，大陆腹地沙漠化趋势加剧，人类和动植物赖以生存的生态环境遭到破坏。因此近年来对CO_2的控制已成为研究汽车排放的重要课题。

2. 汽车排气污染物的检测

（1）汽油车排气污染物的检测标准及检测。

1）汽油车排气污染物的检测标准。1979年9月，我国颁布了新中国成立以来第一部综合性的《中华人民共和国环境保护法（试行）》，1983年发布并于1984年实施了《汽车污染物排放标准和测量方法》。其后，又相继制定了几项排放标准，并于1993年、1999年对上述排放标准进行了修订，从严规范了诊断参数和测量方法，使我国治理废气污染走上了较为严格的法治轨道。

GB 18285—2000《在用汽车排气污染物限值及测试方法》是参照美国国家环保局标准EPA-AA-RSPD-IM-96-2《加速模拟工况试验规程、排放标准、质量控制要求及设备技术要求技术导则》制定的，使我国治理在用汽车排气污染变得更为严格和规范。

2001年颁布实施的GB 14761—2001《汽车排放污染物限值及测试方法》等效采用了联合国欧洲经济委员会（ECE）1995年7月2日生效的ECER83/02《按发动机对燃料的要求类别就污染排放物对车辆的认证规则》的全部内容，采用了国际通用的试验方法，对汽车排放污染物的控制标准达到了欧洲20世纪90年代初的水平。

2001年颁布实施的GB 18352.1—2001《轻型汽车污染物排放限值及测量方法（Ⅰ）》、GB 18352.2—2001《轻型汽车污染物排放限值及测量方法（Ⅱ）》等效采用和参照了当时欧洲的最新标准。

2005年7月1日起实施的GB 18285—2005《点燃式发动机汽车排气污染物排放限值及测量方法（双怠速法及简易工况法）》代替了GB 14761.5—93《汽油车怠速污染物排放标准》、

GB/T 3845—93《汽油车排气污染物的测量 怠速法》和 GB 18285—2000《在用汽车排气污染物排放限值及测量方法》中的点燃式发动机汽车部分。

2020 年 7 月 1 日起《轻型汽车污染物排放限值及测量方法》（中国第六阶段）代替《轻型汽车污染物排放限值及测量方法》（中国第五阶段）正式发布。

2）汽油车排气污染物的检测。

①应保证被检测车辆处于制造厂规定的正常状态，发动机进气系统应装有空气滤清器，排气系统应装有排气消声器和排气后处理装置，排气系统不允许有泄漏。

② 应在发动机上安装转速计、点火正时仪、冷却液和润滑油测温计等测量仪器。测量时，发动机冷却液和润滑油温度应不低于 80℃或者达到汽车使用说明书规定的热车状态。

③ 发动机从怠速状态加速至 70%额定转速，运转 30s 后降至高怠速状态。将取样探头插入排气管中，深度不少于 400mm，并固定在排气管上。维持 15s 后，由具有平均值功能的仪器读取 30s 内的平均值，或者人工读取 30s 内的最高值和最低值，其平均值即为高怠速污染物测量结果。对于使用闭环控制电子燃油喷射系统和三元催化转化器技术的汽车，还应同时读取过量空气系数（λ）的数值。

④ 发动机从高怠速降至怠速状态 15s 后，由具有平均值功能的仪器读取 30s 内的平均值，或者人工读取 30s 内的最高值和最低值，其平均值即为怠速污染物测量结果。

⑤ 若为多排气管时，取各排气管测量结果的算术平均值作为测量结果。

⑥ 若车辆排气管长度小于测量深度时，应使用排气加长管。

⑦ 测量工作结束后，把取样探头从排气管里抽出来，让它吸入新鲜空气 5min，待仪器指针回到零点后再关闭电源。

（2）柴油车排气污染物的检测标准及检测。

1）柴油车排气污染物的检测标准。

柴油车排出的烟色有黑烟、蓝烟和白烟三种。其中，以柴油机在全负荷和加速工况时排出的黑色碳烟最为常见。黑烟的发暗程度用排气烟度表示，排气烟度用烟度计检测。烟度计可分为滤纸式、透光式、重量式等多种形式。根据 GB 3847—2018《柴油车排放污染物限值及测量方法》的规定：

①新生产汽车下线。按照规定进行下线车辆排放抽测。排放结果应小于表 3-5 规定的排放限值。生产企业也可采用其他方法进行排放检测，但应证明其等效性。

表 3-5 在用汽车和注册登记排放检测排放限值

类别	自由加速法	加载减速法		林格曼黑度法
	光吸收系数/m^{-1}（或不透光度/%）	光吸收系数/m^{-1}（或不透光度/%）	氮氧化物/$\times10^{-6}$	林格曼黑度/级
限值 a	1.2（40）	1.2（40）	1500	1
限值 b	0.7（26）	0.7（26）	900	

注：① 海拔高度高于 1500m 的地区加载减速法可以按照每增加 1000m 增加 $0.25m^{-1}$ 幅度调整，总调整不得超过 $0.75m^{-1}$。

② 2020 年 7 月 1 日前限值 b 过渡限值为 1200×10^{-6}。

新定型混合动力汽车污染物测试应在最大燃料模式下进行，车辆应具备明显可见的最大燃料消耗模式切换开关，方便切换为最大燃料消耗模式，并能在最大燃料消耗模式下正常运行（包括怠速），便于进行排放测试，且开关位置应在汽车使用说明书中明确说明。

②注册登记和在用汽车。有手动选择行驶模式功能的混合动力电动汽车应切换到最大燃料消耗模式进行测试，如无最大燃料消耗模式，则切换到混合动力模式进行测试，在测试时若发动机自动熄火自动切换到纯电模式，无需中止测试，可进行至测试结束。按照附规定的方法进行检测，其检测结果应小于表3-5中规定的排放限值。

2）柴油车排气污染物的检测。

在自由加速法中检测步骤如下：

①通过目测进行车辆排气系统相关部件泄漏检查。

②发动机（包括废气涡轮增压发动机），在每个自由加速循环的开始点均处于怠速状态下，对重型车用发动机，将油门踏板放开后至少等待10s。

③在进行自由加速测量时，必须在1s的时间内，将油门踏板连续完全踩到底，使供油系统在最短时间内达到最大供油量。

④对每个自由加速测量，在松开油门踏板前，发动机必须达到断油转速。对使用自动变速箱的车辆，应达到发动机额定转速（如果无法达到，不应小于额定转速的2/3）。

⑤在测量过程中应监测发动机转速检查是否符合试验要求（特殊无法测得发动机转速的车辆除外），并将发动机转速数据实时记录并上报。

检测结果取最后三次自由加速烟度测量结果的算术平均值。

3.5 汽车技术状况的评定与分级

3.5.1 汽车技术状况的评定内容及原则

1. 汽车技术状况的评定内容

2016年7月1日实施的交通运输部颁布的交通行业标准JT/T 198—2016《道路运输车辆技术等级划分和评定要求》规定了评定营运车辆整车装备及外观检查、动力性、燃料经济性、制动性、转向操纵性、前照灯发光强度和光束照射位置、排放污染物限值、车速表示值误差等。

2. 汽车技术状况的评定原则

汽车技术状况的评定原则主要有以下3点：

（1）营运车辆应达到GB 18565规定的要求，如表3-6所示。

表3-6 核查评定项目和评定要求

序号	评定项目	客车评定要求（GB 18565相关条款）		货车及挂车评定要求（GB 18565相关条款）	
		一级	二级	一级	二级
1	制动防抱死装置	4.2.1		4.2.1	
2	盘式制动器	4.2.2		//	
3	缓速器或其他辅助制动装置	4.2.3		4.2.3	

续表

序号	评定项目	客车评定要求（GB 18565 相关条款）		货车及挂车评定要求（GB 18565 相关条款）	
		一级	二级	一级	二级
4	制动间隙自动调整装置	4.2.4		4.2.4	
5	压缩空气干燥或油水分离装置	4.2.5		4.2.5	
6	子午线轮胎	4.2.6		4.2.6	//
7	安全带	4.2.7		4.2.7	
8	限速功能或限速装置、超速报警功能	4.2.8		4.2.8	//
9	卫星定位系统车载终端	4.2.9		4.2.9	4.2.9
10	发动机舱自动灭火装置	4.3.2		//	//

注：标记“//”的项目为不参与评级项。

（2）营运车辆技术等级的评定项目和技术要求按表 3-7 所示的规定执行。

表 3-7　营运车辆技术等级的评定项目和技术要

序号	评定项目	评定内容		项目属性	评定要求（GB 18565 相关款）	
					一级	二级
1	唯一性认定	号牌号码、车辆类型、品牌型号、车身颜色、发动机号、底盘号、VIN 号、挂车架号、中重型货车及挂车外廓尺寸、货车及挂车车厢栏板高度、客车的座（铺）位数		★	5.1.1	
2	电子控制系统	与发动机排放控制系统、制动防抱死装置和电动助力转向系统及其他与行车安全相关的故障信息		★	5.1.2	
3	发动机	工作性能	起动性能	■	5.1.3.1.1	
			柴油发动机停机装置	★	5.1.3.1.2	
			发动机运转	■	5.1.3.1.3	
		密封性	发动机缸体、油底壳、冷却水道边盖、放水阀、水箱	■	5.1.3.2	
		传动带	助力转向传动带	★	5.1.3.3	
			空气压缩机传动带/齿轮箱	★		
		燃料供给	输料管、燃料箱及燃料管路、燃料箱盖、燃料箱改动或加装	★	5.1.3.4	
4	制动系	行车制动	制动管路、制动泵（缸）及气（油）路、制动报警装置、缓速器、储气筒、制动踏板	★	5.1.4.1.1～5.1.4.1.4，5.1.4.1.6，5.1.4.1.7	
			气压制动弹簧储能装置	■	5.1.4.1.5	
		驻车制动		★	5.1.4.2	

续表

序号	评定项目	评定内容		项目属性	评定要求（GB 18565 相关款）	
					一级	二级
5	转向系	部件连接、部件技术状况、转向助力装置		★	5.1.5.1～5.1.5.3	
		转向盘最大自由转动量		●	最高设计车速大于或等于 100km/h 的车辆不大于 10°，其他车辆不大于 20°	5.2.5.2
6	行驶系	车架		★	5.1.6.1	
		车桥	裂纹及变形	★	5.1.6.2.1	
			车桥密封性	■	5.1.6.2.2 允许有轻微渗油，不得滴漏	
		拉杆和导杆、车轮及螺栓、螺母		★	5.1.6.3，5.1.6.4	
		轮胎	轮胎外观、同轴轮胎的规格和花纹、轮胎的速度级别、充气压力、翻新轮胎、轮胎类型、备用轮胎	★	5.1.6.5.1 5.1.6.5.3～5.1.6.5.8	
			胎冠花纹深度	●	乘用车和挂车不小于 2.5mm，其他车辆转向轮不小于 3.8mm，其余轮胎不小于 2.5mm	5.1.6.5.2
		悬架	弹性元件、部件连接	★	5.1.6.6.1，5.1.6.6.2	
			减震器	■	5.1.6.6.3	
7	传动系	离合器		■	5.1.7.1	
		变速器		■	5.1.7.2	
		传动件异响		■	5.1.7.3	
		万向节与轴承		★	5.1.7.4	
8	照明、信号装置和标识	外部照明和信号装置、前照灯远/近光光束变换功能、反射器与侧标志灯、货车车身反光标识和尾部标志板		★	5.1.8.1～5.1.8.4	
9	电气线路及仪表	导线	导线绝缘层/线束固定、导线及连接蓄电池接头/绝缘套、金属孔绝缘护套	★	5.1.9.1	
		仪表与指示器、卫星定位系统车载终端		★	5.1.9.2,5.1.9.3	
10	车身	门窗及照明	车门应急控制器、应急门和安全顶窗、应急窗和玻璃破碎装置	★	5.1.10.1.1～5.1.10.1.3	
			门、窗玻璃	●	玻璃齐全完好	5.1.10.1.4
			客车车厢灯和门灯	■	5.1.10.1.5	

续表

序号	评定项目	评定内容		项目属性	评定要求（GB 18565 相关款）	
					一级	二级
10	车身	车身外观	车身与驾驶室	●	车身、驾驶室完好	5.1.10.2.1
			车身两侧对称部位的高度差	●	车身两侧对称部位的高度差不大于20mm	5.1.10.2.2
			车身外部和内部的尖锐凸起物	★	5.1.10.2.3	
			车身表面涂装	●	客车车身和货车驾驶室涂装无缺损，补漆颜色与原色基本一致	5.1.10.2.4
			货车货箱、车门、栏板、底板、栏板锁止机构	★	5.1.10.2.5	
			驾驶室车窗玻璃附加物及镜面反光遮阳膜	★	5.1.10.2.6	
11	附属设备	后视镜和下视镜、风窗刮水器		★	5.1.11.1，5.1.11.2	
		风窗洗涤器		■	5.1.11.2	
		防眩目装置、除雾/除霜装置		★	5.1.11.3，5.1.11.4	
		排气管和消声器		■	5.1.11.5	
12	安全防护	安全带、侧面防护装置、后部防护装置		★	5.1.12.1～5.1.12.3	
		保险杠		■	5.1.12.4	
		牵引装置和安全锁止机构	汽车列车牵引装置的连接和安全锁止机构	★	5.1.12.5.1	
			集装箱运输车固定集装箱箱体的锁止机构		5.1.12.5.2	
		安全架与隔离装置		★	5.1.12.6	
		灭火器材、警示牌和停车楔		★	5.1.12.7	
		危险货物运输车辆安全装置与标识		★	5.1.12.8.1，5.1.12.8.2，5.1.12.8.4	
		装运危险货物的罐（槽）式车辆罐体的检验合格证明或报告		★	5.1.12.8.3	
13	动力性①	驱动轮轮边稳定车速		●	η=0.82 时，$V_w \geqslant V_e$。或 $V_w \geqslant V_m$	5.2.1
14	燃料经济性②	燃料消耗量		★	5.2.2	
15	制动性	整车制动率、轴制动率		★	5.2.3.3.1	
		制动不平衡率		●	前轴制动不平衡率≤20%，后轴制动不平衡率≤24%（当后轴制动力小于后轴轴荷的60%时，制动不平衡率≤后轴轴荷的8%）	5.2.3.3.1

续表

序号	评定项目	评定内容	项目属性	评定要求（GB 18565 相关款）	
				一级	二级
15	制动性	汽车列车制动时序、制动协调时间、牵引车与挂车制动力分配	//	5.2.3.3.2，5.2.3.3.3	
		驻车制动	★	5.2.3.5	
16	排放性	排气污染物	★	5.2.4	
17	转向操纵性	转向轮横向侧滑量	★	5.2.5.1	
18	悬架特性	悬架吸收率	★	5.2.6	
19	前照灯	远光发光强度	★	5.3.1.1	
		光束垂直偏移	■	5.3.1.2	
20	车速表	示值误差	■	5.3.2	
21	车轮阻滞率	各车轮的阻滞力	★	5.3.3	
22	喇叭	喇叭声级	★	5.3.4	

注：项目属性栏标记为“★”为关键项，标记为“■”为一般项，标记为“●”为分级项，标记为“//”的项目暂不做评定。

① 注册日期在三个月以内的车辆（按机动车行驶证的注册日期核定，以下同），动力性视为一级；纯电动汽车不做评定。

② 注册日期在三个月以内的车辆，燃料经济性视为合格；以汽油或者柴油为单一燃料且最大设计总质量超过 3500kg 的在用道路运输车辆应进行燃料经济性评定，其他车辆不做评定。

③ 注册日期在三个月以内的车辆，排放性视为合格。

（3）营运车辆技术等级评定的检测方法应按 GB 18565 规定的方法执行。

3.5.2 汽车技术状况的分级

交通运输部颁布的交通行业标准 JT/T 198—2016《道路运输车辆技术等级划分和评定要求》将营运车辆技术等级划分为一级和二级。

符合以下要求的车辆评为一级车：

（1）表 3-6 中的“核查评定项目”达到一级。

（2）表 3-7 中的“关键项”均为合格。

（3）表 3-7 中的“一般项”的不合格项数不超过 3 项。

（4）表 3-7 中的“分级项”达到一级。

符合以下要求的车辆评为二级车：

（1）表 3-6 中的“核查评定项目”至少达到二级。

（2）表 3-7 中的“关键项”均为合格。

（3）表 3-7 中的“一般项”的不合格项数不超过 6 项。

（4）表 3-7 中的“分级项”至少达到二级。

不符合一级车和二级车要求的车辆评定为不合格车辆。

本章小结

随着汽车使用时间的增加，汽车的各种技术状况也随之发生改变；汽车的技术状况又决定着汽车的动力性、经济性、安全性、操纵性、环保性、舒适性和可靠性等。

汽车技术状况的静态直观检查是评估人员在汽车处于静止状态时，根据自身的经验和技能，借助简单的工具，对汽车的技术状况进行检查和鉴定。汽车技术状况的静态直观检查包括汽车合法性检查和汽车外部状况检查。

汽车技术状况动态直观检查是汽车处于运动状态或发动机运转时，评估人员根据自身的经验和技能，利用简单的工具，对汽车的技术状况进行检查和鉴定。汽车技术状况动态直观检查主要包括发动机和底盘技术状况的动态直观检查。

汽车技术状况的仪器检查主要是对汽车综合性能的检测，包括汽车的动力性、经济性、安全性、可靠性和排气污染物的检测与评估等。

汽车动力性能的评价指标常用的有汽车的最高车速、加速能力、最大爬坡度、发动机最大输出功率、底盘最大输出驱动功率等，检测方法可以分为台试和路试两种。

汽车制动性能主要从制动效能、制动抗热衰退性和制动时汽车的方向稳定性三个方面进行评价。检验汽车制动性能目前主要有两种方法：反力式滚筒制动试验台和平板制动试验台。

汽车车轮侧向滑移量的大小和方向可用汽车车轮侧滑检验台来检测。

汽车四轮定位包括前轮定位和后轮定位。前轮定位包括主销后倾角、主销内倾角、前轮外倾角和前轮前束四个内容。后轮定位包括车轮外倾角和逐个后轮前束。四轮定位的作用是使汽车保持稳定的直线行驶和转向轻便，并减少汽车在行驶中轮胎与转向机件的磨损。

前照灯检测的主要参数是发光强度、光束照射位置和配光特性。

汽车排气中，对环境有害的主要是CO、HC、NO_x、碳烟和硫氧化物等。我国在吸取国外先进经验的基础上，逐步实行越来越严格的汽车污染物排放控制政策。

知识训练

1．二手车评估前为什么要做技术状况鉴定？
2．汽车技术状况静态检查的内容有哪些？
3．汽车外部状况检查包括哪些内容？
4．汽车技术状况动态检查的内容有哪些？
5．汽车技术状况检测常用的仪器有哪些？
6．汽车技术状况评定与分级的依据是什么？
7．怎样检测汽车的动力性能？
8．车轮侧滑量大小对于车辆安全有什么影响？如何检测？
9．汽车排气中，对环境有害的物质主要有哪些？

能力训练

教师为学生准备一辆二手车，以及钢板尺（300mm）、踏板力计、皮尺（100m）、转向参数测试仪等计量器具，学生利用所学知识以及所给定的工具和设备对车辆进行动态鉴定，完成要求的工作单。

动态鉴定工作单

一、车辆基本情况描述

1．二手车的类别：________ 2．二手车名称：________

3．二手车型号：________ 4．二手车生产厂家：________

5．车辆生产日期：________ 6．车辆初次登记日期：________

7．行驶里程：________

二、无负荷工况检查

1．发动机启动状况检查

能否顺利启动：□能 □否。

如果不能顺利启动，请描述你的检查诊断过程及得出的结论：________

________。

2．发动机怠速运转检查

（1）怠速运转是否平稳：□是 □否。

如果运转不平稳，请说明现象并分析可能存在的故障原因：________

________。

（2）怠速时，各仪表指示是否正常：□是 □否。

如果仪表指示不正常，请列出故障仪表的名称并分析可能存在的故障原因：________

________。

3．发动机加减速检查

故障现象描述及可能存在的故障分析：________

________。

4．是否有发动机窜油、窜气的现象：□是 否。

如果有窜油、窜气现象，请分析可能存在的故障原因：________

________。

5．发动机排气烟色为____色，说明：________。

6．发动机熄火是否正常：□是 否。

7．转向系检查

（1）转向盘自由行程是否正常：□是 否。

如果不正常，可能存在的故障原因：________

________。

（2）转向系统间隙是否正常：□是　否。

如果不正常，可能存在的故障原因：____
____。

三、路试检查

1．离合器的检查

（1）记录离合器检查结果：____。

（2）可能存在的故障：____。

2．变速器的检查

（1）记录变速器检查结果：____。

（2）可能存在的故障：____。

3．传动轴及驱动桥的检查

（1）记录传动轴及驱动桥的检查结果：______________________________。

（2）可能存在的故障：____。

4．制动性的检查

（1）记录制动性的检查结果：______________________________________。

（2）可能存在的故障：____。

5．转向操纵性的检查

（1）记录转向操纵的检查结果：____________________________________。

（2）可能存在的故障：____。

6．动力性的检查

（1）记录动力的检查结果：____。

（2）可能存在的故障：____。

7．其他检查

（1）记录检查结果：____。

（2）可能存在的故障：____。

第4章
传统二手车评估

知识目标

1. 了解二手车评估的主体和客体。
2. 了解二手车评估的目的和范围。
3. 掌握二手车评估的依据和原则。
4. 掌握二手车成新率的计算方法。
5. 掌握传统二手车评估的各种方法。

能力目标

1. 能够确定二手车鉴定评估的主客体、目的、范围、业务类型及依据。
2. 能够使用年限法、行驶里程法、部件鉴定法和整车鉴定法、综合分析法、综合成新率法计算传统二手车成新率。
3. 能够运用重置成本法、收益现值法、现行市价法、清算价格法对车辆进行鉴定评估。
4. 能够运用折旧法评估收购二手车。
5. 能够根据评估环境选择适当的二手车鉴定评估方法。

4.1 二手车鉴定评估概述

2015 年 10 月 1 日施行、2017 年修正的《二手车流通管理办法》第二条给出了二手车的定义。二手车是指从办理完注册登记手续到达到国家强制报废标准之前进行交易并转移所有权的汽车（包括三轮汽车、低速载货汽车）、挂车和摩托车。

二手车鉴定评估是指二手车鉴定评估机构对二手车技术状况及其价值进行鉴定评估的经营活动。二手车鉴定估价应当本着买卖双方自愿的原则，不得强制进行；属国有资产的二手车应当按国家有关规定进行鉴定评估。二手车鉴定评估机构应当遵循客观、真实、公正和公开原则，依据国家法律法规开展二手车鉴定评估业务，出具车辆鉴定评估报告，并对鉴定评估报告中的车辆技术状况，包括是否属事故车辆等评估内容负法律责任。需要指出的是，二手车评估定价人员必须经过专业培训，通过国家有关部门组织的资格考试，取得“二手车鉴定评估师”证书或“机动车鉴定评估师”证书，方可从事有关二手车鉴定评估业务。

4.1.1 二手车鉴定评估的主体和客体

1. 二手车鉴定评估的主体

二手车鉴定评估的主体是指二手车鉴定评估业务的承担者，即从事汽车鉴定评估的机构及专业鉴定评估人员。由于二手车鉴定评估直接涉及当事人双方的权益，是一项政策性和专业性都很强的工作，因此无论是对专业评估机构还是对专业评估人员都有较高的要求。

（1）对二手车评估机构的要求。

按照我国 1991 年 11 月颁布、2020 年修订的《国有资产评估管理办法》第九条的规定，资产评估公司、会计师事务所、审计事务所、财务咨询公司，必须持有国务院或者省、自治区、直辖市人民政府国有资产管理行政主管部门颁发的国有资产评估资格证书，才能从事国有资产评估业务。

（2）对二手车专业评估人员的要求。

1）二手车专业评估人员必须掌握一定的资产评估业务理论，熟悉并掌握国家颁布的与二手车交易有关的政策、法规、行业管理制度及有关的技术标准。

2）具有一定的二手车专业知识和实际的检测技能，能够借助必要的检测工具对二手车的技术状况进行准确的判断和鉴定。

3）具有较高的收集、分析和运用信息资料的能力及一定的评估技巧。

4）具备经济预测、财务会计、市场、金融、物价、法律等多方面的知识。

5）具有良好的职业道德，遵纪守法、公正廉明，保证二手车评估质量。

此外，二手车鉴定评估的从业人员还需要经过严格的考试或考核，取得人力资源和社会保障部颁发的“二手车鉴定评估师”证书。

2. 二手车鉴定评估的客体

二手车鉴定评估的客体是指被评估的车辆，它是鉴定评估的具体对象。被评估车辆又可以按照不同标准分类，可分为汽车、电车、摩托车、农用运输车、拖拉机和挂车等；按照车辆的使用用途，可以将机动车辆分为营运车辆、非营运车辆和特种车辆。二手车鉴定评估的一个主要目的就是，在二手车的交易过程中准确地确定二手车的价格，并以此作为买卖成交的参考底价。根据《二手车流通管理办法》的规定，以下车辆不允许进行交易：

（1）已报废或者达到国家强制报废标准的车辆。

（2）在抵押期间或者未经海关批准交易的海关监管车辆。

（3）在人民法院、人民检察院、行政执法部门依法查封、扣押期间的车辆。

（4）通过盗窃、抢劫、诈骗等违法犯罪手段获得的车辆。

（5）发动机号码、车辆识别代号、车架号码与登记号码不相符，或者有凿改迹象的车辆。

（6）走私、非法拼（组）装的车辆。

（7）不具有本办法第十九条所列证明、凭证的车辆。

（8）在本行政辖区以外的公安机关交通管理部门注册登记的车辆。

（9）国家法律、行政法规禁止经营的车辆。

此外，车辆上市交易前，必须先到公安交通管理机关申请临时检验，经检验合格，在其行驶证上签注检验合格记录后方可进行交易。二手车交易市场经营者和二手车经营主体发现车辆具有（4）、（5）、（6）情形之一的应当及时报告公安机关、工商行政管理部门等执法机关。

交易违法车辆的二手车交易市场经营者和二手车经营主体应当承担连带赔偿责任和其他相应的法律责任。

4.1.2 二手车鉴定评估的目的和范围

1. 二手车鉴定评估的目的

二手车鉴定评估的目的是正确反映机动车的价值量及其变动，为将要发生的经济行为提供公平的价格尺度。在二手车交易市场，二手车鉴定评估的主要目的有二手车辆交易、车辆置换、抵押贷款、法律诉讼咨询服务、车辆拍卖、保险、担保、典当、修复价格评估等。

除此以外，二手车鉴定评估的一个重要目的就是要鉴定识别走私、盗抢、报废、拼装等非法车辆，防止其通过二手车市场重新流入社会。

2. 二手车鉴定评估的范围

汽车鉴定评估行为逐渐渗透到社会的各个领域，成为资产评估的重要组成部分。通过二手车评估目的可见二手车评估的范围包括：

（1）在流通领域，二手车在不同消费能力群体中互相转手，需要鉴定估价。

（2）有关企业开展收购、代购、代销、租赁、置换、回收（拆解）等二手车经营业务，需要鉴定估价。

（3）在金融系统，银行、信托商店及保险公司开展抵押贷款、典当、保险理赔业务时，需要对相关车辆进行鉴定估价。

（4）有关单位通过拍卖形式处理罚没车辆、抵押车辆、企业清算车辆等时，需要对车辆进行鉴定评估以获取拍卖底价。

（5）司法部门在处理相关案件时，需要以涉案车辆的鉴定评估结果为裁定依据。

（6）企业或个人在公司注册、合资、合作、联营及合并、兼并、重组过程中也会涉及二手车鉴定评估业务。

4.1.3 二手车鉴定评估的业务类型

二手车鉴定评估的业务类型是指鉴定评估的业务性质。按鉴定评估服务对象不同，把鉴定评估的业务类型分为交易类业务和咨询服务类业务。交易类业务是服务于二手车交易市场内部的交易业务，它收取交易管理费的一部分作为有偿服务；咨询服务类业务是服务于二手车交易市场外部的非交易业务，它是按各地方政府物价管理部门对二手车鉴定评估制定的有关规定实行有偿服务，如融资业务的抵押贷款评估、为法院提供的咨询服务等。

4.1.4 二手车鉴定评估的依据和原则

1. 二手车鉴定评估的依据

二手车鉴定评估工作和其他工作一样，在评估时必须有正确的科学依据才能得出较正确的结论。其主要依据包括：

（1）理论依据。二手车鉴定评估的理论依据是资产评估学，其操作按国家规定的方法进行。

（2）政策法规依据。二手车鉴定评估工作政策性强，依据的主要政策法规有《国有资产评估管理办法》《国有资产评估管理办法施行细则》《二手车流通管理办法》《机动车强制报废标准规定》等，以及其他方面的政策法规。

（3）价格依据。一是历史依据，主要是二手车辆的账面原值、净值等资料，它具有一定的客观性，但不能作为评估的直接依据；二是现实依据，即在评价估值时都要以基准日这一时点的现时条件为准，即现时的价格、现时的车辆功能状态。

2. *二手车鉴定评估的原则*

二手车鉴定评估的原则是对二手车鉴定评估的行为规范，为了保证鉴定评估结果的真实、准确，并做到公平合理，被社会承认，就必须遵循一定的工作技术原则。

（1）公平性原则。公平、公正是二手车鉴定评估工作人员应当遵守的一项最基本的道德规范。鉴定评估人员的思想作风、工作态度应当公正无私。评估结果应该公道、合理，而绝对不能偏向任何一方。

（2）独立性原则。独立性原则要求二手车鉴定评估工作人员应该依据国家有关法规和规章制度及可靠的资料数据，对被评估的二手车价格进行独立评定。坚持独立性原则，是保证评估结果具有客观性的基础。

（3）客观性原则。客观性原则是指评估结果应有充分的事实依据。它要求对二手车计算所依据的数据资料必须真实，对技术状况的鉴定分析实事求是。

（4）科学性原则。科学性原则是指在二手车评估过程中，必须根据评估的特定目的选择适用的评估标准和方法，使评估结果准确合理。

（5）专业性原则。专业性原则要求鉴定评估人员接受国家专门的职业培训，经职业技能鉴定合格后由国家统一颁发执业证书，持证上岗。

（6）可行性原则。可行性原则亦称有效性原则。要想使鉴定评估的结果真实可靠又简便易行，就要求鉴定评估人员是合格的，具有较高的素质；评估中利用的资料数据是真实可靠的；鉴定评估的程序与方法是合法的、科学的。

4.2　二手车成新率计算方法

成新率是反映二手车新旧程度的指标。二手车成新率是表示二手车的功能或使用价值占全新机动车的功能或使用价值的比率，也可解释为二手车的现时状态与机动车全新状态的比率。目前，在二手车的鉴定估价中，常用的成新率计算方法有使用年限法、行驶里程法、部件鉴定法、整车观测法、综合分析法、综合成新率法，在实际评估过程中，可根据被评估车辆的客观情况灵活选用不同的成新率计算方法。

4.2.1　使用年限法

1. *计算方法*

使用年限法是依据汽车报废标准，通过确定被评估二手车的尚可使用年限与规定使用年限的比值来确定二手车成新率的一种方法。根据折旧方法的不同，使用年限法计算二手车成新率有两种方法，即等速折旧法和加速折旧法。

（1）等速折旧法。当车辆使用年限为 15 年以内时，采用等速折旧法的二手车成新率计算公式：

$$C_Y=\left(1-\frac{Y}{Y_g}\right)\times 100\% \tag{4-1}$$

式中，C_Y为使用年限法成新率，Y_g为规定使用年限，Y为已使用年限。

当车辆使用年限超过 15 年时，考虑到市场经济变化、车辆技术发展等因素，可参考公式（4-2）计算车辆价值。

$$C_Y=\left(1-\frac{Y}{Y+1}\right)\times 100\% \tag{4-2}$$

式中，Y为已使用年限。

（2）加速折旧法。加速折旧法又分为年份数求和法和双倍余额递减法两种。采用加速折旧法的二手车成新率计算公式为：

1）年份数求和法：

$$C_Y=\left[1-\frac{2}{Y_g(Y_g+1)}\sum_{n=1}^{Y}(Y_g+1-n)\right]\times 100\% \tag{4-3}$$

2）双倍余额递减法：

$$C_Y=\left[1-\frac{2}{Y_g}\sum_{n=1}^{Y}\left(1-\frac{2}{Y_g}\right)^{n-1}\right]\times 100\% \tag{4-4}$$

2. 规定使用年限与已使用年限

（1）规定使用年限。车辆规定使用年限是指《机动车强制报废标准规定》中对被评估车辆规定的使用年限。各种类型汽车规定使用年限应按商务部、发展改革委、公安部、环保部于 2012 年 12 月共同发布的《机动车强制报废标准规定》执行。各类机动车规定使用年限如表 4-1 所示。

表 4-1　机动车报废标准规定使用年限

车辆类型与用途				使用年限/年
载客	营运	出租客运	小、微型	8
			中型	10
			大型	12
		租赁		15
		教练	小型	10
			中型	12
			大型	15
		公交客运		13
		其他	小、微型	10
			中型	15
			大型	15
	专用校车			15

续表

车辆类型与用途			使用年限/年
载客	非营运	小微型客车、大型轿车*	无
		中型客车	20
		大型客车	20
载货	微型		12
	中轻型		15
	重型		15
	危险品运输		10
	三轮汽车、装用单缸发动机的低速货车		9
	装用多缸发动机的低速货车		12
专项作业	有载货功能		15
	无载货功能		30
挂车	半挂车	集装箱	20
		危险品运输	10
		其他	15
	全挂车		10
摩托车	正三轮		12
	其他		13
轮式专用机械车			无

注：表中机动车主要依据《机动车类型 术语和定义》（GA 802—2008）[①]进行分类，标注*的车辆为乘用车；对小微型出租客运汽车（纯电动汽车除外）和摩托车，省、自治区、直辖市人民政府有关部门可结合本地实际情况制定严于表中使用年限的规定，但小微型出租客运汽车不得低于 6 年，正三轮摩托车不得低于 10 年，其他摩托车不得低于 11 年。

营运载客汽车与非营运载客汽车相互转换的，按照营运载客汽车的规定报废，但小微型非营运载客汽车和大型非营运轿车转为营运载客汽车的，应按照《机动车强制报废标准规定》核算累计使用年限，且不得超过 15 年。

（2）已使用年限。是以汽车正常使用为前提的，一般取汽车从新车在公安交通管理机关注册登记之日起至评估基准日的时间。但是对于日常使用强度较大的车辆，在统计其已使用年限时，可以适当乘以一定的系数。对于二手车而言，它的经济使用寿命既有规定使用年限，也以行驶里程为指标。因此规定如下：

$$折算年限=\frac{总的累计行驶里程}{年平均行驶里程}$$

通过上述规定算出的已使用年限既能反映出车辆的使用情况和使用强度，也考虑了其运行条件和某些停驶时间较长的车辆的自然损耗。

① GA 802—2008 已被 GA 802—2019 代替。

（3）使用年限法的前提条件。使用年限法计算成新率的前提条件是车辆在正常使用条件下，按正常使用强度（年平均行驶里程）使用。我国各类汽车年平均行驶里程如表 4-2 所示。

表 4-2　我国各类汽车年平均行驶里程

汽车类别	年平均行驶里程/万 km	汽车类别	年平均行驶里程/万 km
微型、轻型货车	3～5	租赁车	5～8
中型、重型货车	6～10	旅游车	6～10
私家车	1～3	中、低档长途客运车	8～12
出租车	10～15	高档长途客运车	15～25
公务、商务用车	3～6		

汽车按年限折旧一般采取加速折旧的方法，而不采取等速折旧的方法。二手车市场上二手车的市场价格也呈加速折旧的态势：通常来说，25 万元以上的汽车采用年份数求和法较好，25 万元以下的汽车采用双倍余额递减法较好。

3. 计算实例

【例 4-1】某中型营运载客汽车，初次登记日期是 2018 年 2 月，鉴定评估基准日是 2023 年 2 月。请分别用等速折旧法、加速折旧法中的年份数求和法与双倍余额递减法计算成新率。

解：该车已使用年限 Y 为 5 年，由于是中型营运载客汽车，其规定使用年限为 15 年，则成新率计算如下：

（1）等速折旧法：

$$C_Y=\left(1-\frac{Y}{Y_g}\right)\times 100\%=\left(1-\frac{5}{15}\right)\times 100\%=66.7\%$$

（2）年份数求和法：

$$\begin{aligned}C_Y&=\left[1-\frac{2}{Y_g(Y_g+1)}\sum_{n=1}^{Y}(Y_g+1-n)\right]\times 100\%\\&=\left[1-\frac{2}{15(15+1)}\sum_{n=1}^{Y}(15+1-n)\right]\times 100\%\\&=\left\{1-\frac{2}{15(15+1)}[(15+1-1)+(15+1-2)+(15+1-3)+(15+1-4)+(15+1-5)]\right\}\times 100\%\\&=45.8\%\end{aligned}$$

（3）双倍余额递减法：

$$\begin{aligned}C_Y&=\left[1-\frac{2}{Y_g}\sum_{n=1}^{Y}\left(1-\frac{2}{Y_g}\right)^{n-1}\right]\times 100\%\\&=\left[1-\frac{2}{15}\sum_{n=1}^{Y}\left(1-\frac{2}{15}\right)^{n-1}\right]\times 100\%\end{aligned}$$

$$=\left\{1-\frac{2}{15}\left[\left(1-\frac{2}{15}\right)^{1-1}+\left(1-\frac{2}{15}\right)^{2-1}+\left(1-\frac{2}{15}\right)^{3-1}+\left(1-\frac{2}{15}\right)^{4-1}+\left(1-\frac{2}{15}\right)^{5-1}\right]\right\}\times 100\%$$

$$=48.9\%$$

【例 4-2】某租赁公司欲转让一辆雅阁轿车，该车初次登记日期为 2018 年 3 月，评估基准日是 2024 年 3 月。请分别用等速折旧法、年份数求和法和双倍余额递减法计算成新率。

解：该车已使用年限为 6 年。由于是租赁车，其规定使用年限为 15 年，则成新率为：

（1）等速折旧法：

$$C_Y=\left(1-\frac{Y}{Y_g}\right)\times 100\%=\left(1-\frac{1}{15}\right)\times 100\%=60\%$$

（2）年份数求和法：

$$C_Y=\left[1-\frac{2}{Y_g(Y_g+1)}\sum_{n=1}^{Y}(Y_g+1-n)\right]\times 100\%$$

$$=\left[1-\frac{2}{15(15+1)}\sum_{n=1}^{Y}(15+1-n)\right]\times 100\%$$

$$=\left\{1-\frac{2}{15(15+1)}[(15+1-1)+(15+1-2)+(15+1-3)+(15+1-4)\right.$$

$$\left.+(15+1-5)+(15+1-6)\right\}\times 100\%$$

$$=37.5\%$$

（3）双倍余额递减法：

$$C_Y=\left[1-\frac{2}{Y_g}\sum_{n=1}^{Y}\left(1-\frac{2}{Y_g}\right)^{n-1}\right]\times 100\%$$

$$=\left[1-\frac{2}{15}\sum_{n=1}^{Y}\left(1-\frac{2}{15}\right)^{n-1}\right]\times 100\%$$

$$=\left\{1-\frac{2}{15}\left[\left(1-\frac{2}{15}\right)^{1-1}+\left(1-\frac{2}{15}\right)^{2-1}+\left(1-\frac{2}{15}\right)^{3-1}+\left(1-\frac{2}{15}\right)^{4-1}+\left(1-\frac{2}{15}\right)^{5-1}+\left(1-\frac{2}{15}\right)^{6-1}\right]\right\}\times 100\%$$

$$=61\%$$

4.2.2 行驶里程法

1. 计算方法

行驶里程法是通过确定被评估二手车的尚可行驶里程与规定行驶里程来确定二手车成新率的一种方法。计算公式为：

$$C_S=\frac{S_g-S}{S_g}\times 100\%=\left(1-\frac{S}{S_g}\right)\times 100\% \tag{4-5}$$

式中，C_S为行驶里程成新率；S_g为车辆规定的行驶里程，km；S为二手车实际累计行驶里程，km；S_g-S为被评估二手车尚可行驶里程，km。

式（4-5）反映了二手车使用强度对其成新率的影响。

2. 规定行驶里程与累计行驶里程

（1）规定行驶里程。车辆规定行驶里程是指《机动车强制报废标准规定》中建议的该车型的行驶里程。各种类型汽车规定行驶里程应按 2012 年出台的《机动车强制报废标准规定》执行。各类汽车规定行驶里程如表 4-3 所示。

表 4-3 各类汽车行驶里程参考值

车辆类型与用途				行驶里程参考值/万 km
载客	营运	出租客运	小、微型	60
			中型	50
			大型	60
		租赁		60
		教练	小型	50
			中型	50
			大型	60
		公交客运		40
		其他	小、微型	60
			中型	50
			大型	80
	专用校车			40
	非营运	小微型客车、大型轿车		60
		中型客车		50
		大型客车		60
载货		微型		50
		中、轻型		60
		重型		70
		危险品运输		40
		三轮汽车、装用单缸发动机的低速货车		无
		装用多缸发动机的低速货车		30
专项作业		有载货功能		50
		无载货功能		50
轮式专用机械车				50

行驶里程更真实地反映了二手车使用强度及使用过程中实际的物理损耗，反映了二手车使用强度对其成新率的影响，总的行驶里程越大，车辆的实际有形损耗也越大。

（2）累计行驶里程。二手车累计行驶里程是指被评估二手车从登机注册开始使用到评估基准日所行驶的总里程数。

3. 前提条件

行驶里程法计算成新率的前提是车辆里程表的记录必须是原始的，不能被人为地更改或更换。由于车辆里程表容易被人为变更，因此在实际评估过程中较少直接采用此方法进行车辆评估。

4.2.3 部件鉴定法和整车观测法

在实际操作中，部件鉴定法和整车观测法都属于技术鉴定法。技术鉴定法是指评估人员在对二手车辆进行技术观察和技术检测的基础上判定二手车的技术状况，再用评分的方法或分等级的方法来确定成新率的方法。

1. 部件鉴定法

（1）计算方法。部件鉴定法是在确定二手车各组成部分的基础上，按其各组成部分对整车的重要性和价值量的大小加权评分，最后确定二手车成新率的一种方法。其计算公式为：

$$C_B = \sum_{i=1}^{n}(c_i \times \beta_i) \quad (4\text{-}6)$$

式中，C_B 为部件鉴定法成新率，c_i 为第 i 项部件的成新率，β_i 为第 i 项部件的价值权重。

（2）计算基本步骤。部件鉴定法的基本步骤为：

1）将车辆按总成分成若干个主要部分，根据各部分的制造成本占车辆制造成本的比重，以一定百分比例确定权重 β_i（i =1，2，3，…，n），汽车各部分的价值权重参考表 4-4。

表 4-4 机动车总成、部件价值权重分配

序号	总成部分名称	价值权重/%		
		轿车	客车	货车
1	发动机及离合器总成	26	27	25
2	变速器及传动轴总成	11	10	15
3	前桥、前悬架及转向器总成	10	10	15
4	后桥、后悬架总成	8	10	15
5	制动系统	6	6	5
6	车架总成	2	5	6
7	车身总成	26	22	9
8	电气仪表系统	7	6	5
9	轮胎	4	4	5
合计		100	100	100

2）以全新车辆为参照物，技术状况与全新车辆相同，成新率为 100%，功能完全丧失，成新率为 0，再根据被评估车辆各相应总成的技术和功能估算出其成新率 c_i（i=1，2，3，…，n）。

3）将各总成估算出的成新率与权重相乘，即得出各部分的加权成新率 $(c_i \times \beta_i)$（i=1，2，3，…，n）。

4）以各部分的加权成新率求和，即得出二手车的成新率。

在实际评估时，应根据被评估车辆各部分价值量占整车价值量的比重调整各部分的权重，表 4-4 仅供评估人员参考。

（3）适用范围。部件鉴定法既考虑了车辆实体性损耗，也考虑了维修换件可能会增大车辆的价值，可信度高，但计算加权成新率比较费时费力，各部分权重之间关系复杂。此方法多用于价值较高的机动车辆评估。

2. 整车观测法

整车观测法是指评估人员采用人工观察的方法，辅助简单的仪器检测，判定被评估二手车的技术等级以确定成新率的一种方法。整车观测法观察和检测的技术指标主要包括二手车的现时技术状态、使用年限及行驶里程、大修情况、整车外观和完整性等。二手车技术状况的分级可参考表 4-5。

表 4-5 二手车成新率评估参考

车况等级	新旧情况	有形损耗率/%	技术状况描述	成新率/%
1	使用不久	0～10	刚使用不久，行驶里程一般 3 万～5 万 km，在用状态良好，能按设计要求正常使用	100～90
2	较新车	11～35	使用 1 年以上，行驶 15 万 km 左右，一般没有经过大修，在用状态良好，故障率低，可随时出车使用	89～65
3	旧车	36～60	使用 4～5 年，发动机或整车经过两次大修，大修较好地恢复设计性能，在用状态良好，外观中度受损，恢复情况良好	64～40
4	老旧车	61～85	使用 5～8 年，发动机或整车经过两次大修，动力性、经济性、工作可靠性都有所下降，外观油漆脱落受损、金属件锈蚀明显；故障率上升，维修费用、使用费用明显上升，但车辆符合《机动车运行安全技术条件》，在用状态一般或较差	39～15
5	待报废处理车	86～100	基本到达或到达使用年限，通过《机动车运行安全技术条件》检查，能使用但不能正常使用，动力性、经济性、可靠性下降，燃料费、维修费、大修费用增长速度快，车辆收益与支出基本持平，排放污染和噪声污染到达极限	15 以下

表 4-5 中的数据为一般车辆成新率判定的经验数据，仅供评估人员参考。在运用整车观测法确定二手车成新率时简单易行，但没有部件鉴定法客观、准确，主要原因在于整车观测法多建立在评估人员的主观判断上，受评估人员的经验和技术水平的影响较大。一般用于中、低价值二手车的估算或作为综合分析法鉴定估价要考虑的主要因素之一。

4.2.4 综合分析法

1. 计算方法

综合分析法是以使用年限法为基础，再综合考虑影响二手车价值的多种因素，以系数调整确定成新率的一种方法。其计算公式为：

$$C_F = C_Y \times K \times 100\% \tag{4-7}$$

式中，C_F为综合成新率，C_Y为使用年限成新率，K为综合调整系数。

2. 综合调整系数

二手车的实际技术状况、维护保养情况、原车制造质量、二手车用途及使用条件是影响二手车成新率的五个主要因素。根据被评估车辆是否需要进行项目修理或换件维修，综合调整系数有两种确定方法：一是二手车无须进行项目修理或换件的，可采用表 4-6 所示推荐的综合调整系数，用加权平均的方法进行微调；二是二手车需要进行项目修理或换件的，或需要进行大修的，可综合考虑表 4-6 列出的影响因素，采用“一揽子”评估方法确定一个综合调整系数。

表 4-6 二手车成新率综合调整系数参考

序号	影响因素	因素分级	调整系数	权重/%
1	技术状况	好	1.0	30
		较好	0.9	
		一般	0.8	
		较差	0.7	
		差	0.6	
2	维护保养	好	1.0	25
		较好	0.9	
		一般	0.8	
		差	0.7	
3	制造质量	进口车	1.0	20
		国产名牌车	0.9	
		国产非名牌车	0.8	
4	车辆用途	私用	1.0	15
		公务、商务	0.9	
		营运	0.8	
5	工作条件	好	1.0	10
		一般	0.9	
		差	0.8	

综合调整系数计算公式为：

$$K = K_1 \times 30\% + K_2 \times 25\% + K_3 \times 20\% + K_4 \times 15\% + K_5 \times 10\% \tag{4-8}$$

式中，K_1为二手车技术状况调整系数，K_2为二手车维护保养调整系数，K_3为二手车制造质量调整系数，K_4为二手车车辆用途调整系数，K_5为二手车工作条件调整系数。

3. 调整系数的选取

（1）二手车技术状况调整系数 K_1。它是基于车辆技术状况鉴定结果对车辆进行分级，然后取合适的调整系数来修正车辆的成新率。技术状况调整系数取值范围为 0.6～1.0，技术状况好的车辆取上限，反之取下限。

（2）二手车维护保养调整系数 K_2。它反映使用者对车辆使用、维护和保养的水平。不同的使用者，对车辆使用、维护的实际执行情况差别较大，因而直接影响到车辆的使用寿命和成新率，维护保养调整系数取值范围为0.7～1.0，维护保养好的车辆取上限，反之取下限。

（3）二手车制造质量调整系数 K_3。在确定制造质量调整系数时，应了解车辆是国产还是进口，以及进口国家，如是国产的则应了解是名牌产品还是一般产品。一般来说，国家正规手续进口的车辆质量优于国产车辆，名牌产品优于一般产品，但又有较多例外，故在确定此系数时应较慎重。对依法没收领取牌证的走私车辆，其原始制造质量系数建议视同国产名牌产品考虑。原始制造质量系数取值范围为0.8～1.0。

（4）二手车车辆用途调整系数 K_4。车辆的用途不同，其繁忙程度不同，使用强度亦不同。把车辆按工作性质分为私人工作和生活用车，机关企事业单位的公务和商务用车，从事旅客、货运、城市出租的营运用车。以普通小轿车为例，一般来说，私人工作和生活用车每年最多行驶约2.5万km；公务、商务用车每年不超过4万km；营运出租车每年行驶有些高达12万km。可见工作性质不同，其使用强度差异很大，车辆工作性质系数取值范围为0.7～1.0。对于使用强度小的车辆取上限，反之取下限。

（5）二手车工作条件调整系数 K_5。我国地域辽阔，各地自然条件差别很大，车辆的工作条件对其成新率影响很大。把工作条件分为道路条件和特殊使用条件。

1）特殊使用条件。特殊使用条件主要指特殊自然条件，包括寒冷、沿海、风沙等地区。

2）道路条件。道路条件可分为好路、中等路和差路三类。好路是指国家道路等级中的高速公路，二、三级道路，好路率在 50%以上；中等路是指符合国家道路等级的四级道路，好路率在30%～50%；差路是指国家等级以外的路，好路率在30%以下。

车辆长期在好路和中等路上行驶时，工作条件系数取 1～0.9；车辆长期在差路或特殊使用条件下工作时，其系数取0.8。一般综合调整系数取值不要超过1。

4. 适用范围

综合分析法用综合调整系数指标来调整二手车成新率，并较为详细地考虑了影响二手车价值的各种因素，评估值准确度较高，因此较适用于中等价值的二手车评估，是目前最为常用的评估方法之一。

5. 计算实例

【例4-3】某人2018年5月欲购买一辆中华骏捷1.8舒适型轿车。车辆初次登记日期为2014年6月，行驶里程为12万km。

静态检查：该车外观保养状况较好；该车车漆属原车漆，但前后保险杠明显有重新喷漆的痕迹，经仔细检查均发现出现过严重事故的迹象，伤处仅伤及保险杠体，未波及前后缓冲钢架；散热器组件、转向助力泵、刹车泵、ABS泵、蓄电池、发动机、起动机等主件外表均无异常；机油量及其油颜色均正常；发动机舱内线束规整，无明显改动痕迹；转向盘自由行程基本符合要求，转向柱无明显松动感觉。

动态检查：该车搭配5速变速器，在起步、急加速、急减速、倒车时车辆没有明显的顿挫感；离合器操作无异常现象；无明显行驶跑偏和制动跑偏等现象，刹车稍微偏软；行驶中车内无明显噪声；音响、空调等装置工作正常。

总体来说，该车动力、制动、通过、行驶平顺、噪声等方面性能基本良好。动态试验后车辆油温、水温正常，运动机件无过热，无漏水、油、电等现象。

请用综合分析法计算成新率。

解：初次登记日期为2014年6月，评估基准日为2018年5月，则已使用年限 Y 为4年，规定使用年限为15年（注：新的《机动车强制报废标准规定》对非营运小型车辆没有使用年限规定，但按目前车辆使用情况，在计算二手车成新率时仍可参照旧标准，即规定使用年限为15年）。

综合系数K的确定：

该车技术状况较好，车辆技术状况调整系数K_1=0.9

维护保养较好，车辆技术状况调整系数K_2=0.9

中华骏捷轿车是国产名牌车，制造质量调整系数K_3=1.0

该车为私人用车，车辆用途调整系数K_4=1.0

该车主要在市内行驶，使用条件一般，使用条件调整系数K_5=0.9

$$\begin{aligned}K &= K_1\times30\%+K_2\times25\%+K_3\times20\%+K_4\times15\%+K_5\times10\% \\ &=0.9\times30\%+0.9\times25\%+1\times20\%+1.0\times15\%+0.9\times10\% \\ &=0.935\end{aligned}$$

成新率：

$$C_F=C_Y\times K\times100\%=(1-Y/G)\times K\times100\%=(1-4/15)\times0.935\times100\%=68.57\%$$

4.2.5 综合成新率法

1. *计算方法*

综合成新率是采用定性和定量分析的方法，综合多种单一因素对二手车成新率的计算结果，并分别赋予不同的权重，计算加权平均成新率。采用综合成新率来反映二手车的新旧程度可以尽量减小使用单一因素成新率计算给评估结果所带来的误差，因而是一种较为科学的方法。

下面具体介绍以综合使用年限法、行驶里程法、技术鉴定法和整车观测法来估算二手车成新率的方法，综合成新率法的计算公式为：

$$C_Z=C_1\cdot\alpha_1+C_2\cdot\alpha_2 \tag{4-9}$$

式中，C_Z为综合成新率，C_1为车辆理论成新率，C_2为车辆现场查勘成新率，α_1、α_2为权重系数（根据被评估二手车的实际情况而定），$\alpha_1+\alpha_2=1$。

2. *车辆理论成新率* C_1

车辆理论成新率是一种二手车成新率的定量计算，其结果一般不能人为改变，包括使用年限法和行驶里程法计算的成新率，是根据二手车实际使用的时间和行驶里程计算得到的。计算公式为：

$$C_Z=C_Y\times50\%+C_S\times50\% \tag{4-10}$$

式中，C_Y为使用年限成新率，C_S为行驶里程成新率。

3. *车辆现场查勘成新率* C_2

二手车现场查勘成新率是一个定性与定量相结合的结果，是由评估人员根据现场查勘情况而确定的一个综合评价值。

二手车技术状况现场查勘的具体步骤如下：

（1）查勘发动机工作状况：主要包括动力状况、有无更换部件和修复现象、是否有泄漏现象等。

（2）查勘底盘：首先检查车辆车架有无二次焊接、开裂和弯曲的痕迹，其次检查车辆各处是否有漏油情况，此外还需检查转向系、制动系是否能正常工作。

（3）查勘车身：主要包括车身是否被碰撞过、车灯是否齐全、前后保险杠是否完整，以及车身颜色、光泽、锈蚀情况等。

（4）查勘电器系统：主要包括检查音响、仪表、空调设备是否破损残缺，检查汽车电路各线束连接是否良好、可靠，检查照明、信号型号、规格是否符合要求等。

（5）查勘内饰：主要包括内饰的颜色、清洁程度、仪表及座位是否完整和其他有关装饰情况等。

被评估二手车理论成新率和现场查勘成新率的权重分配、使用年限成新率和行驶里程成新率的权重分配要根据被评估二手车类型、使用状况、维修保养状况等综合考虑。科学、合理地确定权重分配与二手车鉴定评估人员的专业判断能力和实践工作经验有很大的关系，需要二手车鉴定评估人员在实践中不断学习和总结，以使评估结果更为准确。

4.3 二手车评估方法

二手车评估以机动车的状况鉴定为基础、资产评估理论为依据，根据不同的评估目的、价值标准和业务条件，按照国家规定的收益现值法、重置成本法、现行市价法和清算价格法进行。

在二手车收购环节中，除可根据重置成本法、现行市价法和清算价格法的思想方法简单确定收购价格外，还可利用折旧法科学评估计算拟收购二手车的价格。

4.3.1 重置成本法评估二手车

重置成本法是指在现时市场条件下重新购置一辆全新状态的被评估车辆所需的全部成本（即完全重置成本，简称重置全价），减去该被评估车辆的各种陈旧贬值后的差额作为被评估车辆现时价格的一种评估方法。

1. 重置成本法的理论依据

在市场经济条件下，任何一个理性的购买者在购买某项资产时所愿意支付的价格都不会超过与被评估对象具有同等效用的全新资产的最低成本，这就是重置成本法的理论依据。

重置成本是购买一辆全新的与被评估车辆相同的车辆所支付的最低金额。按重新购置车辆所用的材料、技术的不同，可把重置成本分为复原重置成本（简称复原成本）和更新重置成本（简称更新成本）。复原成本指用与被评估车辆相同的材料、制造标准、设计结构和技术条件等，以现时价格复原购置相同的全新车辆所需的全部成本。更新成本指利用新型材料、新技术标准、新设计等，以现时价格购置具有相同或相似功能的全新车辆所支付的全部成本。一般情况下，在进行重置成本计算时，如果同时可以取得复原成本和更新成本，应选用更新成本；如果不存在更新成本，再考虑选用复原成本。

2. 车辆的贬值

（1）机动车辆的实体性贬值。实体性贬值也叫有形损耗，是指机动车在存放和使用过程中，由于物理和化学原因而导致的车辆实体发生的价值损耗，即由于自然力的作用而发生的损耗。二手车一般不是全新状态，因而大都存在实体性贬值。确定实体性贬值，要依据新旧程度，包括表体及内部构件、部件的损耗程度。假如用损耗率来衡量，一辆全新的车辆，其实体性贬值为 0%；一辆完全报废的车辆，其实体性贬值为 100%；处于其他状态下的车辆，其实体性贬值率则位于这两个数字之间。

（2）机动车辆的功能性贬值。功能性贬值是由于科学技术的发展而导致的车辆贬值，即无形损耗。这类贬值又可细分为一次性功能贬值和营运性功能贬值。

一次性功能贬值是由于技术进步引起劳动生产率的提高，现在再生产制造与原功能相同的车辆的社会必要劳动时间减少，成本降低，从而造成的原车辆的价值贬值。具体表现为原车辆价值中有一个超额投资成本将不被社会承认。

营运性功能贬值是由于技术进步，出现了新的、性能更优的车辆，致使原有车辆的功能相对新车型已经落后而引起的价值贬值。具体表现为原有车辆在完成相同工作任务的前提下，在燃料、人力、配件材料等方面的消耗增加，形成了一部分超额运营成本。

（3）机动车辆的经济性贬值。经济性贬值是指由于外部经济环境变化所造成的车辆贬值。所谓外部经济环境，包括宏观经济政策、市场需求、通货膨胀、环境保护等。经济性贬值是由于外部环境而不是车辆本身所引起的。

3. 重置成本法的计算

重置成本法的基本计算公式可表述为：

被评估车辆的评估值=重置成本–实体性贬值–功能性贬值–经济性贬值

被评估车辆的评估值=重置成本×成新率

以上两种计算模型中，前式综合考虑了二手车的现行市场价格和各种影响二手车价值量变化的因素，可信度更高，但是这些影响因素较多且有一定的不确定性，所以在一定程度上影响了评估值的准确性；后式则以成新率综合考虑了各种贬值对二手车价值的影响，是一种定性和定量相结合的评估方法，是目前市场上应用最广的一种评估方法，其计算公式为：

$$P = B \times C \tag{4-11}$$

式中，P 为被评估车辆的评估值，元；B 为被评估车辆的现时重置成本，元；C 为被评估车辆的现时成新率。

重置成本的计算在汽车评估中方法很多，对于二手车评估定价一般采用重置核算法和物价指数法。

（1）重置核算法。重置核算法又称直接法或细节分析法，以现行市价核算被评估车辆的重置成本，也就是将车辆按成本构成分成若干组成部分，先确定各组成部分的现时价格，然后相加得出待评估车辆的重置全价。计算公式为：

重置成本=直接成本+间接成本

直接成本是指直接可以构成车辆成本的支出部分，具体来说是按现行市价的买价，加上运输费、购置附加费、消费税、人工费等。间接成本是指购置车辆发生的上户费、保险费、专项贷款发生的利息等。

在二手车评估中以直接法取得的重置成本，无论是国产车还是进口车，尽可能采用国内现行市场销售价格作为车辆评估的重置成本全价，市场销售价可以通过市场信息资料（如报纸、专业杂志、网上报价）和车辆制造商、经销商询价取得。

二手车重置成本全价的构成一般分以下两种情况考虑：

1）属于所有权转让的经济行为，可将被评估车辆的现行市场价格作为被评估车辆的重置全价，其他费用略去不计。

2）属于企业产权变动的经济行为（如企业合资、合作联营、企业分设、合并和兼并等），其重置成本构成除了考虑被评估车辆的现行市场价格外，还应考虑国家和地方政府对车辆加收的其他税费（如车辆购置税、车船使用税、保险、上户费等），一并计入重置成本全价。

（2）物价指数法。物价指数法也可称为物价指数调整法，是在二手车辆原始成本基础上，通过现时物价指数确定其重置成本。计算公式为：

$$车辆重置成本=车辆原始成本\times\frac{车辆评估时物价指数}{车辆购买时物价指数}$$

$$车辆重置成本=车辆原始成本\times(1+物价变动指数)$$

在二手车评估中用物价指数法时需要注意以下问题：

1）一定要先检查被评估车辆的账面购买原价。如果购买原价不准确，则不能用物价指数法。

2）用物价指数法算出的值就是被评估车辆的重置成本值。

3）运用物价指数法时，现在选用的指数往往与评估对象规定的评估基准日之间有一段时间差，这一段时间差内的价格指数可由评估人员依据近期内的指数变化趋势结合市场情况确定。

4）物价指数法要尽可能选用有法律依据的国家统计部门或物价管理部门以及政府机关发布和提供的数据，有的可取自权威性的国家政策部门所辖单位提供的数据，绝不能选用无依据、不明来源的数据。

4. 采用重置成本法的优缺点

采用重置成本法的优点：

（1）比较充分地考虑了车辆的损耗，评估结果更趋于公平合理。

（2）有利于二手车辆的评估。

（3）在不易计算车辆未来收益或难以取得市场（二手车交易市场）参照物的条件下可广泛应用。

运用重置成本法的缺点是工作量较大，且经济性贬值不易准确计算。

5. 评估实例

【例 4-4】使用年限法评估二手车。

2019 年 8 月，王女士购置了一辆爱丽舍轿车，作为上下班代步用。购买价格为 97800 元，初次登记日期是 2019 年 9 月。于 2023 年 12 月进入二手车交易市场估价交易。现场勘查，车身外观较好，发动机运转平稳、无异常响声，制动系统良好。该车行驶里程为 10 万 km，在评估时，该车的现行市场销售价格为 79800 元，其他税费不计，试评估该车的现时市场价值。

解：根据题意可知：

（1）初次登记日期为 2019 年 9 月，评估基准日为 2023 年 12 月，已使用年限 $Y=51$ 个月。

（2）该车为轿车，参考使用年限为 15 年，即 $Y_g=180$ 个月。

（3）该车的现时重置成本：$B=79800$ 元。

（4）该车的年限成新率：$C_Y=\left(1-\frac{Y}{Y_g}\right)\times100\%=\left(1-\frac{51}{180}\right)\times100\%=71.67\%$。

（5）评估值：$P=B\times C=79800\times71.67\%=57192$ 元。

【例 4-5】综合分析法评估二手车。

刘先生于 2019 年 3 月购置了一辆国产奥迪 2.4 轿车，作为家庭用车。于 2024 年 3 月到某奥迪专卖店进行二手车置换业务，行驶里程为 9.5 万 km，已知与该车类似的奥迪 2.5 新车市场价格为 42.8 万元。经评估人员现场勘查，技术状况较好，使用维护保养较好，该车主要是在市内行驶。试用重置成本——综合分析法评估该车的价值。

解：根据题意：

（1）评估价值采用重置成本——综合分析法，计算公式为：

$$P = B \times C_F = B \times \left(1 - \frac{Y}{Y_g}\right) \times K \times 100\%$$

（2）初次登记日期为 2019 年 3 月，评估基准日为 2024 年 3 月，则使用年限 $Y = 60$ 个月。

（3）该车为轿车，参考使用年限为 15 年，即 $Y_g = 180$ 个月。

（4）该车的现时重置成本：$B = 428000$ 元。

（5）综合调整系数 K 的确定：

技术状况较好，车辆技术状况调整系数 $K_1 = 0.9$

使用维护保养好，维护保养调整系数 $K_2 = 0.9$

该车为国产名牌，制造质量调整系数 $K_3 = 0.9$

该车为私人用车，车辆用途调整系数 $K_4 = 1.0$

该车主要在市内行驶，工作条件调整系数 $K_5 = 1.0$

综合调整系数：

$$\begin{aligned} K &= K_1 \times 30\% + K_2 \times 25\% + K_3 \times 20\% + K_4 \times 15\% + K_5 \times 10\% \\ &= 0.9 \times 30\% + 0.9 \times 25\% + 0.9 \times 20\% + 1.0 \times 15\% + 1.0 \times 10\% \\ &= 92.5\% \end{aligned}$$

（6）计算成新率：

$$C_F = \left(1 - \frac{Y}{Y_g}\right) \times K \times 100\% = \left(1 - \frac{60}{180}\right) \times 92.5\% \times 100\% = 61.67\%$$

（7）计算评估值：

$$P = B \times C_F = 428000 \times 61.67\% = 263948 \text{（元）}$$

4.3.2 收益现值法评估二手车

1. 收益现值法的原理

收益现值法是将被评估车辆在剩余寿命期内的预期收益用适用的折现率折现为评估基准日的现值，并以此确定评估价格的一种方法。

采用收益现值法对二手车进行评估所确定的价格是指为获得该机动车辆以取得预期收益的权利所支付的货币总额。

收益现值法是基于人们之所以占有某车辆，主要是考虑这辆车能为自己带来一定的收益这样的假设。任何一个理性的投资者在决定投资购买二手车时，他所愿意支付的货币金额不会高于评估时求得的该车未来预期收益的折现值。在机动车的交易中，人们购买的目的往往不是在于车辆本身，而是车辆获利的能力。因此，该方法较适用于投资营运的车辆。

2. 收益现值法的计算

收益现值法评估值的计算，实际上就是对被评估车辆未来预期收益进行折现的过程。被评估车辆的评估值等于剩余寿命期内各期的收益现值之和，其基本计算公式为：

$$P=\sum_{t=1}^{n}\frac{A_t}{(1+i)^t}=\frac{A_1}{(1+i)^1}+\frac{A_2}{(1+i)^2}+\cdots+\frac{A_n}{(1+i)^n} \tag{4-12}$$

式中，P为评估值，元；A_t为未来第t个收益期的预期收益额，元；n为收益年期（二手车剩余使用年限）；i为折现率；t为收益期，一般以年计。

当$A_1=A_2=\cdots=A_n=A$时，即t从1到n未来收益分别相同为A时，则有：

$$P=\sum_{t=1}^{n}\frac{A_t}{(1+i)^t}=A\left[\frac{1}{(1+i)^1}+\frac{1}{(1+i)^2}+\cdots+\frac{1}{(1+i)^n}\right]=A\frac{(1+i)^n-1}{i(1+i)^n} \tag{4-13}$$

式中，$\frac{1}{(1+i)^t}$为第t个收益期的现值系数，$\frac{(1+i)^n-1}{i(1+i)^n}$为年金现值系数。

3. 收益现值法各评估参数的确定

（1）收益年期n的确定。收益年期指从评估基准日到车辆到达报废所剩余的年限。对于各类汽车来说，该参数按《机动车强制报废标准规定》确定是很方便的。如果收益年期估计过长，就会高估车辆价格；反之，则会低估车辆价格。因此，必须根据车辆的实际状况对剩余寿命做出正确的评定。

（2）预期收益额A_t的确定。收益现值法运用中，预期收益额的确定是关键。预期收益额是指由被评估对象在使用过程中可能带来的年纯收益额。对于预期收益额的确定应注意以下两点：

1）无论对于所有者还是购买者，判断某车辆是否有价值，首先应判断该车辆是否会带来收益。对其收益的判断，不仅仅是看现在的收益能力，更重要的是看预测未来的收益能力。

2）收益额的构成。以企业为例，目前有几种观点：第一，企业所得税后利润；第二，企业所得税后利润与提取折旧额之和扣除投资额；第三，利润总额。

关于选择哪一种作为收益额，针对二手车的评估特点与评估目的，为估算方便，推荐选择第一种观点，目的是准确反映预期收益额。

（3）折现率i的确定。从折现率本身来说，它是一种特定条件下的收益率，说明车辆取得该项收益的收益率水平。折现率是指将未来预期收益额折算成现值的比率。折现率包含无风险利率和风险报酬率两部分，即：

折现率i=无风险利率+风险报酬率

无风险利率是指资产在一般条件下的获利水平，风险报酬率是指冒风险取得报酬与车辆投资中为承担风险所付代价的比率。由于每个行业、每个企业都有具体的资金收益率，因此在利用收益现值法对二手车进行评估，选择折现率时，应该进行本企业、本行业历年收益率指标的对比分析。但是，最后选择的折现率应该起码不低于国家债券或银行存款的利率。

4. 评估实例

【例4-6】某企业欲将一辆10座旅行客车转让，在二手车交易市场，李先生准备将该车用作载客营运。按《机动车强制报废标准规定》的规定，该车辆剩余年限为3年，适用的折现率为 8%，经预测得出 3 年内各年预期收益的数据分别为 10000 元、8000 元、7000 元，试用收益现值法评估该车辆目前的价格。

解：根据题意可知：

$$P=\sum_{t=1}^{n}\frac{A_t}{(1+i)^t}=\frac{A_1}{(1+i)^1}+\frac{A_2}{(1+i)^2}+\cdots+\frac{A_n}{(1+i)^n}$$
$$=\frac{10000}{(1+8\%)^1}+\frac{8000}{(1+8\%)^2}+\frac{7000}{(1+8\%)^3}$$
$$=9259+6859+5557$$
$$=21711\text{（元）}$$

5. 收益现值法的优缺点

（1）收益现值法的优点。

1）与投资决策相结合，容易被交易双方接受。

2）能较真实和较准确地反映车辆本金化的价格。

（2）收益现值法的缺点。

1）预期收益额预测难度较大。

2）受较强的主观判断和未来不可预见因素的影响。

4.3.3 现行市价法评估二手车

现行市价法又称市场法、市场价格比较法，是指通过比较被评估车辆与最近售出类似车辆的异同，并将类似车辆的市场价格进行调整，从而确定被评估车辆价值的一种评估方法。现行市价法是最直接、最简单的一种评估方法。其基本思路是：通过市场调查，选择一辆或几辆与被评估车辆相同或类似的车辆作为参照物，分析参照物的构造、功能、性能、新旧程度、地区差别、交易条件、成交价格等，并与评估车辆对照比较，找出两者的差别及差别所反映在价格上的差额，经过调整，计算出被评估对象的价格。

1. 现行市价法评估应用的前提条件

（1）需要有一个充分发育、活跃的二手车交易市场，即要有二手车交易的公开市场。在这个市场上有众多的卖者和买者，有充分的参照物可取，交易充分平等，这样可以排除交易的偶然性和特殊性。汽车在汽车交易市场上交易越频繁，与被评估车辆类似的车辆价格越容易获得。因此，市场成交的二手车价格可以准确反映市场行情，评估结果更公平公正，双方都易接受。

（2）参照物与被评估车辆有可比较的指标，且技术参数等资料是可收集到的，并且价值影响因素明确，可以量化。

在运用现行市价法评估二手车时，关键是要能够找到与被评估车辆相同或类似的参照车辆，并且参照车辆是近期的、可比较的。近期是指参照车辆交易时间与车辆评估基准日时间相近，一般在一个季度之内。可比较是指车辆在规格、型号、功能、性能、内部结构、新旧程度、交易条件等方面不相上下。

2. 现行市价法评估的步骤

现行市价法评估的步骤如图 4-1 所示。

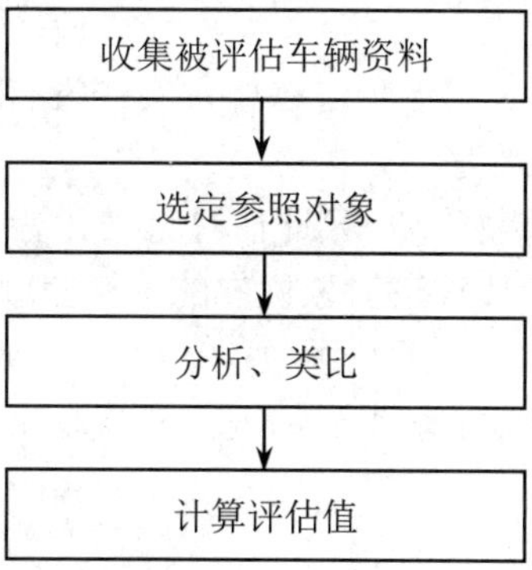

图 4-1　现行市价法评估流程

（1）收集被评估车辆资料。收集评估对象的资料，主要包括车辆的类别名称、型号和性能、生产厂家及出厂年月、车辆目前使用情况、实际技术状况、剩余使用年限等相关资料。

（2）选定参照对象。所选定的类比车辆必须具有可比性，可比性因素包括：

1）车辆型号、车辆制造厂家。

2）车辆地域。不同地区的交易市场，同样车辆的价格有较大的差别。

3）车辆使用性质。是私用、公务、商务车辆还是营运车辆。

4）车辆使用年限、行驶里程数。

5）车辆实际技术状况。

6）交易动机和目的。不同情况交易，往往有较大的差别；车辆出售是以清偿为目的或是以转让为目的；买方是获利转手倒卖或是购进自用。

7）市场状况。市场处于衰退萧条或是复苏繁荣、交易量如何、新车价格趋势如何、目前该车型的市场保有量如何等。

8）成交数量。单台交易与成批交易的价格会有一定差别。

9）成交时间。应采用近期成交的车辆作为参照的类比对象。由于市场随时间的变化而变化，会引起车辆市场价格的波动。

（3）分析、类比。对待评估的车辆与选定的类比对象进行认真的分析类比，尽可能地予以量化、调整。

（4）计算评估值。

3. *具体计算方法*

现行市价法评估确定单台二手车价值的方法有直接法和类比法。

（1）直接法。直接法是指在市场上能找到与被评估车辆完全相同的车辆的现行市价，并依其价格直接作为被评估车辆评估价格的一种方法。

完全相同是指车辆型号相同，使用条件和技术状况相同，生产和交易时间相近。寻找同型号的车辆有时是比较困难的。鉴于此，通常情况下，如果参照车辆与被评估车辆类别相同、主参数相同、结构性能相同（只是生产序号不同并只作局部改动）、交易时间相近，则可作为直接评估过程中的参照物，即认为是完全相同。

（2）类比法。类比法是指评估车辆时，在公开市场上找不到与之完全相同的车辆，但在公开市场上能找到与之类似的车辆，以此为参照物，并依其价格再作相应的差异调整，从而确定被评估车辆价格的一种方法。

所选参照物与评估基准日在时间上越近越好，实在没有近期的参照物，也可以选择远期的，再作日期修正。基本计算公式为：

评估价格=市场交易参照物价格+Σ评估对象比交易参照物优异的价格差额-Σ交易参照物比评估对象优异的价格差额

评估价格=参照物价格×(1±调整系数)

现行市价法评估的关键是全面了解市场情况，对现行市场掌握的情况越多，评估的准确度越高。

4. 采用现行市价法的优缺点

（1）现行市价法的优点。

1）能够客观反映二手车目前的市场情况，其评估的参数、指标可直接从市场获取。

2）结果易于被各方理解和接受。

（2）现行市价法的缺点。

1）需要公开及活跃的市场作为基础，寻找参照物有一定的困难。

2）参照车辆的可比因素多而复杂，因而增加了车辆评估过程的复杂程度。

3）对信息资料的数量和质量要求较高，对评估人员的评估经验和技巧要求也较高。

4.3.4 清算价格法评估二手车

1. 清算价格法的基本原理

清算价格法是指以清算价格为标准，对二手车进行的价格评估。清算价格是指企业由于破产或其他原因，要求在一定的期限内将车辆变现的价格。

清算价格法在原理上基本与现行市价法相同，所不同的是迫于停业或破产，清算价格往往大大低于现行市场价格。这是由于企业被迫停业或破产，急于将车辆拍卖、出售。

2. 清算价格法的前提条件

企业破产、抵押、停业清理时要售出的车辆适用于清算价格法。

（1）企业破产。当企业或个人因经营不善造成严重亏损不能清偿到期债务时，企业应依法宣告破产，法院以其全部财产依法清偿其所欠的债务，不足部分不再清偿。

（2）抵押。抵押是以所有者资产作抵押物进行融资的一种经济行为，是合同当事人一方用自己特定的财产向对方保证履行合同义务的担保形式。提供财产的一方为抵押人，接受抵押财产的一方为抵押权人。抵押人不履行合同时，抵押权人有权将抵押财产在法律允许的范围内变卖，从变卖抵押物价款中优先受偿。

（3）清理。清理是指企业由于经营不善导致严重亏损，已临近破产的边缘或因其他原因将无法继续经营下去，为弄清企业财物现状，对其全部财产进行清点、整理和查核，为经营决策（破产清算或继续经营）提供依据，以及因资产损毁、报废而进行清理、拆除等的经济行为。

运用清算价格法评估车辆价格时应注意以下几点：

1）以具有法律效力的破产处理文件或抵押合同及其他有效文件为依据。

2）车辆在市场上可以快速变现。

3）所卖收入足以补偿因出售车辆导致的附加支出总额。

3. 清算价格的评估方法

二手车评估清算价格的方法主要有以下 3 种：

（1）现行市价折扣法。现行市价折扣法是指对清理车辆首先在二手车市场上寻找一个相适应的参照物，然后根据快速变现原则估定一个折扣率，并据以确定其清算价格。

【例 4-7】一辆旧富康轿车，经调查在二手车市场上成交价为 4 万元，根据销售情况调查，折价 20%可以当即出售，则该车辆清算价格为 4×(1–20%)=3.2 万元。

（2）模拟拍卖法。模拟拍卖法也称意向询价法，是根据向被评估车辆的潜在购买者询价的办法取得市场信息，最后经评估人员分析确定其清算价格的一种方法。用这种方法确定的清算价格受供需关系影响很大，要充分考虑其影响的程度。

【例 4-8】有大型农用机械一台，拟评估其拍卖清算价格，评估人员经过对两位农场主、两位农机公司经理和两位农机销售员征询相关的车辆信息、技术状况、使用情况等，其评估分别为 6 万元、7.3 万元、4.8 万元、5 万元、6.5 万元和 7 万元，平均价为 6.1 万元。评估人员确定清算价格为 5.8 万元。

（3）竞价法。竞价法是由法院按照法定程序（破产清算）或由卖方根据评估结果提出一个拍卖的底价，在公开市场上由买方竞争出价，谁出的价格高就卖给谁。

4.3.5 折旧法评估二手车

1. 折旧法评估的基本原理

折旧是指企业的固定资产在预计的使用年限内由于磨损和损耗而逐渐转移的价值。机动车作为固定资产，按现行财务制度规定应计提固定资产折旧。所谓机动车的折旧是指机动车随着时间的推移或在使用过程中由于损耗而转移到产品中去的那部分价值。这部分转移的价值以折旧费的形式计入成本费用，并从企业营业收入中得到补偿。

二手车折旧额是二手车所有者已经得到的价值补偿，剩下的价值即重置成本全价减去二手车已使用年数的累计折旧额才是二手车现有的价值，评估时应以这个价值作为评估价。车辆鉴定评估时，如果发现车辆有某些功能完全丧失，需要维修和换件，还应考虑扣减相应的维修费用。计算公式为：

被评估二手车的评估值=重置成本全价-累计折旧额-维修费用

2. 折旧法评估的基本方法

（1）评估模型。折旧法评估模型的计算公式为：

$$P = B - \sum D_t - F_s \tag{4-14}$$

式中，P 为二手车评估值，元；B 为二手车重置成本全价，元；D_t 为二手车折旧额，元（$t=1$，2，3，…，N，N 为预计使用年限）；$\sum D_t$ 为二手车已使用年限内的累计折旧额，元；F_s 为二手车需要的维修费用，元。

（2）折旧额的计算。车辆年折旧额的计算方法有两种：等速折旧法和加速折旧法。由于市场情况是随着时间的变化而变化的，因此推荐使用加速折旧法。

1）等速折旧法。等速折旧法也称平均折旧法，是指用车辆的原值除以车辆使用年限以求得每年平均计提折旧额的方法。计算公式为：

$$D_t = (K_0 - S_V)/N \tag{4-15}$$

式中，D_t 为二手车年折旧额，元；K_0 为二手车原值，元；S_V 为二手车残值，元；N 为二手车预计使用年限（一般取规定使用年限），年。

2）加速折旧法。加速折旧法也称递减折旧法，是指在汽车使用早期多提折旧，在使用后期少提折旧的一种方法。

此方法的理论依据是：汽车在使用初期发生的故障少，需要的修理费用少，提供的服务多，为企业创造的效益高，理应多提折旧；在汽车的使用后期，随着汽车零部件磨损程度的加剧，需要的修理费用越来越多，单位时间提供的服务量逐年减少，理应少提折旧。这样，可使汽车在各年承担的总费用比较接近，利润比较平稳，也弥补了等速折旧法的不足。

加速折旧法求年折旧额的方法有两种：年份数求和法和双倍余额递减法。

① 年份数求和法。年份数求和法是指每年的折旧额可用车辆原值减去残值的差额乘一个逐年递减系数来确定的一种方法。其计算公式为：

$$D_t = (K_0 - S_V) \times \frac{N+1-t}{\frac{N(N+1)}{2}} \tag{4-16}$$

式中，D_t 为二手车年折旧额，元；K_0 为二手车原值（实际评估时，取评估基准日的重置全价），元；S_V 为二手车残值，元；N 为二手车预计使用年限（一般取规定使用年限），年；t 为已使用年限数（实际评估中，把已使用的总月数折算为年度数计算）；$\frac{N+1-t}{\frac{N(N+1)}{2}}$ 为递减系数（也称为年折旧率）。

② 双倍余额递减法。双倍余额递减法是根据每年二手车剩余价值和双倍的等速法折旧率计算二手车折旧的一种方法。

这种方法计算时不考虑二手车预计净残值，用数学式表示为：

$$\text{年折旧额}=\text{该年二手车剩余价值}\times\text{年折旧率}$$

$$\text{年折旧率}=\frac{2}{\text{预计使用年限}}\times 100\%$$

上述双倍余额递减法求年折旧额可用计算公式表示为：

$$D_t = [K_0 \times (1-a)^{t-1}] \cdot a = K_0 \cdot a(1-a)^{t-1} \tag{4-17}$$

式中，D_t 为二手车年折旧额，元；K_0 为二手车原值（实际评估时，取评估基准日的重置全价），元；a 为年折旧率，$a=2/N\times100\%$，N 为预计使用年限；t 为已使用年限数（实际评估中，把已使用的总月数折算为年度数计算）。

应用时，要把评估基准日当年所有已使用的月份数折算为年数。

由于采用双倍余额递减法在确定二手车折旧率时不考虑二手车的净残值因素，因此在连续计算各年折旧额时，如果发现使用双倍余额递减法计算的折旧额小于采用等速折旧法计算的折旧额，则应该改用等速折旧法计提折旧。

3. 折旧法的优缺点和适用范围

（1）优缺点。

1）优点：计算方法简便，适用范围广泛。

2）缺点：忽略了车辆在不同使用时期使用强度的不均衡性所导致的不同时期固定资产有

形损耗程度的差异。

（2）适用范围。由于折旧法采用的是经济使用年限，且可以采用加速折旧法计算二手车的价值转移，使二手车剩余价值相对比较小，这对二手车收购方来说是比较有利的。因此，折旧法比较适用于二手车收购。

4. 评估实例

【例 4-9】 2023 年 2 月，某 4S 店欲收购一辆伊兰特轿车，车辆基本情况如下：

车型：北京现代伊兰特。

型号：BH7162MY。

注册登记日期：2020 年 3 月。

行驶里程：68000km。

车辆基本配置：排量 1.599L，发动机型号 G4ED，直列 4 缸 16 气门多点电喷发动机，5 速手动变速器，发动机最大功率 82kW，转向助力，ABS+EBD，前后门电动窗、防眩目后视镜，中控锁（无遥控装置），发动机防盗，手动空调系统，单碟 CD 及调频收音机，6 喇叭音响系统，铝合金轮圈。

经核对相关税费票据、证件（照）齐全有效。该车目前市场行情价为 7.8 万元，试确定其收购价格（残值忽略不计）。

解：根据题意可知：

（1）采用折旧法计算收购价格。

（2）已使用年限 $t=3$ 年；参考使用年限 $N=15$ 年。

（3）重置成本价格 $K_0=78000$ 元，残值忽略不计，即 $S_V=0$。

（4）分别以等速折旧法、年份数求和折旧法和双倍余额递减折旧法计算累计折旧额。

① 等速折旧法计算二手车的累计折旧额。

年折旧额：

$$D_t=(K_0-S_V)/N=78000/15=5200$$

累计折旧额计算结果如表 4-7 所示。

表 4-7　等速折旧法计算累计折旧额

年份	重置成本 K_0/元	折旧率	年折旧额/元	累计折旧额/元
2020.3—2021.2	78000	1/15	5200	5200
2021.3—2022.2		1/15	5200	10400
2022.3—2023.2		1/15	5200	15600

② 年份数求和折旧法计算二手车的累计折旧额。

递减系数：

$$\frac{N+1-t}{\dfrac{N(N+1)}{2}}=\frac{16-t}{120}$$

年折旧额：

$$D_t = (K_0 - S_v) \times \frac{N+1-t}{\frac{N(N+1)}{2}}$$

计算结果如表 4-8 所示。

表 4-8　年份数求和折旧法计算累计折旧额

年份	重置成本 K_0/元	递减系数	年折旧额/元	累计折旧额/元
2020.3—2021.2	78000	15/120	9750	9750
2021.3—2022.2		14/120	9100	18850
2022.3—2023.2		13/120	8450	27300

③ 双倍余额递减折旧法计算二手车的累计折旧额。

年折旧率 $= \dfrac{2}{15}$

年折旧额：

$$D_t = K_0 \cdot a(1-a)^{t-1}$$

计算结果如表 4-9 所示。

表 4-9　双倍余额递减折旧法计算累计折旧额

年份	重置成本 K_0/元	年折旧率	年折旧额/元	累计折旧额/元
2020.3—2021.2	78000	2/15	10400	10400
2021.3—2022.2	67600	2/15	9013	19413
2022.3—2023.2	58587	2/15	7812	27225

（5）计算二手车收购价格。二手车收购价格计算公式为：

$$P = B - \sum D_t - F_s$$

题目没有给出需要修理的项目及费用，因此本例中 $F_s = 0$。二手车收购价格按剩余价值最小（或按累计折旧额最大）的收购。从表 4-7 至表 4-9 可知，等速折旧法、年份数求和折旧法和双倍余额递减折旧法三种折旧方法计算的累计折旧额中，年份数求和折旧法计算的累计折旧额最大，因此该二手车的收购价格为：

$$P = B - \sum D_t = 78000 - 27300 = 50700 \text{ 元}$$

【例 4-10】某公司转让一辆斯柯达轿车，经与二手车交易中心洽谈，由中心收购该车辆。该车初次登记日期为 2020 年 2 月，转让日期为 2023 年 8 月，已使用 3 年 6 个月，该型号车辆现行市价为 8 万元，规定使用年限为 15 年，残值忽略不计。试用年份数求和法计算收购价。

解：根据题意：

（1）已知该轿车已使用年限为 3 年 6 个月，$Y = 48$ 个月，$Y_g = 120$ 个月。

（2）递减系数：

$$\frac{N+1-t}{\frac{N(N+1)}{2}}=\frac{16-t}{120}$$

（3）年折旧额：

$$D_t=(K_0-S_v)\times\frac{N+1-t}{\frac{N(N+1)}{2}}$$

计算结果如表4-10所示。

表4-10 年份数求和折旧法计算累计折旧额

年份	重置成本 K_0/元	递减系数	年折旧额/元	累计折旧额/元
2020.2—2021.1	80000	15/120	10000	10000
2021.2—2022.1		14/120	9333	19333
2022.2—2023.1		13/120	8667	28000
2023.2—2024.1		12/120	8000	36000

表4-10是按4年计算的累计折旧额，但车辆实际使用年限只有3年6个月，因此计算得到的累计折旧额应减去第4年的半年折旧额，即年份数求和折旧法计算累计折旧额：

$$\sum D_t=28000+8000/2=32000$$

（4）计算二手车收购价格。

$$P=B-\sum D_t-F_s$$

题目没有给出需要修理的项目及费用，因此本例中 $F_s=0$。计算公式：

$$P=B-\sum D_t=80000-32000=48000\text{ 元}$$

4.4 二手车评估方法的选择

4.4.1 二手车评估方法的联系与区别

1. 重置成本法与现行市价法的联系与区别

（1）重置成本法与现行市价法的联系。决定重置成本的因素与决定现行市价的最基本因素相同，即现有条件下生产功能相同的车辆所花费的社会必要劳动时间。但是现行市价的确定还需要考虑其他与市场相关的因素，一是车辆功能的市场性，即车辆的功能能否得到市场认可；二是市场供求关系的影响。

（2）重置成本法与现行市价法的区别。现行市价以市场价格为依据，车辆价格受市场因素约束，并且其评估值直接受市场检验；重置成本只是在模拟条件下重置车辆的现行价格。

重置成本法是将被评估车辆与全新车辆进行比较的过程，而且比较侧重于性能方面。比如，评估一辆旧汽车时，首先要考虑重新购置一台全新的车辆需要花多少成本，同时还需要进一步考虑旧汽车的陈旧状况和功能、技术情况。只有当这一系列因素充分考虑后，才可能给旧汽车定价。而上述过程都涉及与全新车辆的比较，没有比较就无法确定旧汽车的价格。

现行市价法的出发点更多地表现在价格上。由于现行市价法比较侧重价格分析，因此对现行市价法的运用十分强调市场化程度。如果市场很活跃，参照物很容易取得，那么运用现行市价法所取得的结论就会更可靠。现行市价法的这种比较性，相对于重置成本法而言，其条件更为广泛。

2. 重置成本法与收益现值法的联系与区别

重置成本法与收益现值法的区别在于：前者是对历史分析，后者是对预期分析。重置成本法比较侧重对车辆过去使用状况的分析，再加上对现时的比较后才得出结论。如有形损耗就是基于被评估车辆的已使用年限和使用强度等来确定的。因此，如果没有对被评估车辆历史的判断和记录，运用重置成本法评估车辆的价值是不可能的。

收益现值法的评估要素完全是基于对未来收益的分析。收益现值法从不把被评估车辆的已使用年限和使用程度作为评估基础，不必考虑被评估车辆过去的情况怎样，所考虑和侧重的是被评估对象未来能给投资者带来多少收益。一般而言，预期收益越大，车辆的价值越大。预期收益的测定是收益现值法的基础。

3. 现行市价法与收益现值法的联系与区别

现行市价法与收益现值法的联系主要表现在：两者在价格形式上有相似之处，都是评估公平市场价格。

两者的区别在于：现行市价主要是车辆进入市场的价格计量；收益现值主要以车辆的获利能力进入市场的价格计量。

从评估的角度看，收益现值法中任何参数的确定都具有主观性。因为预期收益、折现率等都是不可知的参数，但是这些参数在运用收益现值法评估车辆价值时必须明确，否则收益现值法就不能使用。然而，一旦从估计上来考虑收益现值法中的参数，就涉及估计的依据问题。针对此问题，在市场相对发达的地方，通过选择参照物进一步计量其收益折现率及预期年限，然后将这些参照物的数据比较有效地运用到被评估车辆上，以确定车辆的价值。

把收益现值法和现行市价法结合起来使用，其目的在于降低评估过程中人为因素的影响，尽量反映客观实际，从而使车辆的评估更能体现市场观点。

4. 清算价格法与现行市价法的联系与区别

清算价格法与现行市价法的联系主要表现在：两者均是市场价格。

两者的区别在于：现行市价是公平市场价格；清算价格是非正常市场上的拍卖价格，一般大大低于现行市价。

4.4.2 二手车评估方法的选用

前面分别介绍了二手车评估的四种基本方法：重置成本法、收益现值法、现行市价法和清算价格法。这些方法都有各自的特点，同时又是相互关联的。评估方法的多样性可以让鉴定估价人员选择适当的评估途径。选择合适的评估方法，有利于简捷、准确地确定被评估车辆的价值。

1. 重置成本法的适用范围

重置成本法是二手车评估中一种常用的方法，它适用于继续使用的车辆评估。对在用车辆，可直接运用重置成本法进行评估，无须作较大的调整。目前，我国汽车交易市场尚需进一步规范和完善，运用现行市价法和收益现值法的客观条件受到一定的制约。而清算价格法仅在特定的条件下才能使用。因此，重置成本法在汽车评估中得到了广泛的应用。

2. 收益现值法的适用范围

汽车的评估多数情况下采用重置成本法，但在某些情况下，也可运用收益现值法。运用收益现值法进行汽车评估的前提是被评估车辆具有独立的、能连续用货币计量的可预期收益。由于在车辆的交易中，人们购买的目的往往不在于车辆本身，而是车辆的获利能力。因此，该方法较适用于从事营运的车辆的评估。

3. 现行市价法的适用范围

现行市价法的运用首先必须以市场为前提，它是借助于参照物的市场成交价或变现价运作的（该参照物与被评估车辆相同或相似）。因此，一个活跃、发达的车辆交易市场是现行市价法得以广泛运用的前提。

此外，现行市价法的运用还必须以可比性为前提。运用该方法评估车辆市场价值的合理性与公允性在很大程度上取决于所选取的参照物的可比性。可比性包括两方面内容：

（1）被评估车辆与参照物之间在规格、型号、用途、性能、新旧程度等方面应具有可比性。

（2）参照物的交易情况（诸如交易目的、交易条件、交易数量、交易时间、交易结算方式等）与被评估车辆将要发生的情况具有可比性。

以上所述的市场前提和可比前提，既是运用现行市价法进行汽车评估的前提条件，也是对运用现行市价法进行汽车评估的范围界定。对于车辆的买卖，以车辆作为投资参股、合作经营，均适用现行市价法。

4. 清算价格法的适用范围

清算价格法适用于企业破产、抵押、停业清理时要售出的车辆。这类车辆必须同时满足以下3个条件，方可利用清算价格法进行出售：

（1）具有法律效力的破产处理文件、抵押合同及其他有效文件作为依据。

（2）车辆在市场上可以快速出售变现。

（3）清算价格足以补偿因出售车辆所付出的附加支出总额。

5. 二手车鉴定估价方法的选择应考虑的因素

选择二手车鉴定估价方法时主要考虑的因素有：

（1）二手车评估方法的选择必须严格与机动车评估的计价标准相适应。

（2）二手车评估方法的选择还要受数据收集和信息资料的制约。

（3）在选择二手车评估方法时，要充分考虑二手车鉴定估价工作的效率，选择简单易行的方法。

考虑上述因素，在四种评估方法中，采用现行市价法评估时，由于我国二手车交易市场发育尚不健全，较难寻找与被评估车辆相同的车辆类型、相同的使用时间、相同的使用强度和相同的使用条件的参照物；采用收益现值法时，投资者对预期收益额的预测难度较大，且受较强的主观判断和未来不可预见因素的影响；采用清算价格法评估车辆时，又受其适用条件的局限。而上述评估方法中，重置成本法具有收集资料信息便捷、操作简单易行、评估理论贴近二手车的实际等特点，故最常采用。

本章小结

本章主要介绍了二手车评估的主客体及评估的目的、成新率计算方法及二手车评估的几种常用方法。常用的成新率计算方法有使用年限法、行驶里程法、整车观测法、部件鉴定法、综合分析法和综合成新率法。二手车评估的四种方法为重置成本法、现行市价法、收益现值法、清算价格法，分别讲解各种方法的基本原理、使用条件和具体的计算方法。此外，还介绍了对拟收购二手车利用折旧法进行价格评估，其中主要有等速折旧法和加速折旧法，而加速折旧法又包括年份数求和法和双倍余额递减法。

通过本章的学习，学生应该能准确描述二手车评估方法的使用前提和使用条件，能正确选择方法进行成新率和二手车价格评估的相关计算，并了解二手车交易的完整流程。

知识训练

一、名词解释

二手车　成新率　综合成新率　重置成本法　收益现值法　清算价格法

二、简答题

1. 二手车鉴定评估的主客体及目的是什么？
2. 采用重置成本法评估二手车的优缺点有哪些？
3. 简述折旧法与重置成本法评估二手车的区别。

能力训练

有一辆已使用 5 年 8 个月的捷达轿车，该轿车为私用车，常年行驶在市区，道路条件较好；维护条件良好；车辆外观略旧，有划痕；私用车使用强度不高；汽车技术状况较好；其他情况均与车辆新旧程度基本相符。试用综合分析法估算该车的成新率。

第5章 新能源二手车鉴定与评估

知识目标

1. 了解新能源二手车的特点。
2. 掌握新能源二手车鉴定评估流程。
3. 掌握新能源二手车鉴定评估方法。
4. 掌握新能源二手车鉴定评估技术和鉴定要求。

能力目标

1. 能够把握新能源二手车评估的流程。
2. 能够把握新能源二手车鉴定评估技术鉴定过程中每个部分的要求。
3. 能够依据选择的方法以及技术鉴定环节确定新能源二手车的价值。

5.1 概　　述

新能源汽车是指采用非常规的车用燃料作为动力来源（或使用常规的车用燃料、采用新型车载动力装置），综合车辆的动力控制和驱动方面的先进技术，形成的技术原理先进、具有新技术、新结构的汽车。非常规的车用燃料指除汽油、柴油、天然气（NG）、液化石油气（LPG）、乙醇汽油（EG）、甲醇、二甲醚之外的燃料。

新能源汽车产业作为我国七大战略性新兴产业之一，产业规模发展迅猛。2019 年我国开始启动新能源汽车“十城千辆”的示范推广工作。2015 年至 2020 年我国连续 6 年销量位居全球第一。随着我国新能源汽车产业的快速发展，消费者对于纯电动汽车迅速贬值尤为担忧，保险行业对纯电动汽车商业保险的保额及险种令人困扰，这些问题在一定程度上阻碍了纯电动汽车的普及。纯电动汽车价格评估成为困扰汽车生产企业、消费者、二手车企业和保险公司的问题之一，需要建立一套新能源二手车的评估体系。

5.1.1 新能源汽车市场状况

1. 市场特征

（1）新能源汽车购买人群以 90 后为主。传统能源汽车购买限牌，增量受限，以 90 后为代表的新一代车主开始转向新能源汽车。其中，新能源汽车车主 25 岁以下的占 1/4，35 岁以下的占八成。

（2）购买区域主要是一二线限购城市。目前新能源汽车主要是在一二线限购城市销售和使用，市场占比超过 40%。

（3）日常用车习惯，更小的出行半径。我国的新能源汽车以纯电动汽车为主，一般购车需求是通勤代步用，受制于续驶里程，用户出行半径普遍较小。

（4）选车与购买的标准。购买新能源汽车，特别是纯电动汽车的车主选车标准更注重外观和电气设备，倾向于智能化、年轻化的生活方式。

（5）购车情况为首次购车。新能源汽车用户以首次购车为主，并且某些地区有少数属于第二辆车的“增购”用户，传统燃油车置换购买新能源汽车的车主较少。

2. 新能源二手车的交易渠道

虽然新能源汽车保有量持续增长，但是二手车交易量小，很少流入二手车市场。其中新车的产品更新换代快，是商户不愿收车的主要原因。其中厂商主导新能源整车回收，动力蓄电池供应商主导电池的回收将会是新常态。目前新能源二手车评估的服务对象主要是主机厂商，提供服务的是一些国内的鉴定评估机构，基本上是属于 B2B 的形式。

虽然新能源二手车交易量小，但是仍有以下几种处置渠道供用户选择：

（1）同品牌置换、保值回购。以小鹏汽车为代表的 3 年同品牌置换，保值率为 60%，但前提是整车无结构性事故。

（2）C2B 个人对品牌商家。以蔚来为例，蔚来有专门的二手车事业部，负责收售二手车及车辆整备。

（3）C2C 直接交易（个人对个人）。这种交易方式是一种对买卖双方都没有保障的销售方式，一般不推荐；以最初电动汽车补贴力度大的早期销售的车辆为主，现在厂家、品牌、车型都已几乎不存在，或者厂家直接放弃了品牌运营，如知豆汽车。

5.1.2 新能源二手车特点

（1）产品换代快，新车价格持续下降，旧车处置难。

电动汽车的新产品不断推出的同时，新车价格是持续下降的。新车市场方面，“三电”（电池、电机、电控）系统的成本持续降低，整车价格下降。

（2）各地区补贴后价格不同，厂家指导价难作参考。

传统燃油汽车在指导价的基础上，终端根据市场行情而调整，造成二手车市场上的定价没有统一的标准。

（3）国内缺少蓄电池损耗折价标准。

相较于传统能源二手车，新能源二手车不仅需要对车况进行评估，更重要的是需要对电池进行评估，而目前国内缺少蓄电池损耗折价标准，导致不能对新能源二手车进行正确的估价。

（4）动力蓄电池续驶功能性贬值太快。

蓄电池技术的持续升级和蓄电池生产规模成本降低，未来新能源汽车动力蓄电池的续驶里程提高，对行驶里程短的新能源二手车市场冲击会很大。

（5）蓄电池成本占到整车成本的40%～50%。

动力蓄电池本身易损耗，在多次充放电后，容量将逐渐衰减，续驶里程也就相应降低。传统燃油汽车动力总成占整车总成本的20%～30%。

（6）冬季续驶里程降低。

电动汽车在冬季低温环境下性能下降是客观事实，间接影响了消费者对产品的态度。

（7）不同车的充放电次数不一样。

由于每辆车的使用强度不同，特别是在动力蓄电池方面，另外关于动力蓄电池的健康度数据除厂家外的其他人较难获取，这也不利于新能源二手车的评估。

（8）“三电”系统难以评估。

新能源二手车没有长期的历史积累数据，即没有历史数据作为参考。

5.1.3 新能源二手车鉴定评估相关概念

1. 新能源纯电动二手车

新能源纯电动二手车是指从办理完注册登记手续到达到国家强制报废标准之前进行交易并转移所有权的新能源纯电动汽车，简称新能源二手车。

2. 新能源纯电动车用动力蓄电池

新能源纯电动车用动力蓄电池是指采用燃油发动机以外的能源方式驱动在路面行驶的车辆所使用的用于存储驱动车辆行驶电能的电池。

3. 新能源二手车鉴定评估

对新能源二手车进行技术状况检测、鉴定，确定某一时点价值的过程。

4. 新能源二手车技术状况鉴定

对新能源二手车技术状况进行缺陷描述、等级评定。

5. 新能源二手车价值评估

根据新能源二手车技术状况鉴定结果和鉴定评估目的，对目标车辆价值进行评估。价值评估方法主要包括现行市价法、重置成本法。

（1）现行市价法。根据车辆技术状况按照市场现行价格计算出被评估车辆价值的方法。

（2）重置成本法。按照相同车型市场现行价格重新购置一个全新状态的评估对象，用所需的全部成本减去评估对象的实体性贬值、功能性贬值和经济性贬值后的差额，以其作为评估对象现时价值的方法。

6. 新能源二手车鉴定评估机构

从事新能源二手车鉴定评估经营活动的第三方服务机构。

7. 新能源二手车（纯电动）鉴定评估师

依法取得中国汽车流通协会颁发的新能源二手车（纯电动）鉴定评估师岗位技能证书。

8. 荷电状态

当前蓄电池中按照规定放电条件可以释放的容量占可用容量的百分比。

5.2　新能源二手车鉴定评估流程

二手车鉴定评估机构开展新能源二手车鉴定评估经营活动按图 5-1 所示流程作业，并填写《新能源二手车鉴定评估作业表》。二手车经销、拍卖、经纪等企业开展业务涉及新能源二手车鉴定评估活动的，参照图 5-1 有关内容和顺序作业，即查验可交易车辆—登记基本信息—判别事故车—鉴定技术状况，并填写《新能源二手车技术状况表》。

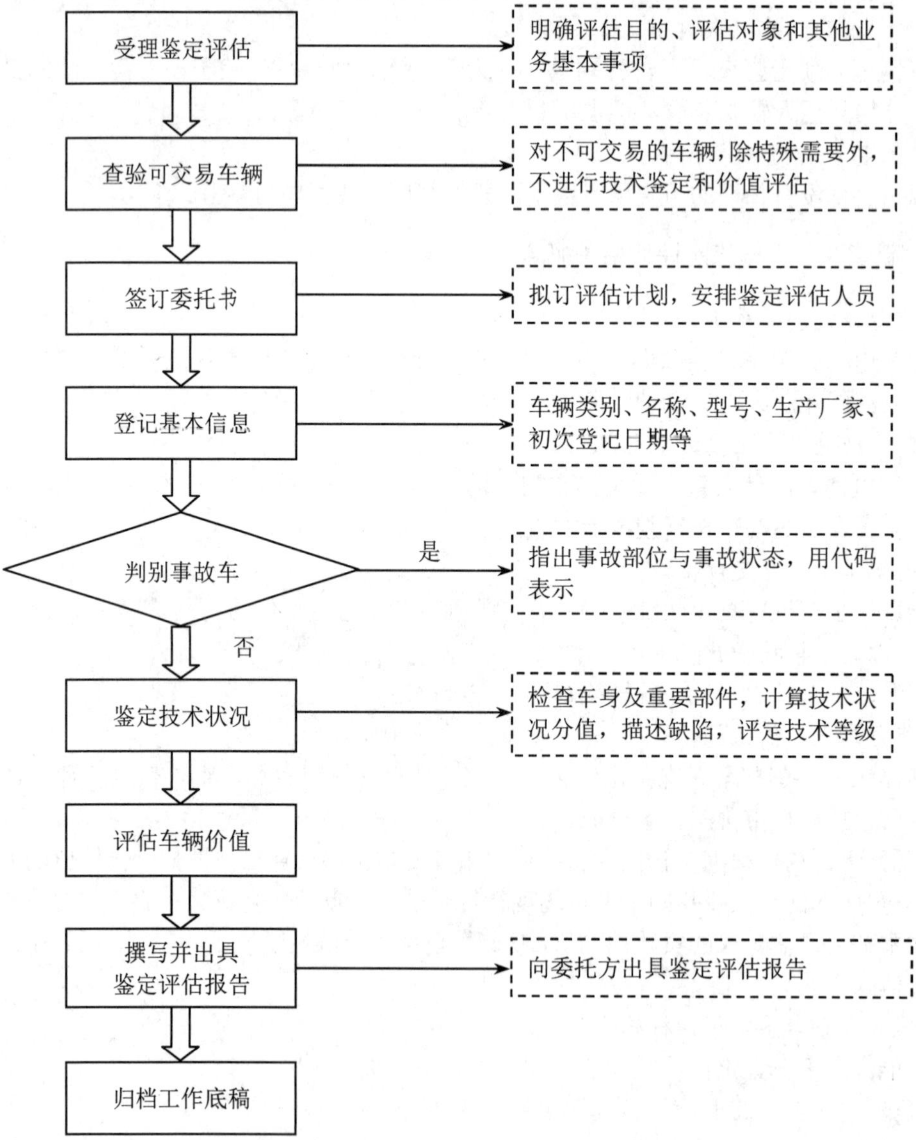

图 5-1　新能源二手车鉴定评估流程

在受理评估环节需要了解委托方及其车辆的基本情况，明确委托方要求，主要包括委托方要求的评估目的、评估基准日、期望完成评估的时间等。

在查验可交易车辆环节，主要查验机动车登记证书、机动车行驶证、有效机动车安全技术检验合格标志、车辆购置税完税证明、车船使用税缴付凭证、车辆保险单等法定证明、凭证是否齐全，并按照表5-1所列检查项目进行判断。

表5-1　可交易车辆判别表

序号	检查项目	判别
1	未达到国家强制报废标准	Y 是　N 否
2	未处于抵押期间或海关监管期间的车辆	Y 是　N 否
3	未处于人民法院、检察院、行政执法等部门依法查封、扣押期间的车辆	Y 是　N 否
4	未确定为盗窃、抢劫、诈骗等违法犯罪手段获得的车辆	Y 是　N 否
5	发动机号（电动机号）与机动车登记证书的登记号码一致，且无凿改痕迹	Y 是　N 否
6	车辆识别代号（VIN码）或车架号码与机动车登记证书的登记号码一致，且无凿改痕迹	Y 是　N 否
7	未确定为走私、非法拼组装车辆	Y 是　N 否
8	未确定为法律法规禁止经营的车辆	Y 是　N 否

如发现上述法定证明、凭证不全，或表中检查项目任何一项判别为“N”的车辆，应告知委托方，不需要继续进行技术鉴定和价值评估（司法机关委托等特殊要求的除外）。证明、凭证不全，或者表中第1项、第4至8项任意一项判断为“N”的车辆应及时报告公安机关等执法部门。

在受理委托结束后，需要签订《新能源二手车鉴定评估委托书》。之后需要登记车辆使用性质信息，明确营运车辆与非营运车辆。登记车辆基本情况信息，包括车辆类别、品牌型号、号牌号码、车辆生产厂家、注册日期、发证日期、表征行驶里程、动力性质等。如果表征行驶里程与实际车况明显不符，应在《新能源二手车鉴定评估报告》或《新能源二手车技术状况表》有关技术缺陷描述时予以注明。

在鉴定车辆技术状况环节按照车身、驾驶舱、电控及仪表、路试、底盘、电池系统、电机及电控等项目顺序检查车辆技术状况。根据检查结果确定车辆技术状况的分值。总分值为各个鉴定项目分值累加，即鉴定总分=∑项目分值，满分100分。根据鉴定分值，按照表5-2确定车辆对应的技术等级。

表5-2　车辆技术状况等级分值对应表

技术状况等级	分值区间
一级	鉴定总分≥90
二级	60≤鉴定总分<90
三级	20≤鉴定总分<60
四级	鉴定总分<20
五级	事故车=0

5.3 新能源二手车技术状况鉴定

5.3.1 车身外观

车身外观部位及对应序号见图 5-2 和表 5-3 的标示。参照图 5-2 标示，按照表 5-3 和表 5-4 要求检查序号 18～106 共 89 个项目，程度为 1 的扣 0.5 分，每增加一个程度加扣 0.5 分。共计 15 分，扣完为止。轮胎部分需要高于程度 4 的标准，不符合标准时扣 1 分。

漆膜厚度检查

漆膜仪校零

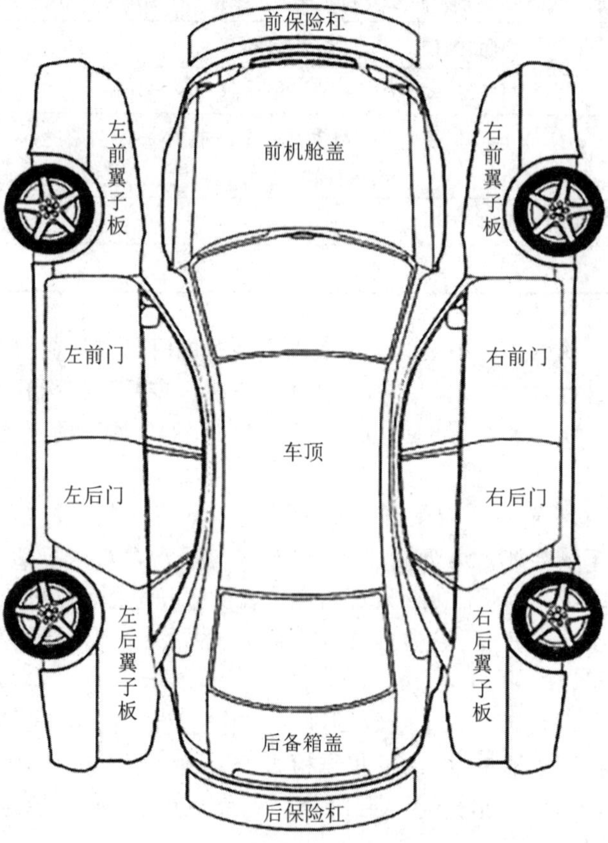

图 5-2 车身外观展开示意图

使用全自动电子车身检测仪、车辆外观缺陷测量工具、漆膜厚度仪结合目测法对车身外观进行检测。

根据表 5-3 和表 5-4 描述缺陷，车身外观项目的转义描述为：序号（车身部位）+状态+程度

程度 1：面积≤100mm×100mm。

程度 2：100mm×100mm<面积≤200mm×300mm。

程度 3：面积>200mm×300mm。

程度 4：轮胎纵向花纹深度>1.6mm。

表 5-3 车身外观检查项目

序号	外观部位	序号	外观部位
18	车顶	53	左前车窗玻璃密封条
19	车顶密封条	54	右前车窗玻璃密封条
20	天窗	55	左后车窗玻璃密封条
21	左侧底大边	56	右后车窗玻璃密封条
22	右侧底大边	57	左前车门外拉手
23	左 A 柱	58	右前车门外拉手
24	右 A 柱	59	左后车门外拉手
25	左 B 柱	60	右后车门外拉手
26	右 B 柱	61	左前车门铰链
27	左 C 柱	62	右前车门铰链
28	右 C 柱	63	左后车门铰链
29	左前翼子板	64	右后车门铰链
30	右前翼子板	65	左前减震器支撑座
31	左后翼子板	66	右前减震器支撑座
32	右后翼子板	67	左后减震器支撑座
33	左前翼子板内衬	68	右后减震器支撑座
34	右前翼子板内衬	69	前风窗玻璃
35	左后翼子板内衬	70	后风窗玻璃
36	右后翼子板内衬	71	前风窗玻璃密封条
37	左前车门	72	后风窗玻璃密封条
38	右前车门	73	前雨刷片
39	左后车门	74	后雨刷片
40	右后车门	75	前雨刷器摆臂
41	左前车窗玻璃	76	后雨刷器摆臂
42	右前车窗玻璃	77	前保险杠
43	左后车窗玻璃	78	后保险杠
44	右后车窗玻璃	79	车标
45	左前门锁	80	前机舱盖
46	右前门锁	81	前机舱盖锁止开关
47	左后门锁	82	前机舱盖铰链
48	右后门锁	83	前机舱盖密封条
49	左前车门密封条	84	前机舱盖支撑杆
50	右前车门密封条	85	行李箱盖
51	左后车门密封条	86	行李箱盖铰链
52	右后车门密封条	87	行李箱密封条

续表

序号	外观部位	序号	外观部位
88	行李箱锁	98	左后轮毂罩
89	行李箱外拉手	99	右后轮毂罩
90	左后视镜	100	左前轮胎
91	右后视镜	101	右前轮胎
92	左前轮毂	102	左后轮胎
93	右前轮毂	103	右后轮胎
94	左后轮毂	104	备胎支架
95	右后轮毂	105	充电接口及护盖
96	左前轮毂罩	106	其他（只描述缺陷，不扣分）
97	右前轮毂罩		

表 5-4　车身外观状态描述对应表

代表字母	HH	BX	XS	LW	AX	XF
缺陷描述	划痕	变形	锈蚀	裂纹	凹陷	修复痕迹

5.3.2　驾驶舱

按照表 5-5 的要求检查序号 136～158 共 23 个项目，选择 A 不扣分，第 136 项选择 C 扣 1.5 分；第 137、138、144 项选择 C 扣 0.5 分；其余项目选择 C 扣 1 分。共计 12 分，扣完为止。

表 5-5　驾驶舱检查项目

序号	检查项目	A	C
136	车内无水泡痕迹	是	否
137	车内后视镜完整、无破损	是	否
138	座椅完整、无破损	是	否
139	座椅调节功能	是	否
140	座椅加热和通风	是	否
141	中控物理按钮	是	否
142	中控显示屏及触控外观	是	否
143	出风口无裂痕，配件无缺失	是	否
144	车内整洁、无异味	是	否
145	方向盘自由行程转角小于 15°	是	否
146	车顶及周边内饰无破损、松动及裂缝和污迹	是	否
147	仪表台无划痕，配件无缺失	是	否
148	排挡把手柄及护罩完好、无破损	是	否

续表

序号	检查项目	A	C
149	储物盒无裂痕，配件无缺失	是	否
150	天窗移动灵活、关闭正常	是	否
151	门窗密封条完整、功能正常	是	否
152	安全带结构完整、功能正常	是	否
153	驻车制动系统灵活有效	是	否
154	玻璃窗升降器、门窗工作正常	是	否
155	左、右后视镜折叠装置工作正常	是	否
156	气囊完整、功能正常	是	否
157	头枕完整、无破损	是	否
158	其他（只描述缺陷，不扣分）		

5.3.3 电控及仪表

按表 5-6 要求检查序号 159～170 共 12 个项目。选择 A 不扣分，第 159、160 项选择 C 扣 1 分；第 161 项选择 C 扣 0.5 分；第 162～165 项，选择 C 扣 0.3 分；第 168～169 项选择 C 扣 5 分。共计 10 分，扣完为止。

如检查第 160 项时发现仪表板指示灯显示异常或出现故障报警，则应查明原因，并在《新能源二手车鉴定评估报告》或《新能源二手车技术状况表》的技术状况缺陷描述中予以注明。

优先选用汽车解码器对车辆技术状况进行检测。

表 5-6　电控及仪表检查项目

序号	检查项目	A	C
159	车辆可正常上电（中控大屏和仪表点亮）	是	否
160	仪表板指示灯显示正常，无故障报警	是	否
161	各类灯光和调节功能正常	是	否
162	泊车辅助系统工作正常	是	否
163	制动防抱死系统（ABS）及各种扩展功能工作正常	是	否
164	空调系统风量、方向调节、分区控制、自动控制、制冷工作正常	是	否
165	车载摄像头能够正常识别并显示	是	否
166	车载电话/音响系统可连接可工作	是	否
167	车载智能系统（中控大屏）开启正常，无死机、黑屏等故障	是	否
168	电机启动正常（需要使用举升机或将车轮架起）	是	否
169	电机无异响，空挡状态下逐渐增加电机转速，声音过渡无异响（需要使用举升机或将车轮架起）	是	否
170	其他（只描述缺陷，不扣分）		

5.4 动力蓄电池评估

5.4.1 动力蓄电池的性能指标

作为电动汽车用动力蓄电池应满足以下要求：

（1）高比能量。

比能量指标关系到一次充电可行驶的距离。动力蓄电池容量有限，目前市场上使用的高比能量电动汽车一次充电后的续驶里程一般为100～300km，并且这还需要保持适当的行驶速度及具有良好的动力蓄电池调节系统才能得到保证，而绝大多数电动汽车在一般行驶环境下续驶里程只有50～100km。

（2）大功率。

功率涉及电动汽车的加速特性和爬坡能力。

（3）循环寿命长。

循环寿命涉及流动成本。目前，实际应用的动力蓄电池组的循环寿命短，普通动力蓄电池充放电次数仅为300～400次，即使性能良好的动力蓄电池充放电次数也不过700～900次，按每年充放电200次计算，一个动力蓄电池的寿命最多为4年，与燃油汽车的寿命相比较短。

（4）充放电效率高。

充放电效率涉及节省能源及成本。

（5）原材料来源丰富。

原材料来源涉及基本建设费用、成本等。目前，电动汽车动力蓄电池的价格约为1美元/（kW·h），有的甚至高达350美元/（kW·h），成本较高。

（6）安全性能有保障。

安全性能关系到在使用过程中是否可靠、方便。动力蓄电池安全性能得不到保障，小容量锂动力蓄电池的产业化已经非常成功，但大容量、高功率锂动力蓄电池的安全性问题还未得到有效解决。而动力蓄电池容量越大，其一旦失控所造成的危害就越大。针对动力蓄电池安全性能方面，需要在电气安全、机械安全和热安全的基础上开展动力蓄电池系统的安全性能整体方案设计研究，针对动力蓄电池系统开展故障诊断预测、热安全监测预警和防控关键技术。

（7）易保养。

保养会影响到电池的可靠性和方便性。

（8）与环境友好。

电池从原材料的开采到生产以及后期的处理，都应该考虑到资源再生和环境保护等方面。

（9）外观小。

现有的电动汽车蓄电池的体积一般会达到550L。如此大的体积必然会影响乘用车辆的内部空间，现有电池都不能在储能满足要求的前提下保持合理的尺寸和质量。

5.4.2 动力蓄电池的检测方法

1. 目视方法

采用目视方法对电池系统进行外观检查，并确认动力电池系统基本数据（电池厂家、型号、额定电压、额定容量/能量）与原汽车生产厂家数据是否一致；评估前需要检查车辆充电功能，确保可正常进行交流、直流充电。

2. 采用电脑解码器

利用电脑解码器（整车诊断仪）读取电池系统数据，进行电池系统基本性能检查，无电池系统的电压、温度、绝缘等故障报警。

3. 电量/容量评估法

采用电量/容量评估法测量动力电池系统可充入电量，或者采用容量评估法测量动力电池系统实际容量，并确认电池管理系统功能，实现电池系统评估。

另外可以依据车辆使用者出具的经过认定的或者车辆生产厂家、第三方监控平台提供的历史数据，从驾驶行为、充电行为和环境因素等方面进行电池系统辅助评估；在评估过程中还需要考虑电池系统质保年限、质保里程等相关因素。

电池评定过程中主要包含外观检查、综合性能评价和电池质保评价。

5.4.3 外观检查

按表5-7要求检查序号107～118共12个项目，选择A不扣分，其中107～111项选择C扣5分，112～117项选择C扣1分。共计5分，扣完为止。

表5-7 电池系统外观检查项目

序号	检查项目	A	C
107	电池铭牌与出厂的基本数据一致	是	否
108	无起火痕迹	是	否
109	无腐蚀痕迹	是	否
110	无浸水痕迹	是	否
111	电池箱是原厂配件	是	否
112	电池箱固定件无松动、破损	是	否
113	电池冷却系统无渗漏、损坏	是	否
114	电池系统插接件无异常（松动、脱落、变形、腐蚀）	是	否
115	直流充电插座无异常（松动、脱落、变形、腐蚀）	是	否
116	交流充电插座无异常（松动、脱落、变形、腐蚀）	是	否
117	电池高低压线束及防护无破损腐蚀	是	否
118	其他（只描述缺陷，不扣分）		

5.4.4 动力蓄电池综合性能评价

综合性能评价包括电池当前电量（容量）状态及历史行为评估两部分，计算公式为：

综合性能评价值 R=电量（容量）可用状态×历史使用影响因素系数

1. 电量（容量）可用状态

电量（容量）可用状态 E_S 计算公式为：

$$E_S = (E_c - E_{end}) / (E_r - E_{end}) \tag{5-1}$$

式中，E_c 为实际测试电量或通过历史数据估算值，E_r 为新车公告的电量，E_{end} 为达到电池寿命终止的电量，按国家标准或厂家电池质保的电量。$E_c \geqslant E_r$ 时 $E_S = 1$，$E_c \leqslant E_{end}$ 时 $E_S = 0$。

容量可用状态：

$$C_S = (C_c - C_{end}) / (C_r - C_{end}) \tag{5-2}$$

式中，C_c 为实际测试容量或通过历史数据估算值，C_r 为新车公告的容量，C_{end} 为达到电池寿命终止的容量，按国家标准或厂家电池质保的容量。$C_c \geqslant C_r$ 时 $C_S = 1$，$C_c \leqslant C_{end}$ 时 $C_S = 0$。

电量（容量）可用状态评价见表 5-8。

表 5-8　电量（容量）可用状态评分

序号	检查项目	分值
119	电量（容量）可用状态（E_S/C_S）	

（1）实际电量 E_c 测量方法。在室温（25℃±5℃）下按照以下顺序进行充电测试：

1）将动力蓄电池系统调整至车辆所能达到的最低 SOC。

2）将动力蓄电池系统充电至满电状态，记录充入的电量 E。

3）如采用交流充电时，计算充入实际电量需要考虑车载充电机的转换效率，实际电量 E_c 的计算公式为：

$$E_c = E \times \text{车载充电机的转换效率} \tag{5-3}$$

（2）实际容量 C_c 测量方法。在室温（25℃±5℃）下按照以下顺序进行充放电测试：

1）放电：将动力蓄电池系统调整至车辆所能达到的最低 SOC；或者使用放电设备以 1C 或按照制造商推荐的放电机制放电至制造商规定的放电截止条件，静置 30 分钟。

2）充电：使用充电设备以 1C 充电至制造商规定的充电截止条件或按照制造商推荐的充电机制充满电，充电电量为 C_c。

（3）基于历史数据的电量（E_c）、容量（C_c）估算法。评估机构优选实际测量方法，如果实际测量存在难度，可委托有相关技术能力和资质的第三方机构进行测量或者采用估算方法得到 E_c 或 C_c。评估机构如果采用历史数据进行电量、容量估算，应取得车辆所有者授权，并在报告上注明数据来源、数据周期、评估方法、估算结果、估算结果置信度等信息。

2. 历史使用影响因素系数

历史使用影响因素系数为根据驾驶行为、充电行为和运行环境等因素进行评估所得的比例系数，依据车辆使用者出具的经过认定的电池数据或者车辆生产厂家、第三方监控平台等提供的电池运行数据求得，包括日均使用时间系数（L_1）、次均充电 SOC 系数（L_2）、快慢充比系数（L_3）、运行温度在 10℃～45℃ 的频次占比系数（L_4）。

历史使用影响因素系数最大值为 1。如果不能提供该历史数据，系数应取 0.9。

（1）日均使用时间系数（L_1）。日均使用时间因素评分如表 5-9 所示。

日均使用时间=车辆每日使用时间的平均值（Tday）

表 5-9　日均使用时间因素评分

序号	日均使用时间	Tday＜1 小时	1 小时≤Tday≤4 小时	Tday＞4 小时
120	系数（L_1）	0.98	1.0	0.97

（2）次均充电 SOC 系数（L_2），参比电池最佳放电深度。次均充电 SOC 取所有充电结束 SOC 与充电起始 SOC 之差的平均值。次均充电 SOC 评分如表 5-10 所示。

表 5-10　次均充电 SOC 评分

序号	次均充电 SOC	次均充电 SOC<70%	次均充电 SOC≥70%
121	系数（L_2）	1.0	0.98

（3）快慢充比系数（L_3），参比电池最佳充电倍率。快慢充比评分如表 5-11 所示。

快慢充比=快充次数/慢充次数

表 5-11　快慢充比评分

序号	快慢充比	快慢充比<0.5	0.5≤快慢充比<1	快慢充比≥1
122	系数（L_3）	1.0	0.98	0.95

（4）运行温度在 10℃～45℃的频次占比系数（L_4），参比电池最佳运行温度。运行温度频次占比评分如表 5-12 所示。

运行温度在 10℃～45℃的频次占比=温度在 10℃～45℃的运行时间/总的运行时间

表 5-12　运行温度频次占比评分

序号	运行温度在 10℃～45℃的频次占比	占比≥60%	40%≤占比<60%	占比≤40%
123	系数（L_4）	1.0	0.98	0.95

历史运行数据影响因素系数计算公式为：

$$L = L_1 \times L_2 \times L_3 \times L_4$$

3. 综合性能评价值

性能综合评价值计算方法：

$$R = E_S(C_S) \times L$$

按照表 5-13，根据性能综合评价值 R 对电池系统进行评分，总计 20 分。

表 5-13　电池系统综合性能评价值评分

序号	性能综合评价值 R	R<0.1	0.1≤R<0.2	0.2≤R<0.3	0.3≤R<0.4	0.4≤R<0.5	0.5≤R<0.6	0.6≤R<0.7	0.7≤R<0.8	0.8≤R<0.9	R≥0.9
124	综合性能评价值	0	3	6	8	10	12	14	16	18	20

5.4.5　电池质保评价

电池质保评分，计算电池的剩余质保时间比和剩余质保里程比，取二者最小值作为评分依据。电池质保评分 A 计算公式为：

$$A = A_S \times 5 \quad \text{（保留 1 位小数）} \tag{5-4}$$

电池质保评分系数 A_S：$A_S = \mathrm{Min}\,(T_S, D_S)$，$A_S$ 取值为 T_S 和 D_S 中的较小值。

$$T_S = (T_{max} - T_c) / T_{max} \tag{5-5}$$

式中，T_c 为车辆注册登记后的累计使用时间，T_{max} 为厂家提供电池质保时间。

如果 $T_c \geqslant T_{max}$：

$$T_S = 0 \tag{5-6}$$

D_S 为剩余质保里程比，有

$$D_S = (D_{max} - D_c) / D_{max} \tag{5-7}$$

式中，D_c 为车辆当前的行驶里程数，D_{max} 为厂家提供电池质保里程数。

如果 $D_c \geqslant D_{max}$：

$$D_S = 0 \tag{5-8}$$

电池质保评分如表 5-14 所示。

表 5-14　电池质保评分

序号	检查项目	分值
125	电池质保评分 A	

5.5　电力驱动系统评估

5.5.1　电机及控制器检测方法

（1）目视方法。

采用目视方法对电机、控制器进行外观检查，并确认电机、控制器基本数据与原车辆生产厂家数据一致，电机系统外观及高低压连接正常，电机无异响。

（2）整车诊断仪。

采用电脑解码器（整车诊断仪）读取电机系统数据，无电机系统故障报警。

（3）检查评定方法。

按表 5-15 对电机系统进行外观检查，检查序号 126～135 共 10 个项目，选择 A 不扣分，其中 126～129 项选择 C 扣 5 分，130～134 项选择 C 扣 1 分。共计 5 分，扣完为止。

表 5-15　电机及控制器检查项目表

序号	检查项目	A	C
126	铭牌字迹和内容清楚，与出厂的基本数据一致	是	否
127	无起火痕迹	是	否
128	无腐蚀痕迹	是	否
129	无浸水痕迹	是	否
130	电机和控制器表面无碰伤、划痕	是	否
131	电机冷却系统无渗漏、损坏	是	否
132	电机系统插接件无异常（松动、脱落、变形、腐蚀）	是	否

续表

序号	检查项目	A	C
133	电机系统高低压线束及防护无破损腐蚀	是	否
134	驱动电机和控制器安全接地检查合格	是	否
135	其他（只描述缺陷，不扣分）		

5.5.2 路试

按表 5-16 检查序号 171～180 共 10 个项目，选择 A 不扣分，选择 C 扣 2 分。共计 15 分，扣完为止。

表 5-16 路试检查项目

路试开始时间： 年 月 日 时 分

路试结束时间： 年 月 日 时 分

路试开始里程： km

路试结束里程： km

序号	检查项目	A	C
171	动力系统正常，无报警无故障	是	否
172	加速、动能回收工作正常	是	否
173	行车制动系统最大制动效能在踏板全行程的 4/5 以内达到（装有自动调整间隙装置）	是	否
174	行驶无跑偏	是	否
175	制动系统工作正常有效、制动不跑偏	是	否
176	行驶过程中车辆底盘部位无异响	是	否
177	行驶过程中车辆转向部位无异响	是	否
178	行驶过程中车辆电机部位无异响	是	否
179	行驶过程中电池电量和剩余里程正常递减无异常	是	否
180	其他（只描述缺陷，不扣分）		

如果检查第 171 项时发现动力系统故障，第 175 项制动系统出现刹车距离长、跑偏等不正常现象，则应在《新能源二手车鉴定评估报告》或《新能源二手车技术状况表》的技术缺陷描述中予以注明，并提示修复前不宜使用。

路试要求：需要 20 分钟以上测试，在 5km 以上行驶里程中分别完成新能源二手车的起步、加速、匀速、减速、紧急制动等各种工况的检测，通过从低速到高速、从高速到低速的行驶，检查新能源二手车的操纵性能、制动性能、减震性能、加速性能、电机噪声、底盘噪声等情况，以鉴定新能源二手车的技术状况。路试测试也可以在底盘测功机上进行检测。

5.5.3 底盘技术状况鉴定

按表 5-17 检查序号 181～196 共 16 个项目，选择 A 不扣分，选择 C 时每个故障点减 1 分；

第 195 项选择 C 扣 8 分。共计 10 分，扣完为止。

表 5-17　底盘检查项目

序号	检查项目	A	C
181	转向节臂球销无松动	是	否
182	三角臂球销无松动	是	否
183	传动轴防尘套无渗漏、无破损	是	否
184	转向机无损坏	是	否
185	万向节球笼无损坏	是	否
186	减震器无渗漏、无损坏	是	否
187	减震弹簧无破损	是	否
188	上摆臂无损坏	是	否
189	下摆臂无损坏	是	否
190	后桥缓冲胶套、防尘套无破损	是	否
191	制动盘无破损，无异常磨损	是	否
192	制动片无破损，无异常磨损，厚度符合要求	是	否
193	制动油管路无破损、无渗漏	是	否
194	制动鼓无破损，无异常磨损	是	否
195	电池箱外防护装置无变形	是	否
196	其他（只描述缺陷，不扣分）		

5.5.4　功能性零部件

对表 5-18 中所示零部件进行序号 197～210 共 14 个项目的检查，结构或功能损坏的，应在检测报告中进行缺陷描述。每个缺陷值减 0.5 分。共计 3 分，扣完为止。

表 5-18　功能性零件检查项目

序号	类别	零部件名称	序号	类别	零部件名称
197	随车附件	备胎	204	其他	机械式钥匙
198		千斤顶	205		遥控钥匙
199		轮胎扳手及随车工具	206		后备箱隔板
200		三角警示牌	207		汽车空调效果
201		灭火器	208		汽车音响品质
202		充电线缆或便携式随车充电器	209		制动液含水量
203		反光背心	210		防冻液冰点

车辆拍照如表 5-19 所示，包含外观照片、前机舱照片、驾驶舱照片三类“标准照片”，以及缺陷部位带标尺的“附加照片”。

车辆拍照

表 5-19 车辆拍照

序号	具体部位	照片类别
1	正前视图	外观照片
2	正后视图	外观照片
3	左前 45 度	外观照片
4	右后 45 度	外观照片
5	充电接口及规格	外观照片
6	底盘	外观照片
7	前机舱	前机舱照片
8	前排座椅	驾驶舱照片
9	仪表盘	驾驶舱照片
10	后排座椅	驾驶舱照片
11	中控台	驾驶舱照片
12	铭牌	驾驶舱照片
13	缺陷部位附加照片	附加照片

本章小结

本章主要介绍了新能源二手车的特点，新能源二手纯电动汽车的评估流程、评估方法和技术状况鉴定。新能源二手纯电动汽车的评估流程主要包含受理鉴定评估、查验可交易车辆、签订委托书、登记基本信息、判断事故车、鉴定技术状况、评估车辆价值、撰写并出具鉴定报告、归档工作交底等环节。常用的新能源二手车评估方法为重置成本法、现行市价法。此外，本章还介绍了对新能源车辆进行技术鉴定的流程及各流程的注意事项。

通过本章的学习，学生应该能对新能源纯电动二手汽车进行相应的技术鉴定，选择合适的评估方法进行计算，得出车辆的评估价值。

知识训练

一、名词解释

额定电量（容量） 新能源纯电动二手车 混合动力汽车

二、简答题

1. 查验车辆是否可以进行交易主要查验哪些材料？
2. 简述新能源二手车鉴定评估流程。
3. 简述新能源二手车进行技术鉴定时需要鉴定的内容。

第6章 车辆碰撞损失评估

知识目标

1. 掌握汽车碰撞损伤的分类方法。
2. 掌握不同碰撞现象中碰撞力的传递原理。
3. 掌握车身的结构特征与损伤分析方法。
4. 掌握碰撞损伤的诊断与测量。
5. 了解发动机、底盘各部件的损伤形式。
6. 了解汽车碰撞损失项目。

能力目标

1. 能够对碰撞损伤进行诊断与测量。
2. 能够确定汽车碰撞损失项目。

6.1 车辆碰撞事故损坏

汽车评估人员对出险车辆的损失评估，既要考虑保险公司的经济效益，也要考虑事故车辆修复后能否基本恢复其原有性能，也就是说，汽车评估人员必须能够准确、合理地对事故车辆的损失进行评估。

6.1.1 汽车碰撞损伤的分类

1. 按照汽车碰撞损伤程度的不同分类

按照碰撞损伤程度的不同，将汽车碰撞损伤通常可分为一般损伤、严重损伤和汽车报废。

（1）一般损伤。一般损伤又称为轻微损伤，是指只需更换或修理少数零部件，经喷漆后修复的损伤。一般损伤的事故现象有：

1）碰撞处周围产生弯曲变形。

2）碰撞处形成S形波浪状弯曲变形。

3）碰撞处形成C形包卷状弯曲变形。

4）局部收缩。

5）碰撞处被拉伸。

（2）严重损伤。严重损伤即通过更换、修理和校正较大的车身部件，然后经喷漆后修复的损伤。有时甚至需要对损坏的零件进行切割，然后焊接新件。虽然损伤严重，但是修理的费用仍低于换件的费用或汽车本身的价值。严重损伤的事故现象有：

1）车身皱褶撕裂。

2）连接件脱落开裂。

3）车架大梁变形。

4）车体、底盘、车架、转向轮定位失准。

对于未达到全损条件的事故车辆，其损失按以下公式计算：

$$\text{事故车辆损失}=\text{维修费}-\text{旧配件残值} \tag{6-1}$$

事故车辆维修费按以下公式计算：

$$\text{维修费}=\text{材料费}+\text{工时费}+\text{其他费用} \tag{6-2}$$

（3）汽车报废。汽车报废是指碰撞程度十分严重，足够达到全损标准的损伤。全损的标准还没有统一，各保险公司在确定全损时都有各自的原则和公式，但大多数公司考虑以下3种情况：

1）当维修总费用等于或超过ACV（Actual Cash Value，汽车实际现金价值）时。

2）当维修总费用等于或超过ACV的某个百分点如75%或80%时。

3）当维修费用加上汽车的残值等于或超过ACV或ACV的某个百分比时。

汽车在意外事故中翻车、撞车、烧毁等，主要总成及零部件大部分损坏，无修复价值时；或挂车的车架、车身、前轴、后轴四个主要总成中，车架和其他任何一个主要总成严重损坏，无法修复时，均可由有关部门进行技术鉴定，并按规定程序报主管部门审批报废。

2. 按照汽车碰撞行为的不同分类

按照汽车碰撞行为的不同，汽车碰撞损伤可分为直接损伤（或一次损伤）和间接损伤（或二次损伤）。

（1）直接损伤。直接损伤是指汽车直接碰撞部位出现的损伤。直接碰撞点多为汽车左前方，推压前保险杠使汽车左前翼子板、散热器护栅、发动机罩、左车灯等变形导致损伤。

（2）间接损伤。间接损伤是离碰撞点有一段距离的损伤，包括因碰撞力传递而导致某些部件变形，如车架横梁、行李舱底板、护板和车轮外壳等，此外还有弯曲变形和各种钣金件的扭曲变形等。

3. 按照汽车碰撞损伤现象的不同分类

按照汽车碰撞损伤现象的不同，汽车碰撞损伤可归为五大类，即侧弯、凹陷、褶皱或压溃、错位损伤、扭曲等。

6.1.2 碰撞力对汽车损伤的影响

1. 碰撞力

在事故中，汽车的直接损坏是由碰撞力引起的。碰撞力的大小和方向不同，对事故车辆造成的损坏也不同。

碰撞力越大，对汽车的损坏就越大。汽车与被撞物体的相对速度越大、被撞物的刚度越大、接触面积越小，产生的碰撞力就越大，对事故车辆造成的损坏就越大。

碰撞力的方向对事故车辆的损坏程度也有很大的影响。在实际事故中，因为驾驶人在碰撞前的本能反应是躲让碰撞物和紧急制动，所以碰撞力的方向一般不会与车身的纵向、横向和竖向平行，而是有一个偏角。各个方向的损坏情况取决于分力的大小，而分力的大小与碰撞力的大小和作用方向有关。

碰撞力造成大面积的损坏也同样取决于碰撞力与汽车质心相对应的方向。假设碰撞力的方向并不是沿着汽车的质心方向，即偏心碰撞，一部分碰撞力将形成使汽车绕着质心旋转的力矩，从而减少碰撞力对汽车零部件的损坏，如图 6-1（a）所示。

另一种情况是，碰撞力指向汽车的质心，即对心碰撞，汽车不会旋转，大部分能量将被汽车零件所吸收，造成的损坏是非常严重的，如图 6-1（b）所示。

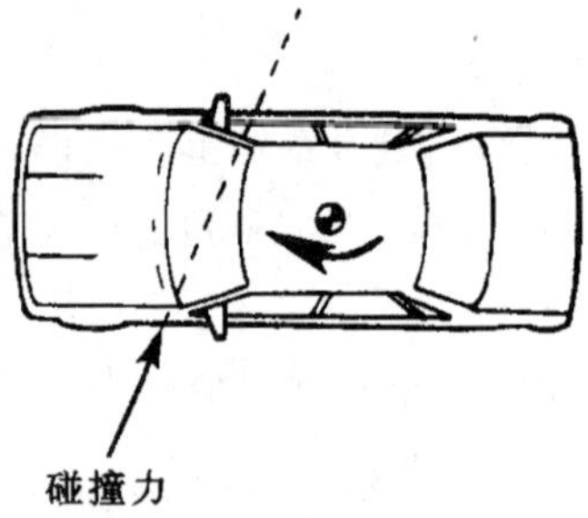

（a）偏心碰撞

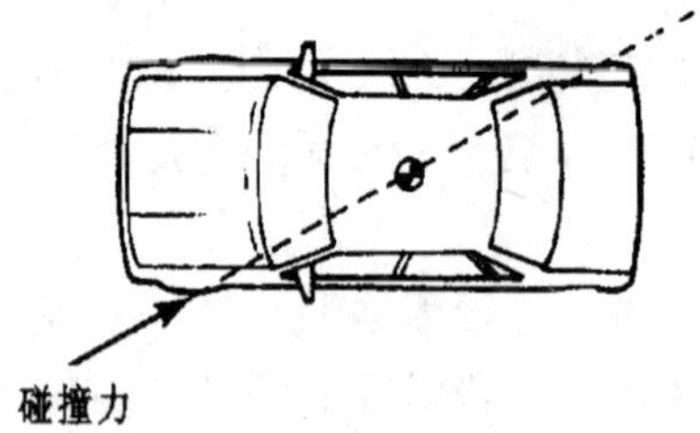

（b）对心碰撞

图 6-1　碰撞方向与汽车质心的关系

驾驶人的反应经常影响碰撞力的方向，尤其是对于正面碰撞。驾驶人意识到碰撞不可避免时，其第一反应就是旋转转向盘以避免正面碰撞。由这种反应所导致的汽车碰撞称为侧面损坏。

驾驶人的第二反应是试图踩制动踏板，汽车进入制动状态，使汽车从前沿向下俯冲。这种类型的碰撞一般发生在汽车的前沿，比正常接触位置低。由这种反应所导致的汽车碰撞称为凹陷，经常在侧向损坏后立即发生。正面碰撞中的凹陷会导致碰撞点高于汽车的前沿，这将引起前罩板件和车顶盖向后移动及汽车尾部向下移动。如果碰撞点的位置低于汽车的前沿，汽车的车身质量将引起汽车的尾部向上变形，迫使车顶盖向前移动，这就是在车门的前上部和车顶盖之间形成一个大缝隙的原因。

2. 碰撞接触面积

碰撞力与碰撞面积成反比关系。同样的作用力，当撞击面积大时单位面积所受碰撞力变小，即损伤范围大而变形量小。相反，若撞击面积小，单位面积所受的碰撞力变大。

假设汽车以相同的速度和相近的载货量行驶，碰撞的类型不同，损坏的程度也就不同。

如果撞击的面积较大，损坏程度就较小，如撞击墙面，如图 6-2（a）所示。接触面积越小，损坏就越严重。在图 6-2（b）中，汽车撞击电线杆，则保险杠、发动机罩、散热器等都发生严重的变形，并且发动机向后移动，碰撞所带来的影响甚至扩展到了后悬架。

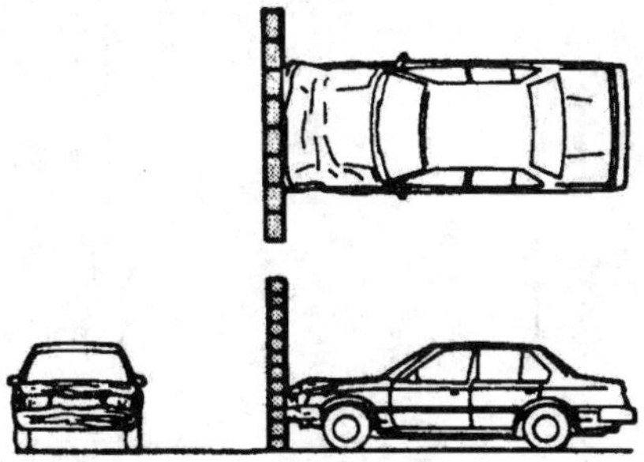

（a）碰撞接触面积大

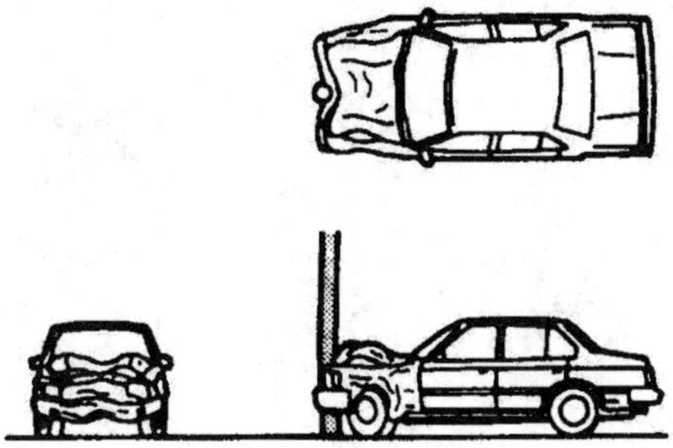

（b）碰撞接触面积小

图 6-2　不同的碰撞接触面积产生的损伤

另一种情况是一辆汽车撞击另一辆正在运动的汽车。如图 6-3 所示，假设汽车 1 向正在运动的汽车 2 侧面撞击。汽车 1 的运动使汽车前端向后运动，然而汽车 2 的运动将汽车 1 向侧面拖动。尽管这仅是一次碰撞，但是碰撞损失却是两个方向的。此外，在一个方向也可能出现二次碰撞，例如在高速公路上发生连环相撞。一辆轿车撞击另一辆轿车，然后冲向路边的立柱或栏杆，这是两种完全不同类型的碰撞。

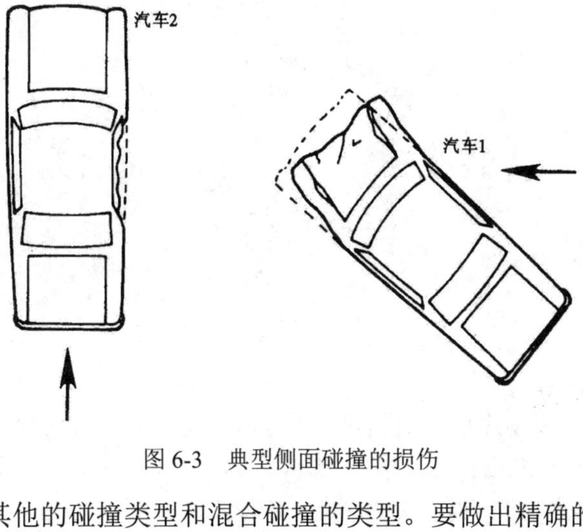

图 6-3　典型侧面碰撞的损伤

此外，还有许多其他的碰撞类型和混合碰撞的类型。要做出精确的损失评估，就要弄清楚汽车碰撞是如何发生的。可通过获取大量的交通事故资料，并将它们同物理测量相结合，来判断汽车碰撞的类型，以及车身哪些零件发生扭曲或折断。

3. 应力集中

物体受拉张、压缩等外力作用时，在物体断面上的任一处皆存在一样的应力。但是在某处断面有急剧变化时，就会产生不一样的应力。分别在板的中央部分切两个半圆、在板的中央部分开一个孔，当板的上下端受到同样大小的张力时，应力的分布情况如图 6-4 所示。由图可知，在中央部分最小断面处应力呈不规则分布，并在此处发生最大应力。通常将物体某一部分产生异常大的应力的现象称为应力集中。

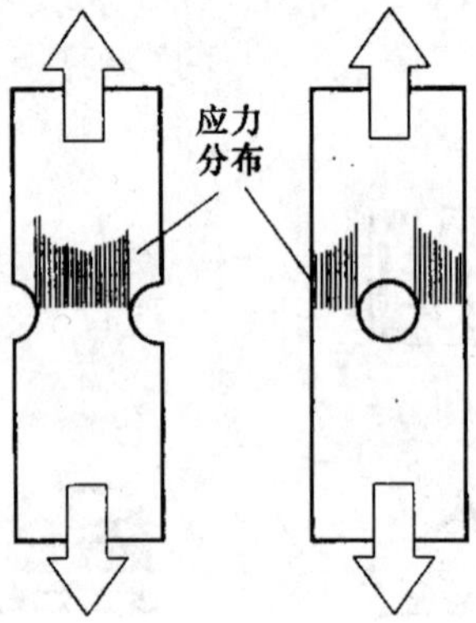

（a）两侧半圆形　（b）中间圆孔情形

图 6-4　应力分布

整体式车身的前侧梁或前轮盖板的上缘处都有急剧的断面变化，这是对应力集中的利用，如图 6-5 所示。在汽车发生碰撞时，断面可将碰撞力集中，从而提高能量吸收率。通常， 将某些断面设计成孔洞状就是利用了这个原理。

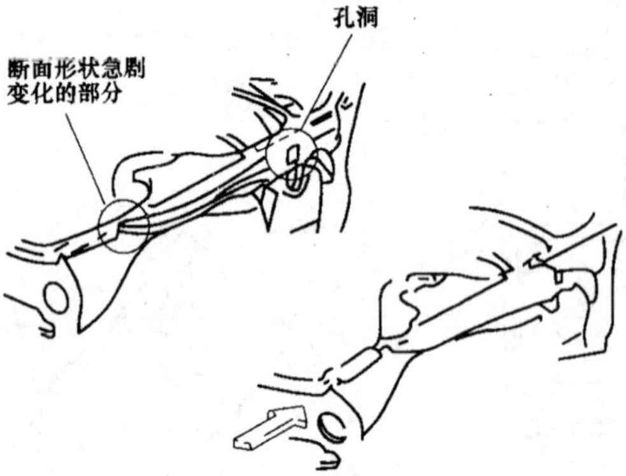

图 6-5　应力集中的例子

4. *碰撞力的传递原理*

（1）正面碰撞力的传递原理。如图 6-6 所示，假设汽车前角受到一个力 F_0 的作用，B 区域将会变形，减小了 F_1 的冲击作用，剩下的碰撞力传递到 C 点，金属将发生变形，能量继续减小到 F_2，F_2 将分解成两个方向传递到 D 点，碰撞力继续减弱传递给 F_3，所受到的力继续改变方向并冲击车身的支柱和车顶盖，E 点的碰撞力继续减小到 F_4，汽车车顶盖金属轻微变形，在 F 点几乎不再有碰撞力，也不再发生变形。碰撞能量大部分被汽车零部件所吸收。刚性连接点、结构件、钣金件都可以吸收能量。不仅这些部分可以直接吸收碰撞能量，而且其他与该点相连的零部件也会发生变形，甚至在该点对面的零部件也会发生变形或偏离原来的位置。

要想完全掌握现代汽车（特别是承载式车身）的碰撞损坏，了解汽车的碰撞力传递原理是非常重要的，否则就不能理解轻微损坏可能引起的汽车在操纵控制和运行性能上发生的严重故障。

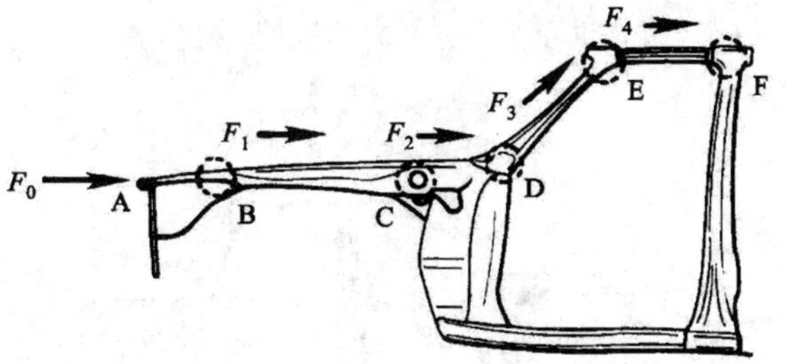

图 6-6　碰撞力传递原理

通常，乘员舱用于向后传递纵向力的主要路径有两条。一条是通过乘员舱底部纵梁和门槛梁向后传递，这条路径承受纵向力的能量最大。因此，通常在其前端布置主要的吸能部件，如前纵梁。在碰撞中，纵向力经前纵梁、门槛梁和乘员舱底部纵梁向后传递。当前部结构的压缩变形较大时，前轮参与碰撞，纵向力经前轮、铰链柱下部结构和门槛梁向后传递，这样可以防止前部结构继续变形而使动力传动总成撞向乘员舱。另一条路径是纵向力经前梁和铰链柱、A柱、车门及其抗撞侧梁和门槛梁而向后传递。此路径上较大的载荷会导致前门框的较大变形，使碰撞后车门开启困难，因此该路径前部结构的吸能能力通常较小。

（2）侧面碰撞力的传递原理。当汽车侧面受到撞击时，车门在侧向撞击力的作用下产生向车内运动的趋势，这种趋势受到车门框的阻挠，同时车门框受到车门传递来的侧向力的作用。如果车门内布置了抗撞侧梁，前门受到的侧向撞击力将主要被传递到铰链柱和B柱，后门受到的侧向撞击力将主要被传递到B柱和C柱。

铰链柱在侧向力的作用下也有向车内运动的趋势，对于这种运动趋势的抵抗，在铰链柱上端主要由前风窗下横梁和仪表板安装横梁的轴向刚度提供；在铰链柱下端主要由该处车身底部横向结构的刚度提供。C柱受到侧向力作用时，情况与此类似。

车门受到侧向撞击后，其向车内运动的趋势使B柱受到向车内弯曲的弯矩作用。对B柱向车内变形的抵抗主要来自弯曲刚度和B柱上下接头的刚度。

通过B柱上接头，作用在B柱上的部分力通过车顶边梁、车顶横梁和相关的接头结构向非撞击侧传递。B柱上接头对B柱向车内运动的抵抗由车顶结构提供，主要是车顶横梁的轴向刚度、车顶边梁的弯曲刚度、A柱和C柱的弯曲刚度，还有在以上情况下各接头结构相应的刚度；通过B柱下接头，作用在B柱上的部分力被传递给门槛梁。

作用在门槛梁上的侧向力，一方面来自外部的直接撞击，另一方面来自B柱的作用。当B柱受到弯矩作用后，通过B柱下接头，门槛梁受到向车身内侧的推力、弯矩和绕门槛梁中心线的转矩的作用。在这些载荷的作用下，门槛梁将产生向车内侧的弯曲变形。对这种变形的抵抗来自两方面，一方面是门槛梁的弯曲刚度及其与铰链柱和C柱接头结构的弯曲刚度，另一方面是车身底部横向结构对门槛梁向车内运动的抵抗。最终，门槛梁受到的侧向力通过车身底部的横向结构被传递到非撞击侧。

（3）后面碰撞力的传递原理。后面碰撞中，撞击力向车前方传递的路径通常有两条。第一条由后保险杠，经后纵梁传递给门槛梁；第二条由后车轮后部结构，经后车轮传递给门槛梁。对于第二条传递路径，由于当轮胎参与碰撞后，它与其前面轴向刚度较大的门槛梁接触，导致对撞击的抵抗明显增加，所以碰撞吸能区通常被布置在后车轮后部，而将后轮作为变形限制器加以利用。通常后纵梁是后部结构的主要吸能部件。在以上情况中还要考虑备胎的影响。

图 6-7 为汽车前后部分受碰撞时碰撞力的波及途径，用圆圈标注的部位是在波及途径上大量吸收冲击能量的车身部位。

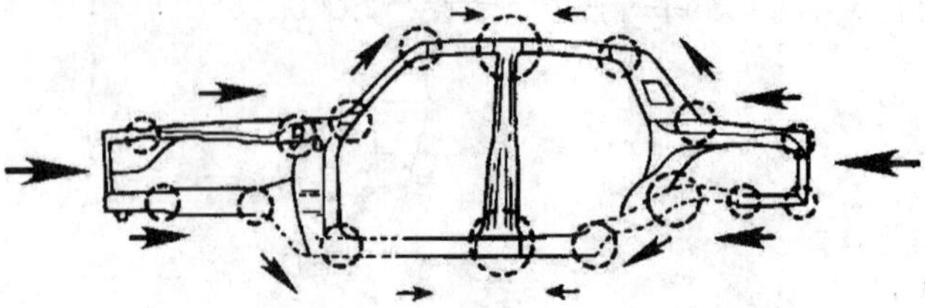

图 6-7　碰撞力波延路线和碰撞能量吸收部位

6.2　碰撞损伤的诊断与测量

6.2.1　车辆碰撞损伤的影响因素

汽车碰撞事故是所有汽车事故中数量最多的一种。影响事故车损坏程度的因素有：

（1）事故车的结构、大小、形状和重量。

（2）被撞物体的大小、形状、刚度和速度。

（3）发生碰撞时的车辆速度。

（4）碰撞的位置和角度。

（5）事故车中的乘员或货物的重量与分布情况。

6.2.2　碰撞对不同车身结构的影响

汽车车身既要经受行驶中的震动，又要在碰撞时能够为车上乘员提供安全保障。因此，现代汽车的车身被设计成在碰撞时能最大限度地吸收能量的形式，以减少对乘员的伤害，如图 6-8 所示。

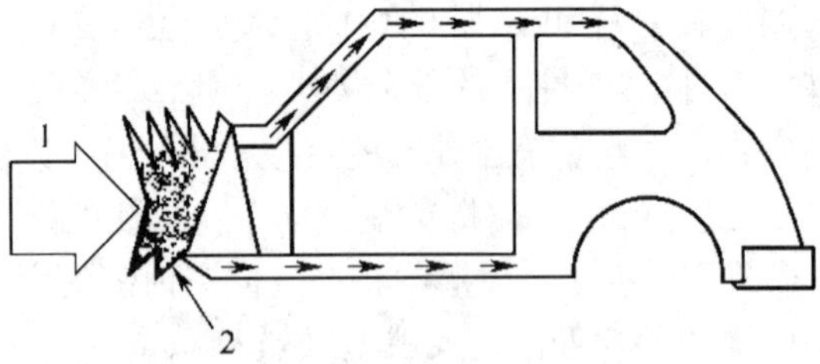

1—碰撞力方向；2—车身变形区

图 6-8　碰撞时车身变形吸能

如图 6-9 所示，非承载式车身发生碰撞后，可能是车架损伤，也可能是车身损伤，或者是车架车身都损伤。车架车身都损伤时可通过更换车架来实现车轮定位及主要总成定位，然而承载式车身发生碰撞后通常会造成车身结构件的损伤，如图 6-10 所示。通常非承载式车身的修理只需满足形状要求即可，而承载式车身的修理不但要满足形状要求，还要满足车轮定位及主要总成定位的要求。所以碰撞对不同车身结构的汽车影响不同，从而造成修理工艺和方法的不同，最终造成修理费用的差距。

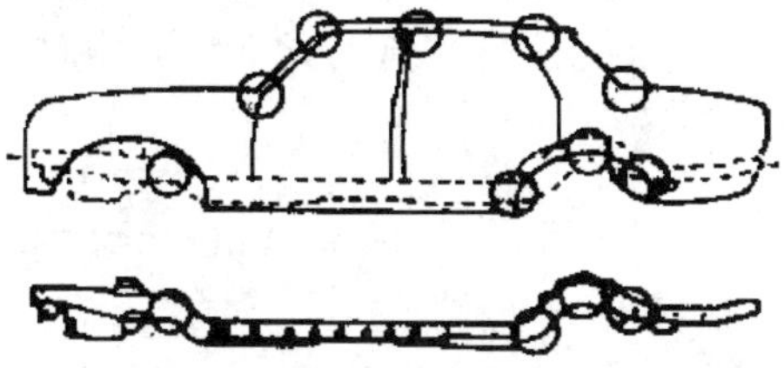

图 6-9　非承载式车身

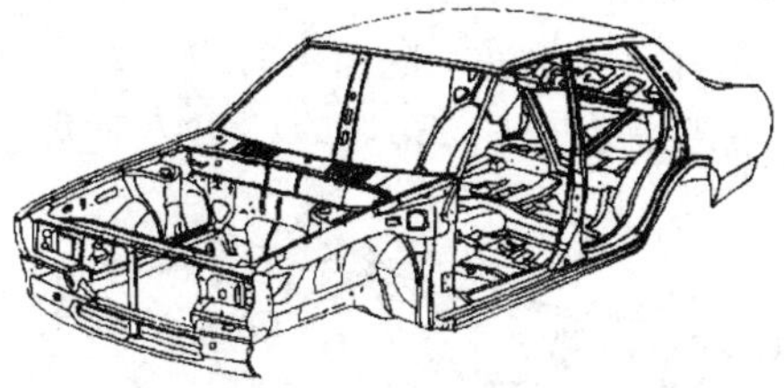

图 6-10　承载式车身

1. 碰撞造成的非承载式车身变形种类

（1）左右弯曲。侧面碰撞会引起车架左右弯曲或一侧弯曲，如图 6-11 所示。左右弯曲通常发生在汽车前部或后部，一般可通过观察钢梁内侧及对应钢梁外侧是否有皱曲来确定。通过发动机罩、行李箱盖及车门缝隙、错位等情况也能够辨别出左右弯曲变形。

（2）上下弯曲。汽车碰撞产生弯曲变形后，车身外壳会比正常位置高或低，结构上也有前倾、后倾现象，如图 6-12 所示。上下弯曲一般由来自前方或后方的直接碰撞引起，可能发生在汽车一侧也可能是两侧。判别上下弯曲变形时，可查看翼子板与门之间的上下缝隙，是否顶部变窄下部变宽，也可查看车门在撞击后是否下垂。

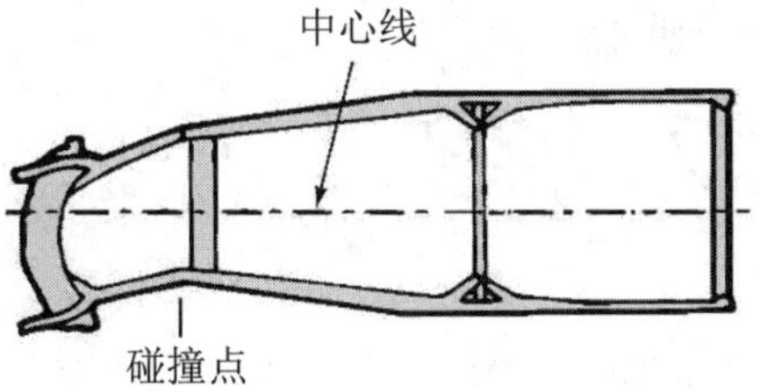

图 6-11　左右弯曲

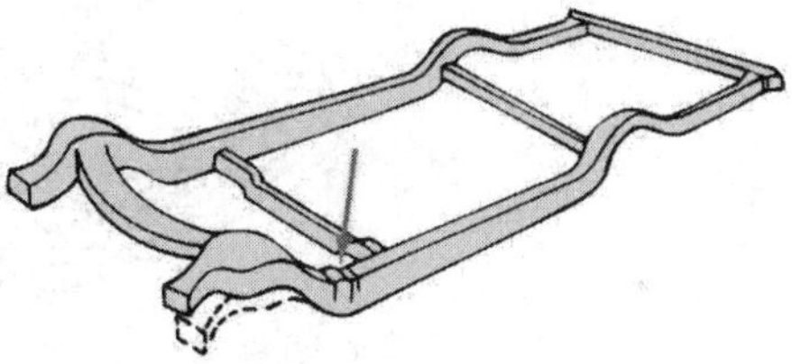

图 6-12　上下弯曲

（3）皱折与断裂损伤。汽车碰撞后，车架或车上某些零部件的尺寸会与厂家提供的技术资料不相符，断裂损伤通常表现为发动机罩前移和侧移、行李箱盖后移和侧移，如图 6-13 所示。有时看上去车门与周围吻合很好，但车架却已产生皱折或断裂损伤，这是非承载式结构不同于承载式结构的特点之一。皱折或断裂通常发生在应力集中的部位，而且车架通常还会在对应的翼子板处造成向上变形。

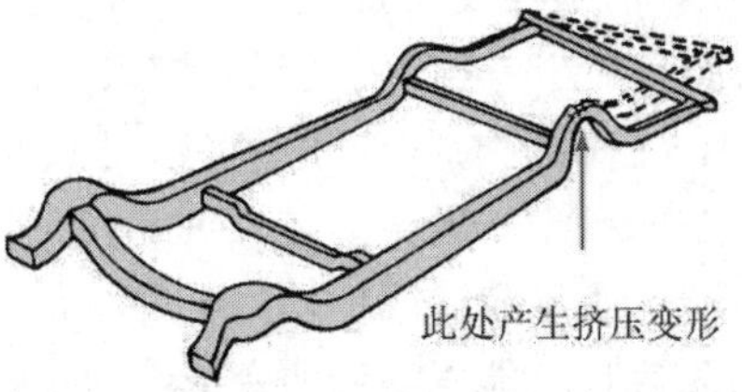

图 6-13　皱折变形

（4）平行四边形变形。汽车一角受到来自前方或后方的撞击力时，其一侧车架向后或向前移动，引起车架错位，使其成为一个接近平行四边形的形状，如图 6-14 所示。平行四边形变形会对整个车架产生影响。目测可见发动机室盖及行李箱盖错位，通常平行四边形变形还会带来许多断裂及弯曲变形的组合损伤。

（5）扭曲变形。当汽车高速撞击到与车架高度相近的障碍物时会发生扭曲变形，如图 6-15 所示。另外，尾部受侧向撞击时也会发生这种变形。受此损伤后，汽车一角会比正常时高，而相反一侧会比正常时低。应力集中处时常伴有皱折或断裂损伤。

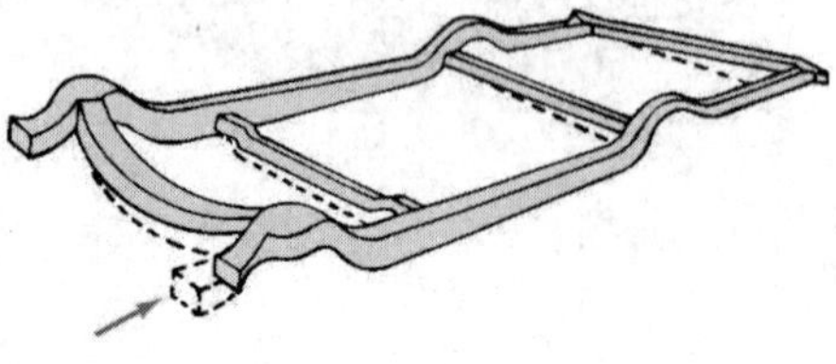

图 6-14　平行四边形变形

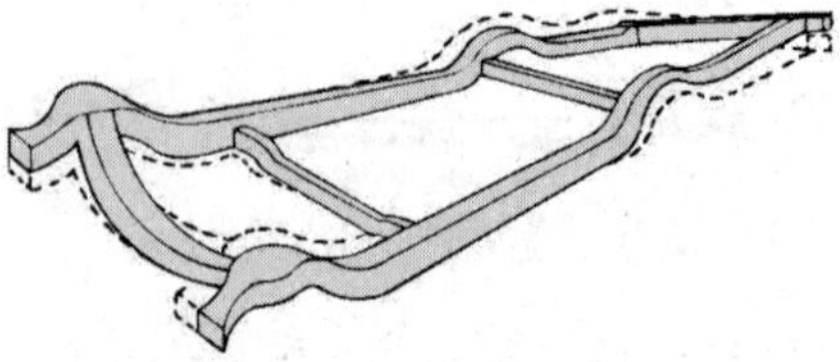

图 6-15　扭曲变形

2. 碰撞对承载式车身的影响

承载式车身能很好地吸收碰撞时产生的能量。发生撞击时，车身由于吸收撞击能量而变形，使撞击能量大部分被车身吸收。撞击能量在承载式车身上造成的影响通常按锥形传递，碰撞点为锥顶，如图 6-16 所示。

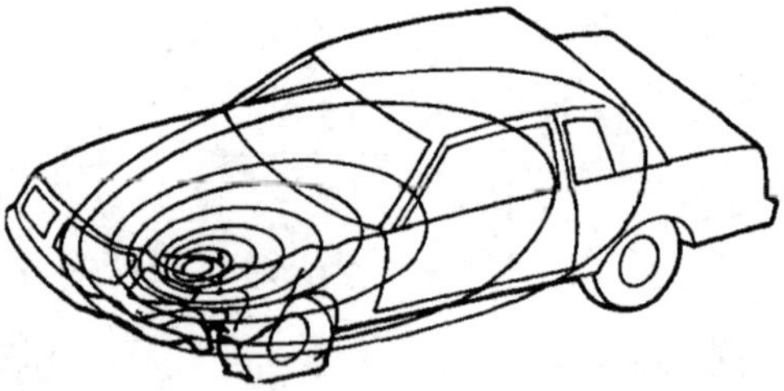

图 6-16　承载式车身碰撞时能量的锥形传递

在受到碰撞时，车身能按照设计要求形成折曲，这样传到车身的振动波在传送时就被大大减小，即来自前方的碰撞应力被前部车身吸收，来自后方的碰撞应力被后部车身吸收，来自前侧方的碰撞应力被前翼子板及前部纵梁吸收，中部的碰撞应力被边梁、立柱和车门吸收，来自后侧方的碰撞应力被后翼子板及后部纵梁吸收。

（1）前端碰撞。碰撞较轻时，保险杠会被向后推，前纵梁及内轮壳、前翼子板、前横梁及水箱框架会变形；如果碰撞加重，那么前翼子板会弯曲变形并移位触到车门，发动机罩铰链会向上弯曲并移位触到前围盖板，前纵梁变形加剧造成副梁变形；如果碰撞程度更剧烈，前立柱将会产生变形，车门开关困难，甚至造成车门变形；如果前面的碰撞从侧向而来，由于前横梁的作用，前纵梁也会产生变形。前端碰撞常伴随着前部灯具及护栅破碎，冷凝器、水箱及发动机附件损伤、车轮移位等。

（2）后端碰撞。汽车因后端正面碰撞造成损伤时，往往是被动碰撞所致。如果碰撞较轻，后保险杠、行李箱后围板、行李箱底板可能压缩弯曲变形；如果碰撞较重，C 柱下部前移，C 柱上端与车顶接合处会产生折曲，后门开关困难，后风挡玻璃与 C 柱分离，甚至破碎；碰撞更严重时会造成 B 柱下端前移，在车顶 B 柱处产生凹陷变形。后端碰撞常伴随着后部灯具等的破碎。

（3）侧面碰撞。在确定汽车侧面碰撞时，分析其结构尤为重要。一般说来，对于严重的碰撞，车门、A 柱、B 柱、C 柱、车身地板都会变形。当汽车遭受的侧向力较大时，惯性作用会使另一侧车身变形。当前后翼子板中部遭受严重碰撞时，还会造成前后悬架的损伤，前翼子板中后部遭受严重碰撞时，还会造成转向系统中横拉杆、转向器齿轮齿条的损伤。

（4）底部碰撞。底部碰撞通常因路面凹凸不平、路面上有异物等造成车身底部与路面或异物发生碰撞，致使汽车底部零部件、车身底板损伤。常见损伤处有前横梁、发动机下护板、发动机油底壳、变速器油底壳、悬架下托臂、副梁及后桥、车身底板等。

（5）顶部碰撞。汽车单独的顶部受损多为空中坠落物所致，以顶部面板及骨架变形为主。汽车倾覆是造成顶部受损的常见现象，受损时常伴随着车身立柱、翼子板和车门变形、车窗破碎。

6.2.3 汽车碰撞损伤的区位检查法

进行事故车辆的损失评估时，评估人员应当掌握一套科学的损伤检查方法，这对于受损严重的事故车来说尤为重要。评估时如果不遵循规范的检查程序，则很容易遗漏一些受损件或维修项目，或者对同一项目重复估损。

区位检查法是按碰撞损坏规律把汽车分为五个区位：

一区：车辆直接受到碰撞的部位，又称为一次损伤区。

二区：受到间接损伤的车身其他部位，又称为二次损伤区。

三区：受到损伤的机械零部件，即汽车机械零件、动力传动系统零件、附件等。

四区：乘员舱，包括舱内受损的内饰、灯、附件、控制装置等。

五区：车身外部件和装饰件。

在对事故车定损时，应当从一个区域到另一个区域逐个、仔细地检查，同时按顺序记录汽车的损伤情况。无论是用区位检查法还是其他方法，在检查事故车时都应遵循以下顺序：

（1）从前到后。从前到后是指从事故车辆的前面到后面依次检查，但对于后端碰撞，则应当从后到前检查。

（2）从外到内。从外到内是指先查看外部零部件的损坏情况，如装饰件，然后检查内部结构件和连接件的损坏情况。

（3）从主到次。从主到次是指先查看主要总成的损坏情况，然后再查看小元件和其他部件的损坏情况。

1. 一区——直接损伤区

直接损伤情况因车辆结构、碰撞力度和角度的不同而有所不同。多数情况下，直接损伤会导致板件弯折、断裂和部件损坏。直接损伤直观明了，一般不需要测量。

检查一区时，应先检查外部装饰件、塑料件、玻璃、镀铬层以及外板下面的金属材料。

对于前部碰撞，应检查的项目通常有前保险杠、格栅、发动机罩、翼子板、前照灯、玻璃、前车门、前车轮、油液泄漏等。

对于后部碰撞，应检查的项目通常包括后保险杠、后侧围板、行李箱盖、后车灯、玻璃、后车轮、油液泄漏等。

对于侧面碰撞，应检查的项目通常包括车门、车顶、玻璃、立柱、前车身底板、支撑件、油液泄漏等。

有时需要将事故车举升起来，检查车身底板、发动机支架、横梁和纵梁等的损伤情况。

为了检查哪些部位受到了损伤，应当查找以下线索或痕迹：缝隙、卷边损坏、裂开的焊点、扭曲的金属板等。

一定要密切关注结构横梁，因为汽车的强度取决于所有结构件的状况。在修复事故车辆时，必须对所有的小裂缝、划伤或裂开的焊点进行适当的修理，这样才能保证汽车性能恢复到设计要求。

2. 二区——间接损伤区

车辆碰撞时，碰撞力会沿车身向各个方向传递，从而引起间接损伤。碰撞力扩展和间接损伤的范围取决于碰撞的力度和角度，以及车身纵梁和横梁吸收碰撞力的能力。通常承载式车身的吸能区会在碰撞中产生间接损伤。

动力传动系统和后桥也会引起间接损伤。当汽车由于碰撞突然停止时，质量很大的零部件在惯性作用下继续前移，对其支座和支撑构件产生强大的惯性力，容易造成相邻金属件变形、划伤或焊点开裂。因此，对于比较严重的事故，一定要仔细检查悬架、车桥、发动机和变速器的支撑点等部位。

二次损坏有时不容易发觉，但它仍有一些可见迹象，二次损坏分析一般依赖于测量。

3. 三区——机械损坏区

对于前部碰撞的事故车，应检查散热器、风扇、动力转向泵、空调器件、发电机、蓄电池、燃油蒸发炭罐、前风挡玻璃清洗器储液罐以及其他机械和电子元件是否损坏，查看油液是否泄漏、皮带轮是否与皮带对正、软管和电线是否错位、是否有凹坑和裂纹等。

如果碰撞比较严重，发动机和变速器也可能受损。如果条件允许，应当启动发动机，怠速到正常工作温度。举升车辆，使车轮离开地面，在各个挡位运转发动机，听一听有没有异常的噪音。对于手动挡的车辆，检查换挡是否平顺，离合器的工作是否正常。查看节气门拉索、离合器操纵机构和换挡拉索是否犯卡。

打开空调，确保空调运转正常。查看充电、机油压力等仪表板灯和仪表，如果发动机故障灯点亮，说明发动机存在机械或电控故障。但是，估损人员应判断故障码是否在事故之前就已存储在控制电脑中，若不是由事故引起的故障码，其维修费用应当从估损单中扣除。

在完成发动机舱的检查后，用千斤顶举起事故车，钻到车辆下面检查转向和悬架元件是否弯曲，制动软管是否扭绞，制动管路和燃油管路及其接头是否泄漏。检查发动机、变速器、差速器、转向机和减震器是否存在泄漏。将方向盘向左和向右打到头，检查是否犯卡，是否有异常噪音。转动车轮，检查车轮是否跳动，轮胎是否有裂口、刮痕和擦伤。降下车辆，使轮胎着地，转动方向盘，使车轮处于正直向前的位置，测量前轮毂到后轮毂的距离，左右两侧的测量值应当相同，否则转向或悬架元件有损伤。

4. 四区——乘员舱

乘员舱损坏可能是由碰撞直接引起（如侧碰时）的，而内饰和车内附件的损坏也可能是由乘员舱内的乘客和物品的碰撞能量引起的。

（1）检查仪表板。如果碰撞导致前围板或车门立柱受损，仪表板、暖风机芯和管道、音响、电子控制模块和安全气囊等有可能受损。所有在三区检查中没有被查看的元器件都要进行检查。

（2）检查方向盘是否损坏。查看其安装紧固件、倾斜和伸缩性能、喇叭、前照灯和转向信号灯开关、点火钥匙和方向盘锁。转动方向盘，将车轮打到正直向前的位置，查看此时方向盘是否对中。对于吸能型方向盘，查看是否已经发生溃缩。

（3）检查门把手、操纵杆、仪表板玻璃和内饰是否受损。打开、关闭并锁住杂物箱，查看杂物箱是否在碰撞中变形或损坏。检查制动踏板是否变形、犯卡或松脱等。掀开地毯，查看地板和踢脚板，看铆钉是否松脱，焊缝是否裂开。

（4）检查座椅是否受损。汽车在前端受到碰撞时，乘客的身体质量会产生较大的惯性力，由于乘客被安全带捆绑在座椅上，所以惯性力可能会对座椅框架调节器和支撑件造成损害。汽车在后端受到碰撞时，座椅靠背的铰链点可能受到损害。将座椅从最前位置移动到最后位置，查看其调节装置是否完好。

（5）检查车门的状况。乘客的惯性力可能损坏内饰板件和车门内板。如果发生侧碰，门锁和车窗调节器也可能受损。即使是前端碰撞，车窗玻璃产生的惯性力也可能使车窗轨道和调节器受损。将车窗玻璃降到底后再完全升起，检查玻璃是否犯卡或受到干扰。将车窗降下 4cm，查看车窗玻璃是否与车门框平齐。查看电动门锁、防盗系统、车窗和门锁控制装置以及后视镜的电控装置等所有附件是否正常。

（6）检查乘员约束系统。当代汽车大都装备了被动式约束系统，应检查安全带是否能够正常扣紧和松开，安全带插舌和锁扣是否完好。对于主动式安全带系统，检查其两点式和三点式安全带是否都能轻松地扣紧和解开。查看卷收器、D 形环和固定板是否损坏。有些安全带有张力感知标签。如果安全带在碰撞中磨损或者安全带的张力超过设计极限，张力感知标签撕裂，就必须予以更换。将安全带从卷收器中完全拉出，就可以看到这个张力感知标签。

还应当列出车内的非原装附件，如民用无线电装置、磁带播放机、立体声扬声器等。

5. 五区——外饰和漆面

在车身、机械件、内饰和附件都检查完毕之后，再围绕车辆检查一圈，查看并列出受损的外饰件、嵌条、车顶板、轮罩、示宽灯以及其他车身附件。

打开灯光开关，检查前照灯、尾灯、转向信号指示灯和危险指示灯。车灯的灯丝通常在碰撞力的作用下断裂，如果碰撞时车灯处于点亮状态，灯丝就更容易断裂。

如果在一区和二区检查中没有查看保险杠，那么现在就应该对保险杠进行检查。查看杠皮和防尘罩是否开裂，吸能装置是否受损，橡胶隔震垫是否开裂。

仔细检查油漆的状况。记录下哪块油漆必须重新喷涂，并列出那些需要特别注意的事项，如清漆涂层、柔性塑料件和表面锈迹。板件的轻度损坏可能只需要进行局部喷涂，而有些维修项目则需要喷涂整块板件甚至多块板件。无论是哪种情况，都需要考虑新油漆与原有油漆的配色和融合工时。如果事故车的损坏非常严重，或者原有漆面已经严重老化，则可能需要进行整车喷漆。

检查漆面是否在事故前就已经损坏也很重要。这些事故前已有的凹痕、裂缝、擦伤和油漆问题不在保险公司的理赔范围内，其维修费用由客户自行承担。

6.2.4 汽车碰撞损伤的目测检查

通常碰撞部位能直接显示出结构变形或断裂迹象。目测检查时，应先根据碰撞点位置估计受撞范围及方向，判断碰撞是如何扩散的；然后，从总体上查看汽车上是否有扭转、弯曲变形，并确定所有损伤是否由同一事故引起。

碰撞力沿车身扩散，并使许多部位发生变形，碰撞力具有穿过车身坚固部位最终抵达并损坏薄弱部位，扩散并深入至车身部件内的特性。因此，为了查找汽车损伤，必须沿碰撞力扩散的路径查找车身薄弱部位。沿碰撞力扩散方向逐处检查，确认是否有损伤，如果有损伤，还要确定损伤程度。具体可从以下几方面加以识别：

（1）钣金件截面变形。车身设计时，要使碰撞产生的能量能按既定路径传递、到指定地方吸收，即车身钣金件有些部位是薄弱环节，撞击时薄弱环节会产生截面的变形。截面的变形通常通过漆面的变化情况可以判断。碰撞所造成的钣金件截面变形与钣金件本身设计的结构变形不一样，钣金件本身设计的结构变形处表面油漆完好无损，而碰撞所造成的钣金件截面变形处油漆起皮、开裂。

（2）零部件支架断裂、脱落及遗失。发动机支架、变速箱支架、发动机各附件支架是碰撞应力的吸收处，各支架在设计时均有保护重要零部件免受损伤的功能。在碰撞事故中常有各支架断裂、脱落及遗失的现象。

（3）检查车身各部位的间隙和配合。车门是以铰链形式装在车身立柱上的，通常立柱变形会造成车门与门框、车门与立柱的间隙不均匀。还可通过简单地开关车门查看车门锁与锁扣的配合，从锁与锁扣的配合可以判断车门是否下沉，从而判断立柱是否变形，从查看铰链的灵活程度判断主柱及车门铰链处是否有变形。

在比较严重的汽车前端碰撞事故中，还应检查后车门与后翼子板、门槛、车顶侧板的间隙，并做左右对比，这是判断碰撞应力扩散范围的主要手段。

（4）检查来自乘员及行李的损伤。由于惯性力作用，乘客和行李在碰撞中会引起车身二次损伤，损伤程度因乘员位置及碰撞力度而异，较常见的是方向盘、仪表工作台、方向柱护板、座椅等被损坏。行李碰撞是造成行李箱中部分设备（如音频功率放大器）损伤的主要原因。

6.2.5 汽车碰撞损伤的测量检查

在评估车身的损伤时通常要参照车身尺寸图对车身的特定点进行测量。图 6-17 为一承载式车身尺寸图，图 6-18 为一非承载式车身尺寸图。

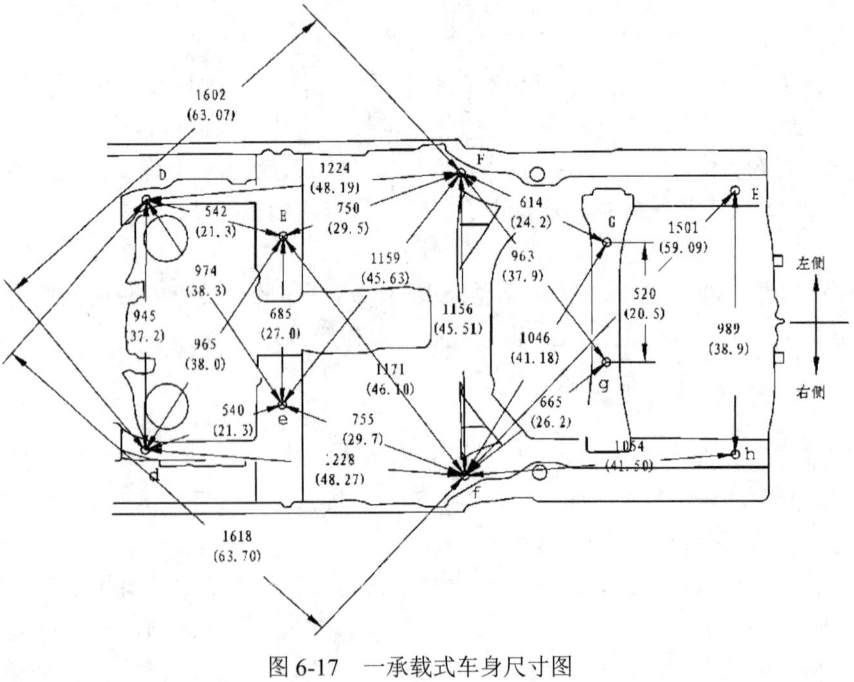

图 6-17　一承载式车身尺寸图

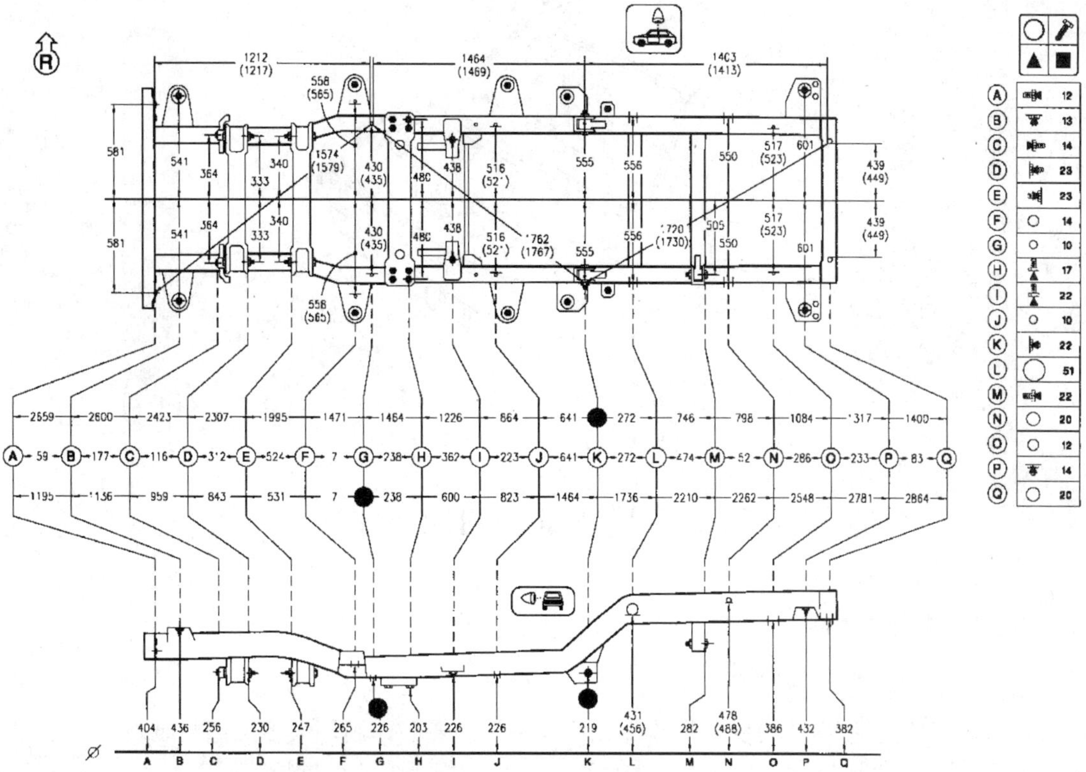

图 6-18　一非承载式车身尺寸图

用钢卷尺或轨道式量规即可测量各控制点之间的尺寸，与汽车厂家给定尺寸进行比较，从而确定变形程度。如果没有原厂车身规范，可以对一辆完好无损的相同车型进行测量，获得原厂尺寸。另外，如果车辆只有一侧损坏，通常可以对未损坏的一侧进行测量，然后比较这两侧的测量值。测量点最好选择悬架和机械零件的安装点，因为这些点对于定位至关重要。应该注意的是，很多原厂车身尺寸手册中给出的尺寸是从轨道式量规杆上读取的测量值，而不是钢卷尺测量的绝对距离，实际作业时一定要仔细查看手册中的有关说明。

除了底部车身尺寸外，还应测量上部车身尺寸，比如前部车身尺寸、车身侧面尺寸、后部车身尺寸等，其常用测量点如图 6-19 至图 6-21 所示。

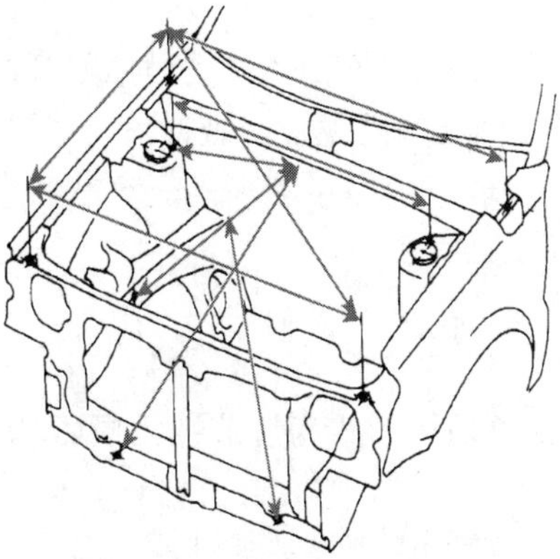

图 6-19　车身前部常用的测量点

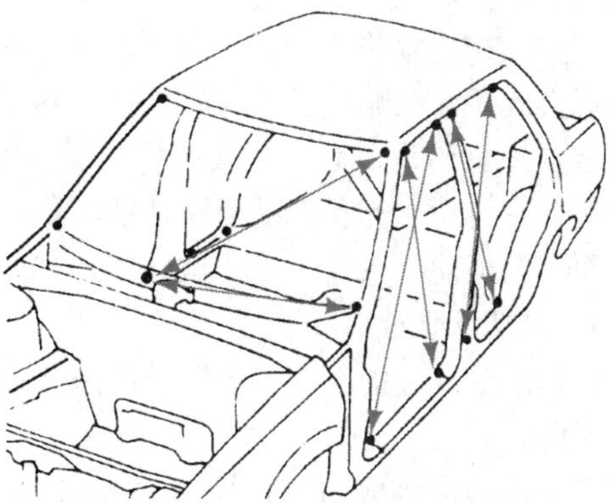

图 6-20　车身侧面常用的测量点

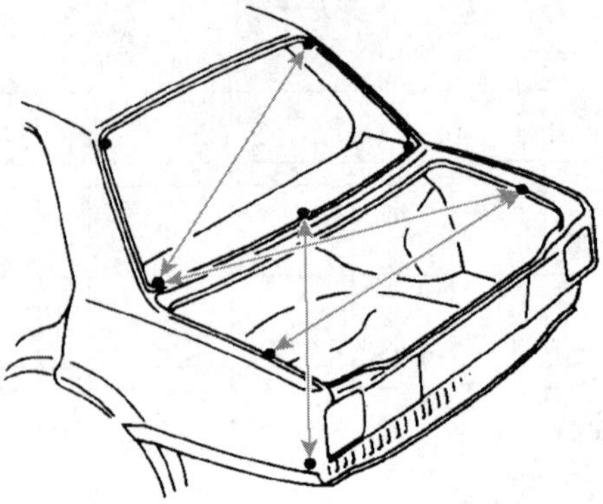

图 6-21　车身后部常用的测量点

6.3　主要零部件的损伤评估

6.3.1　车身及附件

1. 前后保险杠及附件

保险杠主要起装饰及初步吸收前部、后部碰撞能量的作用，大多用塑料制成。对于用热塑性塑料制成、价格昂贵、表面烤漆的保险杠，如破损不多，可焊接。

保险杠饰条破损后以更换为主。

保险杠使用内衬的多为中高档轿车，常为泡沫制成，一般可重复使用。

对于铁质保险杠骨架，轻度碰撞常采用钣金修复，价值较低的或中度以上的碰撞常采用更换的方法。铝合金的保险杠骨架修复难度较大，中度以上的碰撞多以更换为主。

保险杠支架多为铁质，一般价格较低，轻度碰撞常用钣金修复，中度以上碰撞多为更换。

保险杠灯多为转向信号灯和雾灯，表面破损后多更换，对于价格较高的雾灯，且只损坏少数支撑部位的，常用焊接和粘结修理的方法予以修复。

2. 前格栅及附件

前格栅及附件由饰条、铭牌等组成，破损后多以更换为主。

3. 玻璃及附件

风挡玻璃因撞击而损坏时基本以更换为主。前风挡玻璃胶条有密封式和粘贴式，密封式无须更换胶条，粘贴式必须同时更换。粘贴在前风挡玻璃上的内视镜，破损后一般更换。

需要注意的是，后风挡玻璃为带加热除霜的钢化玻璃，价格可能较高。有些汽车的前风挡玻璃带有自动灯光和自动雨刷功能，价格也偏高。

而车窗玻璃、天窗玻璃，破碎时，一般需要更换。

4. 照明及信号灯

现代汽车灯具的表面多由聚碳酸酯或玻璃制成。常见损坏形式为调节螺丝损坏，需要更换并重新校光。

表面用玻璃制成的，破损后如有玻璃灯片供应的，可考虑更换玻璃灯片；若是整体式的结构，只能更换总成；若只是有划痕，可以考虑通过抛光去除划痕；对于疝气前照灯，需要注意更换前照灯时疝气发生器是无须更换的；价格昂贵的前照灯，只是支撑部位局部破损的，可采取塑料焊接法修复。

5. 发动机罩及附件

轿车发动机罩绝大多数采用冷轧钢板冲压而成，少数高档轿车采用铝板冲压而成。冷轧钢板在遭受撞击后常见的损伤有变形、破损，铁质发动机罩是否需要更换主要依据变形的冷作硬化程度及基本几何形状程度，冷作硬化程度较低、几何形状程度较好的发动机罩常采用钣金修理法修复，反之则更换。铝质发动机罩通常产生较大的塑性变形，需要更换。

发动机罩锁遭受碰撞变形、破损，以更换为主。

发动机罩铰链碰撞后会变形，以更换为主。

发动机罩撑杆有铁质撑杆和液压撑杆两种，铁质撑杆基本上可校正修复，液压撑杆撞击变形后以更换为主。

发动机罩拉线在轻度碰撞后一般不会损坏，碰撞严重会造成折断，应更换。

6. 梁类零件

汽车上的梁类结构件一般采用锻造等方式加工而成，如汽车的前纵梁、前横梁、后纵梁、车顶纵梁、车顶横梁、车架等。

发生碰撞、翻滚、倾覆等事故后，容易造成梁类结构件扭曲、弯曲、变形、折断等，直接影响汽车的使用，可以通过整形、焊接的方式恢复其形状，损坏严重的需要更换。

7. 前翼子板

前翼子板的损伤程度没有达到必须将其从车上拆下来才能修复，如整体形状还在，只是中间局部凹陷，一般不考虑更换。损伤程度达到必须将其从车上拆下来才能修复，并且前翼子板的材料价格低廉、供应流畅，材料价格达到或接近整形修复的工时费，才考虑更换。

如果每米长度超过 3 个折曲、破裂变形，或已无基准形状，应考虑更换（一般来说，当每米折曲、破裂变形超过 3 个时，整形和热处理后很难恢复其尺寸）。如果每米长度不足 3 个折曲、破裂变形，且基准形状还在，应考虑整形修复。如果修复工时费明显小于更换费用应考虑以修复为主。

前翼子板的附件有饰条、砾石板等。饰条损伤后以更换为主，即使未被撞击，也常因钣金整形翼子板需要拆卸饰条，拆下后就必须更换；砾石板因价格较低，撞击破损后一般更换即可。

8. 车门

如果门框产生塑性变形，一般无法修复，应考虑更换。许多车的车门面板是作为单独零件供应的，损坏后可单独更换，不必更换总成。其他同前翼子板。

车门防擦饰条碰撞变形后应更换。车门变形后，需要将防擦饰条拆下整形。多数防擦饰条为自干胶式，拆下后重新粘贴上不牢固，用其他胶粘贴影响美观，应更换。门框产生塑性变形后，一般不好整修，应考虑更换。门锁及锁芯在严重撞击后会产生损坏，一般以更换为主。后视镜镜体破损以更换为主，对于镜片破损，有些高档轿车的镜片可单独供应，可以通过更换镜片修复。玻璃升降机是碰撞中经常损坏的部件，玻璃导轨、玻璃托架也是经常损坏的部件，碰撞变形后一般都要更换。

9. 柱类零件

货车的驾驶室、客车的车身一般都有立柱。在轿车车身上，左右侧自前至后均有 3 个立柱，依次为前柱（A 柱）、中柱（B 柱）、后柱（C 柱），它们除了起支撑作用外，也起到门框的作用。

汽车的柱类结构件在发生碰撞、翻滚、倾覆等事故时，一般会发生扭曲、弯曲、变形、折断等，直接影响汽车的美观和使用，必须立即修复。修复时可以采用整形、焊接等方式使其外形恢复，损坏严重的需要更换。

10. 后翼子板

三厢车后翼子板属于不可拆卸件，由于更换它需要从车身上将其切割下来，而国内绝大多数汽车维修厂在切割和焊接方面满足不了制造厂提出的工艺要求，从而造成车身新的损伤。所以，后翼子板只要有修复的可能都应修复，而不应像前翼子板一样存在值不值得修的问题。

11. 行李箱盖

行李箱盖大多用冲压成形的冷轧钢板经翻边胶粘制成。判断其是否碰撞损伤变形，应看是否要将两层分开修理。如不需分开，则不应考虑更换；若需分开整形修理，应首先考虑工时费与辅料费之和与其价值的关系，如果工时费加辅料费接近或超过其价值，则应考虑更换，反之则考虑修复。行李箱工具盒在碰撞中时常破损，评估时不要遗漏。后轮罩内饰、左侧内饰板、右侧内饰板等在碰撞中一般不会损坏。其他部位同车门。

12. 后搁板及饰件

后搁板碰撞后基本上能整形修复，严重时应更换。后搁板面板用毛毡制成，一般不用更换。后墙盖板也很少破损，如果损坏以更换为主。高位刹车灯的损坏按前照灯方法处理。

13. 仪表台

因正面或侧面撞击常造成仪表台整体变形、皱折和固定爪破损。整体变形在弹性限度内，待骨架校正后重新装回即可。皱折影响美观，对美观要求较高的新车或高级车最好更换。因仪表台价格较贵，老旧车型更换意义不大。少数固定爪破损常以焊修为主，多数固定爪破损以更换为主。

左右出风口常在侧面撞击时破碎，右出风口也常因二次碰撞被副驾驶员右手支承时压坏。

左右饰框常在侧面碰撞时破损，严重的正面碰撞也会造成支爪断裂，以更换为主。

杂物箱常因二次碰撞被副驾驶膝盖撞破，一般以更换为主。

严重的碰撞会造成车身底板变形，车身底板变形后会造成过道罩破裂，以更换为主。

6.3.2 发动机

1. 铸造基础件

发动机缸体大多是用球墨铸铁或铝合金铸造。受到冲击载荷时，常常会造成固定支脚的断裂，而球墨铸铁或铝合金铸件都是可以焊接的。

一般情况下，对发动机缸体的断裂是可以进行焊接的。当然，不论是球墨铸铁还是铝合金铸件，焊接都会造成其变形。这种变形通常用肉眼看不出来，当焊接部位附近对形状尺寸要求较高时，如在发动机气缸壁附近产生断裂，用焊接的方法修复常常是行不通的，一般应考虑更换。

2. 发动机附件

正时系统及附件因撞击破损和变形以更换为主。油底壳轻度变形一般无须修理，放油螺塞处碰伤至中度以上的变形以更换为主。发动机支架及胶垫因撞击变形、破损以更换为主。进气系统因撞击破损和变形以更换为主。排气系统中最常见的撞击损伤形式为发动机移位造成排气管变形。由于排气管长期在高温下工作，氧化严重，通常无法整修。消声器吊耳因变形超过弹性极限破损，也是常见的损坏现象，应更换。

3. 水箱及附件

铝合金水箱修与换的掌握与汽车的档次相关。中低档车的水箱一般价格较低，中度以上损伤一般可更换；高档车的水箱价格较贵，中度以下损伤常可采用亚弧焊修复。但水室破损后一般需要更换，而水室在遭受撞击后最易破损，水管破损应更换。水泵皮带轮变形后通常以更换为主。轻度风扇护罩变形一般以整形校正为主，严重变形需要更换。主动风扇与从动风扇的损坏常为叶片破碎，由于扇叶做成了不可拆卸式，破碎后需要更换总成。风扇皮带在碰撞后一般不会损坏，即使正常使用也会磨损，拆下后如需更换，应确定是否系碰撞所致。

散热器框架根据“弯曲变形整修，折曲变形更换”的基本维修原则，考虑到散热器框架形状复杂，轻度变形时可以钣金修复，中度以上的变形往往不易修复，只能更换。

6.3.3 底盘

1. 铸造基础件

变速器、主减速和差速器的壳体往往用球墨铸铁或铝合金铸造。受到冲击载荷时，常常会造成固定支脚的断裂，而球墨铸铁或铝合金铸件都是可以焊接的。

变速器、主减速和差速器的壳体断裂可以焊接。但焊接会造成壳体的变形，这种变形虽然用肉眼看不出来，但会影响尺寸精度，若在变速器、主减速和差速器等的轴承座附近产生断裂，用焊接的方法修复常常是行不通的，一般应考虑更换。

2. 变速器及传动轴

变速器损坏后，内部机件基本都可独立更换，对齿轮、同步器、轴承等进行鉴定，碰撞后只有断裂、掉牙才属于保险责任，正常磨损不属于保险责任，在评估中要注意界定和区分。从事故角度来看，变速器的损失主要是拖底，其他类型的损失极小。

变速操纵系统遭撞击变形后，轻度的常以整修修复为主，中度以上的以更换为主。

中低档轿车多为前轮驱动，碰撞常会造成外侧等角速万向节破损，需要更换。有时还会造成半轴弯曲，也以更换为主。

3. 前悬架及转向系统零件

承载式车身的悬架座属于结构件，按结构件方法处理。

前悬架系统及相关部件，如悬架臂、转向节、稳定杆、发动机托架均为安全部件，变形后均应更换。减震器主要鉴定是否在碰撞前已损坏。减震器是易损件，正常使用到一定程度后会漏油，如果外表已有油泥，说明在碰撞前已损坏；如果外表无油迹，碰撞造成弯曲变形，则应更换。

4. 后桥及悬架

后桥按副梁方法处理，后悬架按前悬架方法处理。

5. 车轮

轮辋遭撞击后以变形损伤为主，应更换。轮胎遭撞击后会出现爆胎，应更换。轮罩遭撞击后常会产生破损，应更换。

6.3.4 电器设备

汽车上的电器设备品种繁多，评估时应根据相关器件的特点以及可能遇到的情况分门别类地进行。

1. 蓄电池

蓄电池的损坏多以壳体四个侧面破裂为主，应更换。

2. 发电机

发电机常见撞击损伤为皮带轮、散热叶轮变形，壳体破损，转子轴弯曲变形等。皮带轮变形应更换，散热叶轮变形可校正，壳体破损、转子轴弯曲以更换发电机总成为主。

3. 雨刮系统

雨刮片、雨刮臂、雨刮电机等，因撞击损坏以更换为主。而固定支架、联动杆等，中度以下的变形损伤以整形修复为主，严重变形需要更换。雨刮喷水壶只有在较严重的碰撞中才会损坏，损坏后以更换为主。雨刮喷水电机、喷水管和喷水嘴被撞坏的情况较少，若撞坏以更换为主。

4. 仪表类

一旦碰撞导致仪表损坏或者疑似损坏，由于一般的修理厂都没有检测的手段，并且仪表也不容易检测，因此只要发现有明显的损伤、破损，都应该予以更换。

更换时，假如可以单独更换的仪表，要注意不去更换总成。但若遇到某些整个仪表都安装在一体的仪表台破损，只好更换整个仪表台。

需要注意的是，在检测仪表的工作状态以判别其是否损坏时，不能单纯看仪表自身是否有所反应，还要充分注意相关传感器工作是否正常、线路中的保险有没有断路、开关工作是否灵敏。

5. 收音机、DVD 或 CD

在比较大的碰撞事故中，收音机、DVD 或 CD 一般会有所损坏，但损失一般不大，只是损坏旋钮、面板等。汽车音响设备在各地都有特约维修点，可以定点选择维修点，同时对损坏设备可以商定零部件的换修价格，而不是一律交给汽车修理厂去“更新”。一般说来，收音机、DVD 或 CD 的修理价格在新件的 15%～40%。

6. 汽车电脑

汽车电脑价值较高，设计时充分考虑了其防震、防撞性能，一般的碰撞不会导致损坏。假如怀疑或者修理人员言称损坏了，可以采用“比较法”判别：第一，在其他所有零部件均不改变的前提下，将库存的新电脑装到车上，看是否可以恢复正常工作；第二，将怀疑损坏了的电脑装到同类型的其他车上，看是否可以正常工作。假如通过比较，发现电脑确实坏了，再进行更换。

7. 安全气囊

安全气囊遭到撞击损伤后，从安全角度出发应该更换。安装有安全气囊系统的汽车，驾驶员气囊都安装在方向盘上，当气囊因碰撞引爆后，不仅要更换气囊，通常还要更换气囊传感器与控制模块等。需要注意的是，有些车型的碰撞传感器是与 SRS/ECU 装为一体的，要避免维修厂重复报价。安全气囊系统的控制电脑，假如发生气囊爆开的碰撞事故，一般需要更换电脑，以免在以后的碰撞事故中气囊没有打开造成乘员受伤，引发法律诉讼。

8. 空调系统

空调冷凝器采用铝合金制成，中低档车的冷凝器一般价格较低，中度以上损伤可以更换；高档车的冷凝器价格较贵，中度以下损伤常可采用亚弧焊修复。储液罐因碰撞变形一般以更换为主。如果系统在碰撞中以开口状态暴露于潮湿的空气中时间较长，则应更换干燥器，否则会造成空调系统工作时的“冰堵”。压缩机因碰撞造成的损伤有壳体破裂，皮带轮、离合器变形等，壳体破裂一般要更换，皮带轮变形、离合器变形一般也更换。空调管有多根，损伤的空调管一定要注明是哪一根；汽车空调管有铝管和胶管两种，铝管常见的碰撞损伤有变形、折弯、断裂等，变形后一般校正；价格较低的空调管折弯、断裂时一般更换；价格较高的空调管折弯、断裂时一般采取截去折弯、断裂处，再接一节用亚弧焊接的方法修复。破损的胶管一般更换。

空调蒸发箱大多用热塑性塑料制成，常见损伤多为箱体破损。局部破损可用塑料焊修复，严重破损一般需要更换，决定更换时一定要考虑有无壳体单独更换。蒸发器的换与修基本与冷凝器相同，膨胀阀因碰撞损坏的可能性极小。

9. 电器设备保护装置

有些电器件在遭受碰撞后，外观虽无损伤，却停止工作，表明“坏了”，其实这有可能是假象。如果电路过载或短路会出现大电流，导致导线发热、绝缘损伤，可能酿成火灾。因此，电路中必须设置保护装置。熔断器、熔丝链、大限流熔断器和断路器都是过流保护装置，它们可单独使用，也可配合使用。碰撞会造成系统过载，相关保护装置会因过载而停止工作，出现断路，导致相关电器装置无法工作。此时只需更换相关的熔断器、熔丝链、大限流熔断器和断路器等即可，无须更换相连的电器件。

6.4 车辆事故损失案例分析

6.4.1 传统燃油车辆事故损失案例分析

案情介绍：2018 年某月某日，某车在某公路上行驶时，为躲避对方来车撞在了路边土堆上，造成车辆失控又撞在了道路右边的树上，如图 6-22 所示。车辆前保险杠撞树，树向后方倾斜，前保险杠及前部牌照损坏脱落，前保险杠骨架向后凹陷变形，前部灯光组件损坏脱落，前机盖前中部凹陷变形，前风挡玻璃破裂，机舱上部、前机盖上部、车顶部布满较多泥土。驾驶员气囊及前乘客气囊均弹出，方向盘左下方定速巡航开关损坏，驾驶员座椅饰板脱开。仪表盘显示气囊系统、转向系统、空气悬挂系统故障灯亮。

图 6-22 碰撞事故现场

1. 勘验情况

（1）勘验时车辆已进行部分拆检，发动机、变速箱整体拆下未解体。前机盖前中部向后凹陷变形，漆面部分脱落，机盖上徽标脱落，如图 6-23（a）所示；右前翼子板前部弯曲变形，漆面部分脱落，如图 6-23（b）所示；左前翼子板未见变形。前风挡玻璃破裂，左右纵梁前部未见弯曲变形，如图 6-23（c）所示；冷凝器、散热器弯曲变形，散热器风扇损坏，如图 6-23（d）所示；传动轴前部弯曲变形，如图 6-23（e）所示；传动轴中间软连接损坏，两前轮未见损坏，轮胎气压尚存；驾驶员气囊及前乘客气囊均弹出，如图 6-23（f）所示；驾驶室内安全带均未收紧；车辆外部其余部位未见损坏。

（2）曲轴皮带轮与发动机前部壳体发生挤压碰撞，曲轴皮带轮后部边缘部位损坏，与其先对应的发动机前部壳体损坏，如图 6-23（g）所示；凸轮轴位置传感器线束损坏，如图 6-23（h）所示；发动机中部缸体右侧下部存在裂缝，如图 6-23（i）所示。发动机左侧及右侧支架断裂，支架发动机侧固定螺栓被剪切断开；助力泵支架断裂，固定螺栓被剪切断开，如图 6-23（j）所示；变速箱支架断裂，如图 6-23（k）所示，变速箱壳体表面未见变形损坏。

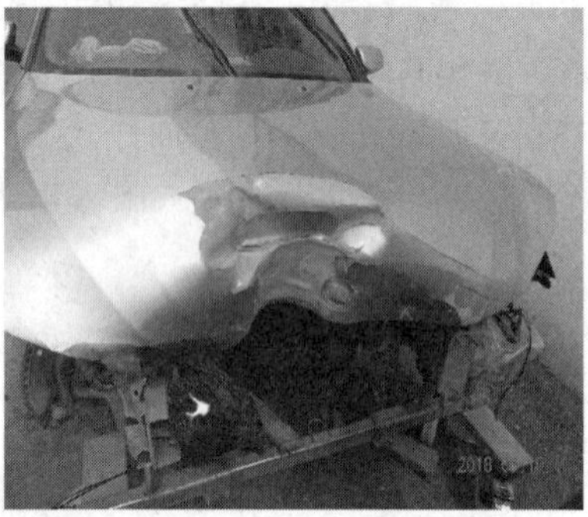

（a）前机盖前中部凹陷变形

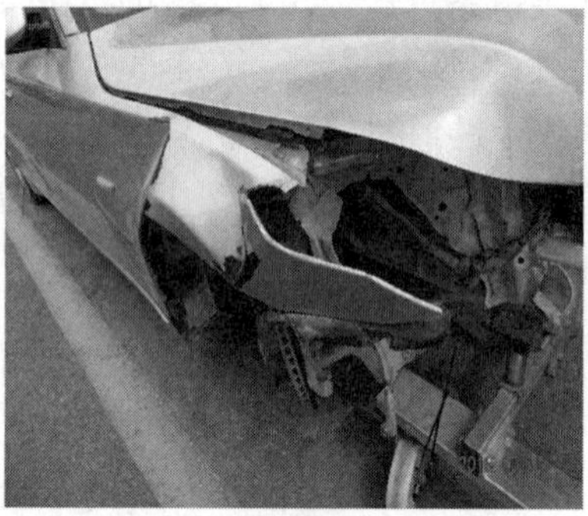

（b）右前翼子板变形

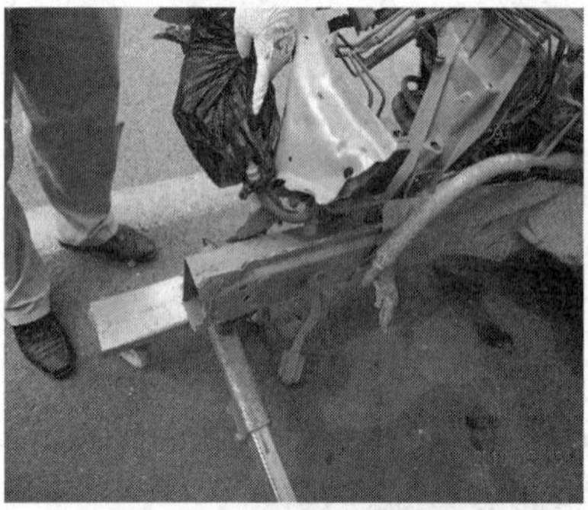

（c）纵梁前部未见变形

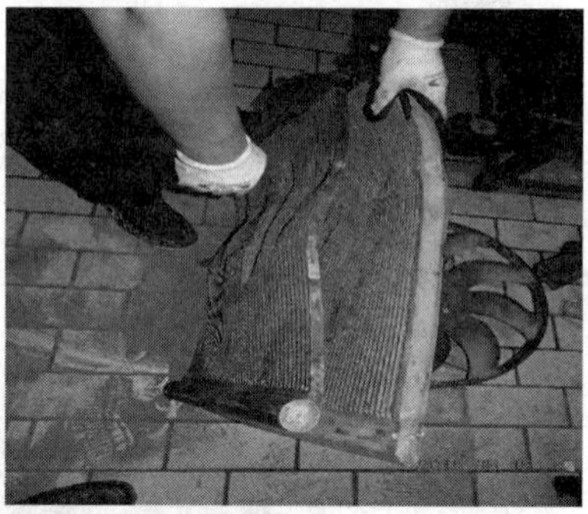

（d）冷凝器、水箱、冷却风扇损坏

（e）传动轴弯曲变形

（f）驾驶员气囊前乘客气囊弹出

图 6-23（一）　勘验现场

（g）发动机缸体前部壳体损坏

（h）凸轮轴位置传感器线束损坏

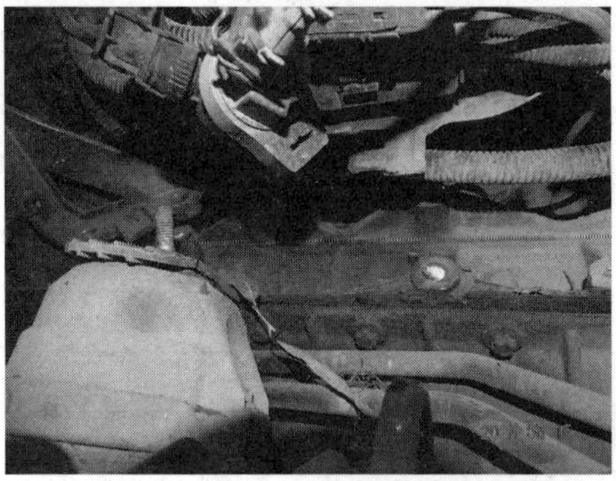

（i）发动机中部缸体右侧下部存在裂缝

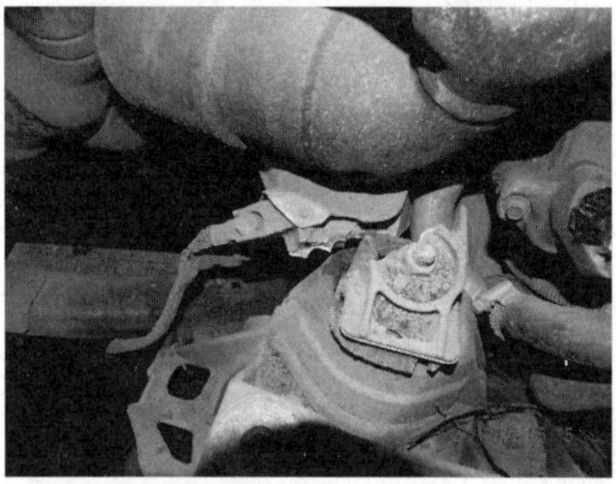

（j）发动机支架断裂

（k）变速箱支架断裂

图 6-23（二） 勘验现场

2. 分析说明

（1）前机盖前中部向后凹陷变形，漆面部分脱落，机盖上徽标脱落；右前翼子板前部弯曲变形，漆面部分脱落；左前翼子板未见变形。前风挡玻璃破裂，左右纵梁前部未见弯曲变形，冷凝器、散热器弯曲变形，散热器风扇损坏，传动轴前部弯曲变形，传动轴中间软连接损坏，两前轮未见损坏，轮胎气压尚存；驾驶员气囊及前乘客气囊均弹出，驾驶室内安全带均未收紧；车辆外部其余部位未见损坏。以上说明前杠组件、前部灯光组件、右前翼子板、前机盖、前风挡玻璃、冷凝器组件、散热器及冷却风扇组件、驾驶员气囊及前乘客气囊组件、气囊电脑、传动轴等部件因碰撞事故损坏，需更换。

（2）曲轴皮带轮与发动机前部壳体发生挤压碰撞，曲轴皮带轮后部边缘部位损坏，与其相对应的发动机前部壳体损坏；凸轮轴位置传感器线束损坏，发动机中部缸体右侧下部存在裂缝；发动机左侧及右侧支架断裂，支架发动机侧固定螺栓被剪切断开；助力泵支架断裂，固定螺栓被剪切断开；变速箱支架断裂，变速箱壳体表面未见变形损坏。以上说明发动机中部缸体因本次事故而损坏，修复需更换中部缸体；曲轴皮带轮、发动机左右支架、助力泵支架、变速箱支架及其固定螺栓已损坏，需更换；发动机上部凸轮轴位置传感器线束局部损坏，可通过修复来处理。

评估作业表如表 6-1 所示。

表 6-1 评估作业表

车辆更换主要配件、作业项目及价格				
序号	名称	单价/元	数量	金额/元
1	前保险杠皮	6100	1	6100
2	前保险杠拖车钩盖板	160	1	160
3	前保险杠下导流板	120	1	120
4	前保险杠下隔栅（右）	260	1	260
5	前保险杠下隔栅（左）	260	1	260
6	前保险杠下隔栅（中）	260	1	260
7	前保险杠碰撞缓冲器（左）	250	1	250
8	前保险杠碰撞缓冲器（右）	250	1	250
9	前保险杠骨架	3300	1	3300
10	前保险杠支架（左）	110	1	110
11	前保险杠支架（右）	110	1	110
12	发动机罩	11000	1	11000
13	发动机罩内衬	890	1	890
14	发动机罩徽标	330	1	330
15	发动机罩胶条（后）	270	1	270
16	发动机罩胶条（右）	100	1	100
17	发动机罩胶条（左）	100	1	100
18	发动机罩锁（左）	560	1	560
19	发动机罩锁（右）	560	1	560
20	发动机罩锁栓（右）	140	1	140
21	发动机罩锁栓（左）	140	1	140
22	发动机罩铰链（右）	400	1	400
23	发动机罩铰链（左）	400	1	400
24	发动机罩前拉线	180	1	180
25	中网（右）	720	1	720
26	中网（左）	720	1	720

续表

序号	名称	单价/元	数量	金额/元
27	前大灯清洗泵	720	1	720
28	前风挡雨刮水壶	660	1	660
29	前风挡雨刮清洗器泵	270	1	270
30	前风挡玻璃饰条（右）	560	1	560
31	前风挡玻璃饰条（左）	560	1	560
32	前风挡玻璃饰条（上）	190	1	190
33	前风挡玻璃	3300	1	3300
34	玻璃胶	833	1	833
35	前翼子板（右）	3100	1	3100
36	前翼子板灯（右）	240	1	240
37	前翼子板内衬（右）	820	1	820
38	散热器框架下横梁	990	1	990
39	散热器框架上横梁	290	1	290
40	水箱固定支架	190	2	380
41	水箱框架支架	158	2	316
42	气囊电脑	4600	1	4600
43	驾驶员安全气囊	8900	1	8900
44	副驾驶员安全气囊	8600	1	8600
45	气囊卷簧	1300	1	1300
46	前大灯（左）	11000	1	11000
47	左前大灯支架	814	1	814
48	前大灯近光灯泡（左）	1400	1	1400
49	前大灯远光灯泡（左）	1600	1	1600
50	前大灯喷水嘴（左）	830	1	830
51	前大灯喷水嘴盖（左）	180	1	180
52	大灯喷水嘴盖弹簧	54	2	108
53	前大灯清洗装置软管（左）	230	1	230
54	前雾灯（左）	1300	1	1300
55	前雾灯灯泡（左）	140	1	140
56	前大灯灯光调整传感器（左后）	830	1	830
57	前大灯灯光调整传感器（左前）	830	1	830
58	前大灯灯光调整传感器连杆（左前）	110	1	110
59	前大灯灯光调整传感器连杆（左后）	65	1	65
60	前大灯灯光调整传感器支架（左前）	80	1	80
61	前大灯灯光调整传感器支架（左后）	100	1	100

续表

序号	名称	单价/元	数量	金额/元
62	前大灯（右）	11000	1	11000
63	右前大灯支架	895	1	895
64	前大灯近光灯泡（右）	1400	1	1400
65	前大灯远光灯泡（右）	1600	1	1600
66	前大灯喷水嘴（右）	830	1	830
67	前大灯喷水嘴盖（右）	180	1	180
68	前大灯清洗装置软管（右）	90	1	90
69	前雾灯（右）	1300	1	1300
70	前雾灯灯泡（右）	140	1	140
71	发动机支架（左）	590	1	590
72	发动机支架（右）	450	1	450
73	发动机支架胶垫（左）	980	1	980
74	发动机支架胶垫（右）	980	1	980
75	变速箱托梁	780	1	780
76	变速箱支架	590	1	590
77	变速箱支架胶垫（右）	190	1	190
78	变速箱支架胶垫（左）	190	1	190
79	仪表板总成	29300	1	29300
80	发动机中部缸体	38000	1	38000
81	缸垫	1617	1	1617
82	曲轴前油封	362	1	362
83	曲轴后油封	362	1	362
84	发动机铝螺栓包	1100	1	1100
85	发动机上修包	2510	1	2510
86	油底壳垫	457	1	457
87	变速箱铝螺栓	91	1	91
88	发动机护板	877	1	877
89	右侧前部下护板	1025	1	1025
90	发动机缸盖螺栓	350	1	350
91	气门室盖密封垫	300	1	300
92	助力泵	9030	1	9030
93	助力泵轮	465	1	465
94	助力泵支架	300	1	300
95	传动轴总成	8900	1	8900
96	传动轴中间轴承	760	1	760

续表

序号	名称	单价/元	数量	金额/元
97	传动轴胶盘	1200	1	1200
98	散热器	4200	1	4200
99	散热器电子扇总成	7500	1	7500
100	散热器风圈	1400	1	1400
101	散热器左上支架	55	1	55
102	散热器右上支架	55	1	55
103	散热器左下支架	160	1	160
104	散热器右下支架	160	1	160
105	散热器水温传感器	320	1	320
106	冷凝器	6000	1	6000
107	车外温度传感器	200	1	200
108	空调管（冷凝气至空调压缩机）	1600	1	1600
109	空调管（冷凝器至蒸发器）	1600	1	1600
110	防冻液			608
111	冷媒			400
112	机油			813
113	助力油			600
114	辅料			500
115	残值			-300
116	工时费（拆装、喷漆、调试等）			15000
合计				243998

根据以上情况综合分析认为，该车本次事故造成的车辆维修费用约为243998元（大写：贰拾肆万叁仟玖佰玖拾捌圆整）。

6.4.2 新能源车辆（碰撞）事故损失案例分析

案例：2021年1月，一辆特斯拉Model 3于上海市某路起火烧至只剩框架，如图6-24所示。特斯拉的回应是，初步判断起火原因为车辆底部的高压电池受到撞击后引发内部电芯损伤及短路，最终导致起火。

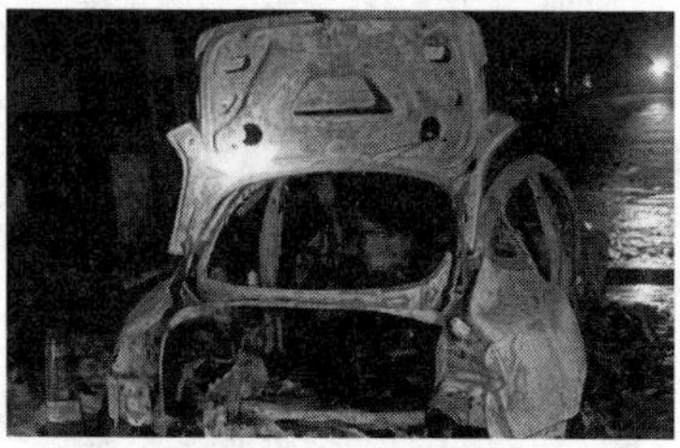

图6-24 起火现场

传统燃油汽车碰撞勘察的是碰撞对整个车身以及变形量的影响，例如汽车前后部吸能机构变形、损伤等。而新能源汽车除了上述勘察，还需对高压系统进行检测。底盘的磕碰对电池也是有影响的，从电池的结构来看，电池在设计时会将核心部件——电芯包裹一层钢壳或铝壳，而这一层铝壳之类的东西通过外壳来进行固定，在车辆底盘受到大的撞击下，动力电池组的外壳会因受到巨大的挤压而出现变形，从而挤压内部的电芯外壳，内部的电解液或者电芯可能出现损坏，严重的磕碰会使内部的电芯出现短路，甚至是电解液出现流动不畅或者出现泄漏，造成电池的内部短路，从而引发燃烧事故，如图 6-25 所示。

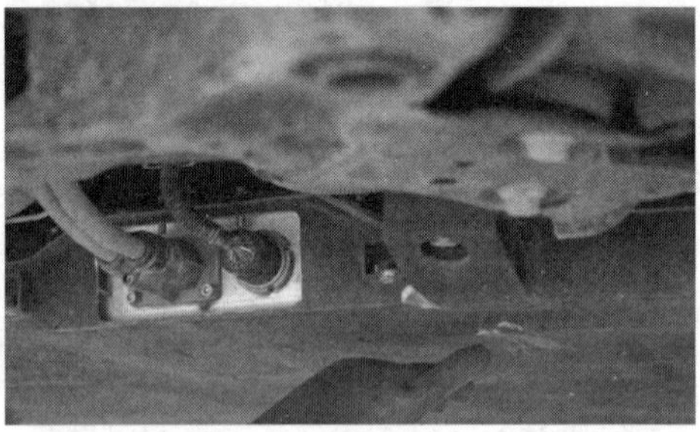

图 6-25　新能源车电池磕底

如果电动汽车在道路上出现类似常规标准中定义的正碰、侧碰、柱碰等高速碰撞，车身变形严重，车辆一般不能继续行驶。但是因实际道路情况复杂多样，电动汽车在使用过程中往往存在一种底部碰撞形式，如车辆底部剐蹭路缘石、铁轨等路面障碍，路面尖锐的飞石撞击电池包等情况。这些底部碰撞事故伤害轻、噪声小、变形小，客观上不易察觉。即使发生底部碰撞事故时没有起火，但实际电池包已经受损，在之后的某一使用过程中可能发生火灾。

本章小结

本章介绍了汽车碰撞估损的相关知识，包括汽车碰撞损伤的分类方法、碰撞力的传递原理、碰撞损伤的诊断与测量方法。本章根据零件的材质、工作场合、维修技术等，给出了损坏零件是维修还是更换的标准；重点介绍了车身的结构特征与损伤分析方法，发动机、底盘各部件的损伤形式。

知识训练

一、名词解释

一般损伤	严重损伤	汽车报废	直接损伤	间接损伤	应力集中
非承载式车身	承载式车身	左右弯曲	上下弯曲	平行四边形变形	
扭曲变形	前端碰撞	后端碰撞	侧面碰撞	底部碰撞	顶部碰撞

二、简答题

1．影响事故车损坏程度的因素有哪些？

2．承载式车身，按碰撞部位划分主要有哪几种形式？损坏零部件分别有哪些？

3．非承载式车身的车架变形主要有哪几种形式？

4．汽车的碰撞损伤评估分哪几个步骤？

能力训练

一辆轿车，在停放中后杠受损，具体如图6-26所示，请确定该车的事故损失。

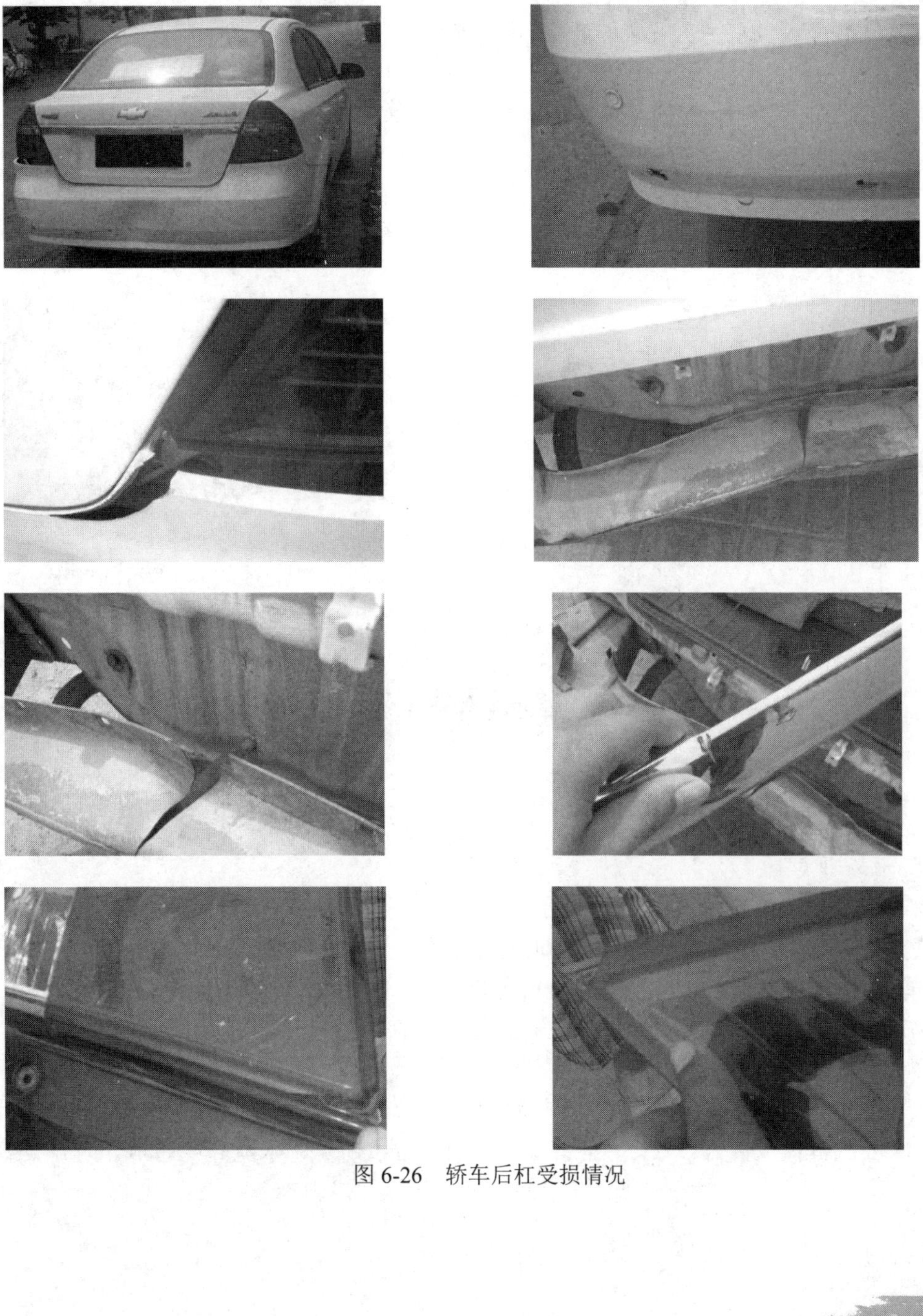

图6-26　轿车后杠受损情况

第7章 车辆水/火灾损失评估

知识目标

1. 掌握汽车水灾损失确定。
2. 掌握汽车火灾损失确定。

能力目标

1. 能够确定汽车水灾损失项目。
2. 能够确定汽车火灾损失项目。

7.1 汽车水灾损失分析

7.1.1 汽车水灾损失的影响因素

1. 水的种类

汽车水淹的水质通常有淡水、泥水、污水、油水和海水等类型，不同的水质对汽车造成的损失是不一样的。多数水淹损失中的水为雨水和山洪形成的泥水，但也有由于下水道倒灌而形成的浊水，这种城市下水道溢出的浊水中含有油、酸性物质和各种异物。油、酸性物质和其他异物对汽车的损伤各不相同，必须在现场查勘时仔细检查，并准确记录。

2. 水淹高度

水淹高度是确定水淹损失程度非常重要的参数，通常不以高度计量单位为单位，而是以汽车上重要的具体位置为参数。以轿车为例，如图 7-1 所示，水淹高度通常分为 6 级：

图 7-1　轿车水淹高度分级

1 级：制动盘和制动毂下沿以上、车身地板以下，乘员舱未进水。

2 级：车身地板以上，乘员舱进水，而水面在驾驶员座椅座垫以下。

3 级：乘员舱进水，水面在驾驶员座椅座垫面以上、仪表工作台以下。

4 级：乘员舱进水，仪表工作台中部。

5 级：乘员舱进水，水面在仪表工作台面以上、顶篷以下。

6 级：水面超过车顶，汽车被淹没顶部。

3. 水淹时间

水淹时间也是水淹损失程度的一个重要参数，水淹时间（t）的长短对汽车造成的损伤差异很大。水淹时间常以小时为计量单位，通常分为 6 级：

1 级：$t\leqslant 1h$。

2 级：$1h<t\leqslant 4h$。

3 级：$4h<t\leqslant 12h$。

4 级：$12h<t\leqslant 24h$。

5 级：$24h<t\leqslant 48h$。

6 级：$t>48h$。

7.1.2　汽车水淹状况的检查与处理

（1）检查气缸是否进水。将汽车从水中施救出来后，要对发动机进行检查，先检查发动机气缸有没有进水。气缸进水会导致连杆被顶弯，损坏发动机。

检查润滑油中是否进水，润滑油进水会导致其变质，失去润滑作用，使发动机过度磨损。

将发动机油尺抽出，查看油尺上润滑油的颜色。如果油尺上的润滑油呈乳白色或有水珠，就要将润滑油全部放掉，在清洗发动机后更换新的润滑油。

将发动机上的火花塞全部拆下，用手转动曲轴，如果气缸内进了水，则火花塞孔处会有水流出来。如果用手转动曲轴时感到有阻力，则说明发动机内部可能存在某种程度的损坏，不要借助其他工具强行转动，要查明原因，排除故障，以免引起损坏的进一步扩大。

（2）检查变速器、主减速器及差速器。查看变速器、主减速器及差速器是否进水，如果上述部位进了水，则会使其内的齿轮油变质，造成齿轮磨损。对于采用自动变速器的汽车，还要检查 ECU 是否进水。

（3）检查制动系统。对于水位超过制动油壶的，制动油中有水会使制动油变质，致使制动系统的制动效能下降，甚至失灵。

（4）检查排气歧管。如果排气歧管进了水，水中的杂质很容易堵塞三元催化转化器和损坏氧传感器。

（5）检查受损的电器设备。容易受损的电器（各类ECU、声像系统、仪表、继电器、电动机、开关等），因进水引起电器短路。

汽车ECU最严重的损坏形式就是芯片损坏。汽车的前风窗处通常设有流水槽及排水孔，可以及时排掉积水，当汽车被水泡过以后，流水槽下往往沉积了许多泥土及树叶，这时极易堵住排水孔。当积水过多时，水会进入车内，还可能危及汽车 ECU，导致电控系统发生故障，甚至损坏。一些线路因为沾水，其表皮会过早老化，出现裂纹，引起金属外露，最终导致电路故障。尤其是装有电喷发动机的汽车，其发动机 ECU 更是害怕受潮。ECU 进水，容易使控制系统紊乱而导致全车瘫痪。

7.1.3　汽车水灾损失分析

1. 汽车静态进水的损坏分析

汽车在停放过程中被暴雨或洪水侵入甚至淹没的情况属于静态进水，如车停放至停车场被淹，属于典型的静态进水，如图7-2所示。

图 7-2　水灾受损车辆

汽车在静态条件下，如果车内进水，会造成内饰、电路、空气滤清器、排气管等部位受损，有时发动机气缸内也会进水。在这种情况下，即使发动机不启动，也可能会造成内饰浸水，电路短路，ECU 芯片损坏，空气滤清器、排气管和发动机泡水锈蚀等损失。对于采用电喷发动机的汽车来说，一旦电路遇水，极有可能导致线路短路，造成整车无法着火；如果发动机被强行启动，极有可能导致严重损坏。就机械部分而言，汽车被水泡过之后，进入发动机的水分在高温作用下会使内部的运动机件锈蚀加剧，当进气吸水过多时，容易变形，严重时导致发动机报废。

另外，汽车进水后，车内饰容易发霉、变质。如果不及时清理，则当天气炎热时会出现各种异味。

2. 汽车动态进水的损坏分析

汽车在行驶过程中，发动机气缸因吸入水而使汽车熄火，或在强行涉水未果、发动机熄火后被水淹没。

汽车在动态条件下，由于发动机仍在运转，气缸内因吸入了水会迫使发动机熄火。在这种情况下，除了静态条件下可能造成的全部损失外，还有可能导致发动机的直接损坏。

如果汽车进了水，水就有可能通过进气门进入气缸，这会导致在发动机的压缩行程中，活塞在上行压缩时，所遇到的不再只是混合气，还有水，而由于水是不可压缩的，那么曲轴和连杆所承受的负荷就要极大地增加，有可能造成弯曲，在随后的持续运转过程中就有可能出现进一步的弯曲、断裂，甚至捣坏气缸。

同样是动态条件下的损坏，由于发动机转速高低不同、车速快慢不等、发动机进气管口安装位置不一、吸入水量不一样等，所造成的损坏程度自然也就有所不同。

如果发动机在较高转速条件下直接吸入水，则完全有可能导致连杆折断、活塞破碎、气门弯曲、缸体被严重捣坏等故障。有时候，发动机因进水导致自然熄火，机件经清洗后可以继续使用，但有个别汽车经一段时间的使用后，造成连杆折断捣坏缸体，这是因为当时的进水导致连杆轻微弯曲，为日后的故障留下了隐患。发动机捣缸的修理费用往往是十分昂贵的。

7.1.4 汽车水灾损失评估

1. 水淹高度为 1 级时的损失评估

当汽车的水淹高度为 1 级时，可能造成的受损零部件主要是制动盘和制动毂，损坏形式主要为生锈，生锈的程度主要取决于水淹时间的长短以及水质。通常情况下，无论制动盘和制动毂的生锈程度如何，所采取的补救措施主要是四轮的保养。因此，当汽车的被淹高度为 1 级，被淹时间也为 1 级时，通常不计损失；被淹时间为 2 级或 2 级以上时，水淹时间对损失金额的影响也不大，损失率通常为 0.1%左右。

2. 水淹高度为 2 级时的损失评估

当汽车的水淹高度为 2 级时，除造成 1 级水淹高度时所造成的损失以外，还会造成以下损失：四轮轴承进水；全车悬架下部连接处因进水而生锈；配有 ABS 的汽车的轮速传感器的磁通量传感失准；地板进水后车身地板如果防腐层和油漆层本身有损伤就会造成锈蚀；少数汽车将一些控制模块置于地板上的凹槽内（如上海大众帕萨特 B5），会造成一些控制模块损毁（如果水淹时间过长，被淹的控制模块有可能彻底失效）。损失率通常为 0.5%～2.5%。

3. 水淹高度为 3 级时的损失评估

当汽车的水淹高度为 3 级时，除造成 2 级水淹高度所造成的损失以外，还会造成以下损失：座椅潮湿和污染；部分内饰潮湿和污染；真皮座椅和真皮内饰损伤严重。一般说来，水淹时间超过 24h，还会造成：桃木内饰板分层开裂；车门电机进水；变速器、主减速器及差速器可能进水；部分控制模块被水淹；起动机被水淹；中高档车行李仓中 CD 换片机、音响功放被水淹。损失率通常为 1.0%～5.0%。

4. 水淹高度为 4 级时的损失评估

当汽车的水淹高度为 4 级时，除造成 3 级水淹高度所造成的损失以外，还可能造成以下损失：发动机进水；仪表台中部分音响控制设备、CD 机、空调控制面板受损；蓄电池放电、进水；大部分座椅及内饰被水淹；音响的喇叭全损；各种继电器、保险丝盒可能进水；所有控制模块被水淹。损失率通常为 3.0%～15.0%。

5. 水淹高度为 5 级时的损失评估

当汽车的水淹高度为 5 级时，除造成 4 级水淹高度所造成的损失以外，还可能造成以下损失：全部电器装置被水泡；发动机严重进水；离合器、变速箱、后桥可能进水；绝大部分内饰被泡；车架大部分被泡。损失率通常为10.0%～30.0%。

6. 水淹高度为6级时的损失评估

当汽车的水淹高度为6级时，汽车所有零部件都受到损失。损失率通常为25.0%～60.0%。

7.2 车辆水灾损失案例分析

7.2.1 传统燃油车辆水灾损失案例分析

案情介绍：2017年某月某日临沂出现暴雨天气，11时左右，某奥迪轿车行驶至临沂市某区某路和某路交会处往南时因积水过深致使车辆被淹熄火，导致车辆受损严重，无法正常使用，如图7-3所示。

图7-3 水灾车辆

（1）勘验到更换下的发动机旧件，一缸连杆弯曲，活塞裙部断裂，其余连杆、活塞未见明显变形，进排气门部分弯曲，发动机缸体一缸缸壁有一处较小的凹坑，曲轴轴颈有锈迹和划痕，进排气凸轮轴轴颈有划痕，油底壳内有残留的乳白色机油和杂质，缸盖燃烧室部位有挤压痕迹，缸盖上的凸轮轴轴承座有划痕，发动机内其余部件未见明显损坏痕迹，如图7-4（c）和（d）所示。

（2）勘验到更换下的方向机、变速箱、发电机、起动机、蓄电池、打气泵、三元催化器、车身线束、发动机线束、发动机电脑、电子扇、节气门体等电器或内含电器的部件。提供的事故照片材料显示，上述部件均有水淹痕迹。变速箱总成未拆解，表面没有损坏痕迹，如图7-4（e）和（f）所示。

（3）提供的事故照片材料显示，车辆表面有雨淋痕迹，两前大灯进水，表面玻璃呈雾状已不透明，发动机铝质进气支管表面出现白色斑点，水箱、冷凝器过水痕迹，表面有附着的干树叶等水中漂浮物，空滤壳底部还有残留的水，驾驶室地毯过水，底板上还有残留的水，如图7-4（g）～（j）所示。

（a）车辆已修复

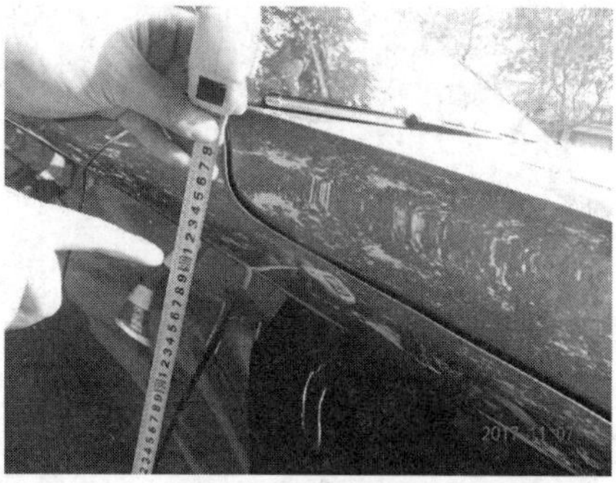

（b）水淹高度测量

（c）连杆弯曲

（d）油底壳内机油呈乳白色、有杂质

（e）打气泵过水

（f）三元催化器过水

（g）大灯进水、内部出现雾水

（h）进气支管出现白色斑点

图 7-4（一） 传统燃油车辆水灾损失情况

（i）水箱、冷凝器表面树叶等漂浮物

（j）地毯下部的水迹

图 7-4（二） 传统燃油车辆水灾损失情况

经实车勘验综合分析，该车辆损坏部件已达更换程度。车辆损失作业表如表 7-1 所示。

表 7-1 车辆损失作业表

车辆更换主要配件、作业项目及价格				
序号	名称	单价/元	数量	金额/元
1	前大灯（左右）	21937	2	43974
2	氙气包（左右）	3348	2	6696
3	雷达	359	4	1436
4	雷达线束	1131	1	1131
5	油门踏板	285	1	285
6	左前座椅电机	1745	3	5235
7	左前座椅调整开关	754	1	754
8	左前座椅线束	1074	1	1074
9	右前座椅电机	1745	3	5235
10	右前座椅调整开关	754	1	754
11	右前座椅线束	1074	1	1074
12	地板革	3565	2	7130
13	点火线圈	215	6	1290
14	氧传感器	1774	4	7096
15	火花塞	70	6	420
16	前安全带（左右）	3044	2	6088
17	三元催化器	3045	2	6090
18	车身线束	89397	1	89397
19	废气阀	44	1	44
20	空气滤芯	426	1	426
21	机油滤芯	136	1	136
22	气门（进、排）	126	24	3024

续表

序号	名称	单价/元	数量	金额/元
23	气门油封	18	24	432
24	气缸垫	296	2	592
25	活塞	18318	1	18318
26	连杆	9715	1	9715
27	节气门（左右）	4464	2	8928
28	大灯模块	2001	2	4002
29	高压油泵	2127	1	2127
30	摄像头电脑	5520	1	5520
31	爆震传感器	22	1	22
32	蜗牛喇叭	454	2	908
33	喷油嘴	237	12	2844
34	曲轴前后油封	100	2	200
35	机舱线束	29169	1	29169
36	起动机	2895	1	2895
37	发电机	5983	1	5983
38	压缩机	9778	1	9778
39	方向机	13806	1	13806
40	机油油位传感器	452	1	452
41	电子扇	5365	1	5365
42	发动机电脑	14365	1	14365
43	打气泵	2660	1	2660
44	分配阀	118	1	118
45	蓄电池	976	1	976
46	电子水泵	1029	1	1029
47	倒车模块	1822	1	1822
48	残值			-500
49	辅料			900
50	变速箱清洗保养			4500
51	拆装、调试			7800
	合计			343515

修复费用约为343515元（大写：叁拾肆万叁仟伍佰壹拾伍圆整）。

7.2.2　新能源车辆（水灾）事故损失案例分析

新能源车得益于不需要进排气系统，在涉水能力方面展现出了比传统燃油车更有力的表现，如图7-5所示。

图 7-5　新能源车涉水情况

新能源车涉水能力相对更强，但也有时间限制，一旦接近或超过其核心部件防水等级时间也会存在失去动力风险甚至触发更严重的安全隐患。而且浸泡过水的毫米波雷达、红外传感器、摄像头等感知部件也很有可能出现故障甚至报废。

目前为止，所有电动车防水防尘的能力几乎都可以达到 IP67 级别。“6”代表完全防止灰尘进入，“7”代表常温常压之下，在深度为 1 米的水中浸泡时间不超过 30 分钟。短时间的液体浸泡以及喷溅，都不会对动力电池产生影响。新能源车辆被泡的时间若超过了这个数值，不止是动力电池系统，包括机舱、内饰等内部零件也会受到极大的损伤。如果泡在水中，由于水中杂质较多，一旦电池进水，内部很容易烧蚀。这也意味着，水灾中的纯电动汽车出故障概率远高于平常。与此同时，以目前新能源车的乘员舱密封性和高低压接插件的密封性工艺，并不能保证安全，而贸然涉水，一旦路面有坑洼或者锐角，划伤底盘，甚至划破了高压线，危险性会很大。

案例：2018 年 8 月 31 日下午，一辆力帆 650EV 在广州一街上自燃并爆炸，现场有滚滚的浓烟，这辆新能源汽车最终被完全烧毁，如图 7-6 所示。力帆股份回应称，在着火前，该公司已提前在监控平台监控到车辆电池异常，并第一时间通知用户就近寻找安全的地方停车等待检修。

（a）开始燃烧　　（b）完全烧毁

图 7-6　新能源车火灾现场

初步判定车辆电池着火的原因为：广州连日暴雨，此车辆被雨水浸泡超过 2 小时，导致电池微渗漏。浸泡后，客户未主动与服务站联系检测，此后在客户用车时，因电芯短路，引发电池着火。

7.3 汽车火灾损失分析

7.3.1 汽车火灾分类

火灾对车辆的损坏一般分为整体燃烧和局部燃烧。

1. 整体燃烧

整体燃烧是指机舱内线路、电器、发动机附件、仪表台、内装饰件、座椅烧损，机械件壳体烧融变形，车体金属（钣金）件脱炭（材质内部结构发生变化），表面漆层大面积烧损。该情况下的汽车损坏通常非常严重。

2. 局部烧毁

局部烧毁分为以下3种情况：

（1）机舱着火，造成发动机前部线路、发动机附件、部分电器、塑料件烧损。

（2）轿壳或驾驶室着火，造成仪表台、部分电器、装饰件烧损。

（3）货运车辆货箱内着火。

7.3.2 汽车火灾损失评估步骤

（1）对明显烧损的进行分类登记。

（2）对机械件应进行测试、拆解检查，特别是转向、制动、传动部分的密封橡胶件。

（3）对金属件（特别是车架、前后桥、壳体类）考虑是否因燃烧而退火、变形。

对于因火灾使车辆遭受损害的，拆解检查工作量很大，且检查、维修工期较长，一般很难在短时期内拿出准确的估价单，只能边检查边定损，反复进行。

7.3.3 汽车火灾损失评估

汽车起火燃烧以后，其损失评估的难度相对较大。

如果汽车的起火燃烧被及时扑灭，可能只会导致一些局部的损失，损失范围也只是局限在过火部分的车体油漆、相关的导线及非金属管路、过火部分的汽车内饰。只要参照相关部件的市场价格，并考虑相应的工时费，即可确定损失的金额。

如果汽车的起火燃烧持续了一段时间之后才被扑灭，虽然没有对整车造成毁灭性的破坏，但也可能造成比较严重的损失。凡被火“光顾”过的车身的外壳、汽车轮胎、导线线束、相关管路、汽车内饰、仪器仪表、塑料制品、外露件的美化装饰等都可能会报废，定损时需要考虑到相关需更换件的市场价格和工时费。

如果起火燃烧程度严重，外壳、汽车轮胎、导线线束、相关管路、汽车内饰、仪器仪表、塑料制品、外露件的美化装饰等肯定会被完全烧毁。部分零部件，如控制电脑、传感器、铝合金铸造件等可能会被烧化，失去任何使用价值。一些看似“坚固”的基础件，如发动机、变速器、离合器、车架、悬架、车轮轮毂、前桥、后桥等，在长时间的高温烘烤作用下，会因“退火”而失去应有的精度，无法继续使用，此时汽车离完全报废的距离已经很近了。

7.3.4 新能源汽车火灾的起火原因

当新能源汽车出现火灾、撞击等事故后，内部电池可能出现挤压、穿刺、损坏等情况，引发液体泄漏、燃烧，甚至爆炸，在导电介质的作用下，很容易使司机或者乘客发生触电情况。对于纯电动汽车来说，大多采用锂离子电池组作为储电单元，当电池负极与空气接触后，很容易出现剧烈氧化，加大爆炸现象的发生概率，在无形中增加了处理难度。

1. 起火原因

起火原因多为：

（1）充电不当、冲击严重、水淹严重造成的。发生碰撞时，电池组变形，导致电池隔膜撕裂短路，可燃电解液泄漏，最终引发火灾。建议定期保养新能源汽车，养成良好的安全驾驶和充电习惯。

（2）目前新能源汽车主要使用三元锂电池，部分车型使用磷酸铁锂电池，两者都属于液态锂离子电池。对于液态锂离子电池来说，充放电反应其实就是内部锂离子的运动过程。在长期充电过程中，内部化学反应加剧，温度逐渐升高，容易导致火灾的发生。对于锂离子电池来说，如果有碰撞或变形，很容易发生锂枝晶，导致起火。所以从厂商的角度来说，需要提高动力电池的稳定性和保护能力。保护能力主要表现在对底盘的保护上，因为目前的纯电动车电池主要位于底盘。

2. 碰撞导致电动车起火事故分析

从事故诱因方面可将事故分为间接事故和直接事故。间接事故是指机械变形后未直接引发着火事故，但是经后期事故鉴定，推断为机械变形引发，或者无法排除机械变形导致事故的可能性。直接事故是指极端的机械变形导致电池系统受到严重破坏，直接导致电池热失控，并引发车辆着火事故。

间接事故，如连接件松动。在部分底部碰撞事故中，电池包受到外部冲击载荷，虽未造成壳体破损或较大变形，但其内部连接件或紧固件发生松动，导致局部电阻变大，随着使用时间的增长，发热量持续增大，最终导致局部热失控。直接事故，如异物侵入。异物直接侵入容易导致电池系统当场失效，引发电池系统热失控，导致新能源汽车出现火灾事故。严重的变形可能会直接引发着火事故。在车辆行驶过程中，电池系统位于底部无保护状态，极易发生底部或者侧面严重变形。电动汽车由于底部装配电池系统，因此其离地间隙通常较小，在行驶过程中容易与路缘石或者马路上的凸起发生磕碰。如果发生严重变形，引发着火事故的可能性极高。

7.4 事故车辆（火灾）事故损失案例分析

7.4.1 传统燃油车辆（火灾）事故损失案例分析

案例：2019 年某月某日某时许，某车停放在自家门口，发现车头部位着火。

（1）车辆仍在事发地点头西尾东停放，现场为水泥地面。该车整车过火漆层烧损，前后杠、全车灯光组件烧损，如图 7-7（a）和（b）所示，前后杠过火烧损的残骸坠落在地面相应位置。左前铝质轮圈内侧大部分熔化，外侧未熔化；右前铝质轮圈内侧少部分熔化，外侧未熔化。两后轮胎尚有较多剩余，铝质轮圈未熔化并呈黑色。铝质前牌照左侧部分熔化，右侧未熔化，如图 7-7（c）所示，前杠骨架左侧部分呈深褐色，中间及右侧呈浅褐色；散热器框架左侧呈亮灰色，中部及右侧呈白色，如图 7-7（d）所示。

（2）前机盖内侧面整体呈灰白色，如图 7-7（e）所示。位于机舱前部的铝质冷凝器、散热器大部分熔化，剩下少部分残留；发动机进气歧管烧毁，发动机整体呈黑色，如图 7-7（f）所示。紧邻燃油分配器的铝质气门室盖及缸盖未熔化，燃油管路经过部位未见燃油助燃的强烈燃烧痕迹。位于机舱左侧的蓄电池壳烧毁并呈黑色，保险继电器盒烧损，内部继电器呈散开状但未见异常高温变色现象。位于机舱右侧的铝质发电机壳轻微熔化，铝质发动机前支架未熔化。检查机舱内过火烧损裸露线束，蓄电池下支架处发现一带有熔痕的线束，做了进一步检查，非短路现象。检查机舱内其余过火烧损裸露线束，未见短路熔珠及过电流熔痕。

（3）驾驶室内仪表台、座椅及内饰板等部件烧损，仪表台及座椅骨架裸露，如图 7-7（g）所示，过火烧损的残骸坠落在车底板上并呈黑色。检查驾驶室内过火烧损裸露线束，未见短路熔珠及过电流熔痕。

（4）检查车辆底部，发动机及变速箱油底壳、元宝梁、车底板下表面均有大量烟尘附着，如图 7-7（h）所示，车辆后部的燃油箱烧毁。紧邻车底板左侧的燃油管路经过部位未见燃油助燃的强烈燃烧痕迹。

（a）前杠、前灯光组件等烧损

（b）后杠、后灯光组件等烧损

（c）铝质前牌照左侧部分熔化，右侧未熔化

（d）前杠骨架、散热器框架左侧烧损较重

图 7-7（一） 车辆火灾受损

（e）前机盖内侧面整体呈灰白色

（f）发动机整体呈黑色

（g）驾驶室内过火烧损

（h）车底板下表面有大量的黑色烟尘附着

（i）事发时车辆中后部尚未起火

（j）车辆左前方不远处有一堆燃烧物

图 7-7（二）　车辆火灾受损

经勘验及综合分析认为，应为外来因素引起，车辆完全损失。

7.4.2 新能源车辆（火灾）事故损失案例分析

由于纯电动汽车的内部装置较多，管线错综复杂，且大部分为可燃物体，在自由燃烧状态下，火焰可持续 90min 左右，温度最大值可达 916℃，当汽车某一部分发生火灾后，很容易蔓延整个车厢，形成大范围的燃烧，常规的灭火剂灭火效果不够理想，加上灭火物受到座椅、护栏等物体的阻挡，难以直接作用在火灾点上，因此往往需要花费较长的时间才可完成灭火任务。据调查，当电池出现燃烧迹象到猛烈燃烧只需要 6s 的时间，且火焰的喷射距离较远，可达到 5m 以上，在燃烧过程中还有大量喷溅物散落在周围，并产生大量醚、烯烃、烷烃等物质，部分物质具有毒性，例如氢燃料电池是将氢气存储到压力容器中，压力达到 70MPa，一旦电池受损导致氢气泄露，空气中的氢气含量超过 4%，周围温度超过 500℃时便具备爆炸条件，对救援人员的生命安全构成较大威胁。

案例 1：2020 年 5 月 4 日晚上 8 时一刻左右，深圳大鹏新区惠深沿海高速公路沿大鹏方向，一辆比亚迪电动公交车起火燃烧。据媒体报道，当时这辆公交车共有 7 名乘客，当事司机在采访中表示，当时仪表盘显示动力电池过热，车子失去动力，他就靠边停车，下车去检查时发现后面开始冒烟了。司机立刻让乘客下车，并打电话报警。消防员到达现场时，火势已经蔓延开来。最终，经过 9 辆消防车和 52 名指战员的共同努力，火被扑灭，车子烧得只剩个车底盘了，车辆完全损失。火灾施救现场如图 7-8 所示。

图 7-8　火灾施救现场

案例 2：2021 年 1 月 19 日傍晚，上海市闵行区的一位特斯拉 Model 3 车主下班回家将车开到小区地下车库，突然发现车底窜出明火，等到消防部门赶来，车已成空壳，如图 7-9 所示。事发当时车辆位于地库道路中央，还没有停进车位，尚未殃及几米之外的其他车辆。自车车辆完全损失。

图 7-9　火灾现场

本章小结

本章介绍了车辆水/火灾损伤评估的相关知识，包括汽车水灾损失的影响因素、汽车水淹状况的检查与处理，并针对汽车静态进水和动态进水分别作了损坏分析，同时列举了传统燃油车辆和新能源车辆在发生水灾损失时的案例分析。本章针对汽车火灾损失分析给出了汽车火灾分类及评估步骤，重点介绍了新能源汽车火灾的起火原因。

知识训练

1. 汽车被水浸泡后容易造成哪些损失？
2. 汽车火灾损失评估分哪几个步骤？
3. 新能源汽车火灾的起火原因有哪些？
4. IP67 级别的含义是什么？

能力训练

1. 新能源车电池包进水应该如何评估？
2. 车辆发生火灾造成局部烧损，如何评估未烧损的区域？

第8章 汽车评估师职业规范

知识目标

1. 了解就业准入与职业资格证书制度。
2. 掌握汽车评估师职业道德规范。
3. 掌握汽车评估师的职业标准。

能力目标

1. 熟悉我国的就业准入制度与职业资格证书制度。
2. 能够准确把握我国汽车评估师职业的道德规范。
3. 能够熟练利用《机动车鉴定评估师国家职业标准》进行二手车的鉴定评估。

8.1 就业准入制度与职业资格证书制度

所谓就业准入是指根据《劳动法》和《职业教育法》的有关规定，对从事技术复杂、通用性广，涉及国家财产、人民生命安全和消费者利益的职业（工种）的劳动者，必须经过培训，并取得职业资格证书后，方可就业上岗。实行就业准入的职业范围由人力资源和社会保障部确定并向社会发布。实行就业准入制度的目的就是提高劳动者的技能水平，增强其就业能力和适应职业变化的能力，从而实现高质量就业和稳定就业。

就业准入制度是在西方国家普遍实行的一项规范劳动就业与职业岗位关系的国际通行制度，它是对求职者进入某种职业岗位而提出的一种专业技术、技能要求，具体表现形式为“职业资格证书”。职业资格证书是表明劳动者具有从事某一职业所必备的学识和技能的证明，是劳动者求职、任职、开业的资格凭证，它和学历证书一起被社会所重视，被称作“双证并重、双证并举”，是用人单位招聘、录用劳动者的主要依据。

8.1.1 就业准入制度与职业资格证书制度的基本概念

1. 职业资格

职业资格是对从事某一职业所必备的学识、技术和能力的基本要求。职业资格包括从业资格和执业资格。

从业资格是指从事某一专业（工种）所需学识、技术和能力的起点标准。

执业资格是指政府对某些责任较大、社会通用性强、关系公共利益的专业（工种）实行准入控制，是依法独立开业或从事某一特定专业（工种）所需学识、技术和能力的必备标准。

职业资格分别由国务院劳动、人事行政部门通过学历认定、资格考试、专家评定、职业技能鉴定等方式进行评价，对合格者授予国家职业资格证书。

职业资格证书是国家对申请人专业（工种）学识、技术、能力的认可，是求职、任职、独立开业和单位录用的主要依据。

2. 职业资格证书制度

职业资格证书制度是我国劳动就业制度的一项重要内容，也是一种特殊形式的国家考试制度。它是指按照国家制定的职业技能标准或任职资格条件，通过政府认定的考核鉴定机构，对劳动者的技能水平或职业资格进行客观公正、科学规范的评价和鉴定，对合格者授予相应的国家职业资格证书。

3. 职业资格证书的作用

职业资格证书是表明劳动者具有从事某一职业所必备的学识和技能的证明。它是劳动者求职、任职、开业的资格凭证，是用人单位招聘、录用劳动者的主要依据，也是境外就业、对外劳务合作人员办理技能水平公证的有效证件。

职业资格证书与学历文凭证书不同，学历文凭表示的是学习经历的毕业证书，是证明证书持有者曾经学过某种专业，更多地反映了证书持有者的知识和文化水平；职业资格证书更多地反映特定职业的实际工作标准和规范，以及劳动者从事这种职业所达到的实际能力水平。职业资格证书可以通过多个渠道获得。

4. 推行职业资格证书制度的法律依据

《中华人民共和国劳动法》第八章第六十九条规定：“国家确定职业分类，对规定的职业制定职业技能标准，实行职业资格证书制度，由经备案的考核鉴定机构负责对劳动者实施职业技能考核鉴定。”

《中华人民共和国职业教育法》第一章第八条规定：“实施职业教育应当根据社会经济发展需要，结合职业分类、职业标准、职业发展需求，制定教育标准或培训方案，实行学历证书及其他学业证书、培训证书、职业资格证书和职业技能等级证书制度，实行劳动者再就业前或者上岗前接受必要的职业教育的制度。”

5. 取得职业资格证书的途径

《劳动法》第六十九条规定得很清楚，“由经备案的考核鉴定机构负责对劳动者实施职业技能考核鉴定”，合格者即可获得职业资格证书。职业技能鉴定是一项基于职业技能水平的考核活动，属于标准参照型考试，由考试考核机构对劳动者从事某种职业所应掌握的技术理论知识和实践操作能力做出客观的测量和评价。职业技能鉴定是国家职业资格证书制度的重要组成部分。

根据国家相关规定，办理职业资格证书的程序为：职业技能鉴定所（站）将考核合格人员名单报经当地职业技能鉴定指导中心审核，再报经同级劳动保障行政部门或行业部门劳动保障工作机构批准后，由职业技能鉴定指导中心按照国家规定的证书编码方案和填写格式要求统一办理证书，加盖职业技能鉴定机构专用印章，经同级劳动保障行政部门或行业部门劳动保障工作机构验印后，由职业技能鉴定所（站）送交本人。

6. 国家职业资格证书的等级

中华人民共和国人力资源和社会保障部《招用技术工种从业人员规定》第三条："国家实行职业资格证书制度，由经过劳动保障行政部门批准的考核鉴定机构对劳动者实施职业技能考核鉴定。国家职业资格分为初级（五级）、中级（四级）、高级（三级）、技师（二级）、高级技师（一级）。"

我国职业资格证书分为五个等级：初级（国家职业资格五级）、中级（国家职业资格四级）、高级（国家职业资格三级）、技师（国家职业资格二级）和高级技师（国家职业资格一级）。

7. 国家对实行就业准入的具体规定

职业介绍机构要在显著位置公告实行就业准入的职业范围；各地印制的求职登记表中要有登记职业资格证书的栏目；用人单位招聘广告栏中也应有相应职业资格要求。职业介绍机构的工作人员在工作过程中，对国家规定实行就业准入的职业应要求求职者出示职业资格证书并进行查验，凭证推荐就业；用人单位要凭证招聘用工。

从事就业准入职业的新生劳动力，就业前必须经过1～3年的职业培训，并取得职业资格证书；对招收未取得相应职业资格证书人员的用人单位，劳动监察机构应依法查处，并责令其改正；对从事个体工商经营的人员，要取得职业资格证书后工商部门才办理开业手续。

8. 职业技能鉴定

职业技能鉴定是一项基于职业技能水平的考核活动，属于标准参照型考试。它是由考试考核机构对劳动者从事某种职业所应掌握的技术理论知识和实际操作能力做出客观的测量和评价。职业技能鉴定是国家职业资格证书制度的重要组成部分。

世界上许多国家和地区都有类似的制度。就我国而言，所谓职业技能鉴定，是指按照国家规定的职业技能标准或任职资格条件，通过政府劳动部门认定的鉴定考核机构，对劳动者的技能水平或职业资格进行客观、公正、科学、规范的评价与认证的活动。

9. 我国职业技能鉴定工作的总体目标

我国职业技能鉴定工作的总体目标是：以全面提高劳动者素质、增强劳动者就业能力和工作能力为出发点，尽快完善职业技能鉴定社会化的管理，基本完成国家职业分类体系建设。在主要行业完成职业标准、考核制度和国家职业资格证书体系建设，基本建成覆盖全国的、分层次的职业技能鉴定体系，形成全国职业技能鉴定网络，使国家职业资格证书制度成为促进我国人力资源开发、实现充分就业和保证企业产生效益的主要制度，使职业技能鉴定的职业（工种）和鉴定对象的覆盖面明显扩大，鉴定质量明显提高，职业资格证书的权威在社会上明显增强，逐步实现职业资格证书与学业证书并重，职业资格证书制度与国家就业制度相衔接。

10. 职业技能鉴定的主要内容和方式

国家实施职业技能鉴定的内容是依据国家职业技能标准、职业技能鉴定规范和相应教材来确定的，并通过编制试卷来进行鉴定考核，主要包括职业知识、操作技能和职业道德三个方面。试卷分为理论知识要求试卷和实际操作技能要求试卷两种。理论知识要求试卷采用笔试，实际操作技能要求试卷采用现场操作加工典型工件、生产作业项目、模拟操作等方式。计分采用百分制，两部分成绩都在60分（含60分）以上为合格，80分以上为良好，95分以上为优秀。

11. 申请职业技能鉴定的报名方法

申请职业技能鉴定的人员可向当地职业技能鉴定所（站）提出申请，填写职业技能鉴定申请表。报名时应出示本人身份证、培训毕（结）业证书、《技术等级证书》或工作单位劳资部门出具的工作年限证明等。申报技师、高级技师任职资格的人员，还须出具本人的技术成果和工作业绩证明，并提交本人的技术总结和论文资料等。

12. 申报职业技能鉴定的要求

参加不同级别鉴定的人员，其申报条件不尽相同，考生要根据鉴定公告的要求确定申报的级别。一般来讲，不同等级的申报条件为：参加初级鉴定的人员必须是学徒期满的在职职工或职业学校的毕业生；参加中级鉴定的人员必须是取得初级技能证书并连续工作5年以上，或是经劳动行政部门审定的以中级技能为培养目标的技工学校以及其他学校的毕业生；参加高级鉴定的人员必须是取得中级技能证书5年以上，连续从事本职业（工种）生产作业可少于10年，或是经过正规的高级技工培训并取得了结业证书的人员；参加技师鉴定的人员必须是取得高级技能证书，具有丰富的生产实践经验和操作技能特长，能解决本工种关键操作技术和生产工艺难题，具有传授技艺能力和培养中级技能人员能力的人员；参加高级技师鉴定的人员必须是任技师3年以上，具有高超精湛技艺和综合操作技能，能解决本工种专业高难度生产工艺问题，在技术改造、技术革新以及排除事故隐患等方面有显著成绩，而且具有培养高级工和组织带领技师进行技术革新和技术攻关能力的人员。

13. 申报职业技能鉴定的注意事项

申报职业技能鉴定，先要根据所申报职业的资格条件确定自己申报鉴定的等级。如果需要培训，要到经政府有关部门批准的培训机构参加培训。申报职业资格鉴定时要准备好照片、身份证以及证明自己资历的材料，参加正规培训的须有培训机构证明，工作年限须有本人所在单位证明，经鉴定机构审查符合要求的，由鉴定所（站）颁发准考证。参加考试时必须携带准考证，否则不能参加考试。

在现代职场中，每个劳动者都希望具有一技之长，作为就业的砝码，或者成为不可替代的角色。在实际工作中，越专业的人才越无法被替代。而职业资格证书已成为职场人职业发展的重要砝码，是人们趋之若鹜的“硬通货”。一般来说，获得一项认证，个人的薪金就能得到一定幅度的提高以及职位的提升。正是因为职业证书的这些优势所在，现在社会上各类协会、行业组织也组织各种职业资格培训、考试、认证，但是各种证书的含金量不一，适用范围可能也受到限制。

8.1.2 机动车鉴定评估师职业介绍

2020年我国机动车保有量达到3.72亿辆，其中汽车2.81亿辆，已成为全球第二大的汽车消费国。汽车更新换代带来大量二手车交易需求，2020年全国完成交易二手车1434.14万辆，超过了新车交易量的50%，二手车交易方式呈现出复杂化、多样化和专业化的趋势。商务部表示，国家支持建设全国统一、公开竞争、规范有序的二手车市场体系，鼓励发展专业化、品牌化发展模式。“机动车鉴定评估师”作为一个新兴职业，近年来行业人才需求量越来越大，但真正的综合型、专业型机动车鉴定评估人才极少，专业的机动车鉴定评估人员依旧被行业认为是“紧缺人才”。“机动车鉴定评估师”逐渐发展成一支规模庞大、素质高、业务纯熟、运作规范的队伍，并逐渐成为汽车销售交易的中坚力量。

“鉴定估价师（机动车鉴定评估师）”在我国原来的国家职业大典中的正式名称为“二手车鉴定评估师”，从2021年12月2日开始更名为“鉴定估价师（机动车鉴定评估师）”，本书中有的地方沿用二手车鉴定评估师的称谓。目前，随着我国汽车市场的迅速发展，相应的二手车市场的交易量也大幅提高，但是市场上缺乏具有丰富实践经验、优秀的、受过专业教育的、拥有“二手车鉴定评估师”资格证的二手车交易中介人员。二手车鉴定评估师就职的汽车4S店、租赁典当行、保险公司、拍卖公司、保险公估公司、资产评估公司、二手车的市场经营主体等都亟需一批具有专业知识和市场经验的二手车鉴定评估师。

根据《国家职业技能标准——鉴定估价师（机动车鉴定评估师）2021版》，鉴定估价师（机动车鉴定评估师）是经国务院批准的六类资产评估职业之一，是资产评估的重要组成部分，持有机动车鉴定评估师证书是成立二手车鉴定评估机构的必备条件之一。

在二手车交易过程中，卖方总是想卖得价格高一些，而即使再低的价格买方也不会觉得便宜，如果没有机动车鉴定评估师的介入，买卖双方对于二手车的价格很难得出一个双方都认为合理的估价，使得交易艰难进行甚至无法进行。机动车鉴定评估师是通过全国统一考试合格后获得资质证书的专业评估人员，持中立的立场，根据市场行情以及汽车的实际技术状态得出相对合理的市场建议价，为买卖双方的顺利交易提供便利。归纳起来，其作用有以下几点：

（1）在二手车交易中起着桥梁作用。通过对汽车市场的了解，具有汽车评估专业知识和丰富经验的评估师站在中立的立场，可以提出具有参考价值的交易价格，为交易双方起到桥梁作用。

（2）在交易中起着引导作用。随着汽车市场的发展和社会经济的发展，汽车保有量在增加，而新旧车主绝大多数不是汽车专业人士，特别是由于信息不对称，二手车的买方对车辆的使用状况不了解，往往汽车评估师的建议会影响买方的购买决策，这样评估师的建议对二手车的交易可以起到引导作用。

（3）对二手车市场的发展起促进作用。二手车评估质量的高低（评估价格是否合理）往往会影响二手车的交易行为。以前，人们不敢买二手车的原因之一就是买方对车的状况不了解，担心“买亏了”，而犹豫不决或者不买二手车，影响了二手车市场的发展。而二手车鉴定评估师对二手车进行合理评估，使买卖双方可以放心地进行交易，促进二手车市场的顺利发展。

（4）为二手车的置换、抵押等活动提供帮助。随着二手车市场的发展，交易量越来越大。二手车的原车主在进行二手车置换或者二手车抵押贷款时都需要确定二手车的价值，便于汽车经销商将旧车折算成一定的价钱或者银行系统能够提供合适的贷款数额（银行的贷款额度是按照车辆价值的一定比例进行发放的），二手车鉴定评估师可以对车辆进行鉴定估价，使旧车置换、抵押贷款等事宜顺利进行。

8.2 汽车评估师职业守则

职业守则是职业道德的一种体现。道德是社会意识的一种，它是指在生活中，由经济基础决定，用好与坏、善与恶、荣与辱等标准进行评价，并凭借内心信念、社会舆论、传统习惯等来实现调节人们之间相互关系的社会行为规范总和。而职业守则是与职业活动密切相连的符合职业特点所要求的道德准则、道德情操和道德品质的总和，它是一般社会道德在特定的职业活动上的反映，是所有机动车鉴定评估从业人员在职业活动中应该遵循的行为准则，包括社会责任、经济责任、法律责任、诚信责任等。

8.2.1 社会责任

机动车鉴定评估业是评估业的一部分，是为二手车流通及车辆技术鉴定等服务的，也承担着社会责任。从职业工作内容上讲，机动车鉴定评估职业所承担的社会责任就是对机动车技术状况和车辆评估价值负责，对委托方负责。履行机动车鉴定评估师的社会责任，需要具备高度负责的职业情感，为委托方提供主动的、自觉的服务。在机动车鉴定评估职业活动中，缺乏职业情感的现象包括缺少学习掌握鉴定评估技术的积极性、忽视机动车鉴定评估作业要求、粗略评估机动车价值等。机动车鉴定评估从业人员，在机动车鉴定评估行业中承担着重要的社会责任，应以高度的责任感和饱满的激情全心全意为委托方提供技术服务。

从宏观上讲，我国二手车流通的社会主义性质决定了机动车鉴定评估师职业责任与社会责任的一致性，即承担着保障二手车流通业发展的重要责任。机动车鉴定评估职业直接影响二手车交易的市场秩序，影响人们的直接利益和生命及财产的安全。机动车鉴定评估师在从事车辆鉴定评估工作中直接与服务对象进行面对面的接触、沟通、洽谈，需要同社会中其他行业或职业（如二手车交易、二手车置换、二手车拍卖、汽车保险、汽车维修、司法鉴定、车辆拍卖等）发生直接的联系，在这种工作性质下，就要求机动车鉴定评估师在实践机动车鉴定评估职业道德时，要坚决履行社会公德，自觉严格要求自己，对车辆价值及技术状况作出客观、真实、公正、公开的评估，促进二手车流通行业发展及影响社会其他行业发展。

8.2.2 经济责任

经济责任是指经济法律关系主体违反经济法义务或经济合同义务依法应承担的法律责任。机动车鉴定评估师的工作内容执行建立在合同签订的基础之上，为委托方提供合同范围内的服务义务，服务内容涉及委托方的经济部分，如车辆价值评估、车辆维修费用评估、事故责任判定等，所以机动车鉴定评估师承担着经济责任。

经济主体是指在市场经济活动中能够自主设计行为目标、自由选择行为方式、独立负责行为后果并获得经济利益的能动的经济有机体。经济有机体包括与经济活动有关的政府、机构、企业、自然人。其中，政府是市场运行和经济关系的管理调节主体，是国民总收入的分配主体，也是市场监管的主体；企业是从事生产经营活动的经济组织，是物质产品和服务的提供者，是社会的生产经营主体，是市场监管的相对人；自然人是生产要素的提供者，又是消费主体，在一些情况下，也是市场监管的相对人。

机动车鉴定评估职业为经济主体提供专业的服务内容，根据服务范围可概括经济主体为车主、保险公司、厂家、法院、第三方（可以是行人或其他车主）等。

机动车鉴定评估师为其鉴定的结果可直接或间接影响这些主体的经济利益，如车辆价值评估的高低直接影响卖方可收到的金额。由于涉及经济主体的经济利益，因此要求机动车鉴定评估师要严格遵守职业道德，充分利用知识技能及工具对车辆价值作出真实、公正、公开的评估，承担经济责任。

8.2.3 法律责任

法律责任是指任何组织和个人均应负有的遵守法律，自觉维护法律尊严的义务。法律责任同违法行为紧密相连，只有实施某种违法行为的人才承担相应的法律责任。

机动车鉴定评估师及相关企业应当遵守相关的法律、法规、行业规范等。在汽车流通领域，涉及国家层面和主管部门层面的法律、法规文件较多，其中包括并不限于《中华人民共和国道路交通安全法》《中华人民共和国资产评估法》《二手车流通管理办法》《二手车交易规范》《机动车鉴定评估执行技术管理规范》等，这些文件规范为机动车鉴定评估师及行业提供法律及执行依据，而机动车鉴定评估师及企业则履行相关的法律责任及执行准则。

1. 机动车鉴定评估师的行业监管

多数省市的机动车鉴定评估行业协会都制定并实行相关的《机动车鉴定评估执行技术管理规范》，规范中清晰、明确地规定行业监管内容，从而对机动车鉴定评估师及行业进行有效的培训和监管。

其中行业监管的内容大致如下：

第一条　机动车评估机构、机动车鉴定评估师和其他机动车鉴定评估专业人员应当遵守本规范，诚实守信、勤勉尽责、谨慎从业，具有良好的职业道德。

第二条　机动车鉴定评估师及机动车鉴定评估专业人员执行机动车鉴定评估业务，应当独立进行分析、估算并形成专业意见，不受委托人或相关当事人的干预。机动车鉴定评估师及机动车鉴定评估专业人员在执业中不得有下列行为：

（1）私自接受委托从事业务、收取费用。

（2）同时在两个以上机动车鉴定评估机构执业。

（3）采用欺骗、利诱、胁迫，或者贬损、诋毁其他鉴定评估专业人员等不正当手段招揽业务。

（4）允许他（她）人以本人名义从事业务，或者冒用他人名义从事业务。

（5）签署本人未承办业务的鉴定评估报告。

（6）索要、收受或者变相索要、收受合同约定以外的酬金、财物，或者谋取其他不正当利益。

（7）签署虚假鉴定评估报告或者有重大遗漏的鉴定评估报告。

（8）违反法律、行政法规的其他行为。

第三条　设立机动车鉴定评估机构，应当向工商行政管理部门申请办理登记。机动车鉴定评估机构应当自领取营业执照之日起三十日内向设区县的市级政府鉴定评估行政管理部门备案。机动车鉴定评估机构在执业中不得有下列行为：

（1）利用开展业务之便谋取不正当利益。

（2）允许其他机构以本机构名义开展业务，或者冒用其他机构名义开展业务。

（3）以恶性压价、支付回扣、虚假宣传，或者贬损、诋毁其他鉴定评估机构等不正当手段招揽业务。

（4）受理与自身有利害关系的业务。

（5）分别接受利益冲突双方的委托，对同一鉴定评估对象进行鉴定评估。

（6）出具虚假鉴定评估报告或者有重大遗漏的鉴定评估报告。

（7）聘用或者指定不符合本法规定的人员从事机动车鉴定评估业务。

（8）违反法律、行政法规的其他行为。

第四条　机动车评估机构和机动车鉴定评估师及机动车鉴定评估执业人员，要接受协会的监督指导。

第五条　机动车鉴定评估机构及鉴定评估人员经营管理。为了规范机动车鉴定评估机构和机动车鉴定人的鉴定评估活动，保障机动车鉴定评估的质量，保障鉴定评估的顺利进行：

（1）机动车鉴定评估机构和机动车鉴定评估人员进行鉴定评估活动，应当遵守法律、法规、规章，遵守职业道德和执业纪律，尊重科学，遵守技术操作规范。

（2）机动车鉴定评估实行机动车鉴定评估人员负责制度。机动车鉴定评估人员应当依法独立、客观、公正地进行鉴定，并对自己作出的鉴定评估结论负责。机动车鉴定评估人员不得违反规定会见当事人及其委托的人。

（3）机动车鉴定评估机构和机动车鉴定人员应当保守在执业活动中知悉的国家秘密、商业秘密，不得泄露个人隐私。

（4）机动车鉴定评估人员在执业活动中应当依照有关诉讼法律和本技术规范规定实行回避。

（5）机动车鉴定评估收费执行国家及行业有关规定。

（6）机动车鉴定评估机构和机动车鉴定人员进行鉴定评估活动应当依法接受监督。机动车鉴定评估人员违反本管理规范规定的，机动车鉴定评估机构应当予以纠正。行业协会负责对机动车鉴定评估机构鉴定评估人员进行上岗前培训、注册、登记、考核、再培训等。

第六条　机动车鉴定评估人员在鉴定评估过程中造成机动车鉴定评估价值过高或过低，带来经济损失的，应由机动车鉴定评估机构予以先行垫付，并追究机动车鉴定评估人员的经济赔偿，后果严重的追究法律责任。

第七条　协会要规范会员从业行为，定期对会员出具的鉴定评估报告进行检查，建立会员信用档案，开展会员继续教育，检查会员建立风险防范机制的情况；受理对会员的投诉、举报，受理会员的申诉，调解会员执业纠纷。

第八条　机动车鉴定评估人员出庭作证。

（1）经人民法院依法通知鉴定评估人员应当出庭作证，回答与鉴定、评估事项有关的问题。

（2）机动车鉴定评估机构接到出庭通知后，应当及时与人民法院确认机动车鉴定人员出庭的时间、地点、人数、费用、要求等。

（3）机动车鉴定评估机构应当支持机动车鉴定评估人员出庭作证，为机动车鉴定评估人员依法出庭提供必要条件。

（4）机动车鉴定评估人员出庭作证，应当举止文明，遵守法庭纪律。

2. 机动车鉴定评估师的法律责任

《中华人民共和国宪法》第五条指出：中华人民共和国实行依法治国，建设社会主义法治国家。国家维护社会主义法制的统一和尊严。一切法律、行政法规和地方性法规都不得同宪法相抵触。一切国家机关和武装力量、各政党和各社会团体、各企业事业组织都必须遵守宪法和法律。一切违反宪法和法律的行为，必须予以追究。任何组织或者个人都不得有超越宪法和法律的特权。

同时，法律具有以下特征：由国家权力机关制定；对社会成员具有普遍约束力；以国家强制力保证实施；是调整权利和义务的行为规范等。从而可以明确，机动车鉴定评估师存在相应的法律责任，包含刑事责任和民事责任。

（1）《中华人民共和国刑法》中规定资产评估相关人员的刑事责任，条款如下：

第二百二十九条　承担资产评估、验资、验证、会计、审计、法律服务等职责的中介组织的人员故意提供虚假证明文件，情节严重的，处五年以下有期徒刑或者拘役，并处罚金。

前款规定的人员，索取他人财物或者非法收受他人财物，犯前款罪的，处五年以上十年以下有期徒刑，并处罚金。

第一款规定的人员，严重不负责任，出具的证明文件有重大失实，造成严重后果的，处三年以下有期徒刑或者拘役，并处或者单处罚金。

第二百三十一条　单位犯上述之罪的，对单位判处罚金，并对其直接负责的主管人员和其他直接责任人员，依照各条的规定处罚。

（2）《中华人民共和国公司法》中规定机动车鉴定评估师的民事责任，条款如下：

第一百零七条和第一百零八条规定，当事人一方不履行合同义务或者履行合同义务不符合约定的，应当承担继续履行、采取补救措施或者赔偿损失等违约责任。当事人一方明确表示或者以自己的行为表明不履行合同义务的，对方可以在履行期限届满之前要求其承担违约责任。

（3）《中华人民共和国资产评估法》中规定机动车鉴定评估师的法律责任，条款如下：

第四十四条　评估专业人员违反本法规定，有下列情形之一的，由有关评估行政管理部门予以警告，可以责令停止从业六个月以上一年以下；有违法所得的，没收违法所得；情节严重的，责令停止从业一年以上五年以下；构成犯罪的，依法追究刑事责任：

（一）私自接受委托从事业务、收取费用的。

（二）同时在两个以上评估机构从事业务的。

（三）采用欺骗、利诱、胁迫，或者贬损、诋毁其他评估专业人员等不正当手段招揽业务的。

（四）允许他人以本人名义从事业务，或者冒用他人名义从事业务的。

（五）签署本人未承办业务的评估报告或者有重大遗漏的评估报告的。

（六）索要、收受或者变相索要、收受合同约定以外的酬金、财物，或者谋取其他不正当利益的。

第四十五条　评估专业人员违反本法规定，签署虚假评估报告的，由有关评估行政管理部门责令停止从业两年以上五年以下；有违法所得的，没收违法所得；情节严重的，责令停止从业五年以上十年以下；构成犯罪的，依法追究刑事责任，终身不得从事评估业务。

第四十六条　违反本法规定，未经工商登记以评估机构名义从事评估业务的，由工商行政管理部门责令停止违法活动；有违法所得的，没收违法所得，并处违法所得一倍以上五倍以下罚款。

第四十七条　评估机构违反本法规定，有下列情形之一的，由有关评估行政管理部门予以警告，可以责令停业一个月以上六个月以下；有违法所得的，没收违法所得，并处违法所得一倍以上五倍以下罚款；情节严重的，由工商行政管理部门吊销营业执照；构成犯罪的，依法追究刑事责任：

（一）利用开展业务之便谋取不正当利益的。

（二）允许其他机构以本机构名义开展业务，或者冒用其他机构名义开展业务的。

（三）以恶性压价、支付回扣、虚假宣传，或者贬损、诋毁其他评估机构等不正当手段招揽业务的。

（四）受理与自身有利害关系的业务的。

（五）分别接受利益冲突双方的委托，对同一评估对象进行评估的。

（六）出具有重大遗漏的评估报告的。

（七）未按本法规定的期限保存评估档案的。

（八）聘用或者指定不符合本法规定的人员从事评估业务的。

（九）对本机构的评估专业人员疏于管理，造成不良后果的。

评估机构未按本法规定备案或者不符合本法第十五条规定的条件的，由有关评估行政管理部门责令改正；拒不改正的，责令停业，可以并处一万元以上五万元以下罚款。

第四十八条　评估机构违反本法规定，出具虚假评估报告的，由有关评估行政管理部门责令停业六个月以上一年以下；有违法所得的，没收违法所得，并处违法所得一倍以上五倍以下罚款；情节严重的，由工商行政管理部门吊销营业执照；构成犯罪的，依法追究刑事责任。

第四十九条　评估机构、评估专业人员在一年内累计三次因违反本法规定受到责令停业、责令停止从业以外处罚的，有关评估行政管理部门可以责令其停业或者停止从业一年以上五年以下。

第五十条　评估专业人员违反本法规定，给委托人或者其他相关当事人造成损失的，由其所在的评估机构依法承担赔偿责任。评估机构履行赔偿责任后，可以向有故意或者重大过失行为的评估专业人员追偿。

第五十一条　违反本法规定，应当委托评估机构进行法定评估而未委托的，由有关部门责令改正；拒不改正的，处十万元以上五十万元以下罚款；情节严重的，对直接负责的主管人员和其他直接责任人员依法给予处分；造成损失的，依法承担赔偿责任；构成犯罪的，依法追究刑事责任。

第五十二条　违反本法规定，委托人在法定评估中有下列情形之一的，由有关评估行政管理部门会同有关部门责令改正；拒不改正的，处十万元以上五十万元以下罚款；有违法所得的，没收违法所得；情节严重的，对直接负责的主管人员和其他直接责任人员依法给予处分；造成损失的，依法承担赔偿责任；构成犯罪的，依法追究刑事责任：

（一）未依法选择评估机构的。

（二）索要、收受或者变相索要、收受回扣的。

（三）串通、唆使评估机构或者评估师出具虚假评估报告的。

（四）未如实向评估机构提供权属证明、财务会计信息和其他资料的。

（五）未按照法律规定和评估报告载明的使用范围使用评估报告的。

前款规定以外的委托人违反本法规定，给他人造成损失的，依法承担赔偿责任。

第五十三条　评估行业协会违反本法规定的，由有关评估行政管理部门给予警告，责令改正；拒不改正的，可以通报登记管理机关，由其依法给予处罚。

第五十四条　有关行政管理部门、评估行业协会工作人员违反本法规定，滥用职权、玩忽职守或者徇私舞弊的，依法给予处分；构成犯罪的，依法追究刑事责任。

8.2.4　诚信责任

诚实守信是一种道德传统，也是社会主义道德建设的核心内容之一，同时也是公民身份的第二个重要体现。它是日常行为的诚实和正式交流的信用的合称，不仅是人际交往的基本准则，也是社会道德和职业道德的一个基本规范。这一规范要求机动车鉴定评估师在职业活动中要诚实劳动、诚恳待人、讲究质量、信守承诺或合同等。

机动车鉴定评估师的诚实守信是与其职业责任紧密相关的重要道德规范，蕴含在从业人员内心深处的情感中，是对道德责任的自我认知。同时，它反映了一个人在从事某种职业时的工作水平和对工作、客户等的认真负责态度。

在职业信誉视角下，机动车鉴定评估职业的诚信责任体现在社会对该职业的信任程度和社会声誉上。在社会主义市场经济条件下，职业信誉是机动车鉴定评估职业推行与发展的关键。人们对该职业的信任感越高，职业的社会吸引力和凝聚力越大，就越能提升机动车鉴定评估从业者的职业荣誉感与责任感。而机动车鉴定评估职业的社会声誉是机动车鉴定评估职业形象的外在表现，职业形象越好其社会信誉也越好，所带来的职业或行业经营效果就会好。机动车鉴定评估师是机动车鉴定评估职业的首要岗位，对于塑造机动车鉴定评估职业的形象和提高社会声誉作用极大。所以，机动车鉴定评估师必须注重诚实守信对道德建设的影响，树立良好的机动车鉴定评估职业信誉的观念。

从职业尊严角度来讲，机动车鉴定评估职业的诚信责任表现为社会对机动车鉴定评估职业的尊重，也指机动车鉴定评估师对本职业的尊重和爱护。它可以使机动车鉴定评估师主观性地进行自我控制和支配职业行为，使自己的一举一动都从维护机动车鉴定评估职业尊严出发，避免不利于或者有损于职业尊严的行为。而职业尊严与职业义务、职业责任、职业纪律、职业道德紧密相关，机动车鉴定评估师尽职尽责、诚实守信地为委托人服务，人们就会尊重其职业活动，尊重其为人，也就树立了其职业形象。因此，维护职业尊严就要诚实守信地履行职业义务，全心全意为客户服务。

8.3　汽车评估师职业标准

8.3.1　汽车评估的特征

汽车属于现代交通工具，集多种科学技术于一体，属于特殊流通商品，与其他商品相比，汽车评估具有以下特征：

（1）知识面广。二手车鉴定估价理论和方法以资产评估学为基础，涉及经济管理、市场营销、机械原理、汽车构造与检测等多方面的知识。

（2）政策性非常强。二手车鉴定评估师要熟知《中华人民共和国拍卖法》《国有资产评估管理办法》《机动车强制报废标准规定》《二手车交易管理办法》等政策法规，还要掌握车辆管理的有关规定及各地方的相关法规和配套措施。

（3）实践和技能水平要求高。要求鉴定评估师不但会驾驶汽车，而且能使用检测仪器和设备进行必要的科学测试，并且能采用目测、耳听、手摸等方法比较准确地判断二手车的外观、各总成的基本情况，能够通过路试判断发动机、传动系统、转向系统、制动系统、电路、油路的工作情况，甚至对机动车车身撞伤复原及主要部件更换功能复原也要有一定的了解。

（4）动态特征明显。目前汽车产品更新换代加快，尤其是轿车，基本每个月都有新产品推出，每年都有若干新款进口车，随之而来的是大量结构先进、技术复杂的汽车涌入交易市场或置换业务，市场竞争激烈，市场行情变化莫测，这使得汽车的鉴定评估始终处于动态之中，要求评估师时时掌握国内外新旧车市场的行情。

（5）时效性强。汽车鉴定评估工作要求从业人员在具体工作中不仅要掌握账面原值、净值、证件证书及手续、历史数据，更要结合评估基准日的市场重置价格和市场行情，做出符合实际情况的估价结果。

8.3.2 汽车评估师职业标准

1. 基本要求

（1）职业道德要求。

热爱本职工作，遵纪守法，廉洁自律；诚实守信，规范服务；客观独立，公正科学；爱岗敬业，保守秘密；操作规范，保证安全；团结合作，开拓创新。

（2）基础知识要求。

机动车鉴定评估师应具备以下基础知识：

1）测量与计量常识。

2）机动车常用材料。

3）机动车结构与工作原理。

4）机动车使用与检测维修基本知识。

5）机动车价值评估基础。

6）事故车损失鉴定评估基础。

7）机动车技术鉴定基础。

8）安全生产与环境保护知识。

9）相关法律、法规与标准知识。

2. 技能要求

（1）四级机动车鉴定评估师的技能要求，如表 8-1 所示。

表 8-1 四级机动车鉴定评估师的技能要求

职业功能	工作内容	技能要求	相关知识要求
手续检查	接受委托	1．能介绍机动车鉴定评估程序与方法 2．能签订机动车鉴定评估委托书（合同） 3．能拟定机动车鉴定评估方案	1．社交礼仪 2．机动车鉴定评估程序与方法 3．委托书（合同）的格式与内容 4．鉴定评估方案制订方法
	核查证件、税费	1．能识别机动车手续真伪及有效性 2．能确认机动车所有权人及评估委托人身份的合法性 3．能采集被评估车辆手续信息	1．机动车手续的种类 2．机动车手续真伪及有效性鉴别方法 3．机动车所有权人及评估委托人身份合法性的确定依据 4．车辆手续信息采集内容与方法
技术状况鉴定	静态检查	1．能鉴别机动车的合法性 2．能静态检查发动机的技术状况 3．能静态检查底盘的技术状况 4．能静态检查车身及其附件的技术状况 5．能静态检查常规电器与电子设备的技术状况 6．能鉴别碰撞事故车	1．机动车合法性检查的内容与方法 2．发动机静态检查的内容与方法 3．底盘静态检查的内容与方法 4．车身及其附件静态检查的内容与方法 5．常规电器与电子设备技术状况静态检查的内容与方法 6．碰撞事故车的鉴别方法

续表

职业功能	工作内容	技能要求	相关知识要求
技术状况鉴定	动态检查	1．能路试检查发动机的技术状况 2．能路试检查底盘的技术状况 3．能路试检查车身及其附件的技术状况 4．能路试检查常规电器与电子设备的技术状况 5．能进行路试后的检查	1．发动机技术状况路试检查的内容与方法 2．底盘技术状况路试检查的内容与方法 3．车身及其附件技术状况路试检查的内容与方法 4．常规电器与电子设备技术状况路试检查的内容与方法 5．路试后检查的内容与方法
	技术状况综合评定	1．能识读机动车安全、环保技术性能检测报告 2．能确定机动车的技术状况等级	1．机动车安全、环保技术性能检测报告的内容与合格评定要求 2．机动车技术状况评定方法、标准与要求
价值评估	整车价值评估	1．能根据评估目的选择评估方法 2．能评估机动车（含新能源车辆）整车价值 3．能撰写机动车整车价值鉴定评估报告 4．能归档机动车整车价值鉴定评估报告	1．现行市价法、重置成本法、收益现值法、清算价格法的评估流程与计算方法 2．鉴定评估报告的基本要求、主要内容与撰写方法 3．鉴定评估报告的归档要求与方法
价值评估	事故车辆损失评估	1．能填写事故车辆损伤诊断单 2．能确定事故车辆损伤等级 3．能确定更换配件项目、维修项目及价格 4．能计算维修费用 5．能评估损坏配件残值 6．能撰写事故车辆损失鉴定评估报告	1．事故车辆损伤诊断单的内容与填写方法 2．事故车辆损伤等级评定方法与技术要求 3．配件修换原则 4．配件价格确定方法 5．维修费用计算方法 6．损坏配件残值评估方法 7．事故车辆损失鉴定评估报告撰写方法
认证与营销	二手车认证	1．能按二手车认证流程检查车辆 2．能撰写二手车认证报告	1．二手车认证流程 2．二手车认证报告撰写方法
	二手车营销	1．能确定二手车收购价格 2．能确定二手车置换价格 3．能确定二手车拍卖底价	1．二手车收购定价方法 2．二手车置换定价方法 3．二手车拍卖底价计算方法

（2）三级机动车鉴定评估师的技能要求，如表 8-2 所示。

表 8-2　三级机动车鉴定评估师的技能要求

职业功能	工作内容	技能要求	相关知识要求
技术状况鉴定	静态检查	1．能鉴别进口机动车的合法性 2．能静态检查机动车特殊电器与电子设备的技术状况 3．能静态检查专项作业车的技术状况 4．能鉴别泡水车、火烧车	1．进口机动车合法性鉴别方法 2．特殊电器与电子设备的功能与使用方法 3．专项作业车技术状况静态检查的内容与方法 4．泡水车、火烧车的鉴别方法

续表

职业功能	工作内容	技能要求	相关知识要求
技术状况鉴定	动态检查	1. 能路试检查机动车主动安全系统的技术状况 2. 能路试检查专项作业车的技术状况	1. 机动车主动安全系统技术状况路试检查的内容与方法 2. 专项作业车技术状况路试检查的内容与方法
	技术状况综合评定	1. 能确定机动车技术状况 2. 能进行道路运输车辆技术等级合格评定	1. 机动车技术状况评定内容与评定要求 2. 道路运输车辆技术等级评定内容与评定要求
故障判断	发动机故障	能判断发动机常见机械故障	发动机常见机械故障现象与判断方法
	底盘故障	能判断底盘常见机械故障	底盘常见机械故障现象与判断方法
	车身及附件故障	能判断车身及附件常见机械故障	车身及附件常见机械故障现象与判断方法
	电器与电子设备故障	1. 能判断发动机电器与电子设备常见故障 2. 能判断底盘电器与电子设备常见故障 3. 能判断车身电器与电子设备常见故障	1. 发动机电器与电子设备常见故障现象与判断方法 2. 底盘电器与电子设备常见故障现象与判断方法 3. 车身电器与电子设备常见故障现象与判断方法
价值评估	整车价值评估	能审核整车价值鉴定评估报告	整车价值鉴定评估报告审核要求
	事故车辆损失评估	1. 能确定新能源车辆更换配件项目、维修项目及其价格 2. 能计算新能源车辆维修费用 3. 能评估事故车辆整车与未损坏配件残值 4. 能评估事故车辆贬值损失 5. 能审核事故车辆损失鉴定评估报告	1. 新能源车辆配件修换原则 2. 事故车辆整车与未损坏配件残值评估方法 3. 事故车辆贬值损失评估方法 4. 事故车辆损失鉴定评估报告审核方法
	停运损失评估	1. 能评估机动车停运损失 2. 能撰写机动车停运损失鉴定评估报告	1. 机动车停运损失评估方法 2. 机动车停运损失鉴定评估报告撰写方法
认证与营销	二手车认证	1. 能审核二手车认证报告 2. 能优化和改进二手车认证流程	二手车认证报告审核要求
	二手车营销	1. 能审核二手车收购、置换、拍卖价格 2. 能进行二手车销售定价 3. 能组织实施二手车认证	1. 二手车收购、置换、拍卖定价方法 2. 二手车销售定价方法
质量与技术鉴定	损伤关联性鉴定	1. 能确定机动车配件损伤与事故关联性 2. 能撰写机动车配件损伤与事故关联性技术鉴定意见书	1. 机动车配件损伤与事故关联性分析方法 2. 机动车配件损伤与事故关联性技术鉴定意见书撰写要求
	机动车属性鉴定	1. 能确定机动车属性 2. 能撰写机动车属性技术鉴定意见书	1. 机动车属性鉴定方法 2. 机动车属性技术鉴定意见书撰写要求
	机动车类型鉴别	1. 能确定机动车类型 2. 能撰写机动车类型技术鉴定意见书	1. 机动车类型 2. 机动车类型技术鉴定意见书撰写要求

续表

职业功能	工作内容	技能要求	相关知识要求
质量与技术鉴定	技术性能鉴定	1. 能鉴定机动车安全技术性能 2. 能撰写机动车安全技术性能鉴定意见书	1. 机动车安全技术性能鉴定项目及要求 2. 机动车安全技术性能鉴定意见书撰写要求
	维修痕迹鉴定	1. 能鉴定机动车拆装、维修痕迹 2. 能撰写机动车拆装、维修痕迹技术鉴定意见书	1. 机动车拆装、维修痕迹鉴定方法 2. 机动车拆装、维修痕迹技术鉴定意见书撰写要求
	维修时间鉴定	1. 能鉴定机动车合理维修时间 2. 能撰写机动车合理维修时间技术鉴定意见书	1. 机动车合理维修时间鉴定方法 2. 机动车合理维修时间技术鉴定意见书撰写要求
	配件属性鉴定	1. 能鉴定机动车配件属性 2. 能撰写机动车配件属性技术鉴定意见书	1. 机动车配件属性鉴定方法 2. 机动车配件属性技术鉴定意见书撰写要求
管理与培训	仪器设备管理	1. 能进行工具、量具、仪器设备的日常维护和定期维护 2. 能进行工具、量具、仪器设备的期间核查	1. 工具、量具、仪器设备日常维护、定期维护项目、方法与要求 2. 工具、量具、仪器设备期间核查项目、方法与要求
	技能培训	能对四级/中级工进行专业技能培训与指导	技能培训讲义编写方法

（3）二级机动车鉴定评估师的技能要求，如表8-3所示。

表8-3 二级机动车鉴定评估师的技能要求

职业功能	工作内容	技能要求	相关知识要求
技术状况鉴定	静态检查	1. 能优化和改进静态检查方法与工艺 2. 能编写静态检查工艺规程	静态检查工艺规程编制要求
	动态检查	1. 能优化和改进动态路试检查方法与工艺 2. 能编写动态路试检查工艺规程	动态路试检查工艺规程编制要求
	技术状况综合评定	能解决技术状况评定的综合性问题	专家意见书的撰写要求
故障鉴定	发动机故障	能判断发动机常见机械故障原因	发动机常见机械故障诊断方法
	底盘故障	能判断底盘常见机械故障原因	底盘常见机械故障诊断方法
	车身及附件故障	能判断车身及附件常见机械故障原因	车身及附件常见机械故障诊断方法
	电器与电子设备故障	1. 能判断发动机电器与电子设备常见故障原因 2. 能判断底盘电器与电子设备常见故障原因 3. 能判断车身电器与电子设备常见故障原因	1. 发动机电器与电子设备常见故障诊断方法 2. 底盘电器与电子设备常见故障诊断方法 3. 车身电器与电子设备常见故障诊断方法

续表

职业功能	工作内容	技能要求	相关知识要求
价值评估	整车价值评估	能审核新能源车辆整车价值鉴定评估报告	新能源车辆整车价值鉴定评估报告审核要求
	事故车辆损失评估	能审核新能源事故车辆损失鉴定评估报告	新能源事故车辆损失鉴定评估报告审核要求
	停运损失评估	能审核机动车停运损失鉴定评估报告	机动车停运损失鉴定评估报告审核要求
认证与营销	二手车认证	1．能审核二手车销售定价 2．能制定二手车认证方案	二手车认证方案制定方法
	二手车营销	能组织实施二手车营销 能制定二手车营销方案	二手车营销方案制定方法
质量与技术鉴定	损伤关联性鉴定	能审核机动车配件损伤与事故关联性技术鉴定意见书	机动车属性技术鉴定意见书审核要求
	机动车属性鉴定	能审核机动车属性技术鉴定意见书	机动车属性技术鉴定意见书审核要求
	机动车类型鉴定	能审核机动车类型技术鉴定意见书	机动车类型技术鉴定意见书审核要求
	嫌疑车辆鉴定	1．能鉴定嫌疑问题车辆 2．能撰写嫌疑问题车辆技术鉴定意见书	1．嫌疑问题车辆鉴定方法 2．嫌疑问题车辆技术鉴定意见书撰写要求
质量与技术鉴定	技术性能鉴定	1．能审核机动车安全技术性能鉴定意见书 2．能鉴定机动车综合技术性能 3．能撰写机动车综合性能技术鉴定意见书	1．机动车安全技术性能鉴定意见书审核要求 2．机动车综合技术性能鉴定项目及要求 3．机动车综合性能技术鉴定意见书撰写要求
	维修痕迹鉴定	能审核机动车拆装、维修痕迹技术鉴定意见书	机动车拆装、维修痕迹技术鉴定意见书审核要求
	维修时间鉴定	能审核机动车合理维修时间技术鉴定意见书	机动车合理维修时间技术鉴定意见书审核要求
	配件属性鉴定	能审核机动车配件属性技术鉴定意见书	机动车配件属性技术鉴定意见书审核要求
	事故鉴定	1．能鉴定机动车机械、电气事故成因 2．能鉴定机动车火灾事故成因 3．能鉴定车辆行驶速度 4．能鉴定车辆碰撞痕迹 5．能分析机动车行车存储数据 6．能鉴定机动车故障与交通事故的因果关系 7．能撰写机动车事故相关技术鉴定意见书	1．机动车机械、电气事故鉴定方法 2．机动车火灾事故鉴定方法 3．车辆行驶速度鉴定方法 4．车辆碰撞痕迹鉴定方法 5．机动车行车存储数据提取与分析方法 6．机动车故障与交通事故的因果关系分析方法 7．机动车事故技术鉴定意见书撰写要求

续表

职业功能	工作内容	技能要求	相关知识要求
质量与技术鉴定	质量（缺陷）鉴定	1．能鉴定机动车维修质量问题产生的原因 2．能鉴定机动车制造质量（缺陷）问题产生的原因 3．能撰写机动车质量（缺陷）技术鉴定意见书	1．机动车维修质量问题鉴定方法 2．机动车制造质量（缺陷）问题鉴定方法 3．机动车质量（缺陷）技术鉴定意见书撰写要求
管理与培训	仪器设备管理	1．能进行仪器设备的调试和校准 2．能编写设备操作规程	1．仪器设备的调试和校准规程 2．设备操作规程编制方法
	技术与质量管理	1．能评价质量控制效果 2．能撰写技术总结	1．质量控制与管理相关知识 2．技术总结撰写方法
	技术培训	1．能编写技能培训教案、讲义与课件 2. 能对三级/高级工及以下级别人员实施专业技能培训与指导	1．技能培训教案、讲义与课件制作知识 2．技能培训与指导的基本要求和基本方法

（4）一级机动车鉴定评估师的技能要求，如表 8-4 所示。

表 8-4　一级机动车鉴定评估师的技能要求

职业功能	工作内容	技能要求	相关知识要求
故障判断	发动机故障	能判断发动机综合性故障原因	发动机综合性故障诊断方法
	底盘故障	能判断底盘综合性故障原因	底盘综合性故障诊断方法
	车身及附件故障	能判断车身及附件综合性故障原因	车身及附件故障诊断方法
	电器与电子设备故障	1．能判断发动机电器与电子设备综合性故障原因 2．能判断底盘电器与电子设备综合性故障原因 3．能判断车身及附件电器与电子设备综合性故障原因	1．发动机电器与电子设备综合性故障诊断方法 2．底盘电器与电子设备综合性故障诊断方法 3．车身及附件电器与电子设备综合性故障诊断方法
价值评估	整车价值评估	能对整车价值鉴定评估项目提出改进意见	整车价值评估前沿技术
	事故车辆损失评估	能对事故车辆损失鉴定评估项目提出改进意见	事故车辆损失评估前沿技术
	停运损失评估	能对车辆停运损失鉴定评估项目提出改进意见	新能源车辆停运损失鉴定评估报告审核要求
质量与技术鉴定	嫌疑车辆鉴定	能审核嫌疑问题车辆技术鉴定意见书	嫌疑问题车辆技术鉴定意见书审核要求
	事故鉴定	能审核机动车事故技术鉴定意见书	机动车事故技术鉴定意见书审核要求
	技术性能鉴定	1．能审核机动车综合性能技术鉴定意见书 2．能鉴定机动车主、被动安全装置或智能技术性能，撰写技术鉴定意见书 3．能鉴定新能源车辆动力电池热管理系统性能，撰写技术鉴定意见书	1. 机动车综合性能技术鉴定意见书审核要求 2. 机动车主、被动安全装置或智能技术性能鉴定方法与技术鉴定意见书撰写要求 3. 新能源车辆动力电池热管理系统性能鉴定方法与技术鉴定意见书撰写要求

续表

职业功能	工作内容	技能要求	相关知识要求
质量与技术鉴定	质量（缺陷）鉴定	1．能审核机动车质量（缺陷）技术鉴定意见书 2．能归纳总结机动车安全隐患或制造缺陷问题并向有关部门提交意见或建议书	1. 机动车质量（缺陷）技术鉴定意见书审核要求 2. 机动车安全隐患或制造缺陷问题归纳总结方法及意见或建议书撰写要求
	技术革新	能革新技术鉴定手段，优化改进技术鉴定方法和工艺流程	技术鉴定前沿技术
管理与培训	仪器设备管理	1．能制订工具、量具、仪器设备的维护、期间核查和周期检定计划 2．能排除仪器设备常见故障	工具、量具、仪器设备维护、期间核查和周期检定计划制订方法
	技术与质量管理	1．能编制质量控制计划 2．能编写质量体系中的程序文件和作业指导书 3．能撰写技术论文	1．质量控制计划编制方法 2．程序文件和作业指导书编写方法 3．技术论文撰写要求
	技术培训	1．能制定技能培训方案 2．能对二级/技师及以下级别人员进行专业技能培训与指导	培训方案制定方法与要求

本章小结

就业准入制度是指根据《劳动法》和《职业教育法》的有关规定，对从事技术复杂、通用性广，涉及国家财产、人民生命安全和消费者利益的职业（工种）的劳动者，必须经过培训、参加考核并取得职业资格证后，方可就业上岗的制度。对技术工种（职业）从业人员实行就业准入制度的目的是提高劳动者的技能水平，增强其就业能力和适应职业变化的能力，实现高质量就业和稳定就业。

职业资格证书制度是指按照国家制定的职业技能标准或任职资格条件，通过经备案的考核鉴定机构，对劳动者的技能水平或职业资格进行客观公正、科学规范的评价和鉴定，对合格者授予相应的国家职业资格证书。

二手车鉴定评估师在执业过程中应具备相应的职业道德，符合职业标准要求，同时应具备宽广的知识面，掌握与行业相关的最新法律法规，具备相当的实践经验和专业技能水平，具有一定的汽车营销知识，并且能够及时了解、掌握全球汽车行业发展的最新动态和新技术、新材料、新工艺在汽车上的应用。

二手车鉴定评估师须具备宽广的知识面，掌握最新的与行业有关的法律法规，具备相当的实践经验和专业技能水平，具有一定的汽车营销知识并且能够及时了解、掌握全球汽车行业发展的最新动态和新技术、新材料、新工艺在汽车上的应用。

知识训练

1．什么是二手车鉴定评估师？
2．什么是就业准入制度？实行就业准入制度的目的是什么？
3．什么是职业资格证书制度？职业资格证书制度的作用有哪些？
4．简述对汽车评估师的要求。
5．汽车评估有什么特征？

附录A

机动车登记规定

（2021年12月17日公安部令第164号发布　自2022年5月1日起施行）

目　　录

第一章　总　　则

第一条　为了规范机动车登记，保障道路交通安全，保护公民、法人和其他组织的合法权益，根据《中华人民共和国道路交通安全法》及其实施条例，制定本规定。

第二条　本规定由公安机关交通管理部门负责实施。

省级公安机关交通管理部门负责本省（自治区、直辖市）机动车登记工作的指导、检查和监督。直辖市公安机关交通管理部门车辆管理所、设区的市或者相当于同级的公安机关交通管理部门车辆管理所负责办理本行政区域内机动车登记业务。

县级公安机关交通管理部门车辆管理所可以办理本行政区域内除危险货物运输车、校车、中型以上载客汽车登记以外的其他机动车登记业务。具体业务范围和办理条件由省级公安机关交通管理部门确定。

警用车辆登记业务按照有关规定办理。

第三条　车辆管理所办理机动车登记业务，应当遵循依法、公开、公正、便民的原则。

车辆管理所办理机动车登记业务，应当依法受理申请人的申请，审查申请人提交的材料，按规定查验机动车。对符合条件的，按照规定的标准、程序和期限办理机动车登记。对申请材料不齐全或者不符合法定形式的，应当一次书面或者电子告知申请人需要补正的全部内容。对不符合规定的，应当书面或者电子告知不予受理、登记的理由。

车辆管理所应当将法律、行政法规和本规定的有关办理机动车登记的事项、条件、依据、程序、期限以及收费标准、需要提交的全部材料的目录和申请表示范文本等在办公场所公示。

省级、设区的市或者相当于同级的公安机关交通管理部门应当在互联网上发布信息，便于群众查阅办理机动车登记的有关规定，查询机动车登记、检验等情况，下载、使用有关表格。

第四条　车辆管理所办理机动车登记业务时，应当按照减环节、减材料、减时限的要求，积极推行一次办结、限时办结等制度，为申请人提供规范、便利、高效的服务。

公安机关交通管理部门应当积极推进与有关部门信息互联互通，对实现信息共享、网上核查的，申请人免予提交相关证明凭证。

公安机关交通管理部门应当按照就近办理、便捷办理的原则，推进在机动车销售企业、二手车交易市场等地设置服务站点，方便申请人办理机动车登记业务，并在办公场所和互联网公示辖区内的业务办理网点、地址、联系电话、办公时间和业务范围。

第五条　车辆管理所应当使用全国统一的计算机管理系统办理机动车登记、核发机动车登记证书、号牌、行驶证和检验合格标志。

计算机管理系统的数据库标准和软件全国统一，能够完整、准确地记录和存储机动车登记业务全过程和经办人员信息，并能够实时将有关信息传送到全国公安交通管理信息系统。

第六条　车辆管理所应当使用互联网交通安全综合服务管理平台受理申请人网上提交的申请，验证申请人身份，按规定办理机动车登记业务。

互联网交通安全综合服务管理平台信息管理系统数据库标准和软件全国统一。

第七条　申请办理机动车登记业务的，应当如实向车辆管理所提交规定的材料、交验机动车，如实申告规定的事项，并对其申请材料实质内容的真实性以及机动车的合法性负责。

第八条　公安机关交通管理部门应当建立机动车登记业务监督制度，加强对机动车登记、牌证生产制作和发放等监督管理。

第九条　车辆管理所办理机动车登记业务时可以依据相关法律法规认可、使用电子签名、电子印章、电子证照。

第二章　机动车登记

第一节　注册登记

第十条　初次申领机动车号牌、行驶证的，机动车所有人应当向住所地的车辆管理所申请注册登记。

第十一条　机动车所有人应当到机动车安全技术检验机构对机动车进行安全技术检验，取得机动车安全技术检验合格证明后申请注册登记。但经海关进口的机动车和国务院机动车产品主管部门认定免予安全技术检验的机动车除外。

免予安全技术检验的机动车有下列情形之一的，应当进行安全技术检验：

（一）国产机动车出厂后两年内未申请注册登记的。

（二）经海关进口的机动车进口后两年内未申请注册登记的。

（三）申请注册登记前发生交通事故的。

专用校车办理注册登记前，应当按照专用校车国家安全技术标准进行安全技术检验。

第十二条　申请注册登记的，机动车所有人应当交验机动车，确认申请信息，并提交以下证明、凭证：

（一）机动车所有人的身份证明。

（二）购车发票等机动车来历证明。

（三）机动车整车出厂合格证明或者进口机动车进口凭证。

（四）机动车交通事故责任强制保险凭证。

（五）车辆购置税、车船税完税证明或者免税凭证，但法律规定不属于征收范围的除外。

（六）法律、行政法规规定应当在机动车注册登记时提交的其他证明、凭证。

不属于经海关进口的机动车和国务院机动车产品主管部门规定免予安全技术检验的机动车，还应当提交机动车安全技术检验合格证明。

车辆管理所应当自受理申请之日起二日内，查验机动车，采集、核对车辆识别代号拓印膜或者电子资料，审查提交的证明、凭证，核发机动车登记证书、号牌、行驶证和检验合格标志。

机动车安全技术检验、税务、保险等信息实现与有关部门或者机构联网核查的，申请人免予提交相关证明、凭证，车辆管理所核对相关电子信息。

第十三条　车辆管理所办理消防车、救护车、工程救险车注册登记时，应当对车辆的使用性质、标志图案、标志灯具和警报器进行审查。

机动车所有人申请机动车使用性质登记为危险货物运输、公路客运、旅游客运的，应当具备相关道路运输许可；实现与有关部门联网核查道路运输许可信息、车辆使用性质信息的，车辆管理所应当核对相关电子信息。

申请危险货物运输车登记的，机动车所有人应当为单位。

车辆管理所办理注册登记时，应当对牵引车和挂车分别核发机动车登记证书、号牌、行驶证和检验合格标志。

第十四条　车辆管理所实现与机动车制造厂新车出厂查验信息联网的，机动车所有人申请小型、微型非营运载客汽车注册登记时，免予交验机动车。

车辆管理所应当会同有关部门在具备条件的摩托车销售企业推行摩托车带牌销售，方便机动车所有人购置车辆、投保保险、缴纳税款、注册登记一站式办理。

第十五条　有下列情形之一的，不予办理注册登记：

（一）机动车所有人提交的证明、凭证无效的。

（二）机动车来历证明被涂改或者机动车来历证明记载的机动车所有人与身份证明不符的。

（三）机动车所有人提交的证明、凭证与机动车不符的。

（四）机动车未经国务院机动车产品主管部门许可生产或者未经国家进口机动车主管部门许可进口的。

（五）机动车的型号或者有关技术参数与国务院机动车产品主管部门公告不符的。

（六）机动车的车辆识别代号或者有关技术参数不符合国家安全技术标准的。

（七）机动车达到国家规定的强制报废标准的。

（八）机动车被监察机关、人民法院、人民检察院、行政执法部门依法查封、扣押的。

（九）机动车属于被盗抢骗的。

（十）其他不符合法律、行政法规规定的情形。

第二节　变更登记

第十六条　已注册登记的机动车有下列情形之一的，机动车所有人应当向登记地车辆管理所申请变更登记：

（一）改变车身颜色的。

（二）更换发动机的。

（三）更换车身或者车架的。

（四）因质量问题更换整车的。

（五）机动车登记的使用性质改变的。

（六）机动车所有人的住所迁出、迁入车辆管理所管辖区域的。

属于第一款第一项至第三项规定的变更事项的，机动车所有人应当在变更后十日内向车辆管理所申请变更登记。

第十七条　申请变更登记的，机动车所有人应当交验机动车，确认申请信息，并提交以下证明、凭证：

（一）机动车所有人的身份证明。

（二）机动车登记证书。

（三）机动车行驶证。

（四）属于更换发动机、车身或者车架的，还应当提交机动车安全技术检验合格证明。

（五）属于因质量问题更换整车的，还应当按照第十二条的规定提交相关证明、凭证。

车辆管理所应当自受理之日起一日内，查验机动车，审查提交的证明、凭证，在机动车登记证书上签注变更事项，收回行驶证，重新核发行驶证。属于第十六条第一款第三项、第四项、第六项规定的变更登记事项的，还应当采集、核对车辆识别代号拓印膜或者电子资料。属于机动车使用性质变更为公路客运、旅游客运，实现与有关部门联网核查道路运输许可信息、车辆使用性质信息的，还应当核对相关电子信息。属于需要重新核发机动车号牌的，收回号牌、行驶证，核发号牌、行驶证和检验合格标志。

小型、微型载客汽车因改变车身颜色申请变更登记，车辆不在登记地的，可以向车辆所在地车辆管理所提出申请。车辆所在地车辆管理所应当按规定查验机动车，审查提交的证明、凭证，并将机动车查验电子资料转递至登记地车辆管理所，登记地车辆管理所按规定复核并核发行驶证。

第十八条　机动车所有人的住所迁出车辆管理所管辖区域的，转出地车辆管理所应当自受理之日起三日内，查验机动车，在机动车登记证书上签注变更事项，制作上传机动车电子档案资料。机动车所有人应当在三十日内到住所地车辆管理所申请机动车转入。属于小型、微型载客汽车或者摩托车机动车所有人的住所迁出车辆管理所管辖区域的，应当向转入地车辆管理所申请变更登记。

申请机动车转入的，机动车所有人应当确认申请信息，提交身份证明、机动车登记证书，并交验机动车。机动车在转入时已超过检验有效期的，应当按规定进行安全技术检验并提交机动车安全技术检验合格证明和交通事故责任强制保险凭证。车辆管理所应当自受理之日起三日内，查验机动车，采集、核对车辆识别代号拓印膜或者电子资料，审查相关证明、凭证和机动车电子档案资料，在机动车登记证书上签注转入信息，收回号牌、行驶证，确定新的机动车号牌号码，核发号牌、行驶证和检验合格标志。

机动车所有人申请转出、转入前，应当将涉及该车的道路交通安全违法行为和交通事故处理完毕。

第十九条　机动车所有人为两人以上，需要将登记的所有人姓名变更为其他共同所有人姓名的，可以向登记地车辆管理所申请变更登记。申请时，机动车所有人应当共同提出申请，确认申请信息，提交机动车登记证书、行驶证、变更前和变更后机动车所有人的身份证明和共同所有的公证证明，但属于夫妻双方共同所有的，可以提供结婚证或者证明夫妻关系的居民户口簿。

车辆管理所应当自受理之日起一日内，审查提交的证明、凭证，在机动车登记证书上签注变更事项，收回号牌、行驶证，确定新的机动车号牌号码，重新核发号牌、行驶证和检验合格标志。变更后机动车所有人的住所不在车辆管理所管辖区域内的，迁出地和迁入地车辆管理所应当按照第十八条的规定办理变更登记。

第二十条　同一机动车所有人名下机动车的号牌号码需要互换，符合以下情形的，可以向登记地车辆管理所申请变更登记：

（一）两辆机动车在同一辖区车辆管理所登记。

（二）两辆机动车属于同一号牌种类。

（三）两辆机动车使用性质为非营运。

机动车所有人应当确认申请信息，提交机动车所有人身份证明、两辆机动车的登记证书、行驶证、号牌。申请前，应当将两车的道路交通安全违法行为和交通事故处理完毕。

车辆管理所应当自受理之日起一日内，审查提交的证明、凭证，在机动车登记证书上签注变更事项，收回两车的号牌、行驶证，重新核发号牌、行驶证和检验合格标志。

同一机动车一年内可以互换变更一次机动车号牌号码。

第二十一条　有下列情形之一的，不予办理变更登记：

（一）改变机动车的品牌、型号和发动机型号的，但经国务院机动车产品主管部门许可选装的发动机除外。

（二）改变已登记的机动车外形和有关技术参数的，但法律、法规和国家强制性标准另有规定的除外。

（三）属于第十五条第一项、第七项、第八项、第九项规定情形的。

距机动车强制报废标准规定要求使用年限一年以内的机动车，不予办理第十六条第五项、第六项规定的变更事项。

第二十二条　有下列情形之一，在不影响安全和识别号牌的情况下，机动车所有人不需要办理变更登记：

（一）增加机动车车内装饰。

（二）小型、微型载客汽车加装出入口踏步件。

（三）货运机动车加装防风罩、水箱、工具箱、备胎架等。

属于第一款第二项、第三项规定变更事项的，加装的部件不得超出车辆宽度。

第二十三条　已注册登记的机动车有下列情形之一的，机动车所有人应当在信息或者事项变更后三十日内，向登记地车辆管理所申请变更备案：

（一）机动车所有人住所在车辆管理所管辖区域内迁移、机动车所有人姓名（单位名称）变更的。

（二）机动车所有人身份证明名称或者号码变更的。

（三）机动车所有人联系方式变更的。

（四）车辆识别代号因磨损、锈蚀、事故等原因辨认不清或者损坏的。

（五）小型、微型自动挡载客汽车加装、拆除、更换肢体残疾人操纵辅助装置的。

（六）载货汽车、挂车加装、拆除车用起重尾板的。

（七）小型、微型载客汽车在不改变车身主体结构且保证安全的情况下加装车顶行李架，换装不同式样散热器面罩、保险杠、轮毂的；属于换装轮毂的，不得改变轮胎规格。

第二十四条　申请变更备案的，机动车所有人应当确认申请信息，按照下列规定办理：

（一）属于第二十三条第一项规定情形的，机动车所有人应当提交身份证明、机动车登记证书、行驶证。车辆管理所应当自受理之日起一日内，在机动车登记证书上签注备案事项，收回并重新核发行驶证。

（二）属于第二十三条第二项规定情形的，机动车所有人应当提交身份证明、机动车登记证书；属于身份证明号码变更的，还应当提交相关变更证明。车辆管理所应当自受理之日起一日内，在机动车登记证书上签注备案事项。

（三）属于第二十三条第三项规定情形的，机动车所有人应当提交身份证明。车辆管理所应当自受理之日起一日内办理备案。

（四）属于第二十三条第四项规定情形的，机动车所有人应当提交身份证明、机动车登记证书、行驶证，交验机动车。车辆管理所应当自受理之日起一日内，查验机动车，监督重新打刻原车辆识别代号，采集、核对车辆识别代号拓印膜或者电子资料，在机动车登记证书上签注备案事项。

（五）属于第二十三条第五项、第六项规定情形的，机动车所有人应当提交身份证明、行驶证、机动车安全技术检验合格证明、操纵辅助装置或者尾板加装合格证明，交验机动车。车辆管理所应当自受理之日起一日内，查验机动车，收回并重新核发行驶证。

（六）属于第二十三条第七项规定情形的，机动车所有人应当提交身份证明、行驶证，交验机动车。车辆管理所应当自受理之日起一日内，查验机动车，收回并重新核发行驶证。

因第二十三条第五项、第六项、第七项申请变更备案，车辆不在登记地的，可以向车辆所在地车辆管理所提出申请。车辆所在地车辆管理所应当按规定查验机动车，审查提交的证明、凭证，并将机动车查验电子资料转递至登记地车辆管理所，登记地车辆管理所按规定复核并核发行驶证。

第三节 转让登记

第二十五条 已注册登记的机动车所有权发生转让的，现机动车所有人应当自机动车交付之日起三十日内向登记地车辆管理所申请转让登记。

机动车所有人申请转让登记前，应当将涉及该车的道路交通安全违法行为和交通事故处理完毕。

第二十六条 申请转让登记的，现机动车所有人应当交验机动车，确认申请信息，并提交以下证明、凭证：

（一）现机动车所有人的身份证明。

（二）机动车所有权转让的证明、凭证。

（三）机动车登记证书。

（四）机动车行驶证。

（五）属于海关监管的机动车，还应当提交海关监管车辆解除监管证明书或者海关批准的转让证明。

（六）属于超过检验有效期的机动车，还应当提交机动车安全技术检验合格证明和交通事故责任强制保险凭证。

车辆管理所应当自受理申请之日起一日内，查验机动车，核对车辆识别代号拓印膜或者电子资料，审查提交的证明、凭证，收回号牌、行驶证，确定新的机动车号牌号码，在机动车登记证书上签注转让事项，重新核发号牌、行驶证和检验合格标志。

在机动车抵押登记期间申请转让登记的，应当由原机动车所有人、现机动车所有人和抵押权人共同申请，车辆管理所一并办理新的抵押登记。

在机动车质押备案期间申请转让登记的，应当由原机动车所有人、现机动车所有人和质权人共同申请，车辆管理所一并办理新的质押备案。

第二十七条 车辆管理所办理转让登记时，现机动车所有人住所不在车辆管理所管辖区域内的，转出地车辆管理所应当自受理之日起三日内，查验机动车，核对车辆识别代号拓印膜或者电子资料，审查提交的证明、凭证，收回号牌、行驶证，在机动车登记证书上签注转让和变更事项，核发有效期为三十日的临时行驶车号牌，制作上传机动车电子档案资料。机动车所有人应当在临时行驶车号牌的有效期限内到转入地车辆管理所申请机动车转入。

申请机动车转入时，机动车所有人应当确认申请信息，提交身份证明、机动车登记证书，并交验机动车。机动车在转入时已超过检验有效期的，应当按规定进行安全技术检验并提交机动车安全技术检验合格证明和交通事故责任强制保险凭证。转入地车辆管理所应当自受理之日起三日内，查验机动车，采集、核对车辆识别代号拓印膜或者电子资料，审查相关证明、凭证和机动车电子档案资料，在机动车登记证书上签注转入信息，核发号牌、行驶证和检验合格标志。

小型、微型载客汽车或者摩托车在转入地交易的，现机动车所有人应当向转入地车辆管理所申请转让登记。

第二十八条 二手车出口企业收购机动车的，车辆管理所应当自受理之日起三日内，查验机动车，核对车辆识别代号拓印膜或者电子资料，审查提交的证明、凭证，在机动车登记证书上签注转让待出口事项，收回号牌、行驶证，核发有效期不超过六十日的临时行驶车号牌。

第二十九条　有下列情形之一的，不予办理转让登记：

（一）机动车与该车档案记载内容不一致的。

（二）属于海关监管的机动车，海关未解除监管或者批准转让的。

（三）距机动车强制报废标准规定要求使用年限一年以内的机动车。

（四）属于第十五条第一项、第二项、第七项、第八项、第九项规定情形的。

第三十条　被监察机关、人民法院、人民检察院、行政执法部门依法没收并拍卖，或者被仲裁机构依法仲裁裁决，或者被监察机关依法处理，或者被人民法院调解、裁定、判决机动车所有权转让时，原机动车所有人未向现机动车所有人提供机动车登记证书、号牌或者行驶证的，现机动车所有人在办理转让登记时，应当提交监察机关或者人民法院出具的未得到机动车登记证书、号牌或者行驶证的协助执行通知书，或者人民检察院、行政执法部门出具的未得到机动车登记证书、号牌或者行驶证的证明。车辆管理所应当公告原机动车登记证书、号牌或者行驶证作废，并在办理转让登记的同时，补发机动车登记证书。

第四节　抵押登记

第三十一条　机动车作为抵押物抵押的，机动车所有人和抵押权人应当向登记地车辆管理所申请抵押登记；抵押权消灭的，应当向登记地车辆管理所申请解除抵押登记。

第三十二条　申请抵押登记的，由机动车所有人和抵押权人共同申请，确认申请信息，并提交下列证明、凭证：

（一）机动车所有人和抵押权人的身份证明。

（二）机动车登记证书。

（三）机动车抵押合同。

车辆管理所应当自受理之日起一日内，审查提交的证明、凭证，在机动车登记证书上签注抵押登记的内容和日期。

在机动车抵押登记期间，申请因质量问题更换整车变更登记、机动车迁出迁入、共同所有人变更或者补领、换领机动车登记证书的，应当由机动车所有人和抵押权人共同申请。

第三十三条　申请解除抵押登记的，由机动车所有人和抵押权人共同申请，确认申请信息，并提交下列证明、凭证：

（一）机动车所有人和抵押权人的身份证明。

（二）机动车登记证书。

人民法院调解、裁定、判决解除抵押的，机动车所有人或者抵押权人应当确认申请信息，提交机动车登记证书、人民法院出具的已经生效的调解书、裁定书或者判决书，以及相应的协助执行通知书。

车辆管理所应当自受理之日起一日内，审查提交的证明、凭证，在机动车登记证书上签注解除抵押登记的内容和日期。

第三十四条　机动车作为质押物质押的，机动车所有人可以向登记地车辆管理所申请质押备案；质押权消灭的，应当向登记地车辆管理所申请解除质押备案。

申请办理机动车质押备案或者解除质押备案的，由机动车所有人和质权人共同申请，确认申请信息，并提交以下证明、凭证：

（一）机动车所有人和质权人的身份证明。

（二）机动车登记证书。

车辆管理所应当自受理之日起一日内，审查提交的证明、凭证，在机动车登记证书上签注质押备案或者解除质押备案的内容和日期。

第三十五条　机动车抵押、解除抵押信息实现与有关部门或者金融机构等联网核查的，申请人免予提交相关证明、凭证。

机动车抵押登记日期、解除抵押登记日期可以供公众查询。

第三十六条　属于第十五条第一项、第七项、第八项、第九项或者第二十九条第二项规定情形的，不予办理抵押登记、质押备案。对机动车所有人、抵押权人、质权人提交的证明、凭证无效，或者机动车被监察机关、人民法院、人民检察院、行政执法部门依法查封、扣押的，不予办理解除抵押登记、质押备案。

第五节　注销登记

第三十七条　机动车有下列情形之一的，机动车所有人应当向登记地车辆管理所申请注销登记：

（一）机动车已达到国家强制报废标准的。

（二）机动车未达到国家强制报废标准，机动车所有人自愿报废的。

（三）因自然灾害、失火、交通事故等造成机动车灭失的。

（四）机动车因故不在我国境内使用的。

（五）因质量问题退车的。

属于第一款第四项、第五项规定情形的，机动车所有人申请注销登记前，应当将涉及该车的道路交通安全违法行为和交通事故处理完毕。

属于二手车出口符合第一款第四项规定情形的，二手车出口企业应当在机动车办理海关出口通关手续后二个月内申请注销登记。

第三十八条　属于第三十七条第一款第一项、第二项规定情形，机动车所有人申请注销登记的，应当向报废机动车回收企业交售机动车，确认申请信息，提交机动车登记证书、号牌和行驶证。

报废机动车回收企业应当确认机动车，向机动车所有人出具报废机动车回收证明，七日内将申请表、机动车登记证书、号牌、行驶证和报废机动车回收证明副本提交车辆管理所。属于报废校车、大型客车、重型货车及其他营运车辆的，申请注销登记时，还应当提交车辆识别代号拓印膜、车辆解体的照片或者电子资料。

车辆管理所应当自受理之日起一日内，审查提交的证明、凭证，收回机动车登记证书、号牌、行驶证，出具注销证明。

对车辆不在登记地的，机动车所有人可以向车辆所在地机动车回收企业交售报废机动车。报废机动车回收企业应当确认机动车，向机动车所有人出具报废机动车回收证明，七日内将申请表、机动车登记证书、号牌、行驶证、报废机动车回收证明副本以及车辆识别代号拓印膜或者电子资料提交报废地车辆管理所。属于报废校车、大型客车、重型货车及其他营运车辆的，还应当提交车辆解体的照片或者电子资料。

报废地车辆管理所应当自受理之日起一日内，审查提交的证明、凭证，收回机动车登记证书、号牌、行驶证，并通过计算机登记管理系统将机动车报废信息传递给登记地车辆管理所。

登记地车辆管理所应当自接到机动车报废信息之日起一日内办理注销登记，并出具注销证明。

机动车报废信息实现与有关部门联网核查的，报废机动车回收企业免予提交相关证明、凭证，车辆管理所应当核对相关电子信息。

第三十九条　属于第三十七条第一款第三项、第四项、第五项规定情形，机动车所有人申请注销登记的，应当确认申请信息，并提交以下证明、凭证：

（一）机动车所有人身份证明。

（二）机动车登记证书。

（三）机动车行驶证。

（四）属于海关监管的机动车，因故不在我国境内使用的，还应当提交海关出具的海关监管车辆进（出）境领（销）牌照通知书。

（五）属于因质量问题退车的，还应当提交机动车制造厂或者经销商出具的退车证明。

申请人因机动车灭失办理注销登记的，应当书面承诺因自然灾害、失火、交通事故等导致机动车灭失，并承担不实承诺的法律责任。

二手车出口企业因二手车出口办理注销登记的，应当提交机动车所有人身份证明、机动车登记证书和机动车出口证明。

车辆管理所应当自受理之日起一日内，审查提交的证明、凭证，属于机动车因故不在我国境内使用的还应当核查机动车出境记录，收回机动车登记证书、号牌、行驶证，出具注销证明。

第四十条　已注册登记的机动车有下列情形之一的，登记地车辆管理所应当办理机动车注销：

（一）机动车登记被依法撤销的。

（二）达到国家强制报废标准的机动车被依法收缴并强制报废的。

第四十一条　已注册登记的机动车有下列情形之一的，车辆管理所应当公告机动车登记证书、号牌、行驶证作废：

（一）达到国家强制报废标准，机动车所有人逾期不办理注销登记的。

（二）机动车登记被依法撤销后，未收缴机动车登记证书、号牌、行驶证的。

（三）达到国家强制报废标准的机动车被依法收缴并强制报废的。

（四）机动车所有人办理注销登记时未交回机动车登记证书、号牌、行驶证的。

第四十二条　属于第十五条第一项、第八项、第九项或者第二十九条第一项规定情形的，不予办理注销登记。机动车在抵押登记、质押备案期间的，不予办理注销登记。

第三章　机动车牌证

第一节　牌证发放

第四十三条　机动车所有人可以通过计算机随机选取或者按照选号规则自行编排的方式确定机动车号牌号码。

公安机关交通管理部门应当使用统一的机动车号牌选号系统发放号牌号码，号牌号码公开向社会发放。

第四十四条　办理机动车变更登记、转让登记或者注销登记后，原机动车所有人申请机动车登记时，可以向车辆管理所申请使用原机动车号牌号码。

申请使用原机动车号牌号码应当符合下列条件：

（一）在办理机动车迁出、共同所有人变更、转让登记或者注销登记后两年内提出申请。

（二）机动车所有人拥有原机动车且使用原号牌号码一年以上。

（三）涉及原机动车的道路交通安全违法行为和交通事故处理完毕。

第四十五条　夫妻双方共同所有的机动车将登记的机动车所有人姓名变更为另一方姓名，婚姻关系存续期满一年且经夫妻双方共同申请的，可以使用原机动车号牌号码。

第四十六条　机动车具有下列情形之一，需要临时上道路行驶的，机动车所有人应当向车辆管理所申领临时行驶车号牌：

（一）未销售的。

（二）购买、调拨、赠予等方式获得机动车后尚未注册登记的。

（三）新车出口销售的。

（四）进行科研、定型试验的。

（五）因轴荷、总质量、外廓尺寸超出国家标准不予办理注册登记的特型机动车。

第四十七条　机动车所有人申领临时行驶车号牌应当提交以下证明、凭证：

（一）机动车所有人的身份证明。

（二）机动车交通事故责任强制保险凭证。

（三）属于第四十六条第一项、第五项规定情形的，还应当提交机动车整车出厂合格证明或者进口机动车进口凭证。

（四）属于第四十六条第二项规定情形的，还应当提交机动车来历证明，以及机动车整车出厂合格证明或者进口机动车进口凭证。

（五）属于第四十六条第三项规定情形的，还应当提交机动车制造厂出具的安全技术检验证明以及机动车出口证明。

（六）属于第四十六条第四项规定情形的，还应当提交书面申请，以及机动车安全技术检验合格证明或者机动车制造厂出具的安全技术检验证明。

车辆管理所应当自受理之日起一日内，审查提交的证明、凭证，属于第四十六条第一项、第二项、第三项规定情形，需要临时上道路行驶的，核发有效期不超过三十日的临时行驶车号牌。属于第四十六条第四项规定情形的，核发有效期不超过六个月的临时行驶车号牌。属于第四十六条第五项规定情形的，核发有效期不超过九十日的临时行驶车号牌。

因号牌制作的原因，无法在规定时限内核发号牌的，车辆管理所应当核发有效期不超过十五日的临时行驶车号牌。

对属于第四十六条第一项、第二项规定情形，机动车所有人需要多次申领临时行驶车号牌的，车辆管理所核发临时行驶车号牌不得超过三次。属于第四十六条第三项规定情形的，车辆管理所核发一次临时行驶车号牌。

临时行驶车号牌有效期不得超过机动车交通事故责任强制保险有效期。

机动车办理登记后，机动车所有人收到机动车号牌之日起三日后，临时行驶车号牌作废，不得继续使用。

第四十八条　对智能网联机动车进行道路测试、示范应用需要上道路行驶的，道路测试、示范应用单位应当向车辆管理所申领临时行驶车号牌，提交以下证明、凭证：

（一）道路测试、示范应用单位的身份证明。

（二）机动车交通事故责任强制保险凭证。

（三）经主管部门确认的道路测试、示范应用凭证。

（四）机动车安全技术检验合格证明。

车辆管理所应当自受理之日起一日内，审查提交的证明、凭证，核发临时行驶车号牌。临时行驶车号牌有效期应当与准予道路测试、示范应用凭证上签注的期限保持一致，但最长不得超过六个月。

第四十九条　对临时入境的机动车需要上道路行驶的，机动车所有人应当按规定向入境地或者始发地车辆管理所申领临时入境机动车号牌和行驶证。

第五十条　公安机关交通管理部门应当使用统一的号牌管理信息系统制作、发放、收回、销毁机动车号牌和临时行驶车号牌。

第二节　牌证补换领

第五十一条　机动车号牌灭失、丢失或者损毁的，机动车所有人应当向登记地车辆管理所申请补领、换领。申请时，机动车所有人应当确认申请信息并提交身份证明。

车辆管理所应当审查提交的证明、凭证，收回未灭失、丢失或者损毁的号牌，自受理之日起十五日内补发、换发号牌，原机动车号牌号码不变。

补发、换发号牌期间，申请人可以申领有效期不超过十五日的临时行驶车号牌。

补领、换领机动车号牌的，原机动车号牌作废，不得继续使用。

第五十二条　机动车登记证书、行驶证灭失、丢失或者损毁的，机动车所有人应当向登记地车辆管理所申请补领、换领。申请时，机动车所有人应当确认申请信息并提交身份证明。

车辆管理所应当审查提交的证明、凭证，收回损毁的登记证书、行驶证，自受理之日起一日内补发、换发登记证书、行驶证。

补领、换领机动车登记证书、行驶证的，原机动车登记证书、行驶证作废，不得继续使用。

第五十三条　机动车所有人发现登记内容有错误的，应当及时要求车辆管理所更正。车辆管理所应当自受理之日起五日内予以确认。确属登记错误的，在机动车登记证书上更正相关内容，换发行驶证。需要改变机动车号牌号码的，应当收回号牌、行驶证，确定新的机动车号牌号码，重新核发号牌、行驶证和检验合格标志。

第三节　检验合格标志核发

第五十四条　机动车所有人可以在机动车检验有效期满前三个月内向车辆管理所申请检验合格标志。除大型载客汽车、校车以外的机动车因故不能在登记地检验的，机动车所有人可以向车辆所在地车辆管理所申请检验合格标志。

申请前，机动车所有人应当将涉及该车的道路交通安全违法行为和交通事故处理完毕。申请时，机动车所有人应当确认申请信息并提交行驶证、机动车交通事故责任强制保险凭证、车船税纳税或者免税证明、机动车安全技术检验合格证明。

车辆管理所应当自受理之日起一日内，审查提交的证明、凭证，核发检验合格标志。

第五十五条　对免予到机动车安全技术检验机构检验的机动车，机动车所有人申请检验合格标志时，应当提交机动车所有人身份证明或者行驶证、机动车交通事故责任强制保险凭证、车船税纳税或者免税证明。

车辆管理所应当自受理之日起一日内，审查提交的证明、凭证，核发检验合格标志。

第五十六条　公安机关交通管理部门应当实行机动车检验合格标志电子化，在核发检验合格标志的同时，发放检验合格标志电子凭证。

检验合格标志电子凭证与纸质检验合格标志具有同等效力。

第五十七条　机动车检验合格标志灭失、丢失或者损毁，机动车所有人需要补领、换领的，可以持机动车所有人身份证明或者行驶证向车辆管理所申请补领或者换领。对机动车交通事故责任强制保险在有效期内的，车辆管理所应当自受理之日起一日内补发或者换发。

第四章　校车标牌核发

第五十八条　学校或者校车服务提供者申请校车使用许可，应当按照《校车安全管理条例》向县级或者设区的市级人民政府教育行政部门提出申请。公安机关交通管理部门收到教育行政部门送来的征求意见材料后，应当在一日内通知申请人交验机动车。

第五十九条　县级或者设区的市级公安机关交通管理部门应当自申请人交验机动车之日起二日内确认机动车，查验校车标志灯、停车指示标志、卫星定位装置以及逃生锤、干粉灭火器、急救箱等安全设备，审核行驶线路、开行时间和停靠站点。属于专用校车的，还应当查验校车外观标识。审查以下证明、凭证：

（一）机动车所有人的身份证明。

（二）机动车行驶证。

（三）校车安全技术检验合格证明。

（四）包括行驶线路、开行时间和停靠站点的校车运行方案。

（五）校车驾驶人的机动车驾驶证。

公安机关交通管理部门应当自收到教育行政部门征求意见材料之日起三日内向教育行政部门回复意见，但申请人未按规定交验机动车的除外。

第六十条　学校或者校车服务提供者按照《校车安全管理条例》取得校车使用许可后，应当向县级或者设区的市级公安机关交通管理部门领取校车标牌。领取时应当确认表格信息，并提交以下证明、凭证：

（一）机动车所有人的身份证明。

（二）校车驾驶人的机动车驾驶证。

（三）机动车行驶证。

（四）县级或者设区的市级人民政府批准的校车使用许可。

（五）县级或者设区的市级人民政府批准的包括行驶线路、开行时间和停靠站点的校车运行方案。

公安机关交通管理部门应当在收到领取表之日起三日内核发校车标牌。对属于专用校车的，应当核对行驶证上记载的校车类型和核载人数；对不属于专用校车的，应当在行驶证副页上签注校车类型和核载人数。

第六十一条　校车标牌应当记载本车的号牌号码、机动车所有人、驾驶人、行驶线路、开行时间、停靠站点、发牌单位、有效期限等信息。校车标牌分前后两块，分别放置于前风窗玻璃右下角和后风窗玻璃适当位置。

校车标牌有效期的截止日期与校车安全技术检验有效期的截止日期一致，但不得超过校车使用许可有效期。

第六十二条　专用校车应当自注册登记之日起每半年进行一次安全技术检验，非专用校车应当自取得校车标牌后每半年进行一次安全技术检验。

学校或者校车服务提供者应当在校车检验有效期满前一个月内向公安机关交通管理部门申请检验合格标志。

公安机关交通管理部门应当自受理之日起一日内，审查提交的证明、凭证，核发检验合格标志，换发校车标牌。

第六十三条　已取得校车标牌的机动车达到报废标准或者不再作为校车使用的，学校或者校车服务提供者应当拆除校车标志灯、停车指示标志，消除校车外观标识，并将校车标牌交回核发的公安机关交通管理部门。

专用校车不得改变使用性质。

校车使用许可被吊销、注销或者撤销的，学校或者校车服务提供者应当拆除校车标志灯、停车指示标志，消除校车外观标识，并将校车标牌交回核发的公安机关交通管理部门。

第六十四条　校车行驶线路、开行时间、停靠站点或者车辆、所有人、驾驶人发生变化的，经县级或者设区的市级人民政府批准后，应当按照本规定重新领取校车标牌。

第六十五条　公安机关交通管理部门应当每月将校车标牌的发放、变更、收回等信息报本级人民政府备案，并通报教育行政部门。

学校或者校车服务提供者应当自取得校车标牌之日起，每月查询校车道路交通安全违法行为记录，及时到公安机关交通管理部门接受处理。核发校车标牌的公安机关交通管理部门应当每月汇总辖区内校车道路交通安全违法和交通事故等情况，通知学校或者校车服务提供者，并通报教育行政部门。

第六十六条　校车标牌灭失、丢失或者损毁的，学校或者校车服务提供者应当向核发标牌的公安机关交通管理部门申请补领或者换领。申请时，应当提交机动车所有人的身份证明及机动车行驶证。公安机关交通管理部门应当自受理之日起三日内审核，补发或者换发校车标牌。

第五章　监 督 管 理

第六十七条　公安机关交通管理部门应当建立业务监督管理中心，通过远程监控、数据分析、日常检查、档案抽查、业务回访等方式，对机动车登记及相关业务办理情况进行监督管理。

直辖市、设区的市或者相当于同级的公安机关交通管理部门应当通过监管系统每周对机动车登记及相关业务办理情况进行监控、分析，及时查处整改发现的问题。省级公安机关交通管理部门应当通过监管系统每月对机动车登记及相关业务办理情况进行监控、分析，及时查处、通报发现的问题。

车辆管理所存在严重违规办理机动车登记情形的，上级公安机关交通管理部门可以暂停该车辆管理所办理相关业务或者指派其他车辆管理所人员接管业务。

第六十八条　县级公安机关交通管理部门办理机动车登记及相关业务的，办公场所、设施设备、人员资质和信息系统等应当满足业务办理需求，并符合相关规定和标准要求。

直辖市、设区的市公安机关交通管理部门应当加强对县级公安机关交通管理部门办理机动车登记及相关业务的指导、培训和监督管理。

第六十九条　机动车销售企业、二手车交易市场、机动车安全技术检验机构、报废机动车回收企业和邮政、金融机构、保险机构等单位，经公安机关交通管理部门委托可以设立机动车登记服务站，在公安机关交通管理部门监督管理下协助办理机动车登记及相关业务。

机动车登记服务站应当规范设置名称和外观标识，公开业务范围、办理依据、办理程序、收费标准等事项。机动车登记服务站应当使用统一的计算机管理系统协助办理机动车登记及相关业务。

机动车登记服务站协助办理机动车登记的，可以提供办理保险和车辆购置税、机动车预查验、信息预录入等服务，便利机动车所有人一站式办理。

第七十条　公安机关交通管理部门应当建立机动车登记服务站监督管理制度，明确设立条件、业务范围、办理要求、信息系统安全等规定，签订协议及责任书，通过业务抽查、网上巡查、实地检查、业务回访等方式加强对机动车登记服务站协助办理业务情况的监督管理。

机动车登记服务站存在违反规定办理机动车登记及相关业务、违反信息安全管理规定等情形的，公安机关交通管理部门应当暂停委托其业务办理，限期整改；有严重违规情形的，终止委托其业务办理。机动车登记服务站违反规定办理业务给当事人造成经济损失的，应当依法承担赔偿责任；构成犯罪的，依法追究相关责任人员刑事责任。

第七十一条　公安机关交通管理部门应当建立号牌制作发放监管制度，加强对机动车号牌制作单位和号牌质量的监督管理。

机动车号牌制作单位存在违反规定制作和发放机动车号牌的，公安机关交通管理部门应当暂停其相关业务，限期整改；构成犯罪的，依法追究相关责任人员刑事责任。

第七十二条　机动车安全技术检验机构应当按照国家机动车安全技术检验标准对机动车进行检验，对检验结果承担法律责任。

公安机关交通管理部门在核发机动车检验合格标志时，发现机动车安全技术检验机构存在为未经检验的机动车出具检验合格证明、伪造或者篡改检验数据等出具虚假检验结果行为的，停止认可其出具的检验合格证明，依法进行处罚，并通报市场监督管理部门；构成犯罪的，依法追究相关责任人员刑事责任。

第七十三条　从事机动车查验工作的人员，应当持有公安机关交通管理部门颁发的资格证书。公安机关交通管理部门应当在公安民警、警务辅助人员中选拔足够数量的机动车查验员，从事查验工作。机动车登记服务站工作人员可以在车辆管理所监督下承担机动车查验工作。

机动车查验员应当严格遵守查验工作纪律，不得减少查验项目、降低查验标准，不得参与、协助、纵容为违规机动车办理登记。公安民警、警务辅助人员不得参与或者变相参与机动车安全技术检验机构经营活动，不得收取机动车安全技术检验机构、机动车销售企业、二手车交易市场、报废机动车回收企业等相关企业、申请人的财物。

车辆管理所应当对机动车查验过程进行全程录像，并实时监控查验过程，没有使用录像设备的，不得进行查验。机动车查验中，查验员应当使用执勤执法记录仪记录查验过程。车辆管理所应当建立机动车查验音视频档案，存储录像设备和执勤执法记录仪记录的音像资料。

第七十四条　车辆管理所在办理机动车登记及相关业务过程中发现存在以下情形的，应当及时开展调查：

（一）机动车涉嫌走私、被盗抢骗、非法生产销售、拼（组）装、非法改装的。

（二）涉嫌提交虚假申请材料的。

（三）涉嫌使用伪造、变造机动车牌证的。

（四）涉嫌以欺骗、贿赂等不正当手段取得机动车登记的。

（五）存在短期内频繁补换领牌证、转让登记、转出转入等异常情形的。

（六）存在其他违法违规情形的。

车辆管理所发现申请人通过互联网办理机动车登记及相关业务存在第一款规定嫌疑情形的，应当转为现场办理，当场审查申请材料，及时开展调查。

第七十五条　车辆管理所开展调查时，可以通知申请人协助调查，询问嫌疑情况，记录调查内容，并可以采取检验鉴定、实地检查等方式进行核查。

对经调查发现涉及行政案件或者刑事案件的，应当依法采取必要的强制措施或者其他处置措施，移交有管辖权的公安机关按照《公安机关办理行政案件程序规定》《公安机关办理刑事案件程序规定》等规定办理。

对办理机动车登记时发现机动车涉嫌走私的，公安机关交通管理部门应当将机动车及相关资料移交海关依法处理。

第七十六条　已注册登记的机动车被盗抢骗的，车辆管理所应当根据刑侦部门提供的情况，在计算机登记系统内记录，停止办理该车的各项登记和业务。被盗抢骗机动车发还后，车辆管理所应当恢复办理该车的各项登记和业务。

机动车在被盗抢骗期间，发动机号码、车辆识别代号或者车身颜色被改变的，车辆管理所应当凭有关技术鉴定证明办理变更备案。

第七十七条　公安机关交通管理部门及其交通警察、警务辅助人员办理机动车登记工作，应当接受监察机关、公安机关督察审计部门等依法实施的监督。

公安机关交通管理部门及其交通警察、警务辅助人员办理机动车登记工作，应当自觉接受社会和公民的监督。

第六章　法 律 责 任

第七十八条　有下列情形之一的，由公安机关交通管理部门处警告或者二百元以下罚款：

（一）重型、中型载货汽车、专项作业车、挂车及大型客车的车身或者车厢后部未按照规定喷涂放大的牌号或者放大的牌号不清晰的。

（二）机动车喷涂、粘贴标识或者车身广告，影响安全驾驶的。

（三）载货汽车、专项作业车及挂车未按照规定安装侧面及后下部防护装置、粘贴车身反光标识的。

（四）机动车未按照规定期限进行安全技术检验的。

（五）改变车身颜色、更换发动机、车身或者车架，未按照第十六条规定的时限办理变更登记的。

（六）机动车所有权转让后，现机动车所有人未按照第二十五条规定的时限办理转让登记的。

（七）机动车所有人办理变更登记、转让登记，未按照第十八条、第二十七条规定的时限到住所地车辆管理所申请机动车转入的。

（八）机动车所有人未按照第二十三条规定申请变更备案的。

第七十九条　除第十六条、第二十二条、第二十三条规定的情形外，擅自改变机动车外形和已登记的有关技术参数的，由公安机关交通管理部门责令恢复原状，并处警告或者五百元以下罚款。

第八十条　隐瞒有关情况或者提供虚假材料申请机动车登记的，公安机关交通管理部门不予受理或者不予登记，处五百元以下罚款；申请人在一年内不得再次申请机动车登记。

对发现申请人通过机动车虚假交易、以合法形式掩盖非法目的等手段，在机动车登记业务中牟取不正当利益的，依照第一款的规定处理。

第八十一条　以欺骗、贿赂等不正当手段取得机动车登记的，由公安机关交通管理部门收缴机动车登记证书、号牌、行驶证，撤销机动车登记，处二千元以下罚款；申请人在三年内不得再次申请机动车登记。

以欺骗、贿赂等不正当手段办理补、换领机动车登记证书、号牌、行驶证和检验合格标志等业务的，由公安机关交通管理部门收缴机动车登记证书、号牌、行驶证和检验合格标志，未收缴的，公告作废，处二千元以下罚款。

组织、参与实施第八十条、本条前两款行为之一牟取经济利益的，由公安机关交通管理部门处违法所得三倍以上五倍以下罚款，但最高不超过十万元。

第八十二条　省、自治区、直辖市公安厅、局可以根据本地区的实际情况，在本规定的处罚幅度范围内，制定具体的执行标准。

对本规定的道路交通安全违法行为的处理程序按照《道路交通安全违法行为处理程序规定》执行。

第八十三条　交通警察有下列情形之一的，按照有关规定给予处分；对聘用人员予以解聘。构成犯罪的，依法追究刑事责任：

（一）违反规定为被盗抢骗、走私、非法拼（组）装、达到国家强制报废标准的机动车办理登记的。

（二）不按照规定查验机动车和审查证明、凭证的。

（三）故意刁难，拖延或者拒绝办理机动车登记的。

（四）违反本规定增加机动车登记条件或者提交的证明、凭证的。

（五）违反第四十三条的规定，采用其他方式确定机动车号牌号码的。

（六）违反规定跨行政辖区办理机动车登记和业务的。

（七）与非法中介串通牟取经济利益的。

（八）超越职权进入计算机登记管理系统办理机动车登记和业务，或者不按规定使用计算机登记管理系统办理机动车登记和业务的。

（九）违反规定侵入计算机登记管理系统，泄漏、篡改、买卖系统数据，或者泄漏系统密码的。

（十）违反规定向他人出售或者提供机动车登记信息的。

（十一）参与或者变相参与机动车安全技术检验机构经营活动的。

（十二）利用职务上的便利索取、收受他人财物或者牟取其他利益的。

（十三）强令车辆管理所违反本规定办理机动车登记的。

交通警察未按照第七十三条第三款规定使用执法记录仪的，根据情节轻重，按照有关规定给予处分。

第八十四条　公安机关交通管理部门有第八十三条所列行为之一的，按照有关规定对直接负责的主管人员和其他直接责任人员给予相应的处分。

公安机关交通管理部门及其工作人员有第八十三条所列行为之一，给当事人造成损失的，应当依法承担赔偿责任。

第七章　附　　则

第八十五条　机动车登记证书、号牌、行驶证、检验合格标志的式样由公安部统一制定并监制。

机动车登记证书、号牌、行驶证、检验合格标志的制作应当符合有关标准。

第八十六条　机动车所有人可以委托代理人代理申请各项机动车登记和业务，但共同所有人变更、申请补领机动车登记证书、机动车灭失注销的除外；对机动车所有人因死亡、出境、重病、伤残或者不可抗力等原因不能到场的，可以凭相关证明委托代理人代理申请，或者由继承人申请。

代理人申请机动车登记和业务时，应当提交代理人的身份证明和机动车所有人的委托书。

第八十七条　公安机关交通管理部门应当实行机动车登记档案电子化，机动车电子档案与纸质档案具有同等效力。车辆管理所对办理机动车登记时不需要留存原件的证明、凭证，应当以电子文件形式归档。

第八十八条　本规定所称进口机动车以及进口机动车的进口凭证是指：

（一）进口机动车：

1. 经国家限定口岸海关进口的汽车。

2. 经各口岸海关进口的其他机动车。

3. 海关监管的机动车。

4. 国家授权的执法部门没收的走私、无合法进口证明和利用进口关键件非法拼（组）装的机动车。

（二）进口机动车的进口凭证：

1. 进口汽车的进口凭证，是国家限定口岸海关签发的货物进口证明书。

2. 其他进口机动车的进口凭证，是各口岸海关签发的货物进口证明书。

3. 海关监管的机动车的进口凭证，是监管地海关出具的海关监管车辆进（出）境领（销）牌照通知书。

4. 国家授权的执法部门没收的走私、无进口证明和利用进口关键件非法拼（组）装的机动车的进口凭证，是该部门签发的没收走私汽车、摩托车证明书。

第八十九条　本规定所称机动车所有人、身份证明以及住所是指：

（一）机动车所有人包括拥有机动车的个人或者单位。

1. 个人是指我国内地的居民和军人（含武警）以及香港、澳门特别行政区、台湾地区居民、定居国外的中国公民和外国人。

2. 单位是指机关、企业、事业单位和社会团体以及外国驻华使馆、领馆和外国驻华办事机构、国际组织驻华代表机构。

（二）身份证明：

1. 机关、企业、事业单位、社会团体的身份证明，是该单位的统一社会信用代码证书、营业执照或者社会团体法人登记证书，以及加盖单位公章的委托书和被委托人的身份证明。机动车所有人为单位的内设机构，本身不具备领取统一社会信用代码证书条件的，可以使用上级单位的统一社会信用代码证书作为机动车所有人的身份证明。上述单位已注销、撤销或者破产，其机动车需要办理变更登记、转让登记、解除抵押登记、注销登记、解除质押备案和补、换领机动车登记证书、号牌、行驶证的，已注销的企业的身份证明，是市场监督管理部门出具的准予注销登记通知书；已撤销的机关、事业单位、社会团体的身份证明，是其上级主管机关出具的有关证明；已破产无有效营业执照的企业，其身份证明是依法成立的财产清算机构或者人民法院依法指定的破产管理人出具的有关证明。商业银行、汽车金融公司申请办理抵押登记业务的，其身份证明是营业执照或者加盖公章的营业执照复印件。

2. 外国驻华使馆、领馆和外国驻华办事机构、国际组织驻华代表机构的身份证明，是该使馆、领馆或者该办事机构、代表机构出具的证明。

3. 居民的身份证明，是居民身份证或者临时居民身份证。在户籍地以外居住的内地居民，其身份证明是居民身份证或者临时居民身份证，以及公安机关核发的居住证明或者居住登记证明。

4. 军人（含武警）的身份证明，是居民身份证或者临时居民身份证。在未办理居民身份证前，是军队有关部门核发的军官证、文职干部证、士兵证、离休证、退休证等有效军人身份证件，以及其所在的团级以上单位出具的本人住所证明。

5. 香港、澳门特别行政区居民的身份证明，是港澳居民居住证；或者是其所持有的港澳居民来往内地通行证或者外交部核发的中华人民共和国旅行证，以及公安机关出具的住宿登记证明。

6. 台湾地区居民的身份证明，是台湾居民居住证；或者是其所持有的公安机关核发的五年有效的台湾居民来往大陆通行证或者外交部核发的中华人民共和国旅行证，以及公安机关出具的住宿登记证明。

7. 定居国外的中国公民的身份证明，是中华人民共和国护照和公安机关出具的住宿登记证明。

8. 外国人的身份证明，是其所持有的有效护照或者其他国际旅行证件，停居留期三个月以上的有效签证或者停留、居留许可，以及公安机关出具的住宿登记证明；或者是外国人永久居留身份证。

9. 外国驻华使馆、领馆人员、国际组织驻华代表机构人员的身份证明，是外交部核发的有效身份证件。

（三）住所：

1. 单位的住所是其主要办事机构所在地。

2. 个人的住所是户籍登记地或者其身份证明记载的住址。在户籍地以外居住的内地居民的住所是公安机关核发的居住证明或者居住登记证明记载的住址。

属于在户籍地以外办理除机动车注册登记、转让登记、住所迁入、共同所有人变更以外业务的，机动车所有人免予提交公安机关核发的居住证明或者居住登记证明。

属于在户籍地以外办理小型、微型非营运载客汽车注册登记的，机动车所有人免予提交公安机关核发的居住证明或者居住登记证明。

第九十条　本规定所称机动车来历证明以及机动车整车出厂合格证明是指：

（一）机动车来历证明：

1. 在国内购买的机动车，其来历证明是机动车销售统一发票或者二手车交易发票。在国外购买的机动车，其来历证明是该车销售单位开具的销售发票及其翻译文本，但海关监管的机动车不需提供来历证明。

2. 监察机关依法没收、追缴或者责令退赔的机动车，其来历证明是监察机关出具的法律文书，以及相应的协助执行通知书。

3. 人民法院调解、裁定或者判决转让的机动车，其来历证明是人民法院出具的已经生效的调解书、裁定书或者判决书，以及相应的协助执行通知书。

4. 仲裁机构仲裁裁决转让的机动车，其来历证明是仲裁裁决书和人民法院出具的协助执行通知书。

5. 继承、赠予、中奖、协议离婚和协议抵偿债务的机动车，其来历证明是继承、赠予、中奖、协议离婚、协议抵偿债务的相关文书和公证机关出具的公证书。

6. 资产重组或者资产整体买卖中包含的机动车，其来历证明是资产主管部门的批准文件。

7. 机关、企业、事业单位和社会团体统一采购并调拨到下属单位未注册登记的机动车，其来历证明是机动车销售统一发票和该部门出具的调拨证明。

8. 机关、企业、事业单位和社会团体已注册登记并调拨到下属单位的机动车，其来历证明是该单位出具的调拨证明。被上级单位调回或者调拨到其他下属单位的机动车，其来历证明是上级单位出具的调拨证明。

9. 经公安机关破案发还的被盗抢骗且已向原机动车所有人理赔完毕的机动车，其来历证明是权益转让证明书。

（二）机动车整车出厂合格证明：

1. 机动车整车厂生产的汽车、摩托车、挂车，其出厂合格证明是该厂出具的机动车整车出厂合格证。

2. 使用国产或者进口底盘改装的机动车，其出厂合格证明是机动车底盘生产厂出具的机动车底盘出厂合格证或者进口机动车底盘的进口凭证和机动车改装厂出具的机动车整车出厂合格证。

3. 使用国产或者进口整车改装的机动车，其出厂合格证明是机动车生产厂出具的机动车整车出厂合格证或者进口机动车的进口凭证和机动车改装厂出具的机动车整车出厂合格证。

4. 监察机关、人民法院、人民检察院或者行政执法机关依法扣留、没收并拍卖的未注册登记的国产机动车，未能提供出厂合格证明的，可以凭监察机关、人民法院、人民检察院或者行政执法机关出具的证明替代。

第九十一条　本规定所称二手车出口企业是指经商务主管部门认定具备二手车出口资质的企业。

第九十二条　本规定所称“一日”“二日”“三日”“五日”“七日”“十日”“十五日”，是指工作日，不包括节假日。

临时行驶车号牌的最长有效期“十五日”“三十日”“六十日”“九十日”“六个月”，包括工作日和节假日。

本规定所称“以下”“以上”“以内”，包括本数。

第九十三条　本规定自2022年5月1日起施行。2008年5月27日发布的《机动车登记规定》（公安部令第102号）和2012年9月12日发布的《公安部关于修改〈机动车登记规定〉的决定》（公安部令第124号）同时废止。本规定生效后，公安部以前制定的规定与本规定不一致的，以本规定为准。

附录B

鉴定估价师（机动车鉴定评估师）国家职业技能标准

（2021年版）

1. 职业概况

1.1 职业（工种）名称

鉴定估价师（机动车鉴定评估师）

1.2 职业编码

4-05-05-02

1.3 职业（工种）定义

从事机动车技术状况鉴定和价值评估、机动车质量与技术鉴定等工作的人员。

1.4 职业技能等级

本职业（工种）共设四个等级，分别为四级/中级工、三级/高级工、二级/技师、一级/高级技师。

1.5 职业环境条件

室内、外，常温

1.6 职业能力特征

具有一定的学习、计算能力，较强的分析、判断和表达能力，正常色觉，具有一定的空间感，手指、手臂灵活，动作协调。

1.7 普通受教育程度

高中毕业（或同等学历）

1.8 培训参考学时

四级/中级工 160 标准学时，三级/高级工 120 标准学时，二级/技师、一级/高级技师 100 标准学时。

1.9 职业技能鉴定要求

1.9.1 申报条件

持有 C1（含）以上机动车驾驶证，并具备以下条件之一者，可申报四级/中级工：

（1）取得相关职业五级/初级工职业资格证书（技能等级证书）后，累计从事本职业工作

3 年（含）或相关职业工作 4 年（含）以上。

（2）累计从事本职业工作 5 年（含）或相关职业工作 6 年（含）以上。

（3）取得技工学校相关专业毕业证书（含尚未取得毕业证书的在校应届毕业生）；或取得经评估论证、以中级技能为培养目标的中等及以上职业学校相关专业毕业证书（含尚未取得毕业证书的在校应届毕业生）。

（4）取得大专及以上相关专业毕业证书（含尚未取得毕业证书的在校应届毕业生）；或取得大专及以上非相关专业毕业证书，累计从事本职业工作 1 年（含）或相关职业工作 2 年（含）以上持有 C1（含）以上机动车驾驶证，并具备以下条件之一者，可申报三级/高级工：

1）取得本职业或相关职业四级/中级工职业资格证书（技能等级证书）后，累计从事本职业工作 4 年（含）或相关职业工作 5 年（含）以上。

2）取得本职业或相关职业四级/中级工职业资格证书（技能等级证书），并具有高级技工学校、技师学院毕业证书（含尚未取得毕业证书的在校应届毕业生）；或取得本职业或相关职业四级/中级工职业资格证书（技能等级证书），并具有经评估论证、以高级技能为培养目标的高等职业学校相关专业毕业证书（含尚未取得毕业证书的在校应届毕业生）。

3）具有大专及以上相关专业毕业证书，并取得本职业或相关职业四级/中级工职业资格证书（技能等级证书）后，累计从事本职业工作 1 年（含）或相关职业工作 2 年（含）以上；或具有大专及以上非相关专业毕业证书，并取得本职业或相关职业四级/中级工职业资格证书（技能等级证书）后，累计从事本职业工作 2 年（含）或相关职业工作 3 年（含）以上。

持有 C1（含）以上机动车驾驶证，并具备以下条件之一者，可申报二级/技师：

1）取得本职业或相关职业三级/高级工职业资格证书（技能等级证书）后，累计从事本职业工作 3 年（含）或相关职业工作 4 年（含）以上。

2）取得本职业或相关职业三级/高级工职业资格证书（技能等级证书）的高级技工学校、技师学院毕业生，累计从事本职业工作 2 年（含）或相关职业工作 3 年（含）以上；或取得相关职业预备技师证书的技师学院毕业生，累计从事本职业工作 1 年（含）或相关职业工作 2 年（含）以上。

3）取得本职业或相关职业三级/高级工职业资格证书（技能等级证书）的大专及以上相关专业毕业生，累计从事本职业工作 2 年（含）或相关职业工作 3 年（含）以上。

持有 C1（含）以上机动车驾驶证，并具备以下条件之一者，可申报一级/高级技师：

1）取得本职业或相关职业二级/技师职业资格证书（技能等级证书）后，累计从事本职业工作 4 年（含）以上。

2）取得本职业三级/高级工职业资格证书后，累计从事本职业工作 8 年（含）以上。

1.9.2 鉴定方式

分为理论知识考试、技能考核、综合评审。理论知识考试以笔试、机考等方式为主，主要考核从业人员从事本职业应掌握的基本要求和相关知识要求；技能考核主要采取现场操作、模拟操作等方式进行，主要考核从业人员从事本职业应具备的技能水平；综合评审主要针对技师和高级技师，通常采取审阅申报材料、答辩等方式进行全面评议和审查。

理论知识考试、技能考核和综合评审均实行百分制，成绩皆达 60 分（含）以上者为合格。

1.9.3 监考人员、考评人员与考生配比

理论知识考试中的监考人员与考生配比不低于 1:15，且每个考场不少于 2 名监考人员；

技能考核中的考评人员与考生配比为 1∶5，且考评人员为 3 人（含）以上单数；综合评审委员为 3 人（含）以上单数。

1.9.4 鉴定时间

理论知识考试时间不少于 90 分钟；技能考核时间：四级/中级工、三级/高级工不少于 90 分钟，二级/技师、一级/高级技师不少于 120 分钟；综合评审时间不少于 30 分钟。

1.9.5 鉴定场所设备

理论知识考试在标准教室、计算机教室进行。技能考核应在光线充足、通风条件良好、安全措施完善并具有监控设备的厂房或场地进行，以真实生产设备为主的考场，人均使用面积不低于 $8m^2$（不含设备占地）；以模拟仿真设备为主的考场，人均使用面积不低于 $4m^2$（不含设备占地）；鉴定设备、工具、量具等须满足不少于 4 人同时进行考核。

2. 基本要求

2.1 职业道德

2.1.1 职业道德基本知识

2.1.2 职业守则

（1）遵纪守法，廉洁自律。

（2）诚实守信，规范服务。

（3）客观独立，公正科学。

（4）爱岗敬业，保守秘密。

（5）操作规范，保证安全。

（6）团队合作，开拓创新。

2.2 基础知识

2.2.1 测量与计量常识

（1）计量基础知识。

（2）测量与误差知识。

2.2.2 机动车常用材料

（1）机动车常用金属与非金属材料的种类、性能及应用。

（2）机动车用燃料、润滑油（脂）的功用、种类、牌号及识别。

（3）机动车用工作液的功用、种类、规格、性能及识别。

（4）机动车轮胎的规格、分类及选用。

2.2.3 机动车结构与工作原理

（1）机动车的分类、编号和车辆识别代号（VIN）。

（2）机动车总体构造、原理、技术参数和性能指标。

（3）机动车发动机的结构与工作原理。

（4）机动车底盘的结构与工作原理。

（5）机动车车身及其附件的结构与作用。

（6）机动车电器与电子设备的结构与工作原理。

（7）新能源车辆动力驱动系统的结构与工作原理。

2.2.4 机动车使用与检测维修基本知识

（1）机动车技术状况与使用寿命。

（2）机动车使用性能及评价指标。
（3）机动车安全技术与环保检测内容与技术要求。
（4）机动车维修的分类、维修工艺与技术要求。

2.2.5 机动车价值评估基础

（1）机动车鉴定评估要素。
（2）机动车鉴定评估流程。
（3）机动车技术状况鉴定。
（4）机动车鉴定评估方法。
（5）机动车鉴定评估报告的撰写。

2.2.6 事故车辆损失鉴定评估基础

（1）事故车辆损伤分析。
（2）事故车辆修复技术。
（3）事故车辆损失鉴定评估方法。
（4）事故车辆损失鉴定评估报告的撰写。

2.2.7 机动车技术鉴定基础

（1）机动车技术鉴定的定义和分类。
（2）机动车技术鉴定方法。
（3）机动车技术鉴定流程。
（4）机动车技术鉴定意见书的撰写。

2.2.8 安全生产与环境保护知识

（1）劳动保护知识。
（2）消防安全知识。
（3）安全管理知识。
（4）环境保护知识。

2.2.9 相关法律、法规与标准知识

（1）《中华人民共和国民法典》相关知识。
（2）《中华人民共和国劳动法》相关知识。
（3）《中华人民共和国合同法》相关知识。
（4）《中华人民共和国安全生产法》相关知识。
（5）《中华人民共和国产品质量法》相关知识。
（6）《中华人民共和国计量法》相关知识。
（7）《中华人民共和国道路交通安全法》相关知识。
（8）《中华人民共和国资产评估法》相关知识。
（9）《中华人民共和国价格法》相关知识。
（10）《中华人民共和国保险法》相关知识。
（11）《特种设备安全监察条例》相关知识。
（12）《机动车维修管理规定》相关知识。
（13）《机动车登记规定》相关知识。
（14）《机动车强制报废标准规定》相关知识。

（15）《二手车流通管理办法》相关知识。
（16）《农业机械运行安全技术条件》（GB 16151）相关知识。
（17）《机动车运行安全技术条件》（GB 7258）相关知识。
（18）《机动车安全技术检验项目和方法》（GB 38900）相关知识。
（19）《二手车鉴定评估技术规范》（GB/T 30323）相关知识。
（20）《场（厂）内机动车辆安全检验技术要求》（GB/T 16178）相关知识。
（21）《道路车辆车辆识别代号（VIN）》（GB 16735）相关知识。
（22）《事故汽车修复技术规范》（JT/T 795）相关知识。
（23）《机动车号牌标准》（GA 36）相关知识。
（24）其他相关法律、法规与标准知识。

3. 工作要求

本标准对四级/中级工、三级/高级工、二级/技师、一级/高级技师的技能要求和相关知识要求依次递进，高级别涵盖低级别的要求。

3.1 四级/中级工

职业功能	工作内容	技能要求	相关知识要求
1. 手续检查	1.1 接受委托	1.1.1 能介绍机动车鉴定评估程序与方法 1.1.2 能签订机动车鉴定评估委托书（合同） 1.1.3 能拟定机动车鉴定评估方案	1.1.1 社交礼仪 1.1.2 机动车鉴定评估程序与方法 1.1.3 委托书（合同）的格式与内容 1.1.4 鉴定评估方案制定方法
	1.2 核查证件、税费	1.2.1 能识别机动车手续真伪及有效性 1.2.2 能确认机动车所有权人及评估委托人身份的合法性 1.2.3 能采集被评估车辆手续信息	1.2.1 机动车手续的种类 1.2.2 机动车手续真伪及有效性鉴别方法 1.2.3 机动车所有权人及评估委托人身份合法性的确定依据 1.2.4 车辆手续信息采集内容与方法
2. 技术状况鉴定	2.1 静态检查	2.1.1 能鉴别机动车的合法性 2.1.2 能静态检查发动机的技术状况 2.1.3 能静态检查底盘的技术状况 2.1.4 能静态检查车身及其附件的技术状况 2.1.5 能静态检查常规电器与电子设备的技术状况 2.1.6 能鉴别碰撞事故车	2.1.1 机动车合法性检查的内容与方法 2.1.2 发动机静态检查的内容与方法 2.1.3 底盘静态检查的内容与方法 2.1.4 车身及其附件静态检查的内容与方法 2.1.5 常规电器与电子设备技术状况静态检查的内容与方法 2.1.6 碰撞事故车的鉴别方法
	2.2 动态检查	2.2.1 能路试检查发动机的技术状况 2.2.2 能路试检查底盘的技术状况 2.2.3 能路试检查车身及其附件的技术状况 2.2.4 能路试检查常规电器与电子设备的技术状况 2.2.5 能进行路试后的检查	2.2.1 发动机技术状况路试检查的内容与方法 2.2.2 底盘技术状况路试检查的内容与方法 2.2.3 车身及其附件技术状况路试检查的内容与方法 2.2.4 常规电器与电子设备技术状况路试检查的内容与方法 2.2.5 路试后检查的内容与方法

续表

职业功能	工作内容	技能要求	相关知识要求
2. 技术状况鉴定	2.3 技术状况综合评定	2.3.1 能识读机动车安全、环保技术性能检测报告 2.3.2 能确定机动车的技术状况等级	2.3.1 机动车安全、环保技术性能检测报告的内容与合格评定要求 2.3.2 机动车技术状况评定方法、标准与要求
3. 价值评估	3.1 整车价值评估	3.1.1 能根据评估目的选择评估方法 3.1.2 能评估机动车（含新能源车辆）整车价值 3.1.3 能撰写机动车整车价值鉴定评估报告 3.1.4 能归档机动车整车价值鉴定评估报告	3.1.1 评估方法的分类与选用 3.1.2 现行市价法、重置成本法、收益现值法、清算价格法的评估流程与计算方法 3.1.3 鉴定评估报告的基本要求、主要内容和撰写方法 3.1.4 鉴定评估报告的归档要求与方法
	3.2 事故车辆损失评估	3.2.1 能填写事故车辆损伤诊断单 3.2.2 能确定事故车辆损伤等级 3.2.3 能确定更换配件项目、维修项目及价格 3.2.4 能计算维修费用 3.2.5 能评估损坏配件残值 3.2.6 能撰写事故车辆损失鉴定评估报告	3.2.1 事故车辆损伤诊断单的内容与填写方法 3.2.2 事故车辆损伤等级评定方法与技术要求 3.2.3 配件修换原则 3.2.4 配件价格确定方法 3.2.5 维修费用计算方法 3.2.6 损坏配件残值评估方法 3.2.7 事故车辆损失鉴定评估报告撰写方法
4. 认证与营销	4.1 二手车认证	4.1.1 能按二手车认证流程检查车辆 4.1.2 能撰写二手车认证报告	4.1.1 二手车认证流程 4.1.2 二手车认证报告撰写方法
	4.2 二手车营销	4.2.1 能确定二手车收购价格 4.2.2 能确定二手车置换价格 4.2.3 能确定二手车拍卖底价	4.2.1 二手车收购定价方法 4.2.2 二手车置换定价方法 4.2.3 二手车拍卖底价计算方法

3.2 三级/高级工

职业功能	工作内容	技能要求	相关知识要求
1. 技术状况鉴定	1.1 静态检查	1.1.1 能鉴别进口机动车的合法性 1.1.2 能静态检查机动车特殊电器与电子设备的技术状况 1.1.3 能静态检查专项作业车的技术状况 1.1.4 能鉴别泡水车、火烧车	1.1.1 进口机动车合法性鉴别方法 1.1.2 特殊电器与电子设备的功能与使用方法 1.1.3 专项作业车技术状况静态检查的内容与方法 1.1.4 泡水车、火烧车的鉴别方法
	1.2 动态检查	1.2.1 能路试检查机动车主动安全系统的技术状况 1.2.2 能路试检查专项作业车的技术状况	1.2.1 机动车主动安全系统技术状况路试检查的内容与方法 1.2.2 专项作业车技术状况路试检查的内容与方法
	1.3 技术状况综合评定	1.3.1 能确定机动车技术状况 1.3.2 能进行道路运输车辆技术等级合格评定	1.3.1 机动车技术状况评定内容与评定要求 1.3.2 道路运输车辆技术等级评定内容与评定要求

续表

职业功能	工作内容	技能要求	相关知识要求
2. 故障判断	2.1 发动机故障	2.1.1 能判断发动机常见机械故障	2.1.1 发动机常见机械故障现象与判断方法
	2.2 底盘故障	2.2.1 能判断底盘常见机械故障	2.2.1 底盘常见机械故障现象与判断方法
	2.3 车身及附件故障	2.3.1 能判断车身及附件常见机械故障	2.3.1 车身及附件常见机械故障现象与判断方法
	2.4 电器与电子设备故障	2.4.1 能判断发动机电器与电子设备常见故障 2.4.2 能判断底盘电器与电子设备常见故障 2.4.3 能判断车身电器与电子设备常见故障	2.4.1 发动机电器与电子设备常见故障现象与判断方法 2.4.2 底盘电器与电子设备常见故障现象与判断方法 2.4.3 车身电器与电子设备常见故障现象与判断方法
3. 价值评估	3.1 整车价值评估	3.1.1 能审核整车价值鉴定评估报告	3.1.1 整车价值鉴定评估报告审核要求
	3.2 事故车辆损失评估	3.2.1 能确定新能源车辆更换配件项目、维修项目及其价格 3.2.2 能计算新能源车辆维修费 3.2.3 能评估事故车辆整车与未损坏配件残值 3.2.4 能评估事故车辆贬值损失 3.2.5 能审核事故车辆损失鉴定评估报告	3.2.1 新能源车辆配件修换原则 3.2.2 事故车辆整车与未损坏配件残值评估方法 3.2.3 事故车辆贬值损失评估方法 3.2.4 事故车辆损失鉴定评估报告审核方法
	3.3 停运损失评估	3.3.1 能评估机动车停运损失 3.3.2 能撰写机动车停运损失鉴定评估报告	3.3.1 机动车停运损失评估方法 3.3.2 机动车停运损失鉴定评估报告撰写方法
4. 认证与营销	4.1 二手车认证	4.1.1 能审核二手车认证报告 4.1.2 能优化和改进二手车认证流程	4.1.1 二手车认证报告审核要求
	4.2 二手车营销	4.2.1 能审核二手车收购、置换、拍卖价格 4.2.2 能进行二手车销售定价 4.2.3 能组织实施二手车认证	4.2.1 二手车收购、置换、拍卖定价方法 4.2.2 二手车销售定价方法
5. 质量与技术鉴定	5.1 损伤关联性鉴定	5.1.1 能确定机动车配件损伤与事故关联性 5.1.2 能撰写机动车配件损伤与事故关联性技术鉴定意见书	5.1.1 机动车配件损伤与事故关联性分析方法 5.1.2 机动车配件损伤与事故关联性技术鉴定意见书撰写要求
	5.2 机动车属性鉴定	5.2.1 能确定机动车属性 5.2.2 能撰写机动车属性技术鉴定意见书	5.2.1 机动车属性鉴定方法 5.2.2 机动车属性技术鉴定意见书撰写要求
	5.3 机动车类型鉴定	5.3.1 能确定机动车类型 5.3.2 能撰写机动车类型技术鉴定意见书	5.3.1 机动车类型 5.3.2 机动车类型技术鉴定意见书撰写要求
	5.4 技术性能鉴定	5.4.1 能鉴定机动车安全技术性能 5.4.2 能撰写机动车安全技术性能鉴定意见书	5.4.1 机动车安全技术性能鉴定项目及要求 5.4.2 机动车安全技术性能鉴定意见书撰写要求

续表

职业功能	工作内容	技能要求	相关知识要求
5. 质量与技术鉴定	5.5 维修痕迹鉴定	5.5.1 能鉴定机动车拆装、维修痕迹 5.5.2 能撰写机动车拆装、维修痕迹技术鉴定意见书	5.5.1 机动车拆装、维修痕迹鉴定方法 5.5.2 机动车拆装、维修痕迹技术鉴定意见书撰写要求
	5.6 维修时间鉴定	5.6.1 能鉴定机动车合理维修时间 5.6.2 能撰写机动车合理维修时间技术鉴定意见书	5.6.1 机动车合理维修时间鉴定方法 5.6.2 机动车合理维修时间技术鉴定意见书撰写要求
	5.7 配件属性鉴定	5.7.1 能鉴定机动车配件属性 5.7.2 能撰写机动车配件属性技术鉴定意见书	5.7.1 机动车配件属性鉴定方法 5.7.2 机动车配件属性技术鉴定意见书撰写要求
6. 管理与培训	6.1 仪器设备管理	6.1.1 能进行工具、量具、仪器设备的日常维护和定期维护 6.1.2 能进行工具、量具、仪器设备的期间核查	6.1.1 工具、量具、仪器设备日常维护、定期维护项目、方法与要求 6.1.2 工具、量具、仪器设备期间核查项目、方法与要求
	6.2 技能培训	6.2.1 能对四级/中级工进行专业技能培训和指导	6.2.1 技能培训讲义编写方法

3.3 二级/技师

职业功能	工作内容	技能要求	相关知识要求
1. 技术状况鉴定	1.1 静态检查	1.1.1 能优化和改进静态检查方法与工艺 1.1.2 能编写静态检查工艺规程	1.1.1 静态检查工艺规程编制要求
	1.2 动态检查	1.2.1 能优化和改进动态路试检查方法与工艺 1.2.2 能编写动态路试检查工艺规程	1.2.1 动态路试检查工艺规程编制要求
	1.3 技术状况综合评定	1.3.1 能解决技术状况评定的综合性问题	1.3.1 专家意见书的撰写要求
2. 故障判断	2.1 发动机故障	2.1.1 能判断发动机常见机械故障原因	2.1.1 发动机常见机械故障诊断方法
	2.2 底盘故障	2.2.1 能判断底盘常见机械故障原因	2.2.1 底盘常见机械故障诊断方法
	2.3 车身及附件故障	2.3.1 能判断车身及附件常见机械故障原因	2.3.1 车身及附件常见机械故障诊断方法
	2.4 电器与电子设备故障	2.4.1 能判断发动机电器与电子设备常见故障原因 2.4.2 能判断底盘电器与电子设备常见故障原因 2.4.3 能判断车身电器与电子设备常见故障原因	2.4.1 发动机电器与电子设备常见故障诊断方法 2.4.2 底盘电器与电子设备常见故障诊断方法 2.4.3 车身电器与电子设备常见故障诊断方法

续表

职业功能	工作内容	技能要求	相关知识要求
3. 价值评估	3.1 整车价值评估	3.1.1 能审核新能源车辆整车价值鉴定评估报告	3.1.1 新能源车辆整车价值鉴定评估报告审核要求
	3.2 事故车辆损失评估	3.2.1 能审核新能源事故车辆损失鉴定评估报告	3.2.1 新能源事故车辆损失鉴定评估报告审核要求
	3.3 停运损失评估	3.3.1 能审核机动车停运损失鉴定评估报告	3.3.1 机动车停运损失鉴定评估报告审核要求
4. 认证与营销	4.1 二手车认证	4.1.1 能审核二手车销售定价 4.1.2 能制定二手车认证方案	4.1.1 二手车认证方案制定方法
	4.2 二手车营销	4.2.1 能组织实施二手车营销 4.2.2 能制定二手车营销方案	4.2.1 二手车营销方案制定方法
5. 质量与技术鉴定	5.1 损伤关联性鉴定	5.1.1 能审核机动车配件损伤与事故关联性技术鉴定意见书	5.1.1 机动车配件损伤与事故关联性技术鉴定意见书审核要求
	5.2 机动车属性鉴定	5.2.1 能审核机动车属性技术鉴定意见书	5.2.1 机动车属性技术鉴定意见书审核要求
	5.3 机动车类型鉴定	5.3.1 能审核机动车类型技术鉴定意见书	5.3.1 机动车类型技术鉴定意见书审核要求
	5.4 嫌疑车辆鉴定	5.4.1 能鉴定嫌疑问题车辆 5.4.2 能撰写嫌疑问题车辆技术鉴定意见书	5.4.1 嫌疑问题车辆鉴定方法 5.4.2 嫌疑问题车辆技术鉴定意见书撰写要求
	5.5 技术性能鉴定	5.5.1 能审核机动车安全技术性能鉴定意见书 5.5.2 能鉴定机动车综合技术性能 5.5.3 能撰写机动车综合技术性能鉴定意见书	5.5.1 机动车安全技术性能鉴定意见书审核要求 5.5.2 机动车综合技术性能鉴定项目及要求 5.5.3 机动车综合技术性能鉴定意见书撰写要求
	5.6 维修痕迹鉴定	5.6.1 能审核机动车拆装、维修痕迹技术鉴定意见书	5.6.1 机动车拆装、维修痕迹技术鉴定意见书审核要求
	5.7 维修时间鉴定	5.7.1 能审核机动车合理维修时间技术鉴定意见书	5.7.1 机动车合理维修时间技术鉴定意见书审核要求
	5.8 配件属性鉴定	5.8.1 能审核机动车配件属性技术鉴定意见书	5.8.1 机动车配件属性技术鉴定意见书审核要求
	5.9 事故鉴定	5.9.1 能鉴定机动车机械、电气事故成因 5.9.2 能鉴定机动车火灾事故成因 5.9.3 能鉴定车辆行驶速度 5.9.4 能鉴定车辆碰撞痕迹 5.9.5 能分析机动车行车存储数据 5.9.6 能鉴定机动车故障与交通事故的因果关系 5.9.7 能撰写机动车事故相关技术鉴定意见书	5.9.1 机动车机械、电气事故鉴定方法 5.9.2 机动车火灾事故鉴定方法 5.9.3 车辆行驶速度鉴定方法 5.9.4 车辆碰撞痕迹鉴定方法 5.9.5 机动车行车存储数据提取与分析方法 5.9.6 机动车故障与交通事故的因果关系分析方法 5.9.7 机动车事故技术鉴定意见书撰写要求

续表

职业功能	工作内容	技能要求	相关知识要求
5. 质量与技术鉴定	5.10 质量（缺陷）鉴定	5.10.1 能鉴定机动车维修质量问题产生的原因 5.10.2 能鉴定机动车制造质量（缺陷）问题产生的原因 5.10.3 能撰写机动车质量（缺陷）技术鉴定意见书	5.10.1 机动车维修质量问题鉴定方法 5.10.2 机动车制造质量（缺陷）问题鉴定方法 5.10.3 机动车质量（缺陷）技术鉴定意见书撰写要求
6. 管理与培训	6.1 仪器设备管理	6.1.1 能进行仪器设备的调试和校准 6.1.2 能编写设备操作规程	6.1.1 仪器设备的调试和校准规程 6.1.2 设备操作规程编制方法
	6.2 技术与质量管理	6.2.1 能评价质量控制效果 6.2.2 能撰写技术总结	6.2.1 质量控制与管理相关知识 6.2.2 技术总结撰写方法
	6.3 技术培训	6.3.1 能编写技能培训教案、讲义和课件 6.3.2 能对三级/高级工及以下级别人员实施专业技能培训与指导	6.3.1 技能培训教案、讲义和课件制作知识 6.3.2 技能培训与指导的基本要求和基本方法

3.4 一级/高级技师

职业功能	工作内容	技能要求	相关知识要求
1. 故障判断	1.1 发动机故障	1.1.1 能判断发动机综合性故障原因	1.1.1 发动机综合性故障诊断方法
	1.2 底盘故障	1.2.1 能判断底盘综合性故障原因	1.2.1 底盘综合性故障诊断方法
	1.3 车身及附件故障	1.3.1 能判断车身及附件综合性故障原因	1.3.1 车身及附件故障诊断方法
	1.4 电器与电子设备故障	1.4.1 能判断发动机电器与电子设备综合性故障原因 1.4.2 能判断底盘电器与电子设备综合性故障原因 1.4.3 能判断车身及附件电器与电子设备综合性故障原因	1.4.1 发动机电器与电子设备综合性故障诊断方法 1.4.2 底盘电器与电子设备综合性故障诊断方法 1.4.3 车身及附件电器与电子设备综合性故障诊断方法
2. 价值评估	2.1 整车价值评估	2.1.1 能对整车价值鉴定评估项目提出改进意见	2.1.1 整车价值评估前沿技术
	2.2 事故车辆损失评估	2.2.1 能对事故车辆损失鉴定评估项目提出改进意见	2.2.1 事故车辆损失评估前沿技术
	2.3 停运损失评估	2.3.1 能对车辆停运损失鉴定评估项目提出改进意见	2.3.1 新能源车辆停运损失鉴定评估报告审核要求
3. 质量与技术鉴定	3.1 嫌疑车辆鉴定	3.1.1 能审核嫌疑问题车辆技术鉴定意见书	3.1.1 嫌疑问题车辆技术鉴定意见书审核要求
	3.2 事故鉴定	3.2.1 能审核机动车事故技术鉴定意见书	3.2.1 机动车事故技术鉴定意见书审核要求

续表

职业功能	工作内容	技能要求	相关知识要求
3. 质量与技术鉴定	3.3 技术性能鉴定	3.3.1 能审核机动车综合性能技术鉴定意见书 3.3.2 能鉴定机动车主、被动安全装置或智能技术性能，撰写技术鉴定意见书 3.3.3 能鉴定新能源车辆动力电池热管理系统性能，撰写技术鉴定意见书	3.3.1 机动车综合性能技术鉴定意见书审核要求 3.3.2 机动车主、被动安全装置或智能技术性能鉴定方法与技术鉴定意见书撰写要求 3.3.3 新能源车辆动力电池热管理系统性能鉴定方法与技术鉴定意见书撰写要求
	3.4 质量(缺陷）鉴定	3.4.1 能审核机动车质量（缺陷）技术鉴定意见书 3.4.2 能归纳总结机动车安全隐患或制造缺陷问题并向有关部门提交意见或建议书	3.4.1 机动车质量（缺陷）技术鉴定意见书审核要求 3.4.2 机动车安全隐患或制造缺陷问题归纳总结方法及意见或建议书撰写要求
	3.5 技术革新	3.5.1 能革新技术鉴定手段，优化改进技术鉴定方法和工艺流程	3.5.1 技术鉴定前沿技术
4. 管理与培训	4.1 仪器设备管理	4.1.1 能制订工具、量具、仪器设备的维护、期间核查和周期检定计划 4.1.2 能排除仪器设备常见故障	4.1.1 工具、量具、仪器设备维护、期间核查和周期检定计划制订方法
	4.2 技术与质量管理	4.2.1 能编制质量控制计划 4.2.2 能编写质量体系中的程序文件和作业指导书 4.2.3 能撰写技术论文	4.2.1 质量控制计划编制方法 4.2.2 程序文件和作业指导书编写方法 4.2.3 技术论文撰写要求
	4.3 技术培训	4.3.1 能制定技能培训方案 4.3.2 能对二级/技师及以下级别人员进行专业技能培训和指导	4.3.1 培训方案制定方法与要求

4. 权重表

4.1 理论知识权重表

项目		技能等级			
		四级/中级工/%	三级/高级工/%	二级/技师/%	一级/高级技师/%
基本要求	职业道德	5	5	5	5
	基础知识	25	20	15	10
相关知识要求	手续检查	5			
	技术状况鉴定	30	20	10	
	故障判断		10	20	30
	价值评估	20	15	10	5
	认证与营销	15	10	5	
	质量与技术鉴定		15	25	35
	管理与培训		5	10	15
合计		100	100	100	100

4.2 技能要求权重表

项目		技能等级			
		四级/中级工/%	三级/高级工/%	二级/技师/%	一级/高级技师/%
技能要求	手续检查	10			
	技术状况鉴定	45	30	15	
	故障判断		15	20	25
	价值评估	30	25	20	10
	认证与营销	15	10	5	
	质量与技术鉴定		15	30	45
	管理与培训		5	10	20
合计		100	100	100	100

附录C

二手车流通管理办法①

（商务部、公安部、工商总局、税务总局令2005年第2号）

第一章 总 则

第一条 为加强二手车流通管理，规范二手车经营行为，保障二手车交易双方的合法权益，促进二手车流通健康发展，依据国家有关法律、行政法规，制定本办法。

第二条 在中华人民共和国境内从事二手车经营活动或者与二手车相关的活动，适用本办法。

本办法所称二手车，是指从办理完注册登记手续到达到国家强制报废标准之前进行交易并转移所有权的汽车（包括三轮汽车、低速载货汽车，即原农用运输车，下同）、挂车和摩托车。

第三条 二手车交易市场是指依法设立、为买卖双方提供二手车集中交易和相关服务的场所。

第四条 二手车经营主体是指经工商行政管理部门依法登记，从事二手车经销、拍卖、经纪、鉴定评估的企业。

第五条 二手车经营行为是指二手车经销、拍卖、经纪、鉴定评估等。

（一）二手车经销是指二手车经销企业收购、销售二手车的经营活动。

（二）二手车拍卖是指二手车拍卖企业以公开竞价的形式将二手车转让给最高应价者的经营活动。

（三）二手车经纪是指二手车经纪机构以收取佣金为目的，为促成他人交易二手车而从事居间、经纪或者代理等经营活动。

（四）二手车鉴定评估是指二手车鉴定评估机构对二手车技术状况及其价值进行鉴定评估的经营活动。

---

① 根据2017年9月4日《商务部关于废止和修改部分规章的规定》，经商务部、公安部、工商总局、税务总局同意，删去第九条、第十条、第十一条。

第六条　二手车直接交易是指二手车所有人不通过经销企业、拍卖企业和经纪机构将车辆直接出售给买方的交易行为。二手车直接交易应当在二手车交易市场进行。

第七条　国务院商务主管部门、工商行政管理部门、税务部门在各自的职责范围内负责二手车流通有关监督管理工作。

省、自治区、直辖市和计划单列市商务主管部门（以下简称省级商务主管部门）、工商行政管理部门、税务部门在各自的职责范围内负责辖区内二手车流通有关监督管理工作。

第二章　设立条件和程序

第八条　二手车交易市场经营者、二手车经销企业和经纪机构应当具备企业法人条件，并依法到工商行政管理部门办理登记。

第九条　二手车鉴定评估机构应当具备下列条件：

（一）是独立的中介机构。

（二）有固定的经营场所和从事经营活动的必要设施。

（三）有 3 名以上从事二手车鉴定评估业务的专业人员（包括本办法实施之前取得国家职业资格证书的旧机动车鉴定评估师）。

（四）有规范的规章制度。

第十条　设立二手车鉴定评估机构，应当按下列程序办理：

（一）申请人向拟设立二手车鉴定评估机构所在地省级商务主管部门提出书面申请，并提交符合本办法第九条规定的相关材料。

（二）省级商务主管部门自收到全部申请材料之日起二十个工作日内作出是否予以核准的决定，对予以核准的，颁发《二手车鉴定评估机构核准证书》；不予核准的，应当说明理由。

（三）申请人持《二手车鉴定评估机构核准证书》到工商行政管理部门办理登记手续。

第十一条　外商投资设立二手车交易市场、经销企业、经纪机构、鉴定评估机构的申请人，应当分别持符合第八条、第九条规定和《外商投资商业领域管理办法》、有关外商投资法律规定的相关材料报省级商务主管部门。省级商务主管部门进行初审后，自收到全部申请材料之日起一个月内上报国务院商务主管部门。合资方中有国家计划单列企业集团的，可直接将申请材料报送国务院商务主管部门。国务院商务主管部门自收到全部申请材料之日起 3 个月内会同国务院工商行政管理部门作出是否予以批准的决定，对予以批准的，颁发或者换发《外商投资企业批准证书》；不予批准的，应当说明理由。

申请人持《外商投资企业批准证书》到工商行政管理部门办理登记手续。

第十二条　设立二手车拍卖企业（含外商投资二手车拍卖企业）应当符合《中华人民共和国拍卖法》和《拍卖管理办法》有关规定，并按《拍卖管理办法》规定的程序办理。

第十三条　外资并购二手车交易市场和经营主体及已设立的外商投资企业增加二手车经营范围的，应当按第十一条、第十二条规定的程序办理。

第三章　行 为 规 范

第十四条　二手车交易市场经营者和二手车经营主体应当依法经营和纳税，遵守商业道德，接受依法实施的监督检查。

第十五条　二手车卖方应当拥有车辆的所有权或者处置权。二手车交易市场经营者和二手车经营主体应当确认卖方的身份证明、车辆的号牌、机动车登记证书、机动车行驶证、有效的机动车安全技术检验合格标志、车辆保险单、交纳税费凭证等。

国家机关、国有企事业单位在出售、委托拍卖车辆时，应持有本单位或者上级单位出具的资产处理证明。

第十六条　出售、拍卖无所有权或者处置权车辆的，应承担相应的法律责任。

第十七条　二手车卖方应当向买方提供车辆的使用、修理、事故、检验以及是否办理抵押登记、交纳税费、报废期等真实情况和信息。买方购买的车辆如因卖方隐瞒和欺诈不能办理转移登记的，卖方应当无条件接受退车，并退还购车款等费用。

第十八条　二手车经销企业销售二手车时应当向买方提供质量保证及售后服务承诺，并在经营场所予以明示。

第十九条　进行二手车交易应当签订合同。合同示范文本由国务院工商行政管理部门制定。

第二十条　二手车所有人委托他人办理车辆出售的，应当与受托人签订委托书。

第二十一条　委托二手车经纪机构购买二手车时，双方应当按以下要求进行：

（一）委托人向二手车经纪机构提供合法身份证明。

（二）二手车经纪机构依据委托人要求选择车辆，并及时向其通报市场信息。

（三）二手车经纪机构接受委托购买时，双方签订合同。

（四）二手车经纪机构根据委托人要求代为办理车辆鉴定评估，鉴定评估所发生的费用由委托人承担。

第二十二条　二手车交易完成后，卖方应当及时向买方交付车辆、号牌及车辆法定证明、凭证。车辆法定证明、凭证主要包括：

（一）机动车登记证书。

（二）机动车行驶证。

（三）有效的机动车安全技术检验合格标志。

（四）车辆购置税完税证明。

（五）养路费缴付凭证（2009 年由燃油附加税代替）。

（六）车船使用税缴付凭证。

（七）车辆保险单。

第二十三条　下列车辆禁止经销、买卖、拍卖和经纪：

（一）已报废或者达到国家强制报废标准的车辆。

（二）在抵押期间或者未经海关批准交易的海关监管车辆。

（三）在人民法院、人民检察院、行政执法部门依法查封、扣押期间的车辆。

（四）通过盗窃、抢劫、诈骗等违法犯罪手段获得的车辆。

（五）发动机号码、车辆识别代号或者车架号码与登记号码不相符，或者有凿改迹象的车辆。

（六）走私、非法拼（组）装的车辆。

（七）不具有第二十二条所列证明、凭证的车辆。

（八）在本行政辖区以外的公安机关交通管理部门注册登记的车辆。

（九）国家法律、行政法规禁止经营的车辆。

二手车交易市场经营者和二手车经营主体发现车辆具有（四）、（五）、（六）情形之一的，应当及时报告公安机关、工商行政管理部门等执法机关。

对交易违法车辆的，二手车交易市场经营者和二手车经营主体应当承担连带赔偿责任和其他相应的法律责任。

第二十四条　二手车经销企业销售、拍卖企业拍卖二手车时，应当按规定向买方开具税务机关监制的统一发票。

进行二手车直接交易和通过二手车经纪机构进行二手车交易的，应当由二手车交易市场经营者按规定向买方开具税务机关监制的统一发票。

第二十五条　二手车交易完成后，现车辆所有人应当凭税务机关监制的统一发票按法律、法规有关规定办理转移登记手续。

第二十六条　二手车交易市场经营者应当为二手车经营主体提供固定场所和设施，并为客户提供办理二手车鉴定评估、转移登记、保险、纳税等手续的条件。二手车经销企业、经纪机构应当根据客户要求代办二手车鉴定评估、转移登记、保险、纳税等手续。

第二十七条　二手车鉴定评估应当本着买卖双方自愿的原则，不得强制进行；属国有资产的二手车应当按国家有关规定进行鉴定评估。

第二十八条　二手车鉴定评估机构应当遵循客观、真实、公正和公开原则，依据国家法律法规开展二手车鉴定评估业务，出具车辆鉴定评估报告；并对鉴定评估报告中的车辆技术状况，包括是否属事故车辆等评估内容负法律责任。

第二十九条　二手车鉴定评估机构和人员可以按国家有关规定从事涉案、事故车辆鉴定等评估业务。

第三十条　二手车交易市场经营者和二手车经营主体应当建立完整的二手车交易购销、买卖、拍卖、经纪以及鉴定评估档案。

第三十一条　设立二手车交易市场、二手车经销企业开设店铺，应当符合所在地城市发展及城市商业发展有关规定。

第四章　监督与管理

第三十二条　二手车流通监督管理遵循破除垄断，鼓励竞争，促进发展和公平、公正、公开的原则。

第三十三条　建立二手车交易市场经营者和二手车经营主体备案制度。凡经工商行政管理部门依法登记，取得营业执照的二手车交易市场经营者和二手车经营主体，应当自取得营业执照之日起两个月内向省级商务主管部门备案。省级商务主管部门应当将二手车交易市场经营者和二手车经营主体有关备案情况定期报送国务院商务主管部门。

第三十四条　建立和完善二手车流通信息报送、公布制度。二手车交易市场经营者和二手车经营主体应当定期将二手车交易量、交易额等信息通过所在地商务主管部门报送省级商务主管部门。省级商务主管部门将上述信息汇总后报送国务院商务主管部门。国务院商务主管部门定期向社会公布全国二手车流通信息。

第三十五条　商务主管部门、工商行政管理部门应当在各自的职责范围内采取有效措施，加强对二手车交易市场经营者和二手车经营主体的监督管理，依法查处违法违规行为，维护市场秩序，保护消费者的合法权益。

第三十六条　国务院工商行政管理部门会同商务主管部门建立二手车交易市场经营者和二手车经营主体信用档案，定期公布违规企业名单。

第五章　附　　则

第三十七条　本办法自 2005 年 10 月 1 日起施行，原《商务部办公厅关于规范旧机动车鉴定评估管理工作的通知》（商建字〔2004〕70 号）、《关于加强旧机动车市场管理工作的通知》（国经贸贸易〔2001〕1281 号）、《旧机动车交易管理办法》（内贸机字〔1998〕33 号）及据此发布的各类文件同时废止。

附录D

二手车交易规范

（商务部公告 2006 年第 22 号）

第一章 总　　则

第一条　为规范二手车交易市场经营者和二手车经营主体的服务、经营行为，以及二手车直接交易双方的交易行为，明确交易规程，增加交易透明度，维护二手车交易双方的合法权益，依据《二手车流通管理办法》，制定本规范。

第二条　在中华人民共和国境内从事二手车交易及相关的活动适用于本规范。

第三条　二手车交易应遵循诚实、守信、公平、公开的原则，严禁欺行霸市、强买强卖、弄虚作假、恶意串通、敲诈勒索等违法行为。

第四条　二手车交易市场经营者和二手车经营主体应在各自的经营范围内从事经营活动，不得超范围经营。

第五条　二手车交易市场经营者和二手车经营主体应按下列项目确认卖方的身份及车辆的合法性：

（一）卖方身份证明或者机构代码证书原件合法有效。

（二）车辆号牌、机动车登记证书、机动车行驶证、机动车安全技术检验合格标志真实、合法、有效。

（三）交易车辆不属于《二手车流通管理办法》第二十三条规定禁止交易的车辆。

第六条　二手车交易市场经营者和二手车经营主体应核实卖方的所有权或处置权证明。车辆所有权或处置权证明应符合下列条件：

（一）机动车登记证书、行驶证与卖方身份证明名称一致；国家机关、国有企事业单位出售的车辆，应附有资产处理证明。

（二）委托出售的车辆，卖方应提供车主授权委托书和身份证明。

（三）二手车经销企业销售的车辆，应具有车辆收购合同等能够证明经销企业拥有该车所有权或处置权的相关材料，以及原车主身份证明复印件。原车主名称应与机动车登记证书、行驶证名称一致。

第七条　二手车交易应当签订合同，明确相应的责任和义务。交易合同包括：收购合同、销售合同、买卖合同、委托购买合同、委托出售合同、委托拍卖合同等。

第八条　交易完成后，买卖双方应当按照国家有关规定，持下列法定证明、凭证向公安机关交通管理部门申办车辆转移登记手续：

（一）买方及其代理人的身份证明。

（二）机动车登记证书。

（三）机动车行驶证。

（四）二手车交易市场、经销企业、拍卖公司按规定开具的二手车销售统一发票。

（五）属于解除海关监管的车辆，应提供《中华人民共和国海关监管车辆解除监管证明书》。

车辆转移登记手续应在国家有关政策法规所规定的时间内办理完毕，并在交易合同中予以明确。

完成车辆转移登记后，买方应按国家有关规定，持新的机动车登记证书和机动车行驶证到有关部门办理车辆购置税、养路费（2009 年由燃油附加税代替）变更手续。

第九条　二手车应在车辆注册登记所在地交易。二手车转移登记手续应按照公安部门有关规定在原车辆注册登记所在地公安机关交通管理部门办理。需要进行异地转移登记的，由车辆原属地公安机关交通管理部门办理车辆转出手续，在接收地公安机关交通管理部门办理车辆转入手续。

第十条　二手车交易市场经营者和二手车经营主体应根据客户要求提供相关服务，在收取服务费、佣金时应开具发票。

第十一条　二手车交易市场经营者、经销企业、拍卖公司应建立交易档案，交易档案主要包括以下内容：

（一）本规范第五条第二款规定的法定证明、凭证复印件。

（二）购车原始发票或者最近一次交易发票复印件。

（三）买卖双方身份证明或者机构代码证书复印件。

（四）委托人及授权代理人身份证或者机构代码证书以及授权委托书复印件。

（五）交易合同原件。

（六）二手车经销企业的《车辆信息表》（见附件一）、二手车拍卖公司的《拍卖车辆信息表》（见附件二）和《二手车拍卖成交确认书》（见附件三）。

（七）其他需要存档的有关资料。

交易档案保留期限不少于 3 年。

第十二条　二手车交易市场经营者、二手车经营主体发现非法车辆、伪造证照和车牌等违法行为，以及擅自更改发动机号、车辆识别代号（车架号码）和调整里程表等情况，应及时向有关执法部门举报，并有责任配合调查。

第二章　收购和销售

第十三条　二手车经销企业在收购车辆时，应按下列要求进行：

（一）按本规范第五条和第六条所列项目核实卖方身份以及交易车辆的所有权或处置权，并查验车辆的合法性。

（二）与卖方商定收购价格，如对车辆技术状况及价格存有异议，经双方商定可委托二手车鉴定评估机构对车辆技术状况及价值进行鉴定评估。达成车辆收购意向的，签订收购合同，收购合同中应明确收购方享有车辆的处置权。

（三）按收购合同向卖方支付车款。

第十四条　二手车经销企业将二手车销售给买方之前，应对车辆进行检测和整备。

二手车经销企业应对进入销售展示区的车辆按《车辆信息表》的要求填写有关信息，在显要位置予以明示，并可根据需要增加《车辆信息表》的有关内容。

第十五条　达成车辆销售意向的，二手车经销企业应与买方签订销售合同，并将《车辆信息表》作为合同附件。按合同约定收取车款时，应向买方开具税务机关监制的统一发票，并如实填写成交价格。

买方持本规范第八条规定的法定证明、凭证到公安机关交通管理部门办理转移登记手续。

第十六条　二手车经销企业向最终用户销售使用年限在 3 年以内或行驶里程在 6 万公里以内的车辆（以先到者为准，营运车除外），应向用户提供不少于 3 个月或 5000 公里（以先到者为准）的质量保证。质量保证范围为发动机系统、转向系统、传动系统、制动系统、悬挂系统等。

第十七条　二手车经销企业向最终用户提供售后服务时，应向其提供售后服务清单。

第十八条　二手车经销企业在提供售后服务的过程中，不得擅自增加未经客户同意的服务项目。

第十九条　二手车经销企业应建立售后服务技术档案。售后服务技术档案包括以下内容：

（一）车辆基本资料。主要包括车辆品牌型号、车牌号码、发动机号、车架号、出厂日期、使用性质、最近一次转移登记日期、销售时间和地点等。

（二）客户基本资料。主要包括客户名称（姓名）、地址、职业、联系方式等。

（三）维修保养记录。主要包括维修保养的时间、里程、项目等。

售后服务技术档案保存时间不少于 3 年。

第三章　经　　纪

第二十条　购买或出售二手车可以委托二手车经纪机构办理。委托二手车经纪机构购买二手车时，应按《二手车流通管理办法》第二十一条规定进行。

第二十一条　二手车经纪机构应严格按照委托购买合同向买方交付车辆、随车文件及本规范第五条第二款规定的法定证明、凭证。

第二十二条　经纪机构接受委托出售二手车，应按以下要求进行：

（一）及时向委托人通报市场信息。

（二）与委托人签订委托出售合同。

（三）按合同约定展示委托车辆并妥善保管，不得挪作他用。

（四）不得擅自降价或加价出售委托车辆。

第二十三条　签订委托出售合同后，委托出售方应当按照合同约定向二手车经纪机构交付车辆、随车文件及本规范第五条第二款规定的法定证明、凭证。

车款、佣金给付按委托出售合同约定办理。

第二十四条　通过二手车经纪机构买卖的二手车，应由二手车交易市场经营者开具国家税务机关监制的统一发票。

第二十五条　进驻二手车交易市场的二手车经纪机构应与交易市场管理者签订相应的管理协议，服从二手车交易市场经营者的统一管理。

第二十六条　二手车经纪人不得以个人名义从事二手车经纪活动。

二手车经纪机构不得以任何方式从事二手车的收购、销售活动。

第二十七条　二手车经纪机构不得采取非法手段促成交易，以及向委托人索取合同约定佣金以外的费用。

第四章　拍　　卖

第二十八条　从事二手车拍卖及相关中介服务活动，应按照《拍卖法》及《拍卖管理办法》的有关规定进行。

第二十九条　委托拍卖时，委托人应提供身份证明、车辆所有权或处置权证明及其他相关材料。拍卖人接受委托的，应与委托人签订委托拍卖合同。

第三十条　委托人应提供车辆真实的技术状况，拍卖人应如实填写《拍卖车辆信息表》。

如对车辆的技术状况存有异议，拍卖委托双方经商定可委托二手车鉴定评估机构对车辆进行鉴定评估。

第三十一条　拍卖人应于拍卖日 7 日前发布公告。拍卖公告应通过报纸或者其他新闻媒体发布，并载明下列事项：

（一）拍卖的时间、地点。

（二）拍卖的车型及数量。

（三）车辆的展示时间、地点。

（四）参加拍卖会办理竞买的手续。

（五）需要公告的其他事项。

拍卖人应在拍卖前展示拍卖车辆，并在车辆显著位置张贴《拍卖车辆信息表》。车辆的展示时间不得少于 2 天。

第三十二条　进行网上拍卖，应在网上公布车辆的彩色照片和《拍卖车辆信息表》，公布时间不得少于 7 天。

网上拍卖是指二手车拍卖公司利用互联网发布拍卖信息，公布拍卖车辆技术参数和直观图片，通过网上竞价、网下交接，将二手车转让给超过保留价的最高应价者的经营活动。

网上拍卖过程及手续应与现场拍卖相同。网上拍卖组织者应根据《拍卖法》及《拍卖管理办法》有关条款制定网上拍卖规则，竞买人则需要办理网上拍卖竞买手续。

任何个人及未取得二手车拍卖人资质的企业不得开展二手车网上拍卖活动。

第三十三条　拍卖成交后，买受人和拍卖人应签署《二手车拍卖成交确认书》。

第三十四条　委托人、买受人可与拍卖人约定佣金比例。

委托人、买受人与拍卖人对拍卖佣金比例未作约定的，依据《拍卖法》及《拍卖管理办法》有关规定收取佣金。

拍卖未成交的，拍卖人可按委托拍卖合同的约定向委托人收取服务费用。

第三十五条　拍卖人应在拍卖成交且买受人支付车辆全款后，将车辆、随车文件及本规范第五条第二款规定的法定证明、凭证交付给买受人，并向买受人开具二手车销售统一发票，如实填写拍卖成交价格。

第五章　直 接 交 易

第三十六条　二手车直接交易方为自然人的，应具有完全民事行为能力。无民事行为能力的，应由其法定代理人代为办理，法定代理人应提供相关证明。

二手车直接交易委托代理人办理的，应签订具有法律效力的授权委托书。

第三十七条　二手车直接交易双方或其代理人均应向二手车交易市场经营者提供其合法身份证明，并将车辆及本规范第五条第二款规定的法定证明、凭证送交二手车交易市场经营者进行合法性验证。

第三十八条　二手车直接交易双方应签订买卖合同，如实填写有关内容，并承担相应的法律责任。

第三十九条　二手车直接交易的买方按照合同支付车款后，卖方应按合同约定及时将车辆及本规范第五条第二款规定的法定证明、凭证交付买方。

车辆法定证明、凭证齐全合法，并完成交易的，二手车交易市场经营者应当按照国家有关规定开具二手车销售统一发票，并如实填写成交价格。

第六章　交易市场的服务与管理

第四十条　二手车交易市场经营者应具有必要的配套服务设施和场地，设立车辆展示交易区、交易手续办理区及客户休息区，做到标识明显，环境整洁卫生。交易手续办理区应设立接待窗口，明示各窗口业务受理范围。

第四十一条　二手车交易市场经营者在交易市场内应设立醒目的公告牌，明示交易服务程序、收费项目及标准、客户查询和监督电话号码等内容。

第四十二条　二手车交易市场经营者应制定市场管理规则，对场内的交易活动负有监督、规范和管理责任，保证良好的市场环境和交易秩序。由于管理不当给消费者造成损失的，应承担相应的责任。

第四十三条　二手车交易市场经营者应及时受理并妥善处理客户投诉，协助客户挽回经济损失，保护消费者权益。

第四十四条　二手车交易市场经营者在履行其服务、管理职能的同时，可依法收取交易服务和物业等费用。

第四十五条　二手车交易市场经营者应建立严格的内部管理制度，牢固树立为客户服务、为驻场企业服务的意识，加强对所属人员的管理，提高人员素质。二手车交易市场服务、管理人员须经培训合格后上岗。

第七章　附　　则

第四十六条　本规范自发布之日起实施。

附件一：车辆信息表

车辆信息表

质量保证类别						
车牌号						
经销企业名称						
营业执照号码			地址			
车辆基本信息	车辆价格	¥　　　　元	品牌型号		车身颜色	
	初次登记	年　月　日	行驶里程	公里	燃料	
	发动机号		车架号码		生产厂家	
	出厂日期	年　月	年检到期	年　月	排放等级	
	结构特点	□自动挡　□手动挡　□ABS　□其他____________				
	使用性质	□营运　□出租车　□非营运　□营转非　□出租营转非　□教练车　□其他				
	交通事故记录次数/类别/程度					
	重大维修记录时间/部件					
法定证明、凭证		□号牌　□行驶证　□登记证　□年检证明　□车辆购置税完税证明　□养路费缴付证明　□车船使用税完税证明　□保险单　□其他				
车辆技术状况						
质量保证						
声明	本车辆符合《二手车流通管理办法》有关规定，属合法车辆					
买方（签章）　　经销企业（签章）　　经办人（签章）　　年　月　日						
备注	1．本表由经销企业负责填写 2．本表一式三份，一份用于车辆展示，其余作为销售合同附件					

填表说明

1. 质量保证类别。车辆使用年限在 3 年以内或行驶里程在 6 万公里以内（以先到者为准，营运车辆除外），在“质量保证类别”栏中填写“本车属于质量保证车辆”。

如果超出质量保证范围，则在“质量保证类别”栏中填写“本车不属于质量保证车辆”，在“质量保证”栏中填写“本公司无质量担保责任”。

2. 经销企业名称、营业执照号码及地址应按照企业营业执照所登记的内容填写。

3. 车辆基本信息按车辆登记证书所载信息填写。

（1）行驶里程按实际行驶里程填写。如果更换过仪表，应注明更换之前行驶里程；如果不能确定实际行驶里程，则应予以注明。

（2）年检到期日以车辆最近一次年检证明所列日期为准。

（3）车辆价格按二手车经销企业拟卖出价格填写，可以不是最终销售价。

（4）其他信息根据车辆具体情况，符合项在□中划√。

（5）使用性质按表中所列分类，符合项在□中划√。

（6）交通事故记录次数/类别/程度，应根据可查记录或原车主的描述以及在对车辆进行技术状况检测过程中发现的对车辆有重大损害的交通事故次数、类别及程度填写。未发生过重大交通事故填写“无”。

（7）重大维修记录应根据可查记录或原车主的描述以及在车辆检测过程中发现的更换或维修车辆重要部件部分（比如发动机大中修等）填写有关内容。车辆未经过大中修填写“无”。

4. 法定证明、凭证等按表中所列项目，符合项在□中划√。

5. 车辆技术状况是指车辆在展示前，二手车经销企业对车辆技术状况及排放状况进行检测，检测项目及检测方式根据企业具体情况实施，并将检测结果在表中填写。同时，检验员应在表中相应位置签字。

6. 属于质量担保车辆的，经销企业根据交易车辆的实际情况填写质量保证部件、里程和时间。一般情况下，质量保证可按以下内容填写：

（1）质量保证范围为从车辆售出之日起 3 个月或行驶 5000 公里，以先到者为准。

（2）本公司在车辆销售之前或之后质量保证期内保证车辆的安全技术性能。

（3）质量保证不包括轮胎、电瓶、内饰和车身油漆，也不包括因车辆碰撞、车辆用于赛车或拉力赛等非正常使用造成的质量问题。

经销企业也可根据实际情况适当延长质量保证期限，放宽对使用年限和行驶里程的限制。

7. 当车辆实现销售时，由经销企业及其经办人和买方分别在签章栏中签章。

附件二：拍卖车辆信息表

拍卖车辆信息表

<table>
<tr><td colspan="2">拍卖企业名称</td><td colspan="5"></td></tr>
<tr><td colspan="2">营业执照号码</td><td></td><td>地址</td><td colspan="3"></td></tr>
<tr><td colspan="2">拍卖时间</td><td>年　月　日</td><td>拍卖地点</td><td colspan="3"></td></tr>
<tr><td rowspan="10">车辆基本信息</td><td>车牌号</td><td></td><td>厂牌型号</td><td></td><td>车身颜色</td><td></td></tr>
<tr><td>初次登记日期</td><td>年　月　日</td><td>行驶里程</td><td>公里</td><td>燃料</td><td></td></tr>
<tr><td>发动机号</td><td></td><td>车架号</td><td colspan="3"></td></tr>
<tr><td>出厂日期</td><td>年　月</td><td>发动机排量</td><td colspan="3"></td></tr>
<tr><td>年检到期日</td><td>年　月</td><td>生产厂家</td><td colspan="3"></td></tr>
<tr><td>结构特点</td><td colspan="5">□自动挡　□手动挡　□ABS　□其他</td></tr>
<tr><td>使用性质</td><td colspan="5">□营运　□出租车　□非营运　□营转非　□出租营转非　□教练车　□其他</td></tr>
<tr><td>交通事故记录
次数/类别/程度</td><td colspan="5"></td></tr>
<tr><td>重大维修记录</td><td colspan="5"></td></tr>
<tr><td>其他提示</td><td colspan="5"></td></tr>
<tr><td colspan="2">法定证明、凭证等</td><td colspan="5">□号牌　□行驶证　□登记证　□年检证明　□车辆购置税完税证明
□养路费缴付证明　□车船使用税完税证明　□保险单　□其他</td></tr>
<tr><td rowspan="2">车辆技术状况</td><td colspan="6"></td></tr>
<tr><td>检测日期</td><td colspan="2"></td><td>检测人</td><td colspan="2"></td></tr>
<tr><td>质量保证</td><td colspan="6"></td></tr>
<tr><td>声明</td><td colspan="6">本车辆符合《二手车流通管理办法》有关规定，属合法车辆</td></tr>
<tr><td>其他载明事项</td><td colspan="6"></td></tr>
<tr><td colspan="7">拍卖人（签章）：</td></tr>
<tr><td>备注</td><td colspan="6">1．本表由拍卖人填写
2．本表一式三份，一份用于车辆展示，其余作为拍卖成交确认书附件</td></tr>
</table>

填表说明

1．拍卖企业名称、营业执照号码及地址应按照企业营业执照所登记的内容填写。

2．拍卖时间、地点填写拍卖会举办的时间和地点。

3．车辆基本信息按车辆登记证书所载信息填写。

（1）行驶里程按实际行驶里程填写。如果更换过仪表，应注明更换之前行驶里程；如果不能确定实际行驶里程，则应予以注明。

（2）年检到期日以车辆最近一次年检证明所列日期为准。

（3）其他信息根据车辆具体情况，符合项在□中划√。

（4）使用性质按表中所列分类，符合项在□中划√。

（5）交通事故记录次数/类别/程度，应根据可查记录或委托方的描述以及在对车辆进行技术状况检测过程中发现的对车辆有重大损害的交通事故次数、类别及程度填写。确定未发生过重大交通事故填写“无”。

（6）重大维修记录应根据可查记录或委托方的描述以及在车辆检测过程中发现的更换或维修车辆重要部件部分（比如发动机大中修等）填写有关内容。确定未经过大中修填写“无”。

（7）拍卖企业应在其他提示栏中指出车辆存在的质量缺陷、未排除的故障等方面的瑕疵。

4．法定证明、凭证等按表中所列项目，符合项在□中划√。

5．车辆技术状况是指车辆在展示前，拍卖企业对车辆技术状况及排放状况进行检测，检测项目及检测方式根据企业具体情况实施，并将检测结果在表中填写。同时，检验员应在表中相应位置签字。

6．有能力的拍卖企业可为拍卖车辆提供质量保证，质量担保范围可参照经销企业的《车辆信息表》有关要求。质量保证部件、里程和时间可根据实际情况由企业自行掌握。

7．其他载明事项是拍卖企业需要对车辆进行特殊说明的事项。

8．当车辆拍卖成交时，拍卖人在签章栏中签章。

附件三：二手车拍卖成交确认书

二手车拍卖成交确认书

拍卖人：

买受人：

签订地点：

签订时间：

经审核本拍卖标的手续齐全，符合国家有关规定，属于合法车辆。

拍卖人于________年 ________月 ______日在________________举行的拍卖会上，竞标号码为________________的竞买人___________，经过公开竞价，成功竞得_________。拍卖标的物的详情见附件《拍卖车辆信息表》。依照《二手车流通管理办法》《中华人民共和国拍卖法》及有关法律、行政法规的规定，双方签订拍卖成交确认书如下：

一、成交拍卖标的：拍卖编号为__________的二手机动车，车牌号码为______________。

二、成交价款及佣金：标的成交价款为人民币大写__________元（¥____________），佣金比例为成交总额的________%，佣金为人民币大写____________ 元（¥____________），合计大写_____________元（¥____________）。

三、付款方式：拍卖标的已经拍定，其买受人在付足全款后方可领取该车。

四、交接：拍卖人在买受人付足全款后，应将拍出的车辆移交给买受人，并向买受人提供车辆转移登记所需的号牌、机动车登记证书、机动车行驶证、有效的机动车安全技术检验合格标志、车辆购置税完税证明、养路费缴付凭证（2009 年由燃油附加税代替）、车船使用税缴付凭证、车辆保险单等法定证明、凭证。

五、转移登记：买受人应自领取车辆及法定证明、凭证之日起 30 日内向公安机关交通管理部门申办转移登记手续。

六、质量保证：____。

七、声明：买受人已充分了解拍卖标的全部情况，承认并且愿意遵守《中华人民共和国拍卖法》和国家有关法律、行政法规的各项条款。

八、其他约定事项：

____

____

买受人（签章）： 拍卖人（签章）：

法定代表人： 法定代表人：

附录 E

二手车鉴定评估技术规范

为规范二手车鉴定评估行为，营造公平、公正的二手车消费环境，保护消费者合法权益，促进汽车市场健康发展，制定本规范。

本规范在制定过程中，参考了国外二手车鉴定评估有关法规与行业标准的主要思路和方法。

1 范围

本规范规定了二手车鉴定评估的术语和定义、企业要求、作业流程和方法等技术要求。

本规范适用于从事二手乘用车鉴定评估的活动。从事其他二手车鉴定评估，以及其他涉及汽车鉴定评估的活动参照执行。

2 规范性引用文件

下列规范所包含的条文，通过在本规范中引用而构成本规范的条文。本规范出版时，所示版本均为有效。所有规范都会被修订，使用本规范的各方应探讨使用下列规范最新版本的可能性。凡是不注明日期的引用文件，其最新版本适用于本规范。

《机动车运行安全技术条件》(GB 7258—2004)。

3 术语和定义

本规范采用下列定义：

3.1 二手车（Used Automobile）

本规范所述二手车是指从办理完注册登记手续到达到国家强制报废标准之前进行交易并转移所有权的汽车。

3.2 二手车鉴定评估（Appraisal and Inspection）

二手车鉴定评估是指对二手车进行技术状况检测、鉴定，确定某一时点价值的过程。

3.2.1 二手车技术状况鉴定（Technical Inspection）

对车辆技术状况进行缺陷描述、等级评定。

3.2.2 二手车价值评估（Evaluation）

根据二手车技术状况鉴定结果和鉴定评估目的，对目标车辆价值进行评估。价值评估方法主要包括现行市价法、重置成本法。

3.2.2.1　现行市价法（Current Market Price Method）

根据车辆技术状况按照市场现行价格计算出被评估车辆价值的方法。

3.2.2.2　重置成本法（Replacement Cost Method）

按照相同车型市场现行价格重新购置一个全新状态的评估对象，用所需的全部成本减去评估对象的实体性、功能性和经济性贬值后的差额，以其作为评估对象现时价值的方法。

3.3　二手车鉴定评估机构（Appraisal and Inspection Enterprises）

从事二手车鉴定评估经营活动的第三方服务机构。

3.4　二手车鉴定评估师（Appraiser）与高级二手车鉴定评估师（Advanced Appraiser）

分别指依法取得二手车鉴定评估师、高级二手车鉴定评估师国家职业资格的人员。

4　二手车鉴定评估机构的条件和要求

4.1　场所

经营面积不少于 200m^2。

4.2　设施设备

4.2.1　具备汽车举升设备。

4.2.2　车辆故障信息读取设备、车辆结构尺寸检测工具或设备。

4.2.3　具备车辆外观缺陷测量工具、漆面厚度检测设备。

4.2.4　具备照明工具、照相机、螺丝刀、扳手等常用操作工具。

4.3　人员

具有 3 名以上二手车鉴定评估师和 1 名以上高级二手车鉴定评估师。

4.4　其他

4.4.1　具备计算机等办公设施。

4.4.2　具备符合国家有关规定的消防设施。

5　二手车鉴定评估程序

5.1　二手车鉴定评估作业流程

二手车鉴定评估机构开展二手车鉴定评估经营活动按照附图 1 流程作业，并按附录四填写《二手车鉴定评估作业表》。二手车经销、拍卖、经纪等企业开展业务涉及二手车鉴定评估活动的，参照图一有关内容和顺序作业，即查验可交易车辆→登记基本信息→判别事故车→鉴定技术状况，并参照附录三填写《二手车技术状况表》。

5.2　受理鉴定评估

了解委托方及其车辆的基本情况，明确委托方要求，主要包括委托方要求的评估目的、评估基准日、期望完成评估的时间等。

5.3　查验可交易车辆

5.3.1　查验机动车登记证书、行驶证、有效机动车安全技术检验合格标志、车辆购置税完税证明、车船使用税缴付凭证、车辆保险单等法定证明、凭证是否齐全，并按照附表 1 检查所列项目是否全部判定为“Y”。

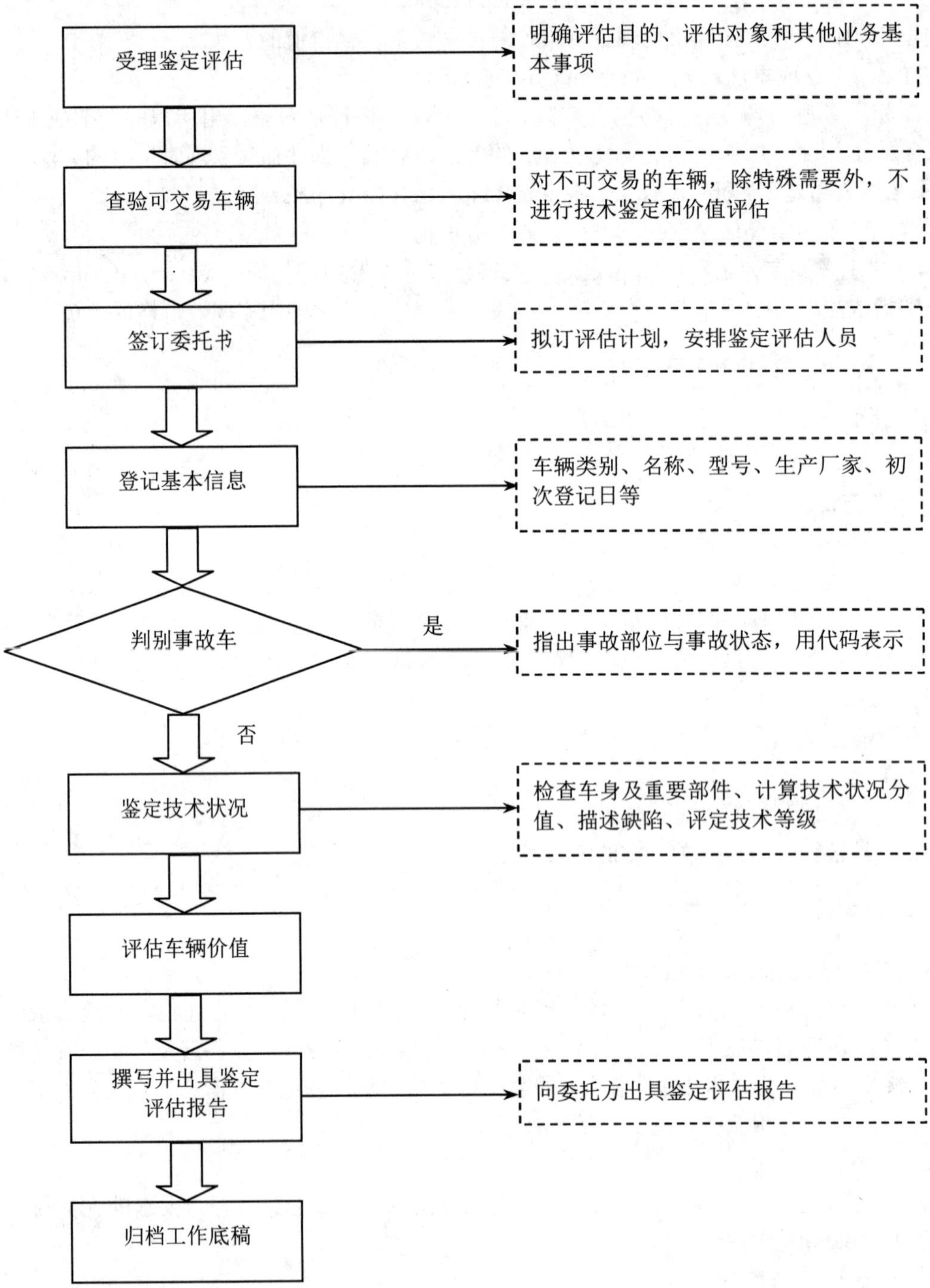
受理鉴定评估
明确评估目的、评估对象和其他业务基本事项
查验可交易车辆
对不可交易的车辆，除特殊需要外，不进行技术鉴定和价值评估
签订委托书
拟订评估计划，安排鉴定评估人员
登记基本信息
车辆类别、名称、型号、生产厂家、初次登记日等
判别事故车
是
指出事故部位与事故状态，用代码表示
否
鉴定技术状况
检查车身及重要部件、计算技术状况分值、描述缺陷、评定技术等级
评估车辆价值
撰写并出具鉴定评估报告
向委托方出具鉴定评估报告
归档工作底稿

附图 1　二手车鉴定评估作业流程

附表 1　可交易车辆判别表

序号	检查项目	判别
1	是否达到国家强制报废标准	Y 是　N 否
2	是否为抵押期间或海关监管期间	Y 是　N 否
3	是否为人民法院、人民检察院、行政执法等部门依法查封、扣押期间的车辆	Y 是　N 否
4	是否为通过盗窃、抢劫、诈骗等违法犯罪手段获得的车辆	Y 是　N 否
5	发动机号与机动车登记证书登记号码是否一致，且无凿改痕迹	Y 是　N 否
6	车辆识别代号或车架号码与机动车登记证书登记号码是否一致，且无凿改痕迹	Y 是　N 否
7	是否走私、非法拼（组）装车辆	Y 是　N 否
8	是否法律法规禁止经营的车辆	Y 是　N 否

5.3.2　如发现上述法定证明、凭证不全，或者表一检查项目任何一项判定为“N”的车辆，应告知委托方，不需继续进行技术鉴定和价值评估（司法机关委托等特殊要求的除外）。

5.3.3　发现法定证明、凭证不全，或者表一中第 1 项、第 4 项至第 8 项任意一项判定为“N”的车辆应及时报告公安机关等执法部门。

5.4　签订委托书

对相关证照齐全、表一检查项目全部判定为“Y”的，或者司法机关委托等特殊要求的车辆，按附录一签署二手车鉴定评估委托书。

5.5　登记基本信息

5.5.1　登记车辆使用性质信息，明确营运与非营运车辆。

5.5.2　登记车辆基本情况信息，包括车辆类别、名称、型号、生产厂家、初次登记日期、表征行驶里程等。如果表征行驶里程与实际车况明显不符，应在《二手车鉴定评估报告》或《二手车技术状况表》的有关技术缺陷描述中予以注明。

5.6　判别事故车

5.6.1　参照附图 2 所示车体部位，按照附表 2 要求检查车辆外观，判别车辆是否发生过碰撞、火烧，确定车体结构是完好无损还是有事故痕迹。

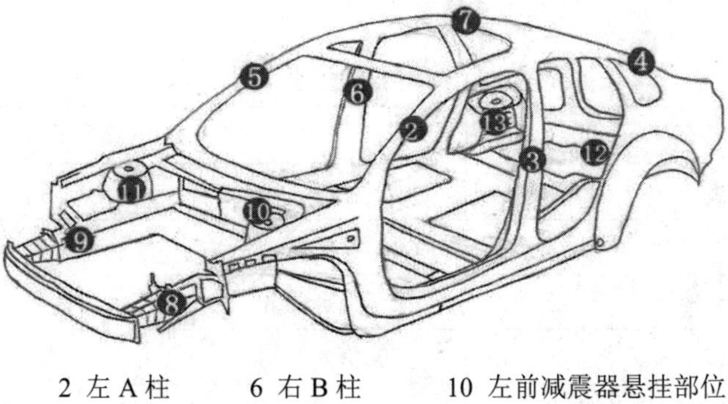

2 左 A 柱　　6 右 B 柱　　10 左前减震器悬挂部位
3 左 B 柱　　7 右 C 柱　　11 右前减震器悬挂部位
4 左 C 柱　　8 左前纵梁　　12 左后减震器悬挂部位
5 右 A 柱　　9 右前纵梁　　13 右后减震器悬挂部位

附图 2　车体结构示意图

5.6.2　使用漆面厚度检测设备配合对车体结构部件进行检测；使用车辆结构尺寸检测工具或设备检测车体左右对称性。

5.6.3　根据附表 2、附表 3 对车体状态进行缺陷描述，即车身部位+状态。例如 4SH，即左 C 柱有烧焊痕迹。

5.6.4　当附表 2 中任何一个检查项目存在附表 3 中对应的缺陷时，则该车为事故车。

5.6.5　事故车的车辆技术鉴定和价值评估不在本规范的范围之内。

附表 2　车体部位代码表

代码	部位	代码	部位
1	车体左右对称性	8	左前纵梁
2	左 A 柱	9	右前纵梁
3	左 B 柱	10	左前减震器悬挂部位
4	左 C 柱	11	右前减震器悬挂部位
5	右 A 柱	12	左后减震器悬挂部位
6	右 B 柱	13	右后减震器悬挂部位
7	右 C 柱		

附表 3　车辆缺陷状态描述对应表

代表字母	BX	NQ	GH	SH	ZZ
缺陷描述	变形	扭曲	更换	烧焊	褶皱

5.7　鉴定车辆技术状况

5.7.1　按照车身、发动机舱、驾驶舱、启动、路试、底盘等项目顺序检查车辆技术状况。

5.7.2　根据检查结果确定车辆技术状况的分值。总分值为各个鉴定项目分值的累加，即鉴定总分=Σ项目分值，满分为 100 分。

5.7.3　根据鉴定分值，按照附表 4 确定车辆对应的技术等级。

附表 4　车辆技术状况等级分值对应表

技术状况等级	分值区间
一级	鉴定总分≥90
二级	60≤鉴定总分＜90
三级	20≤鉴定总分＜60
四级	鉴定总分＜20
五级	事故车

5.8　评估车辆价值

5.8.1　根据车辆有关情况确立估值方法，并对车辆价值进行估算。

5.8.2 估值方法选用原则：一般情况下，推荐选用现行市价法；在没有参照物、无法使用现行市价法的情况下，选用重置成本法。

5.8.3 现行市价法的运用方法：评估价值为相同车型、配置和相同技术状况鉴定检测分值的车辆近期的交易价格；如无参照，可从本区域本月内的交易记录中调取相同车型、相近分值，或从相邻区域的成交记录中调取相同车型、相近分值的成交价格，并结合车辆技术状况鉴定分值加以修正。

5.8.4 当无任何参照体时，使用重置成本法计算车辆价值。

车辆评估价值=更新重置成本×综合成新率

1．更新重置成本为相同型号、配置的新车在评估基准日的市场零售价格。

2．综合成新率由技术鉴定成新率与年限成新率组成，即：综合成新率=年限成新率×α+技术鉴定成新率×β。其中，年限成新率=预计车辆剩余使用年限/车辆使用年限（乘用车使用年限为15年，超过15年的按实际年限计算；有年限规定的车辆、营运车辆按实际要求计算）；技术鉴定成新率=车辆技术状况分值/100；α、β分别为技术鉴定成新率与年限成新率系数，由评估人员根据市场行情等因素确定，且$\alpha+\beta=1$。

技术鉴定成新率×β，相当于实体性贬值与功能性贬值后车辆剩余的价值率；年限成新率×α，相当于经济性贬值后车辆剩余的价值率。

5.9 撰写及出具鉴定评估报告

5.9.1 根据车辆技术状况鉴定等级和价值评估结果等情况，按照附录二要求撰写《二手车鉴定评估报告》，做到内容完整、客观、准确，书写工整。

5.9.2 按委托书要求及时向客户出具《二手车鉴定评估报告》，并由鉴定评估人与复核人签章，由鉴定评估机构加盖公章。

5.10 归档工作底稿

将《二手车鉴定评估报告》及其附件与工作底稿独立汇编成册，存档备查。档案保存一般不低于5年；鉴定评估目的涉及财产纠纷的，其档案至少应当保存10年；法律法规另有规定的，从其规定。

6 正常车辆技术状况鉴定有关要求

6.1 车身

6.1.1 参照附图3标示，按照附表5、附表6要求检查26个项目，程度为1的扣0.5分，每增加1个程度加扣0.5分。共计20分，扣完为止。轮胎部分需要高于程度4的标准，不符合标准扣1分。

6.1.2 使用车辆外观缺陷测量工具与漆面厚度检测检测仪器结合目测法对车身外观进行检测。

6.1.3 根据表五、表六描述缺陷，车身外观项目的转义描述为：

车身部位+状态+程度。

例：21XS2对应描述为：左后车门有锈蚀，面积为大于100mm×100mm，小于或等于200mm×300mm。

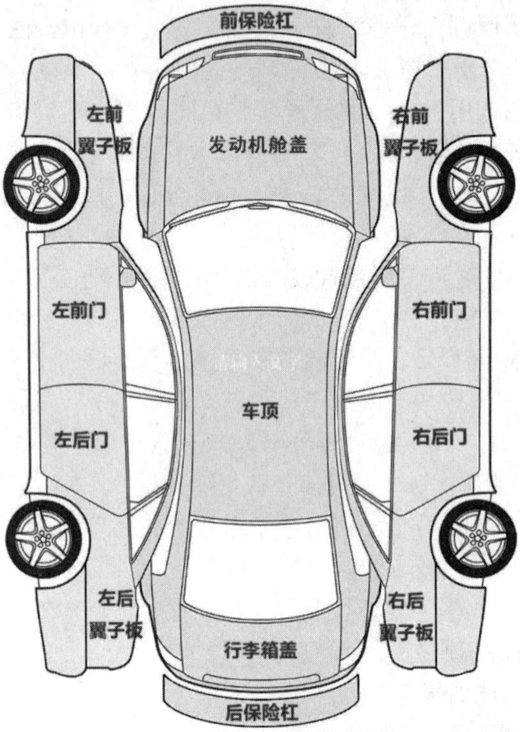

附图 3　车身外观展开示意图

附表 5　车身外观部位代码表

代码	部位	代码	部位
14	发动机舱盖表面	27	后保险杠
15	左前翼子板	28	左前轮
16	左后翼子板	29	左后轮
17	右前翼子板	30	右前轮
18	右后翼子板	31	右后轮
19	左前门	32	前大灯
20	右前门	33	后尾灯
21	左后门	34	前风挡玻璃
22	右后门	35	后风挡玻璃
23	行李箱盖	36	四门风窗玻璃
24	行李箱内侧	37	左后视镜
25	车顶	38	右后视镜
26	前保险杠	39	轮胎

附表 6　车身外观状态描述对应表

代码	HH	BX	XS	LW	AX	XF
描述	划痕	变形	锈蚀	裂纹	凹陷	修复痕迹

程度：1——面积小于或等于 100mm×100mm。

2——面积大于 100mm×100mm 并小于或等于 200mm×300mm。

3——面积大于 200mm×300mm。

4——轮胎花纹深度小于 1.6mm。

6.2 发动机舱

按照附表 7 要求检查 10 个项目。选择 A 不扣分，第 40 项选择 B 或 C 扣 15 分；第 41 项选择 B 或 C 扣 5 分；第 44 项选择 B 扣 2 分，选择 C 扣 4 分；其余各项选择 B 扣 1.5 分，选择 C 扣 3 分。共计 20 分，扣完为止。

附表 7 发动机舱检查项目作业表

序号	检查项目	A	B	C
40	机油有无冷却液混入	无	轻微	严重
41	缸盖外是否有机油渗漏	无	轻微	严重
42	前翼子板内缘、水箱框架、横拉梁有无凹凸或修复痕迹	无	轻微	严重
43	散热器格栅有无破损	无	轻微	严重
44	蓄电池电极桩柱有无腐蚀	无	轻微	严重
45	蓄电池电解液有无渗漏、缺少	无	轻微	严重
46	发动机皮带有无老化	无	轻微	严重
47	油管、水管有无老化、裂痕	无	轻微	严重
48	线束有无老化、破损	无	轻微	严重
49	其他	只描述缺陷，不扣分		

如检查第 40 项时发现机油有冷却液混入、检查第 41 项时发现缸盖外有机油渗漏，则应在《二手车鉴定评估报告》或《二手车技术状况表》的技术状况缺陷描述中分别予以注明，并提示修复前不宜使用。

6.3 驾驶舱

按照附表 8 要求检查 15 个项目。选择 A 不扣分，第 50 项选择 C 扣 1.5 分；第 51、52 项选择 C 扣 0.5 分；其余项目选择 C 扣 1 分。共计 10 分，扣完为止。

如检查第 60 项时发现安全带结构不完整或者功能不正常，则应在《二手车鉴定评估报告》或《二手车技术状况鉴定书》的技术状况缺陷描述中予以注明，并提示修复或更换前不宜使用。

附表 8 驾驶舱检查项目作业表

序号	检查项目	A	C
50	车内是否无水泡痕迹	是	否
51	车内后视镜、座椅是否完整、无破损、功能正常	是	否
52	车内是否整洁、无异味	是	否
53	方向盘自由行程转角是否小于 15 度	是	否

续表

序号	检查项目	A	C
54	车顶及周边内饰是否无破损、松动、裂缝和污迹	是	否
55	仪表台是否无划痕，配件是否无缺失	是	否
56	排挡把手柄及护罩是否完好、无破损	是	否
57	储物盒是否无裂痕，配件是否无缺失	是	否
58	天窗是否移动灵活、关闭正常	是	否
59	门窗密封条是否良好、无老化	是	否
60	安全带结构是否完整、功能是否正常	是	否
61	驻车制动系统是否灵活有效	是	否
62	玻璃窗升降器、门窗工作是否正常	是	否
63	左、右后视镜折叠装置工作是否正常	是	否
64	其他	只描述缺陷，不扣分	

6.4 启动

按照附表 9 要求检查 10 个项目。选择 A 不扣分，第 65、66 项选择 C 扣 2 分；第 67 项选择 C 扣 1 分；第 68 至 71 项，选择 C 扣 0.5 分；第 72、73 项选择 C 扣 10 分。共计 20 分，扣完为止。

如检查第 66 项时发现仪表板指示灯显示异常或出现故障报警，则应查明原因，并在《二手车鉴定评估报告》或《二手车技术状况鉴定书》的技术状况缺陷描述中予以注明。

优先选用车辆故障信息读取设备对车辆技术状况进行检测。

附表 9　启动检查项目作业表

序号	检查项目	A	C
65	车辆启动是否顺畅（时间少于 5 秒或一次启动）	是	否
66	仪表板指示灯显示是否正常，无故障报警	是	否
67	各类灯光和调节功能是否正常	是	否
68	泊车辅助系统工作是否正常	是	否
69	制动防抱死系统（ABS）工作是否正常	是	否
70	空调系统风量、方向调节、分区控制、自动控制、制冷工作是否正常	是	否
71	发动机在冷、热车条件下怠速运转是否稳定	是	否
72	怠速运转时发动机是否无异响，空挡状态下逐渐增加发动机转速，发动机声音过渡是否无异响	是	否
73	车辆排气是否无异常	是	否
74	其他	只描述缺陷，不扣分	

6.5 路试

按照附表10要求检查10个项目。选择A不扣分，选择C扣2分。共计15分，扣完为止。

如果检查第80项时发现制动系统出现刹车距离长、跑偏等不正常现象，则应在《二手车鉴定评估报告》或《二手车技术状况表》的技术缺陷描述中予以注明，并提示修复前不宜使用。

附表10 路试检查项目作业表

序号	检查项目	A	C
75	发动机运转、加速是否正常	是	否
76	车辆启动前踩下制动踏板，保持5～10秒钟，踏板无向下移动的现象	是	否
77	踩住制动踏板启动发动机，踏板是否向下移动	是	否
78	行车制动系统最大制动效能在踏板全行程的4/5以内达到	是	否
79	行驶是否无跑偏	是	否
80	制动系统工作是否正常有效、制动不跑偏	是	否
81	变速箱工作是否正常、无异响	是	否
82	行驶过程中车辆底盘部位是否无异响	是	否
83	行驶过程中车辆转向部位是否无异响	是	否
84	其他	只描述缺陷，不扣分	

6.6 底盘

按照附表11要求检查8个项目。选择A不扣分，第85、86项，选择C扣4分；第87、88项，选择C扣3分；第89、90、91项，选择C扣2分。共计15分，扣完为止。

附表11 底盘检查项目作业表

序号	检查项目	A	C
85	发动机油底壳是否无渗漏	是	否
86	变速箱体是否无渗漏	是	否
87	转向节臂球销是否无松动	是	否
88	三角臂球销是否无松动	是	否
89	传动轴十字轴是否无松旷	是	否
90	减震器是否无渗漏	是	否
91	减震弹簧是否无损坏	是	否
92	其他	只描述缺陷，不扣分	

6.7 功能性零部件

对附表12所示部件的功能进行检查。结构、功能坏损的，直接进行缺陷描述，不计分。

附表 12 车辆功能性零部件项目表

序号	类别	零部件名称	序号	类别	零部件名称
93	车身外部件	发动机舱盖锁止	105	随车附件	备胎
94		发动机舱盖液压支撑杆	106		千斤顶
95		后门/后备箱液压支撑杆	107		轮胎扳手及随车工具
96		各车门锁止	108		三角警示牌
97		前后雨刮器	109		灭火器
98		立柱密封胶条	110	其他	全套钥匙
99		排气管及消音器	111		遥控器及功能
100		车轮轮毂	112		喇叭高低音色
101	驾驶舱内部件	车内后视镜	113		玻璃加热功能
102		座椅调节及加热			
103		仪表板出风管道			
104		中央集控			

6.8 拍摄车辆照片

6.8.1 外观图片。分别从车辆左前部与右后部 45 度角拍摄外观图片各 1 张。拍摄外观破损部位带标尺的正面图片 1 张。

6.8.2 驾驶舱图片。分别拍摄仪表台操纵杆、前排座椅、后排座椅正面图片各 1 张，拍摄破损部位带标尺的正面图片 1 张。

6.8.3 拍摄发动机舱图片 1 张。

7 二手车鉴定评估机构经营管理

7.1 有规范的名称、组织机构、固定场所和章程，遵守国家有关法律、法规及行规行约，客观公正地开展二手车鉴定评估业务。

7.2 在经营场所明显位置悬挂二手车鉴定评估机构核准证书和营业执照等证照，张贴二手车鉴定评估流程和收费标准。

7.3 二手车鉴定评估人员应严格遵守职业道德、职业操守和执业规范。

7.4 开展二手车鉴定评估活动应坚持客观、独立、公正、科学的原则，按照关联回避原则回避与本机构、评估人有关联的当事人委托的鉴定评估业务。

7.5 建立内部培训考核制度，保证鉴定评估人员职业素质和鉴定评估工作质量。

7.6 建立和完善二手车鉴定评估档案制度，并根据评估对象及有关保密要求合理确定适宜的建档内容、档案查阅范围和保管期限。

附件一　二手车鉴定评估委托书（示范文本）

委托书编号：____________

委托方名称（姓名）：　　　　　　　　　　法人代码证（身份证）号：
鉴定评估机构名称：　　　　　　　　　　　法人代码证：
委托方地址：　　　　　　　　　　　　　　鉴定评估机构地址：
联系人：　　　　　　　　　　　　　　　　电话：

因 □交易 □典当 □拍卖 □置换 □抵押 □担保 □咨询 □司法裁决需要，委托人与受托人达成委托关系，号牌号码为_________________，车辆类型为________________，车架号(VIN 码)为________________的车辆进行技术状况鉴定并出具评估报告书，________年________月________日前完成。

委托评估车辆基本信息

<table>
<tr><td rowspan="7">车辆
情况</td><td>厂牌型号</td><td colspan="2"></td><td>使用用途</td><td>营运 □
非营运 □</td></tr>
<tr><td>总质量/座位/排量</td><td colspan="2"></td><td>燃料种类</td><td></td></tr>
<tr><td>初次登记日期</td><td colspan="2">年 月 日</td><td>车身颜色</td><td></td></tr>
<tr><td>已使用年限</td><td>年 个月</td><td colspan="2">累计行驶里程（万公里）</td><td></td></tr>
<tr><td>大修次数</td><td>发动机（次）</td><td></td><td>整车（次）</td><td></td></tr>
<tr><td>维修情况</td><td colspan="4"></td></tr>
<tr><td>事故情况</td><td colspan="4"></td></tr>
<tr><td>价值反映</td><td>购置日期</td><td colspan="2">年 月 日</td><td>原始价格（元）</td><td></td></tr>
<tr><td colspan="6">备注：</td></tr>
</table>

委托方：（签字、盖章）　　　　　　　　　　受托方：（签字、盖章）
　　　　　　　　　　　　　　　　　　　　　（二手车鉴定评估机构盖章）

年　月　日　　　　　　　　　　　　　　　　年　月　日

1．委托方保证所提供的资料客观真实，并负法律责任。

2．仅对车辆进行鉴定评估。

3．评估依据：《机动车运行安全技术条件》《二手车鉴定评估技术规范》等。

4．评估结论仅对本次委托有效，不作他用。

5．鉴定评估人员与有关当事人没有利害关系。

6．委托方如对评估结论有异议，可于收到《二手车鉴定评估报告》之日起 10 日内向受托方提出，受托方应给予解释。

附件二　二手车鉴定评估报告（示范文本）

××××鉴定评估机构评报字（20　　年）第××号

一、绪言

__________（鉴定评估机构）接受__________的委托，根据国家有关评估及《二手车流通管理办法》和《二手车鉴定评估技术规范》的规定，本着客观、独立、公正、科学的原则，按照公认的评估方法，对牌号为__________的车辆进行了鉴定。本机构鉴定评估人员按照必要的程序，对委托鉴定评估的车辆进行了实地查勘与市场调查，并对其在__________年__________月__________日所表现的市场价值作出了公允反映。现将该车辆鉴定评估结果报告如下：

二、委托方信息

委托方：____________________　委托方联系人：____________________
联系电话：__________________　车主姓名/名称：（填写机动车登记证书所示的名称）

三、鉴定评估基准日

______年______月______日

四、鉴定评估车辆信息

厂牌型号：________________________　牌照号码：________________________
发动机号：________________________　车辆 VIN 码：______________________
车身颜色：____________　表征里程：____________　初次登记日期：____________
年审检验合格至：______年______月　交强险截止日期：______年______月
车船税截止日期：______年______月
是否查封、抵押车辆：□是 □否　车辆购置税（费）证：□有 □无
机动车登记证书：□有 □无　机动车行驶证：□有 □无
未接受处理的交通违法记录：□有 □无
使用性质：□公务用车 □家庭用车 □营运用车 □出租车 □其他________________

五、技术鉴定结果

技术状况缺陷描述：____
____
重要配置及参数信息：____
技术状况鉴定等级：_________________________　等级描述：______________________

六、价值评估

价值估算方法：□现行市价法 □重置成本法 □其他______________________________
价值估算结果：车辆鉴定评估价值为人民币__________元，金额大写：______________

七、特别事项说明

八、鉴定评估报告法律效力

本鉴定评估结果可以作为作价参考依据。本项鉴定评估结论有效期为 90 天，自鉴定评估基准日至　　年　　月　　日止。

九、声明

（1）本鉴定评估机构对该鉴定评估报告承担法律责任。

（2）本报告所提供的车辆评估价值为评估基准日的价值。

（3）该鉴定评估报告的使用权归委托方所有，其鉴定评估结论仅供委托方为本项目鉴定评估目的使用和送交二手车鉴定评估主管机关审查使用，不适用于其他目的，否则本鉴定评估机构不承担相应法律责任；因使用本报告不当而产生的任何后果与签署本报告书的鉴定评估人员无关。

（4）本鉴定评估机构承诺，未经委托方许可，不将本报告的内容向他人提供或公开，否则本鉴定评估机构将承担相应法律责任。

附件：

一、二手车鉴定评估委托书

二、二手车技术状况鉴定作业表

三、车辆行驶证、机动车登记证书复印件

四、被鉴定评估二手车照片（要求外观清晰，车辆牌照能够辨认）

二手车鉴定评估师：（签字、盖章）　　　　　复核人：（签字、盖章）

年　　月　　日　　　　　（二手车鉴定评估机构盖章）

年　　月　　日

[1] 特别事项是指在已确定鉴定评估结果的前提下，鉴定评估人员认为需要说明在鉴定过程中已发现可能影响鉴定评估结论，但非鉴定评估人员执业水平和能力所能鉴定评定估算的有关事项以及其他问题。

[2] 复核人是指具有高级二手车鉴定评估师资格的人员。

备注：① 本报告书和作业表一式三份，委托方二份，受托方一份。

② 鉴定评估基准日即为《二手车鉴定评估委托书》签订的日期。

附件三　二手车技术状况表（示范文本）

<table>
<tr><td rowspan="9">车辆基本信息</td><td>厂牌型号</td><td colspan="3"></td><td>牌照号码</td><td></td></tr>
<tr><td>发动机号</td><td colspan="3"></td><td>VIN 码</td><td></td></tr>
<tr><td>初次登记日期</td><td colspan="3">年　月　日</td><td>表征里程</td><td>万公里</td></tr>
<tr><td>品牌名称</td><td></td><td colspan="2">□国产　□进口</td><td>车身颜色</td><td></td></tr>
<tr><td>年检证明</td><td colspan="3">□有（至___年___月）　□无</td><td>购置税证书</td><td>□有　□无</td></tr>
<tr><td>车船税证明</td><td colspan="3">□有（至___年___月）　□无</td><td>交强险</td><td>□有（至___年___月）　□无</td></tr>
<tr><td>使用性质</td><td colspan="5">□营运用车　□出租车　□公务用车　□家庭用车　□其他</td></tr>
<tr><td>其他法定凭证、证明</td><td colspan="5">□机动车号牌　□机动车行驶证　□机动车登记证书　□第三者强制保险单　□其他</td></tr>
<tr><td>车主名称/姓名</td><td colspan="3"></td><td>企业法人证书代码/身份证号码</td><td></td></tr>
<tr><td rowspan="4">重要配置</td><td>燃料标号</td><td></td><td>排量</td><td></td><td>缸数</td><td></td></tr>
<tr><td>发动机功率</td><td></td><td>排放标准</td><td></td><td>变速器形式</td><td></td></tr>
<tr><td>气囊</td><td></td><td>驱动方式</td><td></td><td>ABS</td><td>□有　□无</td></tr>
<tr><td>其他重要配置</td><td colspan="5"></td></tr>
<tr><td>是否为事故车</td><td>□是　□否</td><td colspan="2">损伤位置及损伤状况</td><td colspan="3"></td></tr>
<tr><td>鉴定结果</td><td>分值</td><td colspan="2"></td><td colspan="2">技术状况等级</td><td></td></tr>
<tr><td rowspan="7">车辆技术状况鉴定缺陷描述</td><td>鉴定科目</td><td colspan="2">鉴定结果（得分）</td><td colspan="3">缺陷描述</td></tr>
<tr><td>车身检查</td><td colspan="2"></td><td colspan="3"></td></tr>
<tr><td>发动机检查</td><td colspan="2"></td><td colspan="3"></td></tr>
<tr><td>车内检查</td><td colspan="2"></td><td colspan="3"></td></tr>
<tr><td>启动检查</td><td colspan="2"></td><td colspan="3"></td></tr>
<tr><td>路试检查</td><td colspan="2"></td><td colspan="3"></td></tr>
<tr><td>底盘检查</td><td colspan="2"></td><td colspan="3"></td></tr>
</table>

二手车鉴定评估师：　　　　　　　　　　　　鉴定单位：（盖章）

鉴定日期：　　　年　　　月　　　日

声明：本二手车技术状况表所体现的鉴定结果仅为鉴定日期当日被鉴定车辆的技术状况表现与描述，若在当日内被鉴定车辆的市场价值或因交通事故等原因导致车辆的价值发生变化，对车辆鉴定结果产生明显影响时，本技术状况鉴定说明书不作为参考依据。

说明：本二手车技术状况表由二手车经销企业、拍卖企业、经纪企业使用，作为二手车交易合同的附件。车辆展卖期间，放置在驾驶室前风挡玻璃左下方，供消费者参阅。

附件四 二手车鉴定评估作业表（示范文本）

评估单位名称（盖章）：

流水号： 鉴定评估日 年 月 日

厂牌型号		行驶里程	仪表	km
牌照号码			推定	km
VIN 码		车身颜色		
发动机号		车主姓名/名称		
企业法人证书代码/身份证号码		首次登记日期 年 月 日	使用性质 □营运 □出租车 □公务用 □家庭用 □其他	
年检证明	□有（至___年___月） □无	车船使用税证明	□有（至___年___月） □无	
交强险	□有（至___年___月） □无	购置税证书	□有 □无	
其他法定凭证、证明	□号牌 □行驶证 □登记证书 □保险单 □其他			
是否为事故车	□否 □是	损伤位置及损伤状况		

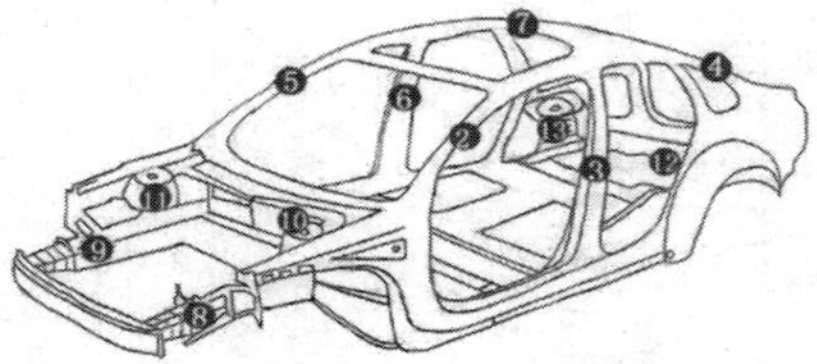

2 左A柱　6 右B柱　10 左前减震器悬挂部位
3 左B柱　7 右C柱　11 右前减震器悬挂部位
4 左C柱　8 左前纵梁　12 左后减震器悬挂部位
5 右A柱　9 右前纵梁　13 右后减震器悬挂部位

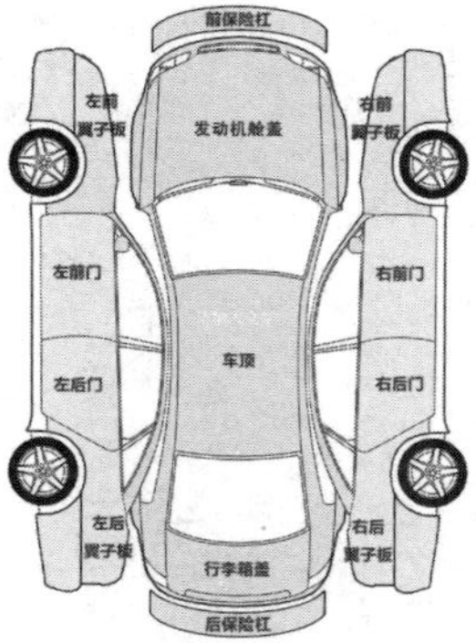

车体骨架检查项目					
车体左右对称性					
左A柱	左前纵梁				
左B柱	右前纵梁				
左C柱	左前减震器悬挂部位				
右A柱	右前减震器悬挂部位				
右B柱	左后减震器悬挂部位				
右C柱	右后减震器悬挂部位				
代表字母	BX	NQ	GH	SH	ZZ
缺陷描述	变形	扭曲	更换	烧焊	褶皱
事故判定	□事故车 □正常车				

车身检查	扣分	状态描述
发动机舱盖表面		划痕 HH
左前翼子板		变形 BX
左后翼子板		锈蚀 XS
右前翼子板		裂纹 LW
右后翼子板		凹陷 AX
左前门		修复痕迹 XF
右前门		**缺陷程度**
左后门		1——面积小于或等于100mm×100mm
右后门		
行李箱盖		2——面积大于100mm×100mm并小于或等于200mm×300mm
行李箱内侧		
车顶		
前保险杠		3——面积大于200mm×300mm
后保险杠		
左前轮		4——轮胎花纹深度小于1.6mm
左后轮		
右前轮		**缺陷描述**
右后轮		
后尾灯		
前后挡风玻璃		
左右后视镜		
其他项目		
合计扣分		

发动机舱检查	程度			扣分
机油有无冷却液混入	无	轻微	严重	
缸盖外是否有机油渗漏	无	轻微	严重	
前翼子板内缘、水箱框架、横拉梁有无凹凸或修复痕迹	无	轻微	严重	
散热器格栅有无破损	无	轻微	严重	
蓄电池电极桩柱有无腐蚀	无	轻微	严重	
蓄电池电解液有无渗漏、缺少	无	轻微	严重	
发动机皮带有无老化	无	轻微	严重	
油管、水管有无老化、裂痕	无	轻微	严重	
线束有无老化、破损	无	轻微	严重	
其他	只描述缺陷，不扣分			
合计扣分				

启动检查			扣分
车辆启动是否顺畅（时间少于5秒或一次启动）	是	否	
仪表板指示灯显示是否正常，无故障报警	是	否	
各类灯光和调节功能是否正常	是	否	
泊车辅助系统工作是否正常	是	否	
制动防抱死系统（ABS）工作是否正常	是	否	
空调系统风量、方向调节、分区控制、自动控制、制冷工作是否正常	是	否	
发动机在冷、热车条件下怠速运转是否稳定	是	否	
怠速运转时发动机是否无异响，空挡状态下逐渐增加发动机转速，发动机声音过渡是否无异响	是	否	
车辆排气是否无异常	是	否	
其他	只描述缺陷，不扣分		
合计扣分			

驾驶舱检查			扣分
车内是否无水泡痕迹	是	否	
车内后视镜、座椅是否完整、无破损、功能正常	是	否	
车内是否整洁、无异味	是	否	
方向盘自由行程转角是否小于15度	是	否	
车顶及周边内饰是否无破损、松动、裂缝和污迹	是	否	
仪表台是否无划痕，配件是否无缺失	是	否	
排挡把手柄及护罩是否完好、无破损	是	否	
储物盒是否无裂痕，配件是否无缺失	是	否	
天窗是否移动灵活、关闭正常	是	否	
门窗密封条是否良好、无老化	是	否	
安全带结构是否完整、功能是否正常	是	否	
驻车制动系统是否灵活有效	是	否	
玻璃窗升降器、门窗工作是否正常	是	否	
左、右后视镜折叠装置工作是否正常	是	否	
其他	只描述缺陷，不扣分		
合计扣分			

底盘检查			扣分
发动机油底壳是否无渗漏	是	否	
变速箱体是否无渗漏	是	否	
转向节臂球销是否无松动	是	否	
三角臂球销是否无松动	是	否	
传动轴十字轴是否无松旷	是	否	
减震器是否无渗漏	是	否	
减震弹簧是否无损坏	是	否	
其他	只描述缺陷，不扣分		
合计扣分			

路试检查			扣分
发动机运转、加速是否正常	是	否	
车辆启动前踩下制动踏板，保持5～10秒钟，踏板无向下移动的现象	是	否	
踩住制动踏板启动发动机，踏板是否向下移动	是	否	
行车制动系统最大制动效能在踏板全行程的4/5以内达到	是	否	
行驶是否无跑偏	是	否	
行驶是否无跑偏	是	否	
变速箱工作是否正常、无异响	是	否	
行驶过程中车辆底盘部位是否无异响	是	否	
行驶过程中车辆底盘部位是否无异响	是	否	
其他	是	否	
合计扣分	是	否	

车辆功能性零部件列表	
发动机舱盖锁止	中央集控
发动机舱盖液压支撑杆	备胎
后门/后备箱液压支撑杆	千斤顶
各车门锁止	轮胎扳手及随车工具
前后雨刮器	三角警示牌
立柱密封胶条	灭火器
排气管及消音器	全套钥匙
车轮轮毂	遥控器及功能
车内后视镜	喇叭高低音色
座椅调节及加热	玻璃加热功能
仪表板出风管道	

总得分	
技术等级	
估价方法	
参考价格	
评估师（签章）	
评估师证号	
审核人（签章）	
二手车鉴定评估结论	

附件五　新能源纯电动二手车鉴定评估报告（示范文本）

一、绪言

____________________（鉴定评估机构）接受____________的委托，根据国家有关评估及《二手车流通管理办法》和《新能源乘用车二手车鉴定评估技术规范》的规定，本着客观、独立、公正、科学的原则，按照公认的评估方法，对号牌号码为____________车辆进行了鉴定。本机构鉴定评估人员按照必要的程序，对委托鉴定评估的车辆进行了实地查勘与市场调查，并对其在_________年_________月_________日所表现的市场价值做出了公允反映。现将该车辆鉴定评估结果报告如下：

二、委托方信息

委托方：______________________委托方联系人：______________________

联系电话：____________________车主姓名/名称：_____________________

三、鉴定评估基准日　_________年_________月_________日

四、鉴定评估车辆信息

品牌型号：______________________________号牌号码：_________________________

发动机号（电动机号）：____________________车辆 VIN 码：______________________

车辆生产厂家：____

车身颜色：______________________________表征里程：___________________万公里

注册日期：________年_______月_______日　发证日期：_______年_______月_______日

年审检验合格至：_________年________月　交强险截止日期：_________年_________月

车船税截止日期：___________年_________月

是否查封、抵押车辆：□是 □否　　车辆购置税（费）证：□有 □无

机动车登记证书：□有 □无　　机动车行驶证：□有 □无

未接受处理的交通违法记录：□有 □无

使用性质：□公务用车 □家庭用车 □营运用车 □出租车 □其他：_________________

五、技术鉴定结果

技术状况缺陷描述：____

____

____

____

重要配置及参数信息：____

____

____

____

技术状况鉴定等级：________________________　等级描述：_____________________

六、价值评估

价值估算方法：□现行市价法 □重置成本法 □其他_________________

价值估算结果：车辆鉴定评估价值为人民币___________元，金额大写：______________

七、特别事项说明

八、鉴定评估报告法律效力

本鉴定评估结果可以作为作价参考依据。本项鉴定评估结论有效期为90天，自鉴定评估基准日至＿＿＿＿＿年＿＿＿＿月＿＿＿＿日止。

九、声明：

（1）本鉴定评估机构对该鉴定评估报告承担法律责任；

（2）本报告所提供的车辆评估价值为评估基准日的价值；

（3）该鉴定评估报告的使用权归委托方所有，其鉴定评估结论仅供委托方为本项目鉴定评估目的使用和送交二手车鉴定评估主管机关审查使用，不适用于其他目的，否则本鉴定评估机构不承担相应法律责任；因使用本报告不当而产生的任何后果与签署本报告书的鉴定评估人员无关；

（4）本鉴定评估机构承诺，未经委托方许可，不将本报告的内容向他人提供或公开，否则本鉴定评估机构将承担相应法律责任。

新能源二手车（纯电动）鉴定评估师（签字、盖章）　　　　复核人（签字、盖章）

＿＿＿＿＿年＿＿＿＿月＿＿＿＿日　　　　＿＿＿＿＿年＿＿＿＿月＿＿＿＿日

[1]特别事项是指在已确定鉴定评估结果的前提下，鉴定评估人员认为需要说明在鉴定过程中已发现可能影响鉴定评估结论，但非鉴定评估人员执业水平和能力所能鉴定评定估算的有关事项以及其他问题。

[2]复核人是指具有新能源二手车（纯电动）鉴定评估师资格的人员。

备注：1．本报告书和作业表一式三份，委托方二份，受托方一份；

2．鉴定评估基准日即为《新能源纯电动二手车鉴定评估委托书》签订的日期。

参 考 文 献

[1] 张克明．汽车评估[M]．北京：机械工业出版社，2002．
[2] 国家国内贸易局．旧机动车鉴定评估[M]．北京：人民交通出版社，2000．
[3] 王永盛．汽车评估[M]．北京：机械工业出版社，2009．
[4] 刘仲国，鲁值雄．旧机动车鉴定与评估[M]．北京：人民交通出版社，2006．
[5] 李江天，明平顺．旧机动车鉴定估价[M]．北京：人民交通出版社，2006．
[6] 陈家瑞．汽车构造[M]．4 版．北京：人民交通出版社，2002．
[7] 张国方．汽车服务工程[M]．北京：电子工业出版社，2004．
[8] 陈永革．二手车贸易[M]．北京：机械工业出版社，2006．
[9] 庞昌乐．二手车评估与交易实务[M]．北京：北京理工大学出版社，2007．
[10] 杨万福．旧机动车鉴定估价[M]．北京：人民交通出版社，2000．
[11] 高群钦．二手车鉴定与评估一点通[M]．北京：国防工业出版社，2006．
[12] 毛矛，张鹏九．汽车评估实务[M]．北京：机械工业出版社，2008．
[13] 杜建．汽车评估[M]．北京：人民交通出版社，2008．
[14] 高延龄．汽车运用工程[M]．3 版．北京：人民交通出版社，2007．
[15] 王若平，葛如海．汽车评估师[M]．北京：北京理工大学出版社，2005．
[16] 徐莉．技术经济学[M]．武汉：武汉大学出版社，2004．
[17] 上海市国有资产监督管理委员会．资产评估与管理[M]．上海：上海财经大学出版社，2006．
[18] 全国注册资产评估师考试用书编写组．资产评估[M]．北京：经济科学出版社，2007．
[19] 李景芝，赵长利．汽车碰撞事故查勘与定损实务[M]．北京：人民交通出版社，2009．
[20] 李景芝，赵长利．汽车保险与理赔[M]．北京：国防工业出版社，2007．
[21] 明光星，杨洪庆．二手车鉴定与评估[M]．北京：中国人民大学出版社，2015．
[22] 姜正根．二手车鉴定与评估[M]．北京：中国劳动社会保障出版社，2011．
[23] 朱凯，付铁军．汽车鉴定评估与交易实务教程[M]．北京：北京理工大学出版社，2014．